civilisation contemporaine

aspects et problèmes

TEXTES CHOISIS, CLASSÉS ET PRÉSENTÉS PAR

M.-A. BAUDOUY
ancien élève de l'E.N.S.E.T.

R. MOUSSAY
Agrégé de l'Université

Nouvelle édition 1976, revue et corrigée

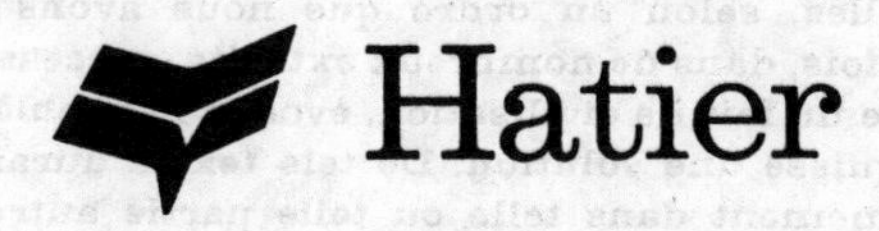

ISBN 2 218-03570-7

Avertissement

Cet ouvrage s'adresse aux élèves des grandes classes des Enseignements secondaire et technique, aux candidats aux Brevets de Techniciens Supérieurs et aux élèves des I.U.T., aux classes préparatoires aux Écoles d'Ingénieurs et aux Grandes Écoles, aux candidats aux Concours Administratifs.

Les sujets de l'épreuve de français (dissertation, commentaire ou contraction de texte) proposés aux candidats à de nombreux examens et concours — Baccalauréats de technicien, Brevets de technicien supérieur, entrée aux diverses Écoles d'Ingénieurs, Écoles Supérieures du Commerce, accès à l'administration... — ainsi que les textes soumis aux élèves des Instituts Universitaires de Technologie portent tous ou presque tous sur des faits de la civilisation contemporaine ou sur des problèmes posés par cette civilisation.

Offrir un recueil de textes présentant un inventaire complet des problèmes du monde contemporain eût été une entreprise qui aurait dépassé nos forces. Nous avons résolu simplement de rassembler, en n'excédant pas le format courant d'un livre scolaire, des extraits d'ouvrages concernant quelques-uns des aspects les plus caractéristiques du monde d'aujourd'hui mais comportant aussi des échappées sur le passé ou des ouvertures vers l'avenir.

Afin de rester dans le cadre limité de notre propos, nous avons dû nous priver d'auteurs dont l'autorité en tel ou tel domaine est incontestée. On pourra s'étonner aussi de l'inégale valeur des extraits quant à la rigueur de l'expression : c'est que « nous avons été plus sensibles aux idées » — c'est le cas pour certaines conférences ou traductions — qu'à la forme.

Cependant, le souci de l'objectivité nous a amenés à laisser s'exprimer des écrivains aux idéologies les plus opposées et à présenter sur un même fait de civilisation les jugements les plus contradictoires.

Nous nous sommes efforcés de classer les textes à partir de la notion de civilisation et de son contenu, ce qui nous a engagés à proposer quatre divisions : le Travail; les Acquisitions de l'esprit; Problèmes de Civilisation; Perspectives nouvelles, selon un ordre que nous avons voulu cohérent. Toutefois, dans de nombreux extraits, successivement l'auteur expose un fait de civilisation, évoque le problème qu'il soulève et esquisse une solution. De tels textes auraient pu s'insérer légitimement dans telle ou telle partie autre que celle dans laquelle nous les avons placés.

Le « sommaire » un peu particulier, en tête du livre, pourra servir de clef de l'ouvrage. Résumant le thème principal de chacun des textes présentés, au lieu de se contenter d'en citer le titre, il permettra aux élèves de comprendre comment un texte particulier s'inscrit dans l'ensemble et de replacer telle notion, tel fait ou tel jugement dans le concept général de civilisation.

Ce sommaire pourra en outre éviter au lecteur d'avoir à feuilleter au hasard un manuel de cette importance.

« La plupart des textes sont suivis d'un questionnaire » tel qu'en pourrait comporter l'épreuve de commentaire d'un examen. Il peut être utilisé comme exercice de préparation à l'explication du texte qui est laissée à la diligence du professeur. L'appareil pédagogique a été réduit à ce qui nous a paru essentiel à la compréhension. Nous nous en sommes tenus le plus souvent à annoter les textes dont la qualité de la forme justifiait un commentaire littéraire.

La richesse de ce recueil nous a conduits à établir un « index des thèmes » (p. 351), qui permet de relever les textes intéressants à plusieurs chefs.

De brèves notices « bio-bibliographiques » (p. 345) présentent chaque auteur cité. Les références indiquées en tête de nos extraits constituent par elles-mêmes une « bibliographie » déjà ample.

Cet ouvrage se présente comme un manuel pratique, directement utilisable par les élèves pour la préparation de l'épreuve de français de leur examen ou concours. Mais nous pensons également qu'il peut être pour eux un instrument de culture et qu'une prise de conscience des grands problèmes qu'évoquent ces pages les incitera à réfléchir sur les bouleversements qui s'accomplissent sous la pression des progrès scientifiques et techniques, à s'interroger sur le devenir de l'homme dans la communauté nouvelle qui se crée.

Nous espérons aussi que nos collègues accueilleront ce livre comme l'outil de travail qui leur épargnera la peine de faire ronéotyper des textes.

Il est sans doute imparfait. Mais s'il retient leur attention et s'ils le jugent perfectible, nous leur serons très reconnaissants de bien vouloir nous soumettre leurs suggestions.

M.-A.B. et R.M.

Nous adressons un souvenir ému à la mémoire de notre collègue et ami LAJON, ancien élève de l'E.N.S.E.T., professeur au Lycée technique Dorian, qui participa à la conception du présent ouvrage.

Sommaire

INTRODUCTION

La notion de civilisation

« L'idée de Civilisation est l'un des mobiles les plus fréquemment évoqués dans le comportement des hommes » mais « elle est probablement l'une des notions les plus obscures dans leur esprit. » (G. Bastide.)

Le terme « Civilisation » comporte deux acceptions : il peut exprimer l'idée de progrès de l'humanité tout entière ou désigner telle ou telle façon de vivre qui s'est constituée sur tel ou tel espace géographique déterminé.

« Sous l'aspect global, relativement confus et indéterminé, qu'elle présente dans l'idéologie contemporaine quotidienne », la civilisation est entendue comme un ensemble d'acquisitions qui portent la marque d'une intervention humaine.

L'idée de civilisation ne se limite pas à un contenu représentatif; elle a aussi un contenu axiologique : elle se donne pour une notion éthique fournissant aux hommes des raisons d'agir dans tel sens plutôt que dans tel autre.

Des contrées privilégiées de la planète ont été successivement ou ensemble des foyers de civilisation.

La civilisation occidentale

La civilisation occidentale a pour fondements une conception de la science héritée des Grecs, une conception de l'individu selon la tradition grecque et évangélique et une conception technique.

TEXTE 5 : PAGE 35
ANDRÉ SIEGFRIED,
LES FONDEMENTS DE LA CIVILISATION OCCIDENTALE

TEXTE 6 : PAGE 39
ANDRÉ SIEGFRIED,
DÉFINITION DE LA TECHNIQUE

Le produit de cette civilisation est une société qui a les caractères spécifiques d'une société scientifique. « Ce qui va être décrit sous ce nom n'existe pas encore à l'état pur, ni dans les régimes qui se disent d'inspiration marxiste, ni dans ceux qui se disent d'inspiration libérale », mais, ajoute l'auteur, « les sociétés de haut niveau d'équipement révèlent à l'évidence certaines tendances communes qui, envisagées simultanément, semblent présenter les signes d'une véritable mutation. »

TEXTE 7 : PAGE 41
GEORGES GUÉRON,
CARACTÈRES DES SOCIÉTÉS SCIENTIFIQUES

C'est une civilisation industrielle.

TEXTE 8 : PAGE 43
DANIEL-ROPS,
CIVILISATION INDUSTRIELLE

L'entreprise s'allège par la machine de toute une main-d'œuvre technique, mais s'alourdit corrélativement de tout un personnel nouveau que nécessite la gestion de l'affaire. L'industrie tend alors à devenir de plus en plus administrative... et suscite un nouveau type d'homme, le technocrate, incarnation de la valeur technique, représentée jusque-là par l'ingénieur et l'expert.

TEXTE 9 : PAGE 48
ANDRÉ SIEGFRIED,
L'AGE ADMINISTRATIF

TEXTE 10 : PAGE 49
PIERRE DUCASSÉ,
LE TECHNOCRATE

L'esprit scientifique et le développement des techniques tendent à donner à la civilisation un caractère d'universalité. « L'humanité prise comme un unique corps entre dans une unique civilisation planétaire qui représente à la fois un progrès gigantesque pour tous et une tâche écrasante de survie et d'adaptation de l'héritage culturel à ce cadre nouveau.
Il y a problème précisément parce que nous supposons la pression de deux nécessités divergentes mais également impérieuses : nécessité de l'adaptation au progrès d'une part, nécessité de sauvegarder nos patrimoines hérités. »

TEXTE 11 : PAGE 51
PAUL RICOEUR,
CARACTÈRES DE LA CIVILISATION UNIVERSELLE

PREMIÈRE PARTIE

LE TRAVAIL

« Travail est toute dépense d'actes qui tend à rendre les choses, les êtres, les circonstances favorables ou délectables à l'homme; et l'homme lui-même, plus sûr et plus fier de soi. » *(Regards sur le Monde Actuel.)*

Cette définition de Paul Valéry a le mérite d'exprimer sous une forme très condensée l'identité entre l'histoire de la civilisation et celle du travail humain.

TEXTE 12 : PAGE 56
PAUL VALÉRY,
LA MAIN ET LE CERVEAU

Les premiers gestes des humains obligés pour subsister de se livrer à la collecte végétale et animale, ont été purement manuels : l'« homo faber » aurait précédé l'« homo sapiens ». Les tenants du transformisme le pensent et ne voient dans le cerveau que le prolongement de la main. Ce n'est qu'une hypothèse; mais, vraie ou fausse, elle est bonne à méditer, affirme Paul Valéry.

TEXTE 13 : PAGE 57
CHARLES GIDE,
TRAVAIL

Est travail tout acte réfléchi tendant à satisfaire aux nécessités de l'existence. Il n'y a rien que la nature donne à l'homme sans effort physique ou intellectuel.

TEXTE 14 : PAGE 58
ALAIN,
LES PÊCHEURS DE GOÉMON

« Nature fait tout. » Mais l'homme doit lui arracher par le travail ce qu'elle crée.

TEXTE 15 : PAGE 60
ALAIN,
ON N'A RIEN SANS PEINE

Le travail est le propre de l'homme. Ses modalités pourront varier mais c'est folie que de rêver d'un monde où l'homme en serait dispensé.

L'homme et les formes traditionnelles du travail

A l'âge de l'artisanat a succédé l'âge industriel qui a transformé les techniques traditionnelles.

Dans le domaine de l'agriculture, c'est moins à une révolution qu'à une lente évolution que l'on assiste.

Semer, aujourd'hui, c'est souvent répéter le geste d'autrefois.

TEXTE 16 : PAGE 60
JEAN GIONO,
LES SEMAILLES

L'agriculture ne peut être ramenée à l'industrie. C'est à la terre plus qu'à l'homme qu'appartient le rôle principal dans la production.

TEXTE 17 : PAGE 62
JOSEPH DE PESQUIDOUX,
SEMER N'EST PAS RÉCOLTER

Elle ne peut cependant constituer un secteur d'activité à l'abri des transformations économiques qu'apporte l'industrialisation. La machine modifie en effet la psychologie du paysan en lui faisant rompre son isolement économique et culturel pour l'introduire dans le concert de la vie nationale. Si autrefois l'ambition du paysan pouvait être de se suffire à lui-même, désormais la machine le fait pénétrer dans l'économie de marché.

TEXTE 18 : PAGE 63
DANIEL FAUCHER,
TRANSFORMATION DU MONDE PAYSAN

Le système artisanal représente une organisation de la production où le producteur — l'artisan — achète lui-même sa matière première, la travaille lui-même avec ses propres outils et la revend lui-même. Il peut se faire aider d'un ou deux « compagnons » ou « apprentis », et produit pour ses concitoyens de la ville ou de son village et des alentours.

TEXTE 19 : PAGE 65
CHARLES PÉGUY,
ARTISANS DE FRANCE

L'exercice du métier emplit sa vie, lui procurant la satisfaction que donne une œuvre accomplie avec amour.

TEXTE 20 : PAGE 67
ROGER IKOR,
JOIES D'ARTISAN

TEXTE 21 : PAGE 68
ALAIN,
C'EST LA MER QUI FAÇONNE LES BATEAUX

La science de l'artisan consiste essentiellement à copier le modèle de l'objet qui répond le mieux à l'usage qu'on en fait. « Le propre de la pensée technicienne, c'est qu'elle essaie avec les mains au lieu de chercher par la réflexion... l'action va devant, et l'esprit ne travaille que sur les résultats. »

C'est pourtant un *véritable métier* qu'exerce l'artisan. On peut déplorer que la transformation moderne des moyens de produire entraîne chez la plupart des hommes dont le travail n'appelle ni invention ni initiative une diminution de la personnalité.

TEXTE 22 : PAGE 69
PAUL VALÉRY,
VERTUS DU MÉTIER

Au contraire, le métier assure à l'homme un épanouissement de la personnalité, « un accroissement et une édification de son être »; il peut même, à l'occasion, le réhabiliter de la déchéance.

TEXTE 23 : PAGE 70
ALAIN,
HEUREUX AGRICULTEURS

Le travail que l'homme règle comme il l'entend est « la meilleure des choses ».

L'homme et les formes nouvelles du travail

TEXTE 24 : PAGE 72
GEORGES FRIEDMANN,
MILIEU NATUREL, MILIEU TECHNIQUE

Ce qui distingue fondamentalement le travail des sociétés industrialisées de celui qui caractérisait les civilisations pré-machinistes est la substitution du milieu technique au milieu naturel.

TEXTE 25 : PAGE 73
MAURICE DAUMAS,
HISTOIRE DES TECHNIQUES

La transition s'est effectuée insensiblement. Si l'on en croit les renseignements que nous livrent la Préhistoire et l'Histoire, le développement des moyens techniques apparait comme le résultat d'une expérience collective sans cesse accumulée par l'humanité. L'essor prodigieux de la période contemporaine n'a rien de surprenant.

TEXTE 26 : PAGE 75
RENÉ DUCHET,
LA VILLE DESCEND AU TRAVAIL

Le milieu technique a transformé la vie sociale et la vie personnelle de l'individu...

comme il a transformé sa vie professionnelle.

TEXTE 27 : PAGE 76
GEORGES NAVEL,
ÉQUIPE DE JOUR, ÉQUIPE DE NUIT

La vie du travailleur industriel n'est pas une vie d'homme libre.

TEXTE 28 : PAGE 78
SIMONE WEIL,
LA VIE D'USINE

Le travail spécialisé et mécanisé est monotone. Il aboutit à l'automatisme. C'est l'opinion commune; ce n'est pas celle d'Edmond Maillecotin, personnage de Jules Romains.

TEXTE 29 : PAGE 79
JULES ROMAINS,
RÉFLEXIONS D'UN TOURNEUR

L'extrême division du travail aboutit à des travaux parcellaires...

TEXTE 30 : PAGE 80
GEORGES FRIEDMANN,
TÂCHES ÉCLATÉES

qui font que l'individu qui s'y livre est « déshumanisé ».

TEXTE 31 : PAGE 81
JEAN GUÉHENNO,
RÉFLEXIONS SUR LE TRAVAIL EN MIETTES

Tel est le résultat d'une rationalisation des méthodes qui n'a pour but que la production.

TEXTE 32 : PAGE 82
GEORGES FRIEDMANN,
TAYLORISME ET SCIENCES DE L'HOMME

Pour préserver son essor, l'entreprise moderne doit « miser sur les facteurs humains ».

TEXTE 33 : PAGE 84
HENRI CAHOUR,
LE CLIMAT SOCIAL DANS L'ENTREPRISE

C'est aux Sciences Humaines qu'il appartient de réconcilier l'homme avec son travail.

TEXTE 34 : PAGE 86
GEORGES FRIEDMANN,
APPRENTISSAGE ET HUMANISME DU TRAVAIL

Les procédés et les techniques que l'on désigne par le mot d'automation ont des répercussions profondes dans des domaines très divers; il est évident que le comportement des travailleurs et de leurs organisations professionnelles subira lui aussi les effets de cette transformation du mode de production.

TEXTE 35 : PAGE 87
GEORGES FRIEDMANN ET JACQUES DOFNY,
LES ORGANISATIONS OUVRIÈRES ET L'AUTOMATION

Un siècle de machinisme permet de juger ce que la machine apporte à l'homme. Des opinions contradictoires sont exprimées.

TEXTE 36 : PAGE 90
JEAN FOURASTIÉ,
LA MACHINE LIBÈRE L'HOMME

TEXTE 37 : PAGE 92
BERTRAND RUSSELL,
LA MACHINE EST UN ÉLÉMENT DU BONHEUR HUMAIN

TEXTE 38 : PAGE 93
LANZA DEL VASTO,
PROCÈS DU MACHINISME

DEUXIÈME PARTIE

LES ACQUISITIONS DE L'ESPRIT

TEXTE 39 : PAGE 98
ANDRÉ SIEGFRIED,
QU'EST-CE QUE LA CULTURE?

L'homme cultivé est celui qui a assimilé, consciemment ou inconsciemment, l'apport séculaire de la civilisation.

TEXTE 40 : PAGE 100
ANDRÉ SIEGFRIED,
LA TECHNIQUE ET LA CULTURE

Considérer la culture comme une modalité de la technique aboutit à une « perversion » de cette notion.

TEXTE 41 : PAGE 105
SAINT-EXUPÉRY,
CULTURE ET TRAVAIL

Il n'en reste pas moins que le métier est pour l'homme une morale, une dignité, le meilleur moyen de se réaliser pleinement. Saint-Exupéry, qui va jusqu'à contester toute valeur aux loisirs, se refuse à « distinguer la culture d'avec le travail ».

La science

Dans sa *Métaphysique,* Aristote affirme que « le commencement de toutes les sciences, c'est l'étonnement de ce que les choses sont ce qu'elles sont ».

TEXTE 42 : PAGE 106
JULES ROMAINS,
VERTUS DE L'ÉTONNEMENT

Jules Romains voudrait que cette émotion soit partagée par tous et se manifeste non seulement dans le domaine intellectuel mais encore dans celui de la vie quotidienne.

TEXTE 43 : PAGE 108
JULES ROMAINS,
LA CONNAISSANCE FONCTION PRIMITIVE

L'effort déployé pour connaître le réel est la première manifestation par laquelle l'homme s'est dégagé de la condition animale.

TEXTE 44 : PAGE 110
LOUIS DE BROGLIE,
ROLE DE LA CURIOSITÉ DANS LA RECHERCHE SCIENTIFIQUE

Comme Aristote, un grand savant contemporain voit dans le désir de savoir ancré au cœur des hommes le ressort de la Science.

TEXTE 45 : PAGE 112
PAUL LANGEVIN,
LA PENSÉE ET L'ACTION

La science est issue pour une grande part des besoins de l'action mais, à l'inverse, la science pure conduit à des applications fécondes.

TEXTE 46 : PAGE 113
LOUIS DE BROGLIE,
LES DEUX FACES DE LA SCIENCE

Science et technique sont distinctes mais sont aussi complémentaires. Gaston Bachelard a pu affirmer que, de nos jours, « il n'y a plus de science sans technique et il n'y a plus de technique sans science ».

Selon Pasteur, il ne faut pas distinguer une science pure d'une science appliquée mais parler de la science et de ses applications. Des travaux théoriques qui n'avaient d'autre objet que de satisfaire la curiosité la plus désintéressée sont à l'origine d'applications pratiques inattendues.

TEXTE 47 : PAGE 114
ANDRÉ GEORGE,
UTILITÉ DE LA SCIENCE INUTILE

Les conditions dans lesquelles travaillent aujourd'hui les hommes de science sont différentes de celles de jadis.

TEXTE 48 : PAGE 116
LOUIS DE BROGLIE,
LE TRAVAIL DES HOMMES DE SCIENCE

Quelle place occupe le savant dans la société?

TEXTE 49 : PAGE 117
ROBERT OPPENHEIMER,
LE SAVANT DANS LA SOCIÉTÉ

L'art

Que recouvre ce mot? La distinction entre l'art et la technique n'est pas plus facile à établir que la distinction classique entre la technique et la science, selon le critère d'utilité ou de désintéressement.

TEXTE 50 : PAGE 122
ALBERT BAYET,
ARTS LIBÉRAUX ET ARTS MÉCANIQUES

L'homme, par la technique, ne réussit pas à échapper à la fatalité de son destin. L'art, par contre, « lui permet de nier son néant ».

TEXTE 51 : PAGE 124
ANDRÉ MALRAUX,
RETROUVER L'HOMME PARTOUT OU NOUS AVONS TROUVÉ CE QUI L'ÉCRASE

En effet, qu'il s'agisse de Beaux-Arts ou de littérature, aucun chef-d'œuvre ne naît de rien. Le présent est héritier du passé. « Aucun homme ne pense jamais que sur les pensées d'un autre. »

TEXTE 52 : PAGE 125
ALAIN,
TOUS LES ARTS SE SOUVIENNENT

C'est pourquoi la contemplation des grandes œuvres nous entraîne hors du temps. « La beauté d'une œuvre d'art ne se livre pas d'un seul coup dans une extase toujours identique à elle-même... L'œuvre d'art que nous aimons et que nous apprenons toujours à mieux connaître est comme un être aimé dont nous serions assuré que nous ne le perdrons pas. » Un chef-d'œuvre ne cesse jamais de parler.

TEXTE 53 : PAGE 127
GAETAN PICON,
L'ŒUVRE D'ART, SOURCE INTARISSABLE DE JOIE

La matière première de l'art est inépuisable; elle se rencontre partout. Encore faut-il ouvrir les yeux et savoir regarder, c'est-à-dire retrouver en

TEXTE 54 : PAGE 128
LUC BENOIST,
REGARDE

soi ce pouvoir caché d'émerveillement que l'on ressent devant toute chose belle. *Déceler la beauté sous ses formes les plus hautes s'apprend.*

TEXTE 55 : PAGE 131
ÉMILE HENRIOT,
LE VISIBLE ET L'AU-DELA DU VISIBLE

L'œuvre d'art n'est muette qu'en apparence : elle parle.

TEXTE 56 : PAGE 133
ANDRÉ MAUROIS,
NOS JUGEMENTS SONT DES JUGEMENTS DE MODE

Pour qui sait pénétrer dans l'intimité d'une œuvre, juger de la valeur d'un artiste des siècles passés est tâche relativement aisée : c'est que le temps a opéré une sélection. Quand il s'agit de porter un jugement sur un contemporain, il convient d'observer une grande prudence.

TEXTE 57 : PAGE 134
RENÉ HUYGHE,
COMMENT L'ART TRADUIT L'AME

L'artiste exprime dans l'œuvre d'art son intention lucide et avouée, mais aussi sa nature profonde, inaperçue de lui-même.

TEXTE 58 : PAGE 136
PIERRE FRANCASTEL,
L'UNIVERSALITÉ DE L'ART CONTEMPORAIN

L'art, participant à la transformation matérielle du monde, s'est universalisé.

La langue et la littérature

TEXTE 59 : PAGE 137
LOUIS MARTIN-CHAUFFIER,
LA LANGUE FRANÇAISE

« Un peuple ne dure et ne se sauve que par la survivance et le renouvellement perpétuel de ses valeurs spirituelles. » La France, trahie ou accablée par toutes les forces matérielles, humiliée, dépouillée, a pu se survivre grâce à la voix de ses écrivains qui ont continué malgré tout à répandre son message dans leur langue, la langue française qui est leur véritable patrie.

TEXTE 60 : PAGE 139
LOUIS DE BROGLIE,
PLAIDOYER EN FAVEUR DE LA LANGUE FRANÇAISE

L'évolution scientifique et technique risque d'avoir des répercussions néfastes sur la langue parlée et écrite. Il est intéressant de noter la position d'un savant à l'égard de ce problème.

TEXTE 61 : PAGE 140
HENRI QUÉFFELEC,
SCIENCE ET LITTÉRATURE

La littérature, parce qu'elle rend compte de la curiosité de l'esprit humain, est une science au même titre que les sciences de la nature. Science et littérature travaillent à expliquer le monde.

TEXTE 62 : PAGE 142
SAINT-JOHN PERSE,
POÉSIE ET SCIENCE

« L'aventure de l'esprit poétique ne le cède en rien aux ouvertures dramatiques de la science moderne. »

Avec la poésie moderne un langage de création se substitue à un langage d'expression. N'est-il pas de compromis possible entre ceux qui acceptent de soumettre le langage à la règle, à la mesure, à la raison et ceux qui ne veulent connaître que les injonctions incontrôlables de l'inconscient ?

TEXTE 63 : PAGE 144
PIERRE DE BOISDEFFRE, SITUATION DE LA POÉSIE CONTEMPORAINE

« Le monde romanesque, a dit Camus, n'est que la correction de ce monde-ci, suivant le désir profond de l'homme. » La vue que le romancier présente de l'univers est faussée par sa propre vision; elle donne au lecteur une image soit idéalisée, soit pessimiste, de la réalité. Voici une autre opinion, plus nuancée.

TEXTE 64 : PAGE 145
CHARLES PLISNIER, LE ROMANCIER PARLE A L'HOMME

Le Nouveau Roman, prolongeant les recherches de Proust, Cendrars, Joyce, Faulkner, Kafka, etc., a modifié les techniques du récit. Le lecteur est placé au centre de l'action et y participe à travers les pensées et les rêves des personnages auxquels il se substitue.

TEXTE 65 : PAGE 147
R. M. ALBÉRÈS, LE NOUVEAU ROMAN HYPNOTISE LE LECTEUR

« L'homme se reconnaît dans le personnage de roman et le personnage de théâtre. »

TEXTE 66 : PAGE 149
PIERRE-AIMÉ TOUCHARD, PERSONNAGE DE ROMAN, PERSONNAGE DE THÉATRE

L'œuvre fait partie de la vie; la connaissance du personnage éclaire, sans nul doute, son ouvrage. *La biographie* n'est pas un genre mineur. Il faut que le biographe allie les qualités de l'historien impartial à celles du plus pénétrant des moralistes et à l'art du romancier.

TEXTE 67 : PAGE 150
ANDRÉ MAUROIS, L'HOMME ET L'ŒUVRE

Par-dessus les frontières mouvantes que le déroulement de l'Histoire a tracées, *la Géographie* permet de prendre une vue plus large des grands ensembles humains dont l'affrontement ou la collaboration semblent devoir conditionner l'existence du monde de demain. L'atlas est le plus merveilleux des livres d'images.

TEXTE 68 : PAGE 151
THÉODORE MONOD, PENSEZ GÉOGRAPHIE

L'Histoire nous apprend le « comment » des choses, mais elle peut nous en révéler également le « pourquoi ».

TEXTE 69 : PAGE 152
GONZAGUE DE REYNOLD, ÉTUDE ET PRATIQUE DE L'HISTOIRE

TEXTE 70 : PAGE 153
ARNOLD TOYNBEE,
L'HISTORIEN DEVANT LE MONDE MODERNE

Grâce aux recherches des ethnologues et des archéologues, grâce aux progrès de la psychologie, l'historien d'aujourd'hui est armé pour mener à bien une étude globale de l'humanité.

TEXTE 71 : PAGE 155
SERGE DOUBROVSKY,
CRITIQUE TRADITIONNELLE ET NOUVELLE CRITIQUE

Dans le domaine de la critique comme dans celui de la création artistique, romanesque ou théâtrale les tenants de la pensée classique et des humanités traditionnelles s'opposent aux partisans d'un renouvellement de la critique par les multiples apports des sciences humaines.

TEXTE 72 : PAGE 157
ANDRÉ GIDE,
L'ART EST LE RÉSULTAT D'UNE CONTRAINTE

La création artistique, notamment littéraire, est-elle due à l'inspiration libre ou au travail minutieux, à la soumission à des règles strictes ?

TEXTE 73 : PAGE 158
ALBERT CAMUS,
L'ART EST-IL UN LUXE MENSONGER ?

S'il ne veut pas se livrer aux jeux de l'Art pour l'Art, ni aux prêches de l'art réaliste, quelle doit être *la mission de l'écrivain du XXe siècle ?*

TEXTE 74 : PAGE 159
PIERRE GRIMAL,
UN POÈME VAUT UNE BATAILLE

L'œuvre littéraire est inséparable du moment historique.

TEXTE 75 : PAGE 160
JEAN-PAUL SARTRE,
L'ÉCRIVAIN DOIT ÊTRE ENGAGÉ

L'écrivain doit donc embrasser étroitement son époque.

Les autres arts

TEXTE 76 : PAGE 162
LUC BENOIST,
IMAGINATION-ABSTRACTION

La peinture s'est éloignée de la nature et a passé de la ressemblance à l'abstraction, du réel à l'imaginaire. L'art est affaire de sensibilité et non de raison et il faut renoncer à expliquer rationnellement ce qui échappe aux discours.

TEXTE 77 : PAGE 165
RENÉ HUYGHE
DROITE ET COURBE

En architecture, une révolution s'est opérée dans le monde des formes. En même temps que l'esprit « ingénieur » se substituait à l'esprit « architecte », s'affirmait dans le domaine esthétique la préférence de la courbe à la droite.

TEXTE 78 : PAGE 166
ALAIN,
LA SCULPTURE

Le sculpteur imprime à la matière une forme conçue par l'esprit. Mais la matière lui résiste. Ainsi la pierre s'impose à l'artiste dont la tâche est de « délivrer le modèle caché dans la pierre ou le bois ».

La musique n'est pas un art d'imitation, elle est l'art de penser avec les sons.

TEXTE 79 : PAGE 167
ALAIN,
DE L'EXPRESSION MUSICALE

La danse est rythme, harmonie et plaisir.

TEXTE 80 : PAGE 169
ALAIN,
LA DANSE

Le sport, comme la danse, comporte des vertus civilisatrices.

TEXTE 81 : PAGE 170
JEAN GIRAUDOUX,
LE SPORT EST UN ART

Bien que né d'une vulgaire technique de reproduction mécanique de la réalité, bien qu'il soit une industrie, *le cinéma* est-il un art ?

TEXTE 82 : PAGE 172
MARCEL MARTIN,
LE CINÉMA EST-IL UN ART ?

Moyens de culture et de diffusion de la pensée

L'homme se cultive par l'effort intellectuel qu'il fournit dans le but de favoriser l'épanouissement de toutes ses qualités. Autrefois l'homme se cultivait par réflexion sur son expérience personnelle et par la confrontation avec les livres. Le monde moderne lui offre des moyens supplémentaires : presse, cinéma, radio, télévision.

La presse dont le rôle est d'informer introduit l'homme dans une connaissance de faits ou de problèmes nouveaux pour lui. Un de ses mérites est de donner la possibilité à tous les hommes de participer à *la vie publique*.

TEXTE 83 : PAGE 174
BERNARD VOYENNE,
LA NOUVELLE AGORA

Le cinéma n'est pas seulement un moyen de libération ou d'évasion; il permet aussi de s'informer, de s'instruire, de réfléchir.

TEXTE 84 : PAGE 176
HENRI AGEL,
CINÉMA ET CULTURE

La télévision, cumulant les avantages du cinéma et de la radio, transporte « l'inconnu à domicile ».

TEXTE 85 : PAGE 178
GEORGES HOURDIN,
PUISSANCE
DE LA TÉLÉVISION

Mais *le livre* reste, par sa nature, un incomparable instrument d'information, de communication à travers le temps et l'espace, de culture et de formation.

TEXTE 86 : PAGE 180
ANDRÉ MAUROIS,
DES LIVRES ET DES BIBLIOTHÈQUES

TROISIÈME PARTIE

PROBLÈMES DE CIVILISATION

Problèmes contemporains

L'homme de notre temps tente de résoudre les problèmes posés par le développement et les imperfections de notre civilisation : ne faudra-t-il pas payer les conquêtes du progrès de la perte des biens dont elles procèdent ?

TEXTE 87 : PAGE 186
FRANÇOIS DE CLOSETS,
LA CIVILISATION TECHNICIENNE N'EST ENCORE QU'UNE PSEUDO-CIVILISATION

Le défaut du monde moderne est de placer son ambition suprême dans l'accumulation des richesses et non dans le bonheur des individus.

TEXTE 88 : PAGE 187
RENÉ-VICTOR PILHES,
UNE FIRME MULTINATIONALE

TEXTE 89 : PAGE 189
RENÉ-VICTOR PILHES,
QUE SAVENT-ILS CEUX QUI DIRIGENT ROSSERYS ET MITCHELL ?

La production et la distribution des richesses sont entre les mains de sociétés internationales qui sachant à la fois produire l'abondance et susciter les besoins des individus disposent dans le monde d'aujourd'hui d'une puissance que certains estiment abusive.

TEXTE 90 : PAGE 191
JULES ROMAINS,
LES TROIS COURBES

Le progrès de la conscience n'a pu suivre le rythme accéléré du progrès de la connaissance.

TEXTE 91 : PAGE 194
CHEIKH HAMIDOU KANE,
L'OCCIDENTAL ET LE TIERS MONDE

Les imperfections de la civilisation occidentale sont particulièrement sensibles aux peuples du Tiers Monde.

TEXTE 92 : PAGE 196
PAUL RICŒUR,
CONFLIT DE LA CIVILISATION UNIVERSELLE ET DES CULTURES NATIONALES

Mais, pour accéder à la modernisation, ne faut-il pas que les peuples se débarrassent de leur vieux passé culturel ?

La constatation des insuffisances de la civilisation moderne se fonde sur des observations diverses.

TEXTE 93 : PAGE 198
JOSUÉ DE CASTRO,
CORPS ET AME DE L'HOMME AFFAMÉ

Les progrès prodigieux accomplis par la « civilisation technicienne » mettent cruellement en valeur *le problème de la faim*. Il ne s'agit pas là d'un problème nouveau, mais il prend de nos jours une acuité particulière.

Chassés de leurs pays par la misère, de nombreux travailleurs viennent dans les pays fortement industrialisés. Leur présence pose de nombreux problèmes.

TEXTE 94 : PAGE 200
FRANÇOIS DE CLOSETS,
LE PROBLÈME DES TRAVAILLEURS IMMIGRÉS

Ces problèmes affectent à la fois les pays d'origine des travailleurs étrangers lorsque ceux-ci retournent dans leur pays, mais aussi les pays qui emploient cette main-d'œuvre étrangère, nécessaire, mais mal acceptée.

TEXTE 95 : PAGE 201
JEAN LACOUTURE,
TRAVAILLEURS IMMIGRÉS ET RACISME

Aucun lieu du monde n'est à l'abri des atteintes de la civilisation industrielle dont les déchets souillent parfois les sites les plus beaux de notre planète.

TEXTE 96 : PAGE 203
CLAUDE LEVY-STRAUSS,
LES DÉCHETS DE LA CIVILISATION INDUSTRIELLE

L'homme ne détruit pas seulement la beauté des sites, son intervention est susceptible de modifier le milieu et de dégrader la nature en l'exploitant sans limite.

TEXTE 97 : PAGE 204
ROGER HEIM,
ACTION DE L'HOMME SUR LE MILIEU NATUREL

La déchéance de la Nature provoque semblable déchéance de l'homme qui s'aliène en vivant dans un monde dans lequel il a déclenché un redoutable processus d'autodestruction.

TEXTE 98 : PAGE 206
PHILIPPE SAINT-MARC,
DE LA DESTRUCTION DE LA NATURE A L'ALIÉNATION DE L'HOMME

La civilisation mécanique entame l'intégrité humaine et altère l'âme de l'humanité.

TEXTE 99 : PAGE 208
GEORGES DUHAMEL,
ARTS DYNAMIQUES ET CULTURE

Les réalisations de la technique conditionnent les activités de l'individu et l'individu lui-même.

TEXTE 100 : PAGE 209
RENÉ DUCHET,
DÉPERSONNALISATION DE L'HOMME

L'homme a ainsi créé un « milieu technique » dans lequel les grands ensembles constituant les Villes nouvelles offrent une triste image de la dépersonnalisation de l'individu.

TEXTE 101 : PAGE 211
CHRISTIANE ROCHEFORT,
CITÉS NOUVELLES

Dans ces rassemblements de « solitudes agglomérées », il n'existe pas d'autres moyens de se définir une identité et de communiquer avec les autres que d'utiliser les objets et les idéologies distribués par les organisations qui les produisent.

TEXTE 102 : PAGE 212
CHRISTIANE ROCHEFORT,
LE PRIX DES CHOSES

TEXTE 103 : PAGE 214
JACQUES DOUYAU,
« LE BUSINESSMAN »

Il s'est créé et répandu un type d'hommes conditionnés eux-mêmes par le seul souci d'étendre leurs affaires et de gagner de plus en plus d'argent.

TEXTE 104 : PAGE 215
JEAN HAMBURGER,
L'HOMME CONTEMPORAIN EST INCOHÉRENT

Le drame actuel de l'homme naît de son incohérence due à la coexistence en lui de réactions affectives toujours aussi primitives et immédiates et d'une intelligence logique qui se développe sous l'effet de ses propres inventions.

TEXTE 105 : PAGE 217
JEAN-LOUIS SERVAN-SCHREIBER,
L'INTOXICATION PAR LES MÉDIAS

Les voix de la radio, les images de la télévision sont devenues des besoins qui soumettent à leurs programmes le rythme de la vie et agissent comme des drogues sur l'esprit du patient.

Les quelques observations précédentes doivent-elles nous conduire au pessimisme ? De grands penseurs nous proposent de placer notre confiance dans la sagesse et la volonté de l'homme.

TEXTE 106 : PAGE 219
JOSUÉ DE CASTRO,
FAIM ET POLITIQUE

La résolution du problème de la faim est à sa portée, non par l'application de méthodes malthusiennes mais par « l'instauration d'une économie d'abondance ».

TEXTE 107 : PAGE 221
DENIS DE ROUGEMONT,
DE LA GUERRE PLANÉTAIRE A LA PENSÉE PLANÉTAIRE

Les guerres mondiales lui ont démontré l'urgence de se forger *une conscience universelle*.

TEXTE 108 : PAGE 222
RENÉ DUCHET,
NÉCESSITÉ D'UNE CONSCIENCE PLANÉTAIRE

De cet élargissement de la conscience individuelle dépend le sort de l'espèce.

TEXTE 109 : PAGE 223
WERNER HEISENBERG,
LA SCIENCE MODERNE ET LE MONDE FUTUR

La science moderne, en particulier, comprend quel rôle capital est le sien dans l'établissement de la paix du monde et dans l'élaboration de l'humanisme des temps à venir.

TEXTE 110 : PAGE 226
PAUL LANGEVIN,
LA BASE SCIENTIFIQUE DE LA MORALE HUMAINE

Elle ne fonde pas la morale, mais on peut en tirer des leçons morales.

TEXTE 111 : PAGE 227
PIERRE-HENRI SIMON.
LA VICTOIRE DE PROMÉTHÉE

L'homme se réjouit à juste titre de ses nouvelles conquêtes, mais il faut qu'il fasse bon usage de la puissance qu'il détient.

Pour cela, il doit apprendre d'abord à se connaître lui-même.

TEXTE 112 : PAGE 228
KRISHNAMURTI,
CONNAITRE SON PROCHAIN, SE CONNAITRE SOI-MÊME

« L'homme devrait être la mesure de tout. »

TEXTE 113 : PAGE 230
ALEXIS CARREL,
POUR UNE SCIENCE DE L'HOMME

Le travail a constitué jusqu'à maintenant l'unique mesure de sa valeur. Le parti qu'il tirera des possibilités de *loisirs* de plus en plus vastes dispensées par le progrès, en sera désormais un nouveau critère.

TEXTE 114 : PAGE 231
JOFFRE DUMAZEDIER,
LES TROIS FONCTIONS DU LOISIR

Il ne pourra lutter contre « l'intoxication insidieuse » à laquelle il est soumis de nos jours qu'en préservant la « paix essentielle des profondeurs de l'être », délivré de tout besoin de divertissement, de tout souci de développement.

TEXTE 115 : PAGE 232
PAUL VALÉRY,
LE LOISIR INTÉRIEUR

« Le monde des affaires lui-même découvre que la compétence technique n'est pas tout, que la spéculation, si elle n'est pas nourrie d'une culture plus ample, ouverte sur de larges horizons humains, peut être dangereuse. »

TEXTE 116 : PAGE 234
GEORGES FRIEDMANN,
NÉCESSITÉ D'UN APPORT HUMANISTE

« Le rôle de l'éducation dans la sauvegarde et l'accomplissement de la personne humaine devient essentiel. »

TEXTE 117 : PAGE 235
RENÉ DUCHET,
ROLE DE L'ÉDUCATION DANS LE MONDE MODERNE

Mais il faut qu'elle s'adapte aux conditions de notre temps...

TEXTE 118 : PAGE 236
GASTON BERGER,
L'INSTRUCTION ET L'ÉDUCATION DE NOTRE TEMPS

en élargissant les cadres de l'humanisme classique, en unissant l'expérience de l'Université et celle des hommes d'action qu'elle a souvent formés.

TEXTE 119 : PAGE 237
GASTON BERGER,
LA CULTURE DE DEMAIN

N'est-ce pas pourtant l'humanisme classique qui sauvera la culture désintéressée, en définitive essentielle « au maintien de l'esprit scientifique lui-même » ?

TEXTE 120 : PAGE 239
PIERRE BOYANCÉ,
L'HUMANISME CLASSIQUE ET LE MONDE MODERNE

Quelle que soit l'orientation de la culture, il apparaît indispensable que les chercheurs confrontent leurs visions différentes du monde et comblent « le fossé qui les sépare... de la foule des autres ».

TEXTE 121 : PAGE 240
JACQUES DE BOURBON-BUSSET,
NÉCESSITÉ DE L'UNITÉ DE LA CULTURE

Le pasteur Martin Luther King a payé de sa vie sa volonté de lutter contre le racisme par des moyens non violents.

TEXTE 133 : PAGE 260
MARTIN LUTHER KING,
NOUS, LES NOIRS...

C'est autant dans la prise de conscience de leur identité culturelle que dans leur volonté d'indépendance qu'ont pris naissance les mouvements de libération nationale des pays colonisés.

TEXTE 134 : PAGE 261
AMILCAR CABRAL,
LA CULTURE ET LE COMBAT POUR L'INDÉPENDANCE

Notre civilisation repose sur le culte de l'homme. Si elle est menacée, c'est que la dignité de l'homme est menacée.

TEXTE 135 : PAGE 264
SAINT-EXUPÉRY,
IL FAUT RESTAURER L'HOMME

Une civilisation qui humilie l'homme se condamne elle-même.

TEXTE 136 : PAGE 265
THIERRY MAULNIER,
L'HUMILIATION

Pourtant, aussi parfaite que nous rêvions la Société de demain, il faut prévoir encore des inégalités, des inadaptations, des souffrances. Quelle sera notre attitude à l'égard de ces « pauvres »?

TEXTE 137 : PAGE 266
PIERRE CHOUARD,
VOUS AUREZ TOUJOURS DES PAUVRES PARMI VOUS

La quête du bonheur constitue un véritable art de vivre. On apprend à être heureux.

TEXTE 138 : PAGE 267
ALAIN,
L'ART D'ÊTRE HEUREUX

Une famille unie évoque pour beaucoup l'image même du bonheur, liée aux souvenirs d'une enfance heureuse. Mais la famille a subi une évolution qui a modifié sa structure et son esprit.

TEXTE 139 : PAGE 268
A. JEANNIÈRE,
ÉVOLUTION DE LA FAMILLE

L'évolution de la famille est liée à l'évolution de la condition de la femme dans la famille et dans la société.

TEXTE 140 : PAGE 270
PASCAL LAINÉ,
LE FÉMINISME

La femme moderne se sent souvent écartelée entre les exigences du foyer et le désir de s'accomplir dans une activité indépendante.

TEXTE 141 : PAGE 271
ANDRÉE CHAZALETTE,
LES CONTRAINTES DE LA CONDITION FÉMININE

Patrie et humanité ne sont pas des termes contradictoires. Connaître les qualités et les défauts du peuple auquel on appartient peut aider à la compréhension des autres peuples.

TEXTE 142 : PAGE 273
JULES ROMAINS,
PORTRAIT DES FRANÇAIS

Des « minorités nationales » contestent l'autorité du centralisme unificateur et veulent faire reconnaître leur originalité économique et culturelle.

TEXTE 143 : PAGE 275
ROBERT LAFONT,
L'UNITÉ FRANÇAISE ET LES MINORITÉS NATIONALES

TEXTE 144 : PAGE 276
MORVAN LEBESQUE,
AUTONOMIE FÉDÉRALE POUR LA BRETAGNE

Dans plusieurs régions : Bretagne, Corse, Occitanie, Pays basque, etc., des mouvements régionalistes vont jusqu'à réclamer leur autonomie par des formes violentes.

TEXTE 145 : PAGE 278
KRISHNAMURTI,
LE SENTIMENT DE L'UNITÉ HUMAINE

C'est dans la notion d'humanité que tous les peuples peuvent se rencontrer.

TEXTE 146 : PAGE 279
JEAN ONIMUS,
RÉFLEXIONS SUR LA VIOLENCE

Le sentiment de l'unité humaine n'est pas encore suffisamment développé parmi les hommes pour que les conflits de toute nature qui les divisent ne se manifestent par la violence.

TEXTE 147 : PAGE 281
JEAN D'ORMESSON,
LE TEMPS DE LA VIOLENCE

Cette profession de foi d'un héros de roman semble annoncer des événements qui se sont réellement produits.

TEXTE 148 : PAGE 283
JACQUES ELLUL,
LE TERRORISME HUMANISTE

Il est des formes de violences subtiles et feutrées qui créent chez l'individu un sentiment d'insécurité permanente, très proche de celui provoqué par le terrorisme.

TEXTE 149 : PAGE 286
HERVÉ CHABALIER,
L'ENFER DE LA DÉFONCE

Contre les imperfections de notre civilisation, certains réagissent par la violence, d'autres par le refus, la fuite, d'autres encore par le recours à la drogue.

TEXTE 150 : PAGE 288
JEAN DUVIGNAUD,
QUE PENSER DES COMMUNAUTÉS ?

Un aspect du désir de départ est la volonté de fuir la société que l'on refuse, pour vivre dans des communautés organisées sous des formes multiples.

TEXTE 151 : PAGE 290
ALFRED SAUVY,
LA VIE SIMPLE

Beaucoup de ces communautés s'établissent dans des fermes abandonnées et tentent de réaliser le rêve d'une vie rustique proche de la nature. Mais combien de déviations, de « tricheries » et finalement d'échecs marquent ces tentatives ?

TEXTE 152 : PAGE 293
ALBERT CAMUS,
IL N'EST PAS DE DESTIN QUI NE SE SURMONTE PAR LE MÉPRIS

TEXTE 153 : PAGE 294
JEAN FRÉVILLE,
L'HOMME, MAITRE DE LA NATURE ET DE LA VIE

Les conditions d'existence imposées par la vie moderne ne sont pas étrangères au sentiment de l'absurde né de l'enchaînement mécanique des gestes quotidiens. Mais cette fatalité peut être surmontée et l'homme peut, s'il le veut, se rendre maître de son destin.

QUATRIÈME PARTIE

PERSPECTIVES NOUVELLES

Notre monde « en devenir » doit voir loin dans l'avenir et prendre *une attitude prospective*, s'il veut infléchir l'événement et éviter la catastrophe.

TEXTE 154 : PAGE 298
JACQUES DE BOURBON-BUSSET,
RÉFLEXIONS SUR L'ATTITUDE PROSPECTIVE

En raison des progrès de l'automation, la pensée (« le milieu d'organisation », qui est aussi le milieu « de pouvoir et de décision ») prend le pas sur l'exécution (« le milieu ouvrier d'exécution »).

TEXTE 155 : PAGE 299
GEORGES FRIEDMANN,
LE TRAVAIL DANS LE MONDE DE DEMAIN

L'industrie américaine est si puissante et présente des techniques de fabrication et d'organisation si efficaces qu'il est tentant de la prendre pour modèle et de lui confier la gestion de nos industries. Mais cette attitude présente de graves dangers.

TEXTE 156 : PAGE 302
J.-J. SERVAN-SCHREIBER,
POUR OU CONTRE L'AMÉRICANISATION

Quel que soit le processus suivi par leur développement les sociétés industrielles subiront de rapides et profonds changements.

TEXTE 157 : PAGE 304
J.-J. SERVAN-SCHREIBER,
LE MONDE AU-DELA DE 1980

Mais vers quel avenir nous entraîne l'accélération du progrès matériel ?

TEXTE 158 : PAGE 306
LOUIS LEPRINCE-RINGUET,
L'INQUIÉTUDE DE NOS SOCIÉTÉS DEVANT L'AVENIR

Traduisant tout un ensemble d'aspirations multiples qui tendent à la conquête d'un bonheur nouveau, *le loisir* ne va-t-il pas déterminer un bouleversement des fondements mêmes de notre conception de la civilisation ?

TEXTE 159 : PAGE 307
JOFFRE DUMAZEDIER,
LE LOISIR, CLEF D'UN NOUVEAU MONDE

« Depuis deux mille ans notre société avait relativement peu changé dans ses structures. Elle a plus changé en trente ans qu'en trois cents ans »... il n'est pas étonnant que le littérateur se soit proposé de rendre compte de cette stabilité comme on le voit dans les grands romans du XIXe siècle. Mais dans le monde en mouvement qui est le nôtre, quel sera *le rôle de l'écrivain* ?

TEXTE 160 : PAGE 309
JACQUES DE BOURBON-BUSSET,
LA LITTÉRATURE DANS LA SOCIÉTÉ DE DEMAIN

Le nombre des artistes dans le monde connaît un accroissement prodigieux en raison de la multiplication des centres de formation artistique.

TEXTE 161 : PAGE 312
GASTON DIEHL,
L'ART DANS LA SOCIÉTÉ DE DEMAIN

La civilisation moderne fera de plus en plus appel à eux : grandes entreprises, cinéma, télévision, théâtre, imprimerie. Le public, de son côté, s'éveille de plus en plus à la vie artistique en raison de la diffusion des cours d'art dans notre civilisation visuelle où « l'image règne sans conteste et accède à une immédiate universalité ».

TEXTE 162 : PAGE 313
PIERRE DE BOISDEFFRE,
LE DRAME DE LA LITTÉRATURE D'AUJOURD'HUI

Les écrivains et les artistes ont donc un rôle éminent à jouer dans la société qui se prépare. De nos jours leurs œuvres reflètent les incertitudes et les angoisses de l'homme devant un destin dont il ne se sent plus le maître.

TEXTE 163 : PAGE 314
ROGER GARAUDY,
L'ENGAGEMENT POLITIQUE

C'est justement pour prendre en charge son propre destin que l'homme doit prendre parti dans le combat politique dans lequel, qu'il le veuille ou non, il est engagé.

TEXTE 164 : PAGE 316
ROGER GARAUDY,
L'AUTOGESTION

L'une des formes de l'action politique est la participation à l'autogestion qui s'étend à tous les secteurs de l'activité sociale.

TEXTE 165 : PAGE 317
MICHEL ROCARD,
LE CONSOMMATEUR ET LA POLITIQUE

Dans un monde où le consommateur, « nous tous par excellence » (J. Kennedy), estime qu'il n'est pas un simple acheteur mais qu'il a un avis à donner sur ce que doit être la production et la distribution pour satisfaire ses besoins réels, il devient une force politique.

TEXTE 166 : PAGE 319
PIERRE VIANSSON-PONTÉ,
AUTOGESTION DE LA VIE QUOTIDIENNE

Les gens qui se groupent çà et là pour défendre tels intérêts collectifs ou telles idées générales pratiquent l'autogestion et portent l'espoir de corriger dans leur application les décisions contestables de technocrates autoritaires.

TEXTE 167 : PAGE 321
FRANÇOIS DE CLOSETS,
LES AGRICULTEURS CONSERVERONT LEURS FERMES

En dépit des assertions des spécialistes uniquement soucieux de rentabilité, l'industrialisation de la production agricole se heurte à la résistance des agriculteurs qui refusent l'exode et veulent maintenir des structures d'équilibre pour l'individu et la société.

Sur un plan plus général, la résistance de certains mouvements régionalistes peut aider à corriger la rigidité et l'uniformité de l'organisation régionale décidée par le pouvoir central.

TEXTE 168 : PAGE 322
BERTRAND FESSARD DE FOUCAULT,
LES FRANÇAIS ONT DROIT A LA DIFFÉRENCE

Comme la publicité dans le domaine commercial, ou la propagande dans le domaine politique, toutes les entreprises de mise en condition de l'individu utilisent les médias, à l'égard desquels l'individu doit prendre une attitude critique.

TEXTE 169 : PAGE 324
JEAN-LOUIS SERVAN-SCHREIBER,
UNE HYGIÈNE POUR LES MÉDIAS

L'homme a des raisons d'être inquiet pour son avenir et les savants sont les premiers à lui recommander la prudence à l'égard des applications des progrès scientifiques.

TEXTE 170 : PAGE 326
PIERRE-P. GRASSÉ,
L'HOMME DEVANT SON AVENIR

La recherche de la qualité de la vie devrait orienter les lignes de force du progrès.

TEXTE 171 : PAGE 327
GEORGES ELGOZY,
RÉHABILITATION DE LA QUALITÉ

Malheureusement rien n'est sûr, rien n'est fixe. Les valeurs morales, les vérités admises, les tabous les plus sacrés sont sapés dans leurs fondements par les découvertes scientifiques.

TEXTE 172 : PAGE 329
FRANÇOIS DE CLOSETS,
SCIENCE CONTRE VALEUR

Mais la connaissance scientifique ne rend compte que des phénomènes qui s'ouvrent à son investigation. Beaucoup sont hors de son domaine. Si elle rend difficile l'entrée dans un univers religieux, elle développe et enrichit la foi du croyant par la rigueur qu'elle impose dans la recherche de la Vérité.

TEXTE 173 : PAGE 331
LOUIS LEPRINCE-RINGUET,
SCIENCE ET RELIGION

Entre le pessimisme qui exige des qualités hors du commun et la violence, il existe une attitude efficace et raisonnable.

TEXTE 174 : PAGE 332
ARNOLD TOYNBEE,
NOTRE SORT EST ENTRE NOS MAINS

La vie de l'homme doit s'adapter à ces nouvelles conditions d'existence.

TEXTE 175 : PAGE 334
RENÉ DUCHET,
NOUS AVONS A PROMOUVOIR UN NOUVEL ART DE VIVRE

Mais l'évolution est-elle nécessairement un progrès ? Le progrès est-il fatal ?

TEXTE 176 : PAGE 336
ALAIN,
LA RUSE DE L'HOMME

TEXTE 177 : PAGE 338
PIERRE TEILHARD DE CHARDIN,
NOUS VIVONS UN CHANGEMENT D'AGE

De nombreux penseurs ont tenté de définir l'ampleur réelle et les caractères du mouvement qui emporte notre temps.

TEXTE 178 : PAGE 340
PIERRE TEILHARD DE CHARDIN,
L'IDÉE D'HUMANITÉ

Au centre de ce mouvement se précise la conception concrète d'une solidarité entre les masses humaines de notre planète.

TEXTE 179 : PAGE 341
GEORGES BASTIDE,
LA VOIE UNIQUE

A travers courants et remous apparaît la voie dans laquelle s'avance l'humanité.

TEXTE 180 : PAGE 343
JACQUES MONOD,
LE MAL DE L'AME MODERNE

Et si cette Voie Unique dans laquelle l'Humanité est engagée n'était qu'une illusion? Si les sources de la connaissance et celles des valeurs, jusqu'ici confondues, venaient à se séparer? C'est le mal de l'âme moderne qui hésite à accepter le refus de la science de reconnaître une valeur objective aux impératifs qui constituent depuis des millénaires les fondements moraux de la Civilisation.

Introduction

1. CIVILISATION ET CIVILISATIONS

GRAND LAROUSSE ENCYCLOPÉDIQUE, TOME III, 1960.

Définir *la civilisation*, c'est tout d'abord faire l'histoire d'un mot jeune dans notre langue : il est né au siècle des lumières, au milieu du XVIIIe siècle, et cette date de naissance, qui n'a rien de fortuit, permet d'éclaircir dans une large mesure le sort de cette notion jusqu'à nos jours. Définir *les civilisations*, c'est ensuite explorer les grands systèmes d'explication qui prétendent rendre compte du destin mortel des civilisations, hier et aujourd'hui.

Sans doute, la langue française moderne possédait-elle, avant 1750, la notion confuse de civilisation : le substantif lui-même n'existe que dans la langue juridique, pour désigner la transformation d'une procédure, du criminel au civil; mais l'adjectif *civilisé* est employé depuis longtemps dans le même sens que *policé*, pour désigner un peuple, une nation qui possèdent et appliquent des lois et coutumes éloignées de toute barbarie. Apparenté à *politesse* et à *civilité*, le nouveau terme a, pour ainsi dire, suppléé la défaillance de *policé*, doté dès le XVIIe siècle du sens restreint qui est encore le sien de nos jours. Pourtant, le mot *civilisation* garde de ses origines un trait supplémentaire : il ne désigne pas seulement un état, mais un acte; fils de la philosophie des Lumières, il exprime à sa façon l'idée du progrès humain, la foi des philosophes. Lancé et adopté au moment où paraît l'*Encyclopédie* (en 1756 exactement par le marquis de Mirabeau dans son traité *L'Ami des Hommes*), le mot et la notion expriment leur confiance dans le progrès historique des groupes humains, depuis l'état sauvage jusqu'à la perfection civilisée. En ce premier sens, ce substantif n'admet donc pas de pluriel : il exprime la progression de l'humanité tout entière — discontinue sans doute, coupée de stagnations et de régressions fâcheuses — vers un état supérieur, encore jamais atteint, mais entrevu au XVIIIe siècle, grâce à Voltaire, Diderot, Montesquieu, d'Alembert, d'Holbach, Buffon, etc... Dès le début du siècle suivant, le mot désigne pourtant une notion assez différente : les Encyclopédistes n'étaient pas encore disparus, il est vrai, que des voyageurs comme Bougainville et un révolté comme J.-J. Rousseau ont vanté les vertus incomparables des bons sauvages restés à l'état de nature — vieux thème de la littérature d'évasion hors d'Europe, actualisé aussi par la visite du « bonhomme » Franklin à Paris; cependant que d'autres ont décrit avec complaisance la haute civilisation des peuples de l'Extrême-Orient. De cette documentation longuement méditée s'est dégagée rapidement la « conception ethnographique » de la civilisation, qui reconnaît à chaque groupe humain, à chaque société, *sa* civilisation, plus ou moins ancienne, plus ou moins riche : les hommes préhistoriques de la pierre ancienne comme les Incas, les Grecs contemporains de Périclès et les peuples barbares, Scythes, Perses, qui ne parlaient pas grec, ont eu leur civilisation. Dès le début du XIXe siècle, ce pluriel ethnographique est couramment employé.

Ces deux acceptions du mot ont poursuivi parallèlement leur carrière jusqu'à nos jours : nous parlons encore trop souvent de crimes contre la civilisation; d'autre part, historiens, ethnologues, spécialistes des aires culturelles étudient la civilisation d'hier et d'aujourd'hui. Mais les contaminations sont fréquentes; nous avons conservé du XVIIIe siècle une foi solide, même lorsqu'elle ne s'exprime pas clairement, dans la perfectibilité de l'individu et des sociétés humaines; nous en avons gardé l'habitude de classer, de qualifier, distinguant les civilisations raffinées de la Chine, du Japon, et celles, frustes, des Fuégiens, des Hottentots...

Ces adjectifs mettent en cause, implicitement, le contenu des civilisations et plus précisément l'aspect culturel de la notion : quiconque dit civilisation raffinée sous-entend une vie intellectuelle, religieuse, artistique d'une grande richesse. Des écrivains allemands, férus de *kultur* et de philosophie de l'histoire (Spengler, par exemple) ont beaucoup brodé sur ce thème, voici une trentaine d'années, opposant la culture, vivante et florissante, à la civilisation, état de maturité proche de la décadence. Mais ces jeux assez vains n'ont jamais reçu une grande audience dans la pensée française, et quelques mésaventures politiques les ont discrédités même outre-Rhin. Pour nous, décrire la civilisation d'un peuple, c'est évoquer sa vie culturelle assurément, mais aussi le contexte socio-économique et politique dans lequel se déploie celui-ci. L'histoire des civilisations, c'est par excellence l'histoire totale que revendiquait Michelet au siècle dernier : nous appellerons ainsi civilisation française certaine façon de vivre, qui s'est peu à peu constituée, au cours des temps, sur une aire géographique bien déterminée; depuis les environs de l'an mille, où ce style de vie français prend conscience de lui, jusqu'à nos jours les évolutions ont été nombreuses, ce qui autorise à parler de *moments*, d'*états* de cette civilisation : à l'époque de saint Louis, de Louis XIV, sous le second Empire, par exemple. Et, pour chaque période, il importe de ne pas séparer la vie spirituelle et artistique du substrat matériel, du jeu des institutions, du rôle tenu par les différents groupes sociaux; il n'est pas possible de faire comprendre les uns sans les autres, tant est juste le vieux dicton : « Il n'y a pas de flamme sur une lampe sans huile. »

2. L'IDÉE DE CIVILISATION

GEORGES BASTIDE

MIRAGES ET CERTITUDES DE LA CIVILISATION,
PRIVAT ÉD., 1953.

Lorsque nous prononçons le mot de civilisation dans la vie quotidienne, en dehors de toute préoccupation d'analyse et d'approfondissement philosophiques et en nous laissant porter pour ainsi dire par le sens commun, il semble bien que nous entendions par ce mot un certain nombre d'acquisitions dont le caractère général et essentiel serait d'être imputables à l'homme : tout objet ou tout fait de civilisation porte la marque d'une présence ou d'une intervention humaine actuelle ou passée; et inversement tout objet ou tout fait qui ne révèle pas cette présence ou cette intervention humaine sera classé parmi les choses, non de la civilisation, mais de la nature. Certes, dans tout objet de civilisation, la matière est bien naturelle car l'homme ne fait rien de rien, mais cette matière a toujours subi une information de la part de l'homme. *Ars est homo additus naturae*[1], a-t-on dit : c'est à cette intervention humaine au sens large que nous pensons aujourd'hui lorsque nous prononçons le mot de civilisation. Le plus modeste sentier de montagne est un fait de civilisation au même titre que le plus somptueux des palais, tandis qu'une hutte de castor ou une ruche sont tenues pour des choses purement naturelles, si habile que puisse nous en paraître l'architecture.

A quoi reconnaissons-nous donc cette présence et cette intervention humaines lorsqu'elles ne sont pas immédiatement manifestes par l'action effective actuelle d'un être humain? C'est que nous percevons en tout fait ou en tout objet de civilisation une intentionalité qui réveille aussitôt un écho en nous-même. Ces faits ou ces objets manifestent chez leurs auteurs une tendance constante, spécifiquement humaine, et c'est pourquoi tout homme la retrouve aussitôt en lui. D'une façon toute générale, ces acquisitions humaines qui constituent la civilisation au sens le plus commun du mot, témoignent de ce que l'on peut appeler, en un sens tout aussi commun, une volonté d'affranchissement. Ces acquisitions doivent, en effet, permettre en premier lieu une indépendance sans cesse accrue de l'homme par rapport aux fatalités naturelles. La nature fait-elle peser sur l'homme la fatalité du nécessaire, comme la nécessité biologique où nous sommes de marcher sur la terre ferme et l'impossibilité anatomique et physiologique de traverser les mers et les airs? La civilisation s'ingénie à rendre ces nécessités contingentes. La nature nous accable-t-elle de la non moins lourde fatalité de la contingence, du hasard, de l'imprévu, comme en sont remplis tous les phénomènes biologiques? La civilisation s'efforce de faire de ces contingences des nécessités dont elle est maîtresse. C'est cette volonté de nous rendre « maîtres et possesseurs » de la nature qui manifeste son intentionalité spécifiquement humaine dans tous les faits de civilisation.

Par voie de corollaire, les acquisitions de la civilisation doivent permettre en second lieu une richesse accrue du clavier des désirs humains. Quand on a soif, disait un ascète, c'est d'eau qu'on a soif. Et cela serait vrai dans l'ordre de la nature. Mais sur ce besoin fondamental, la civilisation peut broder mille variations. Et non seulement elle peut broder à l'infini sur les thèmes de la nature, mais elle peut créer de toutes pièces des thèmes de désirs nouveaux et sans analogie dans les comportements vitaux élémentaires. Dans cette catégorie entreraient tous les faits de civilisation par lesquels s'oublie le vouloir-vivre de l'individu et de l'espèce : la science pure, l'art, et toutes les formes d'activité philosophique et religieuse qui visent un objet transcendant, hors de ce monde, et qui tiennent cependant une place des plus importantes dans la notion de civilisation.

Enfin, en troisième lieu et toujours par voie de corollaire, la civilisation permet à ces désirs dont le clavier s'enrichit et se nuance, d'obtenir une facilité plus grande dans leurs moyens de satisfaction. Cette facilité se traduit, dans son apparence globale et selon le vœu de Descartes, par une « diminution de la peine des hommes », dont l'aspect objectif est une rapidité plus grande dans la satisfaction des désirs, une diminution de

1. L'art (entendez : les techniques), c'est l'homme ajouté à la nature (F. Bacon).

l'intervalle qui sépare la naissance du désir de son assouvissement. Ce résultat est obtenu par l'installation d'un système de réponses pour ainsi dire automatiques au geste par lequel se manifeste le désir naissant. Dans ce système, à telle touche du clavier doit répondre avec sécurité et promptitude ce que réclame le désir.

Sous ce triple aspect général que nous donne un premier contact avec la notion commune, la civilisation nous apparaît donc comme une sorte de monde où tout est à l'échelle humaine en ce sens que tout y porte la marque de cette intentionalité fondamentale par laquelle l'homme s'affranchit des servitudes naturelles par le jeu d'un accroissement quantitatif et qualitatif de ses désirs ainsi que des moyens de les satisfaire. Une vue instantanée prise sur ce monde nous y montrerait une foule d'habitudes et d'aptitudes chez les individus, une collectivisation de ces habitudes et de ces aptitudes dans des institutions et des mœurs, le tout soutenu par une infrastructure matérielle d'objets fabriqués dans lesquels l'art s'ajoute à la nature pour en faire une sorte d'immense machine à satisfaire avec toujours plus de rapidité et de précision un nombre toujours plus grand de désirs toujours plus raffinés. Le civilisé est celui qui se meut à l'aise dans ce monde.

3. LA CIVILISATION, NOTION ÉTHIQUE[1]

GEORGES BASTIDE

MIRAGES ET CERTITUDES DE LA CIVILISATION,
PRIVAT ÉD., 1953.

Lorsqu'on entend invoquer l'idée de civilisation dans les débats où se décide quotidiennement l'infléchissement qui doit être donné au chemin que tracent et que suivent les hommes, cette idée apparaît et se déplace avec une rapidité surprenante à toutes les places du prétoire pour y tenir successivement, parfois même simultanément, tous les rôles et y assumer toutes les fonctions. Nous la voyons à la place du juge : c'est la civilisation qui décide des mérites, qui blâme ou qui loue nos actes parce qu'elle commande ou interdit. Elle prononce parfois de terribles réquisitoires, et c'est alors au nom de la civilisation que s'abattent sur certains hommes les plus grands châtiments; mais elle sait aussi occuper le siège de la défense et c'est alors en son nom que se font les plus graves réhabilitations, et les condamnés d'hier entrent au Panthéon avec tous les honneurs et toutes les gloires. Mais la civilisation passe aussi au banc des accusés : elle en sort parfois plus grande parce qu'on a vu en elle la dispensatrice de tous les bienfaits, mais d'autres fois elle est chargée de tous les péchés et elle est rendue responsable de tous les malheurs des hommes.

1. L'éthique est proprement la science de la morale, la partie de la philosophie qui établit les principes de la distinction du bien et du mal. Comme adjectif, éthique signifie : qui relève de la morale. La civilisation est une notion éthique en ce qu'elle implique l'idée de bien et de mal. Tout fait de civilisation est l'objet d'un jugement de valeur.

Or, ce qu'il y a de remarquable et de grave, c'est que ce sont le plus souvent les mêmes faits, les mêmes actes, les mêmes acquisitions qui sont simultanément blâmés et loués au nom de la civilisation. C'est un travail facile et vain de rhétorique [1] que de parler des bienfaits et des méfaits de la civilisation. Il est impossible de dresser un bilan séparé des uns et des autres : ils sont interchangeables, et tout ce qui peut être invoqué peut l'être aussi bien du côté de l'actif que du côté du passif. Il y a là le signe manifeste qu'on utilise simultanément des systèmes de références axiologiques contradictoires [2]. Nous faisons de la civilisation une porteuse de valeurs antinomiques, et l'antinomie se manifeste par les oscillations d'un optimisme et d'un pessimisme touchant ces valeurs. Certains ont essayé de prendre leur parti de ces oscillations en faisant des civilisations des sortes d'êtres vivants, et par suite aussi, mortels. On a pu ainsi construire de séduisantes théories des rythmes vitaux des civilisations avec leur jeunesse printanière, leur plénitude estivale, leur fécondité automnale et leur décrépitude dans le froid de leur propre hiver. Mais on ne fait que déplacer le problème en étalant la contradiction dans l'Histoire quitte à charger quelque dialectique du soin de la lever. Il se peut que les civilisations particulières connaissent en effet des ascensions et des déclins, mais il faut bien que ce soit au nom d'une notion de civilisation générale supérieure aux civilisations particulières, qu'on parle de progrès et de décadence, et l'antinomie dès lors reparaît, car tant qu'on n'a pas dégagé de critère précis et qu'on peut faire intervenir *ad libitum* [3] les critères les plus contradictoires, une même société pourra être dite dans le même temps soit en progrès soit en déclin.

4. LES FOYERS DE CIVILISATION

PIERRE TEILHARD DE CHARDIN

LE PHÉNOMÈNE HUMAIN,
SEUIL ÉD., 1959.

Sur Terre, par suite de la configuration fortuite des continents, certaines régions existent, plus favorables que d'autres au rassemblement et au mélange des races : archipels étendus, carrefours étroits, — vastes plaines cultivables, surtout, irriguées par quelque grand fleuve. En ces lieux privilégiés a naturellement tendu, dès l'installation de la vie sédentaire, à se concentrer, à fusionner, et à se surchauffer, la masse humaine. D'où l'apparition, sans doute « congénitale » , sur la nappe néolithique [4], de certains pôles d'attraction et d'organisation : présage et prélude de quelque état supérieur et nouveau pour la Noosphère [5]. Cinq de ces foyers se reconnaissent, plus ou moins haut dans le passé : l'Amérique Centrale,

1. L'art de bien parler. Dans un sens péjoratif, comme ici, ce mot laisse entendre qu'on a recours à des procédés oratoires pompeux et stériles.

2. Des systèmes de valeurs contradictoires. L'axiologie exprime la théorie des valeurs.

3. A volonté.

4. Voir note 1, page 48.

5. *Noosphère* : Dans la composition de notre planète, les géologues distinguent : la *barysphère*, métallique et centrale, entourée de la *lithosphère* rocheuse, surmon-

avec la civilisation Maya; les Mers du Sud, avec la civilisation polynésienne; le bassin du Fleuve Jaune, avec la civilisation chinoise; les vallées du Gange et de l'Indus, avec les civilisations de l'Inde; le Nil et la Mésopotamie, enfin, avec l'Égypte et Sumer. Foyers probablement apparus (sauf les deux premiers, bien plus tardifs) presque à la même époque. Mais foyers largement indépendants les uns des autres, et dont chacun travaille aveuglément à s'étendre et à rayonner, comme s'il devait à lui seul absorber et transformer la Terre.

Au fond, n'est-ce pas dans la rencontre, le conflit, et finalement la graduelle harmonisation de ces grands courants somato-psychiques [1] que consiste l'essentiel de l'Histoire?

En fait, cette lutte d'influence s'est vite localisée. Celui-ci trop isolé dans le Nouveau Monde, — et celui-là trop dispersé sur la poussière monotone de ses îles lointaines, le foyer Maya et le foyer polynésien n'ont pas tardé, l'un à s'éteindre complètement, l'autre à rayonner dans le vide. C'est donc en Asie et en Afrique du Nord, entre agriculteurs des grandes plaines, que s'est jouée la partie pour l'avenir du Monde. [...]

Soit par génie propre, soit par effet d'immensité, la Chine d'abord (j'entends la vieille Chine, évidemment) manquait de goût et d'élan pour les renouvellements profonds. — Singulier spectacle que celui de cette géante contrée qui, hier encore, représentait, toujours vivant sous nos yeux, un fragment à peine modifié du monde, tel que le monde pouvait être il y a dix mille ans... Population non seulement foncièrement agricole, mais essentiellement organisée suivant la hiérarchie des possessions territoriales, — l'empereur n'était rien autre chose que le plus grand des propriétaires. Population ultra-spécialisée dans la brique, la poterie et le bronze. Population poussant jusqu'à la superstition l'étude des pictogrammes et la science des constellations. Civilisation incroyablement raffinée, bien sûr, — mais, juste comme l'écriture où elle se trahit si ingénument, sans avoir changé de méthodes depuis les commencements. En plein XIXe siècle, du Néolithique encore, non pas rejuvéné [2] comme ailleurs, mais simplement et interminablement compliqué sur lui-même, non seulement suivant les mêmes lignes, mais dans le même plan, — comme s'il n'avait pu s'arracher de la terre où il s'était formé.

Or, pendant que la Chine s'incrustait déjà au sol, multipliant tâtonnements et découvertes sans se donner la peine de construire une Physique, l'Inde, elle, se laissait attirer, jusqu'à s'en perdre, dans la Métaphysique. L'Inde, région par excellence des hautes pressions philosophiques et religieuses... Nous ne ferons jamais la part trop grande aux influences mystiques descendues sur chacun de nous, durant le passé, de cet anticyclone. Mais si efficaces aient été ces courants pour ventiler et illuminer l'atmosphère humaine, force est bien de reconnaître qu'ils étaient, par excès de passivité et de détachement, incapables de construire la Terre. Surgie à son heure comme un grand souffle, — comme un grand souffle aussi, et à son heure encore, l'âme primitive de l'Inde a passé. Et comment eût-il pu en être autrement? Les phénomènes regardés comme une illusion

**tée elle-même des couches fluides de l'*hydrosphère* et de l'*atmosphère*.
A ces quatre zones emboîtées, la Science a ajouté la « membrane vivante formée par le feutrage végétal et animal du Globe » : la *Biosphère*.
Au-dessus s'étale la *Noosphère*, la « nappe pensante », c'est-à-dire l'Homme.**

1. Qui relèvent à la fois du domaine organique et psychique.
2. Qui a retrouvé la vitalité d'une nouvelle jeunesse.

(maya) et leurs liaisons comme une chaîne (karma[1]), que restait-il à ces doctrines pour animer et diriger l'évolution humaine? — Simple erreur commise — mais c'était tout! — dans la définition de l'Esprit, et dans l'appréciation des liens qui rattachent celui-ci aux sublimations de la Matière.

Et c'est ainsi que, de proche en proche, nous nous trouvons rejetés vers les zones plus occidentales du Monde, — celles où, sur l'Euphrate, sur le Nil, sur la Méditerranée, une exceptionnelle rencontre de lieux et de peuples allait, en quelques millénaires, produire le mélange favorable grâce auquel, sans rien perdre, au contraire, de leur force ascensionnelle, la raison saurait s'atteler aux faits, et la religion à l'action. La Mésopotamie, l'Égypte, l'Hellade, bientôt Rome, et par-dessus tout cela (j'y reviendrai en terminant) le mystérieux ferment judéo-chrétien, donnant sa forme spirituelle à l'Europe!

Il est facile au pessimiste de décompter cette période extraordinaire en civilisations qui l'une après l'autre s'écroulent. N'est-il pas beaucoup plus scientifique de reconnaître une fois de plus, sous ces oscillations successives, la grande spirale de la Vie, s'élevant irréversiblement, par relais, suivant la ligne maîtresse de son évolution? Suse, Memphis, Athènes peuvent mourir. Une conscience toujours plus organisée de l'Univers passe de main en main; et son éclat grandit.

Plus loin, en parlant de la planétisation en cours de la Noosphère, je m'attacherai à restituer aux autres fragments d'Humanité la part, grande et essentielle, qui leur est réservée dans la plénitude attendue de la Terre. En ce point de notre investigation, il faudrait fausser les faits par sentiment pour ne pas reconnaître que, durant les temps historiques, c'est par l'Occident qu'a passé l'axe principal de l'Anthropogenèse[2]. En cette zone ardente de croissance et de refonte universelle, tout ce qui fait aujourd'hui l'Homme a été trouvé, ou du moins a dû être retrouvé. Car même ce qui était depuis longtemps connu ailleurs n'a pris définitive valeur humaine qu'en s'incorporant au système des idées et des activités européennes. Ce n'est pas simple candeur de célébrer comme un grand événement la découverte par Colomb de l'Amérique...

En vérité, autour de la Méditerranée, depuis six mille ans, une néo-Humanité a germé, qui achève, juste en ce moment, d'absorber les derniers vestiges de la mosaïque néolithique : le bourgeonnement d'une autre nappe, la plus serrée de toutes, sur la Noosphère.

Et la preuve en est qu'invinciblement, d'un bout à l'autre du monde, tous les peuples, pour rester humains, ou afin de le devenir davantage, sont amenés à se poser, dans les termes mêmes où est parvenu à les formuler l'Occident, les espérances et les problèmes de la Terre moderne.

1 *Quels sont les grands foyers de civilisation évoqués par l'auteur?* **2** *Au pessimisme exprimé par Valéry dans un texte célèbre : « Nous autres civilisations, nous savons maintenant que nous sommes mortelles... » l'auteur oppose une autre conception des choses. Définissez cette conception optimiste.*

1. Ce mot s'apparente aux termes « créer », « création ». Plus particulièrement, il signifie l'action dans son sens créateur, en tant que source de conséquences. On peut rendre l'idée de karma par cet axiome que tout acte porte en lui ses conséquences : ce qu'on a semé, on le récolte et inversement, on ne récolte que ce qu'on a semé.
2. Histoire de la formation de l'homme.

5. LES FONDEMENTS DE LA CIVILISATION OCCIDENTALE

ANDRÉ SIEGFRIED

TECHNIQUE ET CULTURE DANS LA CIVILISATION DU XXe SIÈCLE, CONFÉRENCE DU 6 JANVIER 1953 PUBLIÉE PAR LE CENTRE NATIONAL DE DOCUMENTATION PÉDAGOGIQUE.

Il me semble, quant à moi, que la civilisation occidentale repose sur un triple fondement : une conception de la connaissance, une conception de l'individu et une conception de la technique. Je reprends ces trois points :

Définition de la connaissance, d'abord. Dans les pays de civilisation occidentale, on a l'habitude et la tradition d'envisager les problèmes selon la seule raison libérée de la magie, de la superstition et de l'irrationnel. Non pas qu'on nie l'irrationnel, on laisse un domaine éventuel pour la religion, mais lorsque l'on traite une question de connaissance, on élimine volontairement et systématiquement tout ce qui n'est pas la raison. C'est par là que l'Occident se différencie des autres civilisations et particulièrement de l'Orient depuis le moment où la conception grecque s'est séparée des conceptions orientales. Ces conceptions orientales ne reposent pas sur les mêmes fondements : là où l'Oriental, le Babylonien, l'Égyptien accumulait une grande richesse de connaissances, les énumérait, les totalisait, le Grec procédait d'une manière entièrement différente, il raisonnait et il cherchait la preuve intelligible des choses. Le raisonnement, l'observation, la démonstration étaient à la base de tout le système, dans un domaine bien limité, qu'on ne dit pas être le domaine total, — puisqu'il réserve des points qui peuvent être inconnaissables —, mais toutes les fois qu'il s'agit de connaître sérieusement, c'est de cette façon-là qu'on procède. Dès qu'on sort des frontières de la civilisation occidentale, la connaissance n'est plus envisagée de cette façon-là — ceux qui ont voyagé me confirmeront certainement — elle est envisagée sous forme d'énumération, de compilation ou dans certains cas supérieurs, sous forme d'intuitions extra-rationnelles [1], comme aux Indes, par exemple.

La frontière essentielle entre l'Occident et les autres civilisations n'est pas une frontière de douaniers ou une frontière monétaire, ni politique, ni administrative, c'est une frontière des façons de raisonner. Et je me suis aperçu avec étonnement que, beaucoup plus que je ne le croyais, nous sommes tous cartésiens et que nous faisons du cartésianisme comme « Monsieur Jourdain faisait de la prose », et même les gens qui disent ne pas l'être, comme les Anglais et les Américains. Vous êtes donc

1. L'homme de l'Inde n'a jamais, en effet, besoin de la raison pour résoudre ses problèmes dont l'essentiel est la recherche de son salut. Il sait les résoudre en conscience.
Cf. JEAN HERBERT dans *Spiritualité hindoue* (Albin Michel) : « Les Hindous admettent que l'homme a en lui, à l'état latent mais susceptibles d'être développées et mises en œuvre, des facultés autres que celles auxquelles nous (les Européens) avons coutume de faire appel, et qui permettent de pousser l'investigation plus loin que par le seul emploi de l'intellect et de la raison raisonnante. Il est difficile de mettre sur ces facultés des noms empruntés à la psychologie occidentale qui ignore leur existence. Ce que l'on en peut dire, c'est d'une part que tout homme peut les développer en lui-même par certaines techniques minutieusement décrites et qui ont subi victorieusement l'épreuve des siècles (ce sont les yogas), et d'autre part que, poussées au point le plus haut de leur développement, ces facultés permettent à l'homme d'accéder à un état de connaissance où il est au contact direct de la Vérité absolue. »

en présence d'une conception très particulière de la connaissance; c'est le premier fondement.

Le second fondement, inséparable du premier, est la conception de l'individu. Cet individu, nous le devons à une double tradition : la tradition grecque d'une part, et la tradition évangélique de l'autre. C'est-à-dire que depuis les Grecs et depuis l'Évangile, nous nous sommes habitués à considérer l'individu comme un individu pensant, une entité [1] indépendante et, dans une large mesure, comme un but et non pas seulement comme un moyen. Le danger d'une conception différente c'est que l'individu serait considéré comme le moyen d'un but plus grand que lui et non pas comme un but en lui-même; ce serait en quelque sorte, la négation de l'humanisme [2].

Cette conception de l'individu pensant, capable d'utiliser sa raison et de se contrôler lui-même, entraîne le fait qu'il a droit de recevoir certaines garanties à cet effet : il a le droit d'être libre — liberté politique et liberté plus importante encore, liberté critique ou droit de se faire lui-même son opinion par son propre jugement, sous sa propre responsabilité — et il bénéficie de la garantie de la législation civile, de la législation politique et la garantie plus profonde encore d'une sorte de respect de l'opinion publique pour la liberté de chacun. [...]

Que l'apport soit de Socrate ou de Jésus-Christ — c'est à peu près la même chose —, c'est la conception de l'individu tel que nous sommes et qui se prévaut de la tradition à laquelle nous sommes attachés.

Remarquez qu'après Socrate et après Jésus-Christ, cette conception s'est développée : les Romains nous ont enseigné la base juridique des droits de l'individu; le Moyen Age nous a transmis la tradition chrétienne sous une forme extrêmement belle et extrêmement noble; au moment de la Renaissance, nous avons repris toute la tradition antique et au grand XVIIIe siècle que Michelet disait être le plus grand de tous les siècles, nous avons développé dans le sens politique les droits de l'individu. De telle sorte que cet individu n'a plus seulement été un individu pensant, une âme immortelle à la façon du christianisme, un homme doué des droits de la législation, comme le Romain, il a été cette chose magnifique qui est le citoyen de la Révolution française, c'est-à-dire un homme plus complet parce qu'il n'est pas seulement un individu pensant isolé, mais un homme ayant des relations de solidarité avec ses concitoyens. [...]

Le troisième fondement est non moins essentiel et je vous montrerai tout d'abord qu'il a tendu à devenir le fondement principal, c'est la conception technique.

1. Ce terme philosophique qui définit l'ensemble des propriétés qui constituent l'essence d'un être est employé ici par extension pour désigner un être de raison, c'est-à-dire un être qui part de la raison.

2. Étude intelligente et judicieuse de l'antiquité et imitation enthousiaste et fervente des anciens : ainsi peut se définir l'humanisme du XVIe siècle. La Renaissance, c'est, en effet, principalement le culte des lettres gréco-latines, étudiées avec plus de méthode et de ferveur que précédemment. Et de ce retour à une meilleure connaissance on attendait un grand progrès de la civilisation. Car l'humanisme n'est pas seulement érudition mais encore adhésion à l'idéal de sagesse qu'avaient poursuivi les anciens pour qui toute vérité morale procède de la connaissance de l'homme. L'humanisme apparaît donc comme un acte de foi dans la nature humaine.
C'est de ce deuxième aspect que découle la notion actuelle d'humanisme qui qualifie toute théorie qui vise au développement illimité de toutes les possibilités de l'homme dans le respect de la dignité de la personne, tant sur le plan matériel que moral.
Au pluriel, les « Humanités » désignent l'étude des lettres, plus précisément l'étude de l'homme à travers la littérature gréco-latine.

Cette conception technique de l'Occident moderne est venue de la révolution industrielle du machinisme que nous plaçons symboliquement en 1769 avec la découverte de la machine à vapeur [1] parce qu'elle a consisté essentiellement dans l'utilisation par l'homme des forces de la nature. Jusque-là, l'homme avait travaillé simplement avec l'outil qui était limité par la force du muscle, mais à partir de ce moment les forces de la nature ont été au service de l'homme d'une manière illimitée. De ce fait, la puissance de l'homme s'est trouvée en quelque sorte sans limite; l'homme a pu faire quantitativement n'importe quoi. L'outil conduit par le muscle se fatigue, l'animal conduit par l'homme se fatigue, mais la fatigue n'existe pas pour la machine. Et l'homme est arrivé à cette conception — confirmée par les faits en quelque sorte — qu'il est capable de tout, que rien n'est impossible à l'homme.

Mais en même temps que cette conception de la technicité se modifiait, la conception de la science s'est modifiée, de même que la conception de son utilisation et son fondement moral. Vous savez que pour les Grecs, la science est surtout une question de curiosité intellectuelle [2]; ce qu'elle était pour Renan : connaître le monde, découvrir les secrets de la Terre, de l'Univers, voir comment se comportent les phénomènes, non pas seulement pour s'en servir mais surtout pour les comprendre. Vous vous rappelez qu'Archimède, qui est le plus grand inventeur de tous les temps et le maître de l'efficacité et de la productivité moderne, s'excusait auprès de ses concitoyens d'avoir fait servir la science à un but matériel et à un but pratique [3], défendre sa patrie contre les Romains.

Dans la vie moderne, la conception de la science est devenue tout à fait différente; pour nous, la science est devenue une occasion de production et de productivité et dans beaucoup de cas, elle s'est confondue avec la technique. Dans l'époque moderne, nous ne considérons pas seulement la science comme un but de connaissance, mais comme un but d'amélioration des conditions de l'existence, d'amélioration du niveau de vie. On s'est souvent demandé pourquoi les Grecs qui auraient pu faire ce que nous avons fait, qui avaient les moyens de penser et les méthodes techniques pour réussir, n'ont pas poussé dans cette voie. Est-ce que c'est le climat méditerranéen et le fait qu'ils n'avaient pas les besoins que nous connaissons dans notre climat? Je n'en sais rien. Toujours est-il que le centre de gravité de la civilisation s'est porté vers le nord-ouest de l'Europe, dans des climats moins cléments où les hommes devaient se vêtir davantage, se nourrir différemment, se loger plus confortablement. Et le côté pratique de la science a tendu à remplacer non pas le côté de la spéculation mais dans une certaine mesure à l'établir à côté de lui et dans certains cas à le précéder.

De là, une conséquence extrêmement importante : cette science que pour reprendre les termes de Nietzsche, nous pouvons appeler « apollinienne [4] », au temps des Romains ou des Anciens, c'est-à-dire désintéressée, philosophique et poétique en quelque sorte, est devenue un instrument d'amélioration humaine et un instrument de puissance; elle

1. Voir note 1, page 43.
2. Voir textes 42, 44, 45.
3. Quand Syracuse fut assiégée (215-212) par les Romains, il dirigea la défense de la ville et inventa des machines pour lancer des projectiles à de grandes distances, et, dit-on, des appareils à miroirs pour incendier les vaisseaux ennemis.
4. NIETZSCHE, dans *L'Origine de la Tragédie*, se préoccupant d'établir ce que peut être une vraie culture, en trouve le modèle dans la Grèce antique. Les Grecs, dominés par la Destinée, « ont

est devenue « dionysienne » et a échappé au contrôle de la raison et toutes les tentations de la puissance et de l'impérialisme se sont présentées à celui qui détenait la science. Elle n'est donc pas seulement restée un instrument de connaissance, elle est devenue un instrument de puissance et, dans une certaine mesure, elle a intoxiqué notre conception générale de la science.

Il reste à étudier dans quelle mesure ces trois fondements ont des relations l'un avec l'autre. Dans une conception saine et classique de notre civilisation occidentale, la technique devient un moyen au service de la connaissance qui est elle-même au service de l'individu. Mais vous pouvez avoir une perversion de ces relations, une hiérarchie entièrement différente dans laquelle la technique, au lieu d'être un moyen, tend à devenir un but. C'est une tendance naturelle à l'homme car vous avez dû observer que dans tous les domaines, au bout d'un certain temps, le moyen tend à devenir le but; c'est ce qui explique les dangers de l'expert et les dangers du virtuose : le virtuose croit que c'est son violon qui est le but et non la musique et il oublie que le but est, non de montrer son talent et sa virtuosité, mais de créer une sensation musicale. Vous retrouverez la même tendance avec le savant et la technique : la technique tend à devenir un but et dans ces conditions — vous n'avez qu'à voir ce qu'est notre civilisation — la technique, dans beaucoup de cas, n'est pas au service de l'homme, c'est l'homme qui est au service de la machine, qui devient le prisonnier et l'esclave de la machine. Et la connaissance elle-même n'est pas au service de l'individu, elle passe au service de la technique appliquée, avec tous les dangers et toutes les tentations de la puissance. Je ne vous dis pas que c'est la règle générale, nous connaissons assez de savants désintéressés et le véritable savant est toujours désintéressé, mais il est pris en main par les États, il perd sa liberté d'action, ou bien il est pris par l'industrie avec les tentations du gain, les tentations de la réalisation qui sont plus nobles que celles du gain, mais moins nobles que les tentations de la connaissance. Tout un problème nouveau s'est présenté qui est bien le problème de notre temps et qui peut se résumer dans les relations de la technique et de la culture.

1 *Distinguez avec précision les trois fondements que l'auteur reconnaît à la civilisation occidentale.* **2** *Expliquez l'expression: « Nous faisons du cartésianisme comme Monsieur Jourdain faisait de la prose. »* **3** *Dégagez l'évolution de la conception de l'individu évoquée par l'auteur.* **4** *Expliquez les deux conceptions opposées de la science: science apollinienne, science dionysienne.* **5** *Quelle est selon l'auteur la hiérarchie qui doit lier les trois fondements de notre civilisation? Quels dangers apparaissent lorsque cette hiérarchie est renversée?*

connu les angoisses et les horreurs de l'existence » et c'est la raison, affirme-t-il, de leur pessimisme. Mais ils ont dominé leur pessimisme foncier en recourant par l'intermédiaire de l'art au sortilège de deux illusions : « l'illusion apollinienne » (Apollon, le dieu du rêve) et « l'illusion dionysienne » (Dionysos, le dieu de l'ivresse). L'illusion apollinienne amène l'homme à « transfigurer les apparences » et lui fait oublier dans le rêve les affres de la réalité. « L'homme qui rêve est un artiste » qui exprime « mesure, harmonie, sagesse ». L'illusion dionysienne est au contraire une ivresse qui arrache l'homme à son individualité et qui le fait s'unir « à la nature tout entière ». La mesure qui caractérisait l'esprit apollinien fait place à « la surabondance de vie » qui ne connaît aucun frein, « ne recule devant aucune destruction... Sous l'influence de l'esprit dionysien l'homme se sent dieu ».

(d'après F. CHALLAYE, *Nietzsche*)

6. DÉFINITION DE LA TECHNIQUE

ANDRÉ SIEGFRIED

TECHNIQUE ET CULTURE DANS LA CIVILISATION DU XXe SIÈCLE, CONFÉRENCE DU 6 JANVIER 1953, PUBLIÉE PAR LE CENTRE NATIONAL DE DOCUMENTATION PÉDAGOGIQUE.

La technique, c'est une méthode ou, plus exactement, un ensemble de règles et de procédés qui ont été établis rationnellement à l'origine et qui ont été vérifiés expérimentalement en vue de réaliser un but. Par conséquent, la technique est bien un moyen en vue d'un but; et vous pouvez dire que c'est un instrument efficace qui n'appartient pas à un individu, ni à un pays, qui ne devrait appartenir à aucune classe sociale et qui est la propriété collective de toute cette civilisation. C'est plus qu'une méthode, c'est un ensemble de procédés qui ont été expérimentés et que l'on peut apprendre, que l'on peut transmettre, que l'on peut enseigner. [...]

Quelles sont les conditions d'une utilisation efficace de la technique?

C'est tout d'abord une pratique éprouvée par l'expérimentation, mais il est nécessaire qu'elle soit appuyée sur un outillage adéquat et qu'il y ait une harmonie entre la pratique et l'outillage. Car entre l'instrument dont on dispose et la façon dont on doit s'en servir, il existe toute une proportion qui est peut-être tout simplement l'enseignement technique. Cet enseignement technique n'est qu'une part d'un enseignement plus général, obéissant à des lois qui sont les lois de tout enseignement et que je trouve très bien résumées dans deux maximes de La Rochefoucauld : « Il doit y avoir une certaine proportion entre les actions et les desseins, si l'on veut en tirer tous les effets qu'elles peuvent produire » et l'autre : « Il ne suffit pas d'avoir des qualités, il faut en avoir l'économie. » Ce qui signifie qu'il ne suffit pas d'avoir un instrument, il faut savoir s'en servir. Par conséquent, cette technique est une méthode susceptible d'enseignement. Si les conditions de la technique sont réalisées, elle peut devenir impeccable, je crois qu'elle est irrésistible et que ses progrès peuvent être considérés comme illimités.

Il faut peut-être aller maintenant un peu plus profond et nous demander quelles sont les sources de la technique. Sont-elles simplement techniques?

Une très grande erreur de la technique, dont j'ai souvent parlé avec les techniciens et les maîtres de l'enseignement technique, ce serait de croire que c'est en quelque sorte un tour de main, une habileté professionnelle. A la vérité, c'est un art fondé sur la connaissance des lois de la nature; et si vous n'avez pas profondément cette connaissance, vous pouvez être un habile ouvrier, mais vous n'êtes pas ce qu'on a appelé, véritablement, un technicien.

Les sources de la technique sont donc beaucoup plus profondes. La technique dépend d'abord de la compétence professionnelle; plus profondément, elle dépend de la connaissance elle-même et finalement, je crois qu'elle dépend des méthodes de raisonnement. C'est dire qu'il n'y a pas de technique collective sans ces différents facteurs et dans ces conditions, la technique est bien effectivement le résultat d'une civilisation.

En remontant du résultat à la source, vous trouvez, en apparence extérieure, l'agilité de main de l'exécutant. Mais cet exécutant ne pourrait rien faire s'il n'avait pas une tradition artisanale, s'il n'était pas soutenu par le travail, par le plan de l'ingénieur. Qu'est-ce que ferait l'ingénieur s'il n'y avait pas le savant? Au bout d'un certain temps les pratiques de l'ingénieur seraient limitées et il serait comme un arbre qui n'aurait pas été arrosé, qui n'aurait pas sa source. Et en remontant plus loin, que serait la science elle-même sans le génie philosophique de ces hommes que Duhamel a appelés « les maîtres à penser », un Bacon [1], un Descartes [2], un Claude Bernard [3], ces hommes qui ont véritablement donné à l'homme son instrument spirituel qui lui permet d'avoir un instrument matériel? Vous avez donc une espèce d'échelle de Jacob au sommet de laquelle se placent Bacon et Descartes et à l'autre extrémité, le dernier exécutant, l'ouvrier technicien, l'ouvrier artisan, l'ouvrier qualifié, je ne sais pas si je devrais dire le manœuvre; nous reviendrons sur cette question tout à l'heure. Sans Bacon et Descartes, sans Archimède, sans Socrate et Platon, tout cela n'aurait pas été possible. Au fond, vous avez une source profonde de curiosité scientifique désintéressée et d'esprit critique, puis à l'extrême, une utilisation méthodique de la science en vue d'une réalisation pratique. Depuis Archimède, le Méditerranéen, jusqu'à Denis Papin ou Watt [4], ces Occidentaux, la Grèce avait la méthode dont elle n'a pas profité; nous en avons profité parce que nous l'avons souhaité et parce que les penseurs ont mis entre nos mains l'instrument intellectuel qui nous permet de transformer une pensée en réalisation pratique, une loi scientifique en une réalisation technique pratique. C'est là, je crois, que Descartes et Bacon ont été le tournant essentiel : Bacon, le père de l'expérimentation et Descartes, le père de l'analyse et de l'analyse appliquée.

Si j'avais à vous parler de l'esprit et des méthodes de la production aux États-Unis, je pourrais vous prouver que Taylor est un disciple direct de Descartes. Peut-être que Taylor ne l'a pas su, qu'il n'a jamais lu Descartes, mais en reprenant telle page de Taylor [5] sur l'analyse de la façon dont il faut couper les métaux et telle page de Descartes, je vous montrerais que la pratique de Taylor est une transposition de Descartes.

1. **Françis Bacon** (1561-1626), précurseur de l'empirisme, fait entrer dans la philosophie la science expérimentale dont il indique la méthode dans le *Novum Organum*. Il écarte d'abord tous les obstacles (idoles) qui s'opposent au progrès des sciences et précise que le but des sciences de la nature est moins de comprendre la nature que de s'en rendre maître. Pour ce faire, il faut utiliser ses lois, donc d'abord les connaître. Il faut d'abord observer la nature et produire des expériences multiples. Circonstances et résultats des expériences sont notés sur des tables de présence, d'absence et de degrés. De la comparaison des tables, on dégage les lois.

2. **Descartes** (1596-1650). *Discours de la Méthode* « pour bien conduire sa raison et chercher la vérité dans les sciences ».
Descartes élimine l'autorité et tous les critères de vérité autre que l'évidence — idée claire et distincte — (1re règle).
A partir de cette intuition du simple, Descartes veut qu'on fasse par degrés la déduction des objets plus complexes (3e règle, règle de la synthèse). Pour assurer cette déduction, il faut auparavant diviser les difficultés (2e règle, règle de l'analyse) et, ensuite, faire des revues qui permettent de s'assurer que rien n'a été omis (4e règle ou du contrôle).

3. **Claude Bernard** (1813-1878), biologiste dont l'ouvrage *Introduction à l'étude de la médecine expérimentale* (1865) est un discours de la méthode expérimentale.
« La méthode expérimentale n'est rien autre chose qu'un raisonnement à l'aide duquel nous soumettons méthodiquement nos idées à l'expérience des faits... Le fait suggère l'idée; l'idée dirige l'expérience; l'expérience juge l'idée », d'où les trois moments classiques de la méthode expérimentale : l'observation, l'hypothèse, l'expérience.

4. **Denis Papin** ou **Watt** : voir note 1, p. 43.

5. **Taylor** : voir note 2, p. 82.
Dans son ouvrage *L'âme des Peuples*, André **Siegfried** a écrit : « On sait ce qu'est en somme le taylorisme : une affirmation presque agressive de la raison opposée à la routine et à la tradition. En ce sens Taylor, même s'il n'en a pas été conscient, peut être classé comme un disciple de Descartes ».

Pourquoi est-ce que ce cartésianisme — que l'on accuse toujours et faussement car on ne sait pas s'en servir, d'être une affaire théorique et non une affaire pratique qui détourne l'individu de la pratique utile — a permis à la technique de se développer? J'en ai trouvé l'explication dans quatre lignes de Péguy, tirées de la « Note conjointe », page 39 et qui m'ont paru être un résumé magnifique de la civilisation occidentale et des rapports de la pensée avec la technique : « Ce que je prétends, c'est que la méthode de Descartes est une morale, une morale de pensée ou une morale pour penser; ou si l'on veut, tout est moral chez Descartes parce qu'en lui tout est conduite et volonté de conduite et peut-être sa plus grande invention et sa nouveauté et son plus grand coup de génie et de force, est-il d'avoir conduit sa pensée délibérément comme une action. » Je crois, Mesdames et Messieurs, que vous êtes ici au cœur de la civilisation occidentale. C'est parce que notre civilisation est une civilisation de pensée, et qu'elle est en même temps une civilisation de technique, qu'elle établit ce lien magnifique, cette espèce de chaîne entre la pensée et la pratique que vous avez dans la civilisation occidentale et que les autres civilisations n'ont pas. La civilisation de l'Inde, celle de la Chine sont magnifiques, à certains égards supérieures à la nôtre, mais elles n'ont pas cette méthode cartésienne et cette méthode baconienne. C'est donc là que nous devons trouver la source de notre civilisation; et cette source, elle est dans des individus, dans une création individuelle, dans la vitalité de l'individu cherchant à connaître et partant, cherchant à connaître l'univers, à l'imaginer et surtout à déterminer les rapports de l'univers avec lui-même. Il faut donc faire la distinction fondamentale entre l'individu qui pense et l'individu qui organise.

L'individu qui pense est un individu. L'individu qui organise, c'est-à-dire le technicien de la civilisation mécanique, ne peut plus être un homme travaillant tout seul comme l'artisan d'autrefois. Il est obligé de s'intégrer dans une organisation et qu'il le veuille ou non, de devenir un être collectif; notre civilisation est profondément collectiviste, elle n'est pas individuelle, bien que sa source soit individuelle. Et la crise vient du fait qu'une civilisation devenue technique qui a une source individuelle, se sépare de plus en plus de l'individu par l'hypertrophie de l'organisation. C'est là aussi qu'est la crise de la culture.

1 *Indiquez la composition de ce passage.* **2** *Dégagez quelles sont selon l'auteur les conditions d'une utilisation efficace de la technique.* **3** *Quelles sont les sources de la technique?* **4** *Quels dangers fait courir à l'individu l'hypertrophie de l'organisation technique?*

7. CARACTÈRES DES SOCIÉTÉS SCIENTIFIQUES

GEORGES GUÉRON

PROSPECTIVE, N° 5, MAI 1960.

Le premier caractère de ces sociétés fortement équipées est de se laisser de plus en plus dominer par la Science et la Technique. Il convient de les appeler scientifiques plutôt qu'industrielles car le phénomène original qu'elles présentent est leur volonté d'organiser le travail conformément à l'esprit scientifique. Or, le travail n'est pas seulement la condition matérielle d'existence de toutes les sociétés, il est surtout l'expression des rapports qu'elles établissent entre les hommes et la nature. Et la première démarche de l'esprit scientifique, à propos du travail, est de mesurer l'effort et le produit, de déterminer le rendement, de chiffrer la productivité. Une Société scientifique s'organise en vue d'un rendement croissant. Ce qui veut dire qu'elle prend pour finalité l'amélioration de ce rendement, et, de fait, on voit bien que, dans ces sociétés, les responsables considèrent l'augmentation de production et de productivité comme le critère des progrès d'une année à l'autre. Ils remplacent par ces « mythes » nouveaux ceux dont se réclament les Sociétés historiques.

De là découle le second caractère de ces sociétés. Elles sont progressives. Pour la première fois peut-être dans l'histoire de l'humanité, elles préfèrent la référence de l'avenir à celle du passé. Elles suppriment la possibilité d'invoquer ce qui fut pour maintenir ce qui est car elles construisent un futur qu'elles pensent devoir être « meilleur ». Au lieu de se réclamer de l'histoire et de la tradition, elles se jugent à leur expansion qu'elles mesurent, à leurs progrès qu'elles planifient. Ce sont des sociétés résolument optimistes.

Leur troisième tendance évidente porte sur un bouleversement de la répartition des populations actives, structure fondamentale des sociétés. Le nombre des hommes qui se consacrent à produire la nourriture nécessaire à tous les autres diminue très rapidement. Dans certains pays, 5 à 10 % seulement des travailleurs peuvent suffire à assurer leur subsistance et celle de leurs compatriotes.

A l'opposé de toutes les Sociétés historiques où une mince couche citadine se superposait à une masse paysanne, infiniment plus nombreuse, les Sociétés scientifiques sont en train de devenir des sociétés urbaines avec un résidu de main-d'œuvre agricole.

Ce changement déjà révolutionnaire s'accompagne d'un accroissement du secteur tertiaire bien plus rapide que celui du secteur secondaire industriel. Car ces Sociétés scientifiques ont besoin, parce que tournées vers l'avenir, de très gros services d'études. Surtout elles sécrètent des activités de luxe et de loisirs. Ces dernières se distinguent, par nature, de celles qui sont appliquées à la satisfaction des besoins primaires et secondaires car on n'entrevoit pas qu'elles atteignent un point de saturation, alors que cette possibilité n'est pas exclue pour les deux autres.

Non qu'on puisse encore citer aucun exemple de pays assez riche et bien organisé pour que toute sa population dispose à satiété des biens matériels. Mais l'expression même donnée aux défis que se lancent les deux grands pays rivaux traduit leur volonté d'y parvenir et leur certitude — bien ou mal fondée — de le pouvoir, dans un délai assez rapproché.

Certes, toutes ces affirmations doivent être nuancées. L'augmentation de productivité qui résulte de l'application de l'esprit scientifique varie beaucoup suivant les secteurs de la production et la réalité est plus complexe que ne le laisseraient croire des conclusions schématiques. Cependant, on peut dire qu'au total ces sociétés nouvelles sont les premières qui puissent concevoir — à l'horizon de leurs efforts — une participation très générale de l'ensemble des individus aux richesses produites par la collectivité. A ce point de vue, elles se différencient profondément des Sociétés historiques où l'épanouissement parfois si brillant de toutes petites minorités ne se faisait qu'au prix d'une profonde inégalité entre elles et le très grand nombre. En ce sens la Société scientifique est vraiment une société démocratique. Mais cette modification est plus quantitative que qualitative. Aucune Société historique n'avait, par principe ou par nature, exclu un pourcentage important de ses membres de la culture et de la richesse. Seulement aucune n'avait eu le pouvoir de les y faire accéder. Les Sociétés scientifiques y prétendent.

C'est pourquoi elles portent tout leur effort sur le développement de la puissance que les hommes peuvent, ensemble, en s'organisant efficacement, exercer sur la nature. Elles négligent par contre certains autres besoins individuels, particulièrement ceux qui ne sont pas satisfaits par des biens matériels. Elles surgissent au détour d'un chapitre de l'histoire et elles emportent les hommes comme un train engagé sur des rails précipite ses voyageurs à la même allure, vers une destination commune. Mais tout au long du voyage, ils gardent des soucis, des buts et des espoirs différents. Et la satisfaction qu'ils tirent de la rapidité et de la précision de l'horaire n'est pas une réponse à leur attente.

1 *Indiquez avec précision les caractères que l'auteur reconnaît aux Sociétés scientifiques.* **2** *Quelles sont les conséquences sociales de l'évolution probable de ces Sociétés?* **3** *Expliquez cette affirmation : « Les Sociétés scientifiques sont résolument optimistes ».* **4** *Quels besoins individuels négligent les Sociétés scientifiques? Quels problèmes pose cette lacune?*

8. CIVILISATION INDUSTRIELLE

DANIEL-ROPS

LES CHANCES DE L'HOMME DANS UNE CIVILISATION INDUSTRIELLE, CONFÉRENCE PUBLIÉE PAR LA FÉDÉRATION NATIONALE DES SYNDICATS D'INGÉNIEURS ET DE CADRES (CONFÉDÉRATION GÉNÉRALE DES CADRES), 1954.

Lorsqu'il y a un peu plus d'un siècle et demi, peu avant l'année 1789, James Watt fit pétarader pour la première fois sa machine à vapeur, se doutait-il qu'il ouvrait une ère dans l'histoire de l'humanité et que cet engin, conçu par lui d'abord pour donner des facilités aux fabriques de textiles, apparaîtrait comme l'initiateur et le symbole d'une forme de civilisation nouvelle? Quelle que soit la méfiance qu'éprouve tout historien envers les célèbres « dates fatidiques » par lesquelles on prétend sectionner le temps et réduire à des schémas logiques la fluidité et la complexité des processus humains, c'est cependant bien, en gros, à cette invention de la machine à vapeur qu'il faut faire remonter le début de cette civilisation, dans laquelle nous baignons tout entiers, qui détermine non seulement nos conditions matérielles de vie, mais aussi nombre de nos réactions psychiques les plus graves, la civilisation industrielle [1].

1. C'est en 1769 que James Watt prit son premier brevet; mais ce n'est qu'en 1782 que son invention fut définitivement mise au point, et à partir de 1785 de nombreuses machines à vapeur fonctionnèrent en Angleterre dans les filatures.

Est-ce à dire qu'avant cette date il n'existait pas d'industries [1]? Évidemment non. A Athènes, à Rome, dans le haut Moyen âge et plus encore à l'aube des temps modernes, dans la Flandre des « drapantes cités » ou la Florence des Médicis, il y avait des industries nombreuses, riches, déjà puissantes pour leur époque. Pourtant, il est hors de doute que la simple allusion que nous venons de faire à ces industries du passé nous fait sentir combien les nôtres en sont éloignées, dans leur principe et dans leurs méthodes, combien aussi leur rôle, dans la société de leur temps, était plus modeste que celui qu'assument, dans la nôtre, leurs héritières. A vrai dire, un changement déterminant s'est opéré, qui pourrait se caractériser en quelques mots : « Jadis il existait des industries mais la civilisation n'était pas une civilisation industrielle. » Essayons de comprendre en quoi consiste le changement.

En proposant pour point de départ à la civilisation industrielle l'invention de la machine à vapeur, nous avons déjà indiqué un des éléments, sans doute le plus fondamental, de cette mutation : l'accroissement de la technique. Il est hors de doute que, pour la grande majorité des civilisés du XXe siècle, la technique apparaît comme le fondement même de la civilisation, et que les termes de « civilisation technique » et de « civilisation industrielle » sont synonymes, ce qui n'est peut-être pas tout à fait exact. Est-ce à dire que la technique était absente des formes antérieures de la civilisation et, spécialement, de l'industrie? Évidemment non. Si l'on entend par technique l'effort de l'homme pour accroître par des engins ses facultés de production et pour utiliser les forces de la nature, il existait déjà une technique aux jours où un Égyptien inconnu d'il y a 4 000 ans faisait tourner une roue à aubes dans le courant du Nil pour faire monter l'eau à un palier supérieur, ou quand un Babylonien de la même époque inventait la charrue. Mais il s'est produit, précisément à partir de cette date où James Watt fit entendre les premières explosions de son célèbre engin, un phénomène extraordinaire, qui est loin d'ailleurs d'être terminé : l'augmentation prodigieusement rapide des inventions techniques. Le fait s'impose à l'esprit, s'il demeure mal explicable, autant que difficile à mesurer avec précision. Les Américains ont essayé d'établir des statistiques d'inventions techniques « primordiales »; la seule conclusion qui s'impose est que l'augmentation des inventions techniques, très lente jusqu'au XVe siècle — à tel point qu'on a pu dire que saint Louis, sur le plan technique, est presque le contemporain de Périclès [2], voire de Ramsès II [3] — s'est brusquement accélérée, faisant une montée en flèche depuis la fin du XVIIIe siècle. Nous retiendrons donc cette première notion : nous sommes dans une civilisation industrielle parce que nous disposons, pour nos industries, de moyens techniques de plus en plus nombreux, de plus en plus variés, de plus en plus puissants.

L'engin de WATT est l'aboutissement des travaux de Denis PAPIN qui, en 1682, imagina le « digesteur » appelé plus couramment la « marmite de Papin », vase clos dans lequel il put faire de la vapeur à une pression supérieure à la pression atmosphérique, et de ceux de Savery et Newcomen qui aboutissent en 1706 à la « pompe à feu » dont l'utilisation se répandit à partir de 1720.

Les historiens appellent « révolution industrielle » — bien qu'elles aient été progressives et souvent contrecarrées par l'homme — l'ensemble des transformations dues à l'utilisation de la vapeur comme source d'énergie.

1. Voir note 2, p. 56

2. Périclès, homme d'État athénien (495-429 av. J.-C.) qui a donné son nom au siècle le plus brillant de la Grèce.

3. Ramsès II, pharaon qui s'est distingué comme le plus grand bâtisseur de l'Égypte, a régné de 1301 à 1235 av. J.-C.

De cet accroissement prodigieux, trois grandes conséquences ont résulté sur le plan humain et, en les analysant, nous allons saisir mieux les caractères de la civilisation industrielle. La première est qu'en se développant, la technique entraîne un éloignement progressif de l'homme par rapport à tout ce qui est naturel, je veux dire tout ce qui relève évidemment des données de la nature. Cela est vrai dans tous les domaines : par exemple pour se nourrir l'homme de jadis pouvait faire son pain, pour se vêtir filer et tisser la laine; aujourd'hui c'est des techniques industrielles que dépend, en pratique, toute l'existence du civilisé. L'écart devient de plus en plus grand entre le produit naturel d'origine et le produit dont l'homme fait usage : par exemple entre le maïs ou le bois et les matières plastiques qui jouent un si grand rôle dans notre existence. Retenons donc ce second point : nous sommes dans une civilisation industrielle parce que l'industrie tend, de plus en plus, à prendre en charge toute la vie matérielle de l'homme.

Mais elle fait plus : elle soumet l'homme lui-même à sa loi. C'est là encore une conséquence de l'évolution technique. Car l'esprit humain, non content d'avoir inventé les machines, a très vite compris que, pour les faire bien fonctionner, il fallait que l'homme acceptât leur rythme et l'impérieuse logique qui préside à leur construction. La grande révolution industrielle du XIXe siècle ne s'est pas opérée quand de nombreux moyens techniques furent créés, mais bien davantage quand, dans un effort de logistique [1], un Taylor, un Ford [2], un Bedeaux et d'autres, ont mis au point des méthodes qui accordent rigoureusement l'homme à la machine. Le système de la chaîne semble, aujourd'hui, caractériser la civilisation industrielle telle que nous la connaissons. Je souligne les mots de « semble aujourd'hui » et « telle que nous la connaissons », car nous aurons à dire tout à l'heure que cet état de fait paraît bien devoir être provisoire. Pour l'instant, cette sorte de symbiose de l'homme et de la machine apparaît bien comme une des données caractéristiques de la civilisation industrielle. Tel est le troisième point que nous retiendrons : nous sommes dans une civilisation industrielle parce que, dans une mesure croissante, l'industrie et la technique imposent à la vie humaine leurs rythmes et leurs lois.

Voici donc posées quelques définitions, dont, au reste, le caractère élémentaire ne fait aucun doute. Mais, en les posant, ne venons-nous pas de suggérer du même coup les critiques qu'assez communément on entend formuler contre la civilisation industrielle? Car, nul ne l'ignore, cette civilisation industrielle n'a pas toujours bonne presse parmi les hommes de notre temps. Alors même qu'ils en vivent, ils la critiquent avec une âpreté déconcertante. Ou plutôt une exaltation tout à fait excessive du progrès technique et de ses résultats pratiques, va trop souvent de pair avec une manière de réquisitoire, aux arguments de très inégale valeur.

On entend par exemple reprocher à la civilisation industrielle de réduire les objets à une déplorable identité, mais aussi d'être à l'origine des guerres dévastatrices, à caractère planétaire, dont il est vrai l'apparition a bien coïncidé avec sa naissance. On incrimine les conditions inhu-

1. Effort d'organisation. Dans le langage militaire ce mot désigne l'art de l'organisation des moyens (ravitaillement, communications, transports, etc...) mis à la disposition du commandement en vue de résoudre les problèmes de stratégie et de tactique.

2. Voir note 2, page 82.

maines dans lesquelles trop souvent elle place l'être humain, mais aussi on lui tient rigueur d'abîmer les paysages et les sites de la terre. Il va de soi qu'il ne faut pas considérer comme également graves, également valables, des critiques aussi dissemblables. A ceux qui déplorent que l'industrialisation d'un produit en supprime la diversité, on peut répondre qu'il vaut mieux qu'un plus grand nombre de personnes bénéficient d'un objet d'utilité banalisé par sa production en série, que de voir ce même objet, obtenu à la main, être réservé à quelques privilégiés de l'argent. Et à ceux qui déplorent l'inesthétisme de certaines réalisations industrielles, on ne serait pas loin de répondre que la critique ne vaut que pour certaines industries actuelles, c'est-à-dire encore insuffisamment poussées jusqu'au bout de leur logique interne, et que les industries vraiment très « modernes », celles notamment qui utilisent l'énergie sous sa forme la plus noble : l'électricité, sont parfaitement capables de respecter les beautés naturelles et même de les améliorer : qui a vu Génissiat en France ou Shipshaw au Canada comprendra toute la valeur de cet argument.

Pour juger équitablement de la civilisation industrielle, de ses avantages et de ses périls, il faut évidemment se placer au-delà de certaine imagerie facile, critiquable aussi bien dans l'excès de ses louanges que dans la futilité de ses critiques. Car il est hors de doute que cette civilisation industrielle porte en soi des menaces assez redoutables pour qu'on en puisse être préoccupé. Mais ce n'est pas à dire qu'il faille systématiquement s'opposer à elle, en vertu de conceptions plus ou moins romantiques, du genre de celles dont un Mahatma Gandhi [1] s'est fait l'apôtre, pour des raisons d'ailleurs contingentes et politiques au moins autant que philosophiques, quand il a préconisé le retour au rouet et l'abandon des industries textiles.

La civilisation industrielle est un fait. Dans le monde où nous sommes, dans ce milieu du xxe siècle, ce fait a pris une telle puissance d'évidence qu'il est à la lettre absurde de prétendre s'y opposer. L'histoire nous apprend qu'un progrès technique une fois acquis ne disparaît plus à moins que des catastrophes l'annihilent et encore en ce cas se maintient-il en quelque partie de la terre pour se réimposer à l'esprit humain après un temps plus ou moins long. Dans la situation où nous sommes, la disparition de la civilisation industrielle est, à la lettre, inconcevable. Même une catastrophe planétaire, une de ces destructions atomiques dont, hélas, on ne saurait exclure l'hypothèse, n'en entraînerait pas la ruine définitive, mais seulement un recul plus ou moins étendu. Les noirs et les jaunes maintenant ont trop été les élèves des blancs pour que, d'une façon ou d'une autre, ils ne puissent marcher sur leurs traces si la race actuellement dominante était assez folle pour se suicider. Sur la voie où la civilisation industrielle est engagée, on ne reviendra pas en arrière; la seule conclusion logique qui s'impose à l'esprit est donc d'avancer le plus loin et du mieux possible sur cette route pour que l'humanité en tire le maximum de profits qu'elle en peut attendre.

Cet argument de fait n'est pas le seul : il en est d'autres, et de plus haute qualité, en faveur de la civilisation industrielle. Le plus décisif est d'ordre métaphysique. Si elle a ses défauts et ses périls, cette civilisation représente incontestablement une étape, admirable en soi, du progrès humain. Comme la science à laquelle elle est par mille fibres reliée, comme la technique dont nous avons vu qu'elle était fille, la civilisation industrielle propose à notre esprit une preuve innombrable de ses qualités uniques, de son irrécusable valeur. De tous les êtres vivants qui peuplent la terre, l'homme est le seul qui ait réussi cette soumission croissante des forces de la nature à son service. Dans le plus humble objet sorti de la machine pour notre usage, il faut savoir reconnaître une manifestation de l'étincelle divine dont le plus faible, le plus retardé des hommes porte encore en soi le dépôt. Et c'est peut-être ce que, sans le savoir, nous éprouvons quand nous visitons une de ces grandes usines qui sont les temples de la civilisation industrielle. Par-delà les aspects pittoresques et utilitaires, il y a, pour qui sait l'entendre, un témoignage spirituel donné par l'usine. On a presque envie de redire ce que Pierre Termier [1] disait de la science qu'il comparait à une cathédrale : « On est entré insouciant, parfois railleur; peu à peu l'âme se sent émue et se demande dans un grand frisson si ce n'est pas Dieu qui vient de parler. »

Il va de soi — mais ces arguments, on hésite presque à les formuler, tant ils ont allure de truismes [2] — qu'une autre raison de ne pas rejeter la civilisation industrielle est son utilité. On l'a dit mille fois, mais il faut le redire, puisque aussi bien certains contemporains feignent de l'oublier. Dans la mesure où elle libère l'homme des esclavages matériels, la civilisation industrielle est bénéfique et légitime; et elle l'est autant et davantage dans la mesure où elle permet d'augmenter le bien-être humain. On ne saurait trop le répéter, bien que ce soit là des vérités éculées, que pour fabriquer un clou, ou une brique, ou un pain, l'homme du XXe siècle a beaucoup moins de travail à fournir que son ancêtre du Moyen âge. Et aussi qu'il bénéficie de conditions de vie dont cet ancêtre ne soupçonnait même pas les facilités. Et que tout cela est dû au développement du progrès industriel.

Qu'on excuse cette manière de plaidoyer; on lit en cette matière tant de professions de foi stupides qu'une prise de position nette paraissait nécessaire. Les critiques qu'on peut formuler contre la civilisation industrielle n'ont de sens que si d'abord on en a compris l'importance et reconnu les résultats bienfaisants. Car des critiques peuvent et doivent être formulées, et ce sera maintenant l'objet de nos remarques. Des critiques, si l'on veut, ou plutôt des observations sur certains périls que, telle qu'elle est aujourd'hui, la civilisation industrielle porte en soi et fait peser sur l'homme. Définir, selon le titre qui a été proposé pour cette conférence, « les chances de l'homme dans une civilisation industrielle », ce n'est rien d'autre que diagnostiquer ces périls et essayer de voir par quels moyens on y peut parer.

Mais avant de tenter ce diagnostic, je voudrais insister sur les quelques mots que je viens de prononcer : « la civilisation industrielle telle qu'elle est aujourd'hui », ai-je dit, et j'insiste sur la signification, capitale à mes yeux, que revêt cette formule. C'est un historien qui vous parle, c'est-à-dire un homme qui est habitué à considérer les faits dans des perspectives qui dépassent celles de l'existence humaine, et qui, du passé au futur, essaie de comprendre les nécessaires enchaînements. Telle que nous la connaissons aujourd'hui, la civilisation industrielle est, aux yeux de l'histoire, un moment, un aspect, d'une évolution dont déjà nous pouvons

1. Pierre Termier (1859-1930), géologue qui s'est fait connaître par de nombreux ouvrages scientifiques et philosophiques.
2. Truisme (dérivé de l'anglais *true*, vrai) : Vérité banale.

prévoir certains caractères, dont nous pouvons, en gros, dire en quel sens elle se fera, mais dont maints éléments nous échappent encore. Dans la perspective historique, elle est encore jeune, très jeune, la civilisation industrielle, et peut-être les défauts que nous lui reprochons ne sont-ils rien de plus que les symptômes d'une maladie de jeunesse, de cette maladie « infantile » dont, selon la remarque de Lénine, toutes les réalisations de l'homme traversent plus ou moins l'épreuve.

1 *Dans quelle mesure la lecture du texte vous renseigne-t-elle à la fois sur la vocation et la philosophie de l'auteur? Portez un jugement sur sa conception du rôle de l'historien.* **2** *En quoi un Taylor ou un Ford, ou un Bedeaux ont-ils mis au point des méthodes « qui accordent rigoureusement l'homme à la machine »?* **3** *Citez quelques-unes des « célèbres dates fatidiques par lesquelles on prétend sectionner le temps et réduire à des schémas logiques la fluidité et la complexité des processus humains ».* **4** *Qu'évoque le mot « Génissiat »? Expliquez les mots ou expressions suivants : fluidité ; drapantes cités ; symbiose de l'homme et de la machine ; imagerie facile ; d'ordre métaphysique ; vérités éculées.* **5** *Caractérisez par un titre chacune des deux parties principales du texte. Quel est le plan de chacune d'elles? En utilisant des précisions contenues dans le texte, reconstituez dans ses lignes essentielles le plan de la suite de cette conférence. Rédigez en quelques lignes une conclusion qui vous paraîtra résumer les « chances de l'homme dans une civilisation industrielle ».*

9. L'AGE ADMINISTRATIF

ANDRÉ SIEGFRIED

FRANCE, ANGLETERRE, ÉTATS-UNIS, CANADA,
ÉMILE-PAUL ÉD., 1946.

Le passage de l'outil à la machine correspond à la naissance d'un âge nouveau de l'humanité, étape aussi importante que le passage du paléolithique au néolithique [1] : quelle crise ce dut être quand les hommes, de chasseurs, se tranformèrent en agriculteurs! Or, c'est dans une crise au moins égale en profondeur que nous sommes engagés : nous n'en voyons pas encore pleinement toutes les répercussions, mais elles sont énormes, révolutionnaires, car elles mettent en question les fondements mêmes d'un équilibre social, sur lequel nos sociétés avaient vécu depuis des milliers d'années.

Il me semble discerner trois phases dans l'histoire humaine de la production : nous sommes seulement au commencement de la troisième, dans laquelle nous avons même à peine conscience d'être entrés. Il y a d'abord la phase préindustrielle, cet âge immense de l'outil, qui plonge dans la nuit des temps, générateur de ces types humains, que nous avions

1. Le *paléolithique* (grec *palaios*, ancien et *lithos*, pierre) désigne l'âge de pierre à l'époque ancienne; néolithique (*néos*, nouveau) celui de l'époque récente. Le paléolithique est l'âge de la pierre taillée, le néolithique, celui de la pierre polie. Au paléolithique, l'homme ne sait que chasser; il n'a d'autres industries que la taille des silex. Avec le néolithique survient la grande révolution de l'histoire humaine. L'homme devient cultivateur, éleveur (la plupart des plantes cultivées actuellement ont été sélectionnées et toutes les espèces d'animaux que l'homme élève aujourd'hui ont été domestiquées à cette époque). En même temps, des industries se créent (tissage d'étoffe, poterie) ou se transforment. Les hommes devenus plus nombreux s'organisent en communautés.

cru éternels, le paysan, l'artisan. Dans sa très grande majorité, l'humanité est encore paysanne et artisanale, mais, dans nos sociétés occidentales l'artisan disparaît rapidement, cependant que le paysan change insensiblement de caractère et, s'il reste lui-même, tend pour ainsi dire à se démoder : c'est que la machine a passé par là.

L'âge industriel qui vient ensuite avec le machinisme, se divise lui-même en une phase mécanique et une phase administrative. Depuis le XIXe siècle, la machine a peu à peu pénétré partout, imposant au consommateur aussi bien qu'au producteur lui-même l'impérieuse nécessité de la standardisation... Mais, après cette phase, strictement mécanique, où l'ingénieur était roi, voici qu'une étape nouvelle se dessine, qui marque à la fois le magnifique épanouissement de la Révolution industrielle et peut-être aussi le début de son vieillissement...

(...) L'organisation tend à l'emporter sur la technique elle-même, simplifiée par son propre triomphe : le dirigeant véritable n'est plus ni l'ingénieur, ni le savant, mais l'administrateur (au sens large du terme [1]) c'est-à-dire celui qui coordonne et dirige les efforts de tous (...) L'entreprise devenue trop grande se bureaucratise, et d'autant plus que l'État tend inévitablement à y pénétrer.

1 *Commentez brièvement ce texte en dégageant les principales idées qui y sont contenues et illustrez-les de quelques aperçus sur l'évolution de la vie moderne.* **2** *Qu'est-ce que l'auteur entend par « âge administratif? » Pensez-vous que le monde actuel s'oriente effectivement dans le sens qu'il indique? Quels avantages ou quels inconvénients y voyez-vous?* **3** *Expliquez les mots ou expressions : crise ; équilibre social ; standardisation ; révolution industrielle.* **4** *Analysez logiquement la phrase : « or, c'est dans une crise au moins égale .....depuis des milliers d'années ».*

Écoles Nationales d'Ingénieurs des Arts et Métiers, *1958.*

10. LE TECHNOCRATE

PIERRE DUCASSÉ

LES TECHNIQUES ET LE PHILOSOPHE,
P.U.F. ÉD., 1958.

Qu'est-ce donc qu'un « technocrate »? Et que faut-il penser de la technocratie?

On a pu rattacher avec raison l'idée mère des conceptions modernes de la technocratie à certaines formules caractéristiques de Saint-Simon; on peut, avec autant de justice, voir l'origine du technocrate dans les conceptions initiales du positivisme [2], caractérisant l'orientation industrielle du monde moderne par une croissance des « capacités », que nous dirions techniques, investissant peu à peu la réalité des « pouvoirs ».

1. Voir note 1, page 50.
2. AUGUSTE COMTE (1798-1857) est à l'origine de cette doctrine qui, fondant les connaissances sur des données exclusivement rationnelles, établit que la philosophie doit se réduire à la science.

Cependant, en ce domaine, plus encore qu'en tout autre à notre époque, l'étendue et la nature des « capacités » mises en œuvre engendrent un type d'homme nouveau. La première approximation d'un pouvoir apparemment « enté » sur la pure technique, et ne se mesurant que par elle, fut celle du « manager », ou de l' « organisateur » dont Burnham [1] voulut faire l'instrument caractéristique d'un « dépassement » du capitalisme. En fait, l'échelle d'action du manager est encore trop limitée pour engendrer, à partir de sa seule compétence et de son privilège d'action, une véritable puissance politique. En groupant certains traits caractéristiques du « manager » et, si l'on veut, de nos grands directeurs d'entreprises privées, on obtient cependant déjà une première esquisse des qualités du technocrate : vision plus large que celle du technicien pur ou de l'expert, « commandement pourvu d'une indépendance considérable », « sens prononcé du devoir », allant jusqu'au sacrifice de soi-même pour le travail « en soi » c'est-à-dire, en fin de compte pour l'idéal du métier de « coordinateur ».

La « vue d'ensemble » est, semble-t-il, la première condition nouvelle introduite par ce type d'hommes. Dans l'univers, en apparence divisé à l'infini, des intérêts techniques, renaît alors le pouvoir « synoptique » inséparable de tout sens et de toute philosophie, fût-elle en acte; mais cette vue d'ensemble, pour le manager, ne dépasse pas un cadre industriel, commercial, financier, ou même syndical assez strict. Le technocrate, au contraire, par sa place dans la hiérarchisation des actions, par son champ de vision plus large, et par son aptitude à s'engager personnellement, avec une « générosité » bien supérieure même à l'audace sportive du pur individualisme, pèse sur les affaires humaines, à l'échelon suprême, dans l'économie comme dans la politique.

Il y a « technocratie », dirions-nous, si l'on peut admettre qu'à ce niveau, le dirigeant, c'est-à-dire le responsable d'une « orchestration » de moyens techniques disposant de certains « degrés de liberté », oriente par son action précise les choix d'une société.

Ce qui différencie, moralement, le technocrate et son style de vie de tout ce qui a précédé dans le jeu technique, c'est un sens nouveau de l'action, susceptible de subordonner le pur intérêt personnel ou l'égoïsme de groupe à l'intérêt « en soi » du progrès technique et de l'aménagement collectif qui le favorise. Le risque est accepté, ici, comme rançon de la réalité du pouvoir; la responsabilité n'est point la responsabilité extrêmement définie et, pour ainsi dire « ponctuelle », du technicien pur, ni la responsabilité « formelle » du fonctionnaire, ni la responsabilité limitée et comme « abstraite » de l'ingénieur. C'est une responsabilité personnelle, complète et concrète, qui engage l'homme dans toutes les conséquences de son action.

Il est hors de doute qu'un désir permanent d'action est le ressort d'une telle nature : « réalisme » de l'action, impatience de ses limites présentes, fussent-elles le signe d'un besoin caché de la nature humaine ou le simple résidu fossilisé des anciennes structures. A ce titre, le « technocrate »

1. Le « *manager* » (anglais *to manage :* diriger, gouverner, administrer) désigne le directeur, l'administrateur, le régisseur. Dans une entreprise, le « manager » est celui qui la dirige. Ce terme a été mis à la mode par le sociologue américain James Burnham, dans son livre *l'Ère des Organisateurs* (1947) où il fait apparaître que « le groupe social qui s'efforce d'atteindre la position de classe dirigeante est celui des « managers » (des directeurs). » Sont des « managers » tous ceux qui, faisant partie du secteur tertiaire, ne prennent pas de part directe à la production mais dirigent cette production.

est toujours en « devenir » et son type représente moins une espèce déjà définie de notre humanité technicienne, qu'une espèce en voie de formation.

Pour le philosophe, cette espèce est cependant loin d'être inconnue; il en a déjà repéré des échantillons significatifs au cours de l'histoire humaine. Ni le XIXe ni le XXe siècle n'ont eu la primeur de cette race d'hommes. Notre époque semble lui donner toute sa chance; mais ne déforme-t-elle pas ses traits? Quel bien poursuit le technocrate, s'il est aveugle à toute autre finalité que les finalités pures de ses techniques? Ici commence, de nos jours, la plus grande incertitude, et peut-être la plus grande injustice : non celle de la technique pour la philosophie, mais bien celle du philosophe pour le technicien, quand celui-ci devient l'organisateur « synoptique » d'un monde plus harmonieux.

Parce que ce démiurge [1] paraît aveugle aux valeurs d'autrefois, on le croit rivé à l'ordre de ses moyens présents; parce qu'il pousse ceux-ci vers l'avenir avec une passion jalouse, exclusive, on dira qu'il en est esclave.

On oublie qu'il les compose, les balance, les ordonne en une signification d'homme; on oublie surtout qu'il nous ordonne tous, avec ces choses, et lui-même en son acte, et avec lui notre philosophie, même si elle préfère le silence à cet aveu.

Comme l'ingénieur, comme l'expert, comme le technicien pur malgré son apparente désincarnation, mais plus directement qu'eux, le technocrate, comme autrefois le Tyran au Philosophe, apporte à notre siècle l'amitié d'une énigme et le rêve d'une solution juste.

11. CARACTÈRES DE LA CIVILISATION UNIVERSELLE

PAUL RICŒUR

REVUE ESPRIT, OCTOBRE 1961.

Comment caractériser cette civilisation universelle mondiale? On a trop vite dit que c'est une civilisation de caractère technique. La technique n'est pourtant pas le fait décisif et fondamental; le foyer de diffusion de la technique, c'est l'esprit scientifique lui-même; c'est lui d'abord qui unifie l'humanité à un niveau très abstrait, purement rationnel, et qui, sur cette base, donne à la civilisation humaine son caractère universel.

Il faut garder présent à l'esprit que, si la science est grecque d'origine, puis européenne à travers Galilée, Descartes, Newton, etc... ce n'est pas en tant que grecque et européenne, mais en tant qu'humaine qu'elle développe ce pouvoir de rassemblement de l'espèce humaine; elle manifeste une sorte d'unité de droit qui commande tous les autres caractères de cette civilisation. Quand Pascal écrit : « L'humanité toute entière peut

1. La philosophie platonicienne désigne par ce terme l'homme habité de l'intelligence créatrice, qui le fait en quelque sorte l'égal d'un dieu.

être considérée comme un seul homme qui sans cesse apprend et se souvient », sa proposition signifie simplement que tout homme, mis en présence d'une preuve de caractère géométrique ou expérimental, est capable de conclure de la même façon, si toutefois il a fait l'apprentissage requis. C'est donc une unité purement abstraite, rationnelle, de l'espèce humaine qui entraîne toutes les autres manifestations de la civilisation moderne.

En deuxième rang, nous placerons, bien entendu, le développement des techniques. Ce développement se comprend comme une reprise des outillages traditionnels à partir des conséquences et des applications de cette unique science. Ces outillages qui appartiennent au fonds culturel primitif de l'humanité, ont par eux-mêmes une inertie très grande; livrés à eux-mêmes, ils tendent à se sédimenter dans une tradition invincible; ce n'est pas par un mouvement interne que l'outillage vient à changer, mais par le contrecoup de la connaissance scientifique, sur ces outils; c'est par la pensée que les outils sont révolutionnés et qu'ils deviennent des machines. Nous touchons ici à une deuxième source d'universalité : l'humanité se développe dans la nature comme un être artificiel, c'est-à-dire comme un être qui crée tous ses rapports avec la nature par le moyen d'un outillage sans cesse révolutionné par la connaissance scientifique; l'homme est une sorte d'artifice universel; en ce sens on peut dire que les techniques, en tant que reprise des outillages traditionnels à partir d'une science appliquée, n'ont pas non plus de patrie. Même s'il est possible d'attribuer à telle ou telle nation, à telle ou telle culture l'invention de l'écriture alphabétique, de l'imprimerie, de la machine à vapeur, etc., une invention appartient de droit à l'humanité. Tôt ou tard, elle crée une situation irréversible pour tous; sa diffusion peut être retardée, mais non point absolument empêchée. Nous sommes ainsi en face d'une universalité de fait de l'humanité : dès qu'une invention est apparue en quelque point du monde, elle est promise à la diffusion universelle. Les révolutions techniques s'additionnent et parce qu'elles s'additionnent elles échappent au cloisonnement culturel. Nous pouvons dire qu'avec des retards en tel ou tel point du globe, il y a une unique technique mondiale. C'est bien pourquoi les révolutions nationales ou nationalistes, lorsqu'elles font accéder un peuple à la modernisation, le font du même coup accéder à la mondialisation; même si — nous y réfléchirons tout à l'heure — le ressort est national ou nationaliste, il est un facteur de communication dans la mesure où il est un facteur d'industrialisation, qui fait participer à l'unique civilisation technique. C'est grâce à ce phénomène de diffusion que nous pouvons avoir aujourd'hui une conscience planétaire et, si j'ose dire, un sentiment vif de la rondeur de la terre.

Au troisième étage de cette civilisation universelle, je mettrais ce que j'appelle avec prudence l'existence d'une politique rationnelle; bien entendu je ne sous-estime pas l'importance des régimes politiques; mais on peut dire qu'à travers la diversité des régimes politiques que l'on sait, il se développe une unique expérience de l'humanité et même une unique technique politique.

Tous les régimes ont une certaine course commune; nous les voyons tous évoluer inéluctablement, dès que certaines étapes de bien-être, d'instruction et de culture sont franchies, d'une forme autocratique à une forme démocratique; nous les voyons tous à la recherche d'un équilibre entre la nécessité de concentrer, voire de personnaliser le pouvoir, afin de rendre possible la décision, et d'autre part la nécessité d'organiser la discussion afin de faire participer la plus grande masse d'hommes possible à cette décision.

Nous pouvons même dire que nous sommes en face d'un État tout court, d'un État moderne, lorsque nous voyons le pouvoir capable de mettre en place une fonction publique, un corps de fonctionnaires qui préparent les décisions et qui les exécutent sans être eux-mêmes responsables de la décision politique. C'est là un aspect raisonnable de la politique qui concerne maintenant absolument tous les peuples du monde, au point qu'il constitue un des critères les plus décisifs de l'accession d'un État sur la scène mondiale.

On peut se risquer à parler en quatrième rang de l'existence d'une économie rationnelle universelle. Sans doute faut-il en parler avec plus de prudence encore que du phénomène précédent en raison de l'importance décisive des régimes économiques comme tels. Néanmoins ce qui se passe derrière cette avant-scène est considérable. Par-delà les grandes oppositions massives que l'on sait, il se développe des techniques économiques de caractère véritablement universel; les calculs de conjoncture, les techniques de régulation des marchés, les plans de prévision et de décision gardent quelque chose de comparable à travers l'opposition du capitalisme et du socialisme autoritaire. On peut parler d'une science et d'une technique économiques de caractère international, intégrées dans des finalités économiques différentes et qui du même coup créent bon gré mal gré des phénomènes de convergence dont les effets paraissent bien être inéluctables. Cette convergence résulte de ce que l'économie, aussi bien que la politique, est travaillée par les sciences humaines, lesquelles n'ont pas fondamentalement de patrie. L'universalité d'origine et de caractère scientifique traverse finalement de rationalité toutes les techniques humaines.

Enfin, on peut dire qu'il se développe à travers le monde un genre de vie également universel; ce genre de vie se manifeste par l'uniformisation inéluctable du logement, du vêtement (c'est le même veston qui court le monde); ce phénomène provient du fait que les genres de vie sont eux-mêmes rationalisés par les techniques. Celles-ci ne sont pas seulement des techniques de production, mais aussi de transports, de relations, de bien-être, de loisir, d'information; on pourrait parler de techniques de culture élémentaire et plus précisément de culture de consommation; il y a ainsi une culture de consommation de caractère mondial qui développe un genre de vie de caractère universel.

1 *Dégagez avec précision les caractères de la Civilisation universelle.* **2** *Expliquez et commentez la phrase suivante : « Les Révolutions nationales ou nationalistes, lorsqu'elles font accéder un peuple à la modernisation, le font du même coup accéder à la mondialisation.* **3** *Définissez ce que l'auteur appelle une culture de consommation. En quoi consiste-t-elle?*

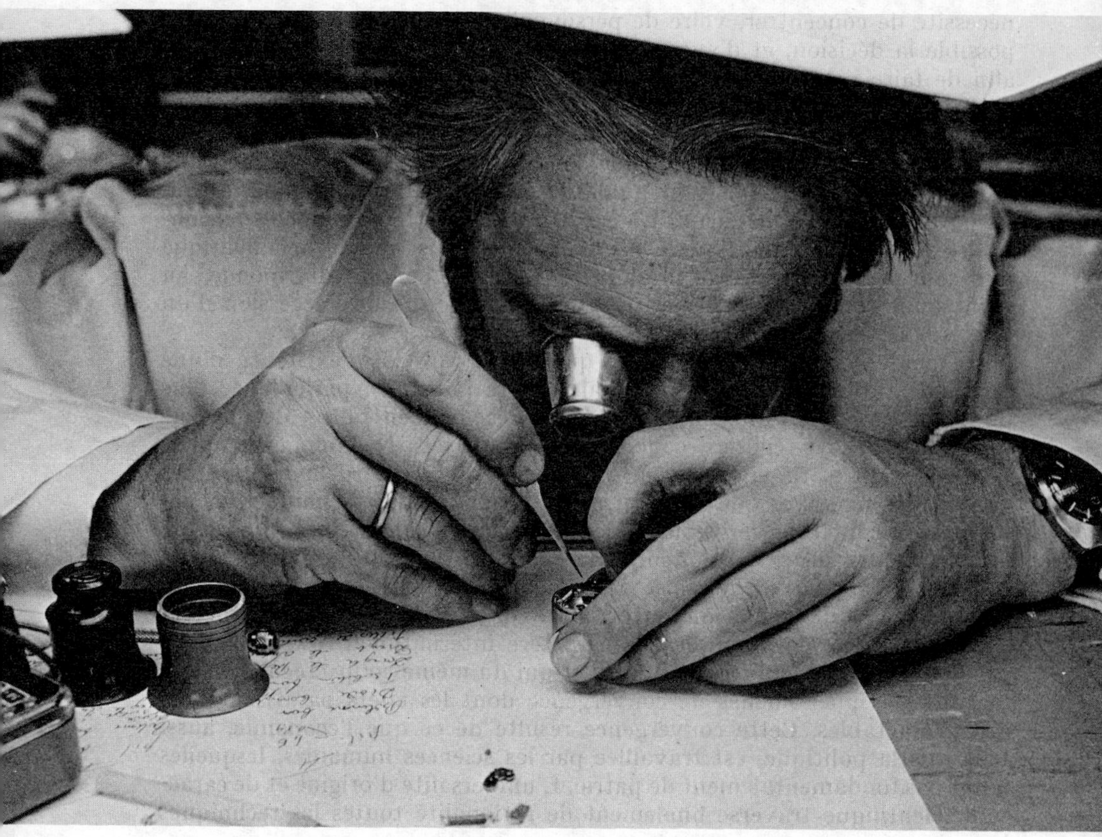

Lip : Horloger au travail.

le travail

« Travail est toute dépense d'actes qui tend à rendre les choses, les êtres, les circonstances profitables ou délectables à l'homme; et l'homme lui-même, plus sûr et plus fier de soi. » Cette définition de Paul Valéry a le mérite d'exprimer sous une forme très condensée l'identité entre l'histoire de la civilisation et celle du travail humain.

C'est du choc de deux galets l'un contre l'autre qu'est né le premier outil et la transmission de ce geste a marqué la naissance du travail humain. De la pierre éclatée à la machine électronique contemporaine, plusieurs centaines de millénaires se sont écoulés au cours desquels l'évolution du travail traduit l'ascension de l'humanité.

Les âges historiques se divisent en deux grandes périodes. Jusqu'au XVIIIe siècle, les progrès de la technique sont constants mais lents, c'est l'âge de l'artisanat. Pendant toute cette période, le milieu technique s'accorde au milieu naturel. L'homme doit compter surtout sur sa force musculaire pour manier les instruments rudimentaires de production. Il n'est aidé que par les animaux qu'il a domestiqués et, dans une certaine mesure, par l'énergie éolienne et hydraulique.

L'invention de la machine à vapeur va apporter au XIXe siècle un bouleversement radical. L'utilisation de l'énergie nouvelle achemine l'homme vers la grande industrie moderne et modifie totalement les conditions dans lesquelles le travail s'effectuait jusqu'alors. Dans les dernières années de ce siècle sont réalisés des progrès décisifs : science et technique avancent en s'épaulant l'une l'autre. De nouvelles sources d'énergie apparaissent : électricité, pétrole qui renforcent la puissance de l'industrie. Le rythme des inventions s'accélère d'année en année. Aujourd'hui la machine fait irruption dans tous les domaines, modifie de fond en comble les méthodes de travail, transforme les genres de vie, sort l'homme du milieu naturel et le soumet en quelque sorte à sa loi.

12. LA MAIN ET LE CERVEAU

PAUL VALÉRY

REGARDS SUR LE MONDE ACTUEL,
GALLIMARD ÉD., 1945.

Certains prétendent qu'il existe une relation immédiate et comme symétrique entre la main de l'homme et son cerveau. Les articulations si riches, les mouvements si prompts, la sensibilité si bien distribuée de cette main, le nombre de ses emplois, l'instrument « universel » qu'elle est pour nous et jusqu'à la quantité de métaphores [1] que nous tirons de ses actes pour désigner des actes de l'esprit, donnent de la force à cette opinion indémontrable. Quant à moi, même fausse, je la trouve très bonne à méditer. Je m'assure que l'intelligence doit toujours se référer au système d'actes que nous savons ou pouvons accomplir, que sa fin est quelque industrie [2], et que la pratique de quelque métier lui donne des habitudes ou lui inspire des analogies très précieuses. Je dis maintenant que l'esprit français doit beaucoup à tous ces cultivateurs, vignerons, artisans, ouvriers des métaux ou du bois, créatures et créateurs de leur pays. Considérez en France cette quantité de chefs-d'œuvre locaux qui s'y remarquent. Songez à tant d'architectures, aux travaux d'art les plus parfaits du monde, aux meubles, aux étoffes précieuses, aux faïences et aux ferronneries; énumérez ces crus célèbres dont la liste est une sorte d'armorial et qui doivent aux soins et à l'expérience autant qu'à la nature; visitez les cultures savantes des fleurs destinées aux parfums, des fruits soigneusement surveillés, préservés : rose et jasmin de Grasse et de Vence, chasselas délicatement ciselé de Thomery [3], n'oubliez même pas les peines et les merveilles de l'art d'écrire notre langue, la seule dans laquelle subsiste encore un peu le souci de peser les mots, d'ordonner les pensées, d'accuser les formes du discours, comme si nous étions encore à l'époque fabuleuse où les esprits étaient sensibles et où le temps ne comptait pas...

1 *Faites l'analyse de ce passage. Marquez nettement les étapes et les articulations de la pensée. Quelles sont, d'après vous, les idées essentielles?* **2** *Expliquez :* a) *les mots : immédiate; méditer; se référer; armorial.* b) *la dernière phrase : « N'oubliez même pas les peines et les merveilles de l'art d'écrire... et où le temps ne comptait pas. »* **3** *Exposez brièvement les raisons (ou les théories) de ceux qui « prétendent qu'il existe une relation immédiate et comme symétrique entre la main de l'homme et son cerveau ». Pourquoi Valéry dit-il qu'il s'agit là d'une opinion indémontrable?* **4** *Isolez, dans ce texte, trois ou quatre phrases qui vous ont particulièrement frappé, et faites, à leur sujet, toutes les remarques sur le style que vous jugerez utiles : choix des termes, construction des phrases, effets recherchés, etc...*

1. La *métaphore* est la substitution, dans un sens figuré, d'un mot à un autre. Valéry n'en donne pas d'exemples, mais il revient sur cette affirmation quand il rappelle que notre langue a « le souci de *peser* les mots, d'ordonner les *pensées* ». Le verbe latin *pensare* est représenté en français par les doublets *peser* et *penser*, ce dernier au sens figuré de « peser dans son esprit », d'où juger, appliquer sor esprit à un objet.
2. Ce mot, issu du latin *industria*, est apparenté aux mots structure, construction, instrument. Il signifie habileté à exécuter un travail manuel (d'où industrieux) puis métier (d'où industriel) et désigne enfin l'ensemble des opérations qui concourent à la production.
3. Commune de Seine-et-Marne, près de Fontainebleau, Thomery doit sa réputation à la culture d'un cépage renommé qui fut d'abord cultivé à Chasselas, village de Saône-et-Loire.

13. TRAVAIL

CHARLES GIDE

PRINCIPES D'ÉCONOMIE POLITIQUE,
ÉDITIONS SIREY, 1884, PARIS.

Pour satisfaire aux nécessités de son existence, tout être qui vit est forcé d'accomplir un certain travail. La graine elle-même fait un effort pour soulever la croûte de terre durcie qui la recouvre et venir respirer l'air à la lumière. L'huître attachée à son banc ouvre et referme ses écailles pour puiser dans le liquide qui la baigne les éléments nourriciers. L'araignée tisse sa toile. Le renard et le loup vont en chasse. L'homme n'échappe pas à la loi commune; lui aussi doit faire des efforts persévérants pour suffire à ses besoins. Cet effort inconscient dans la plante, instinctif dans l'animal, devient chez l'homme un acte réfléchi et prend le nom de travail.

N'y a-t-il pas pourtant certaines richesses que l'homme peut se procurer sans travail, celles que la nature lui octroie libéralement? C'est une question délicate.

Il faut remarquer d'abord que, pour cette catégorie de richesses qui s'appellent des produits, il n'en est pas un seul qui ne suppose dans une mesure grande ou petite l'intervention du travail. Cela résulte de l'étymologie même du mot produit, *productum*, tiré de quelque part. Or, qui l'aurait ainsi retiré, sinon la main de l'homme? Pour que des fruits puissent servir à la satisfaction de nos besoins, même ceux que la nature nous donne d'elle-même, fruit de l'arbre à pain, bananes, dattes, ou tous les crustacés et coquillages que l'on appelle en Italie *frutti di mare* (fruits de mer), encore faut-il que l'homme ait pris la peine de les ramasser. Or, la cueillette représente certainement un travail, et qui peut devenir fort pénible.

Il faut remarquer d'ailleurs que l'on ne se fait pas d'ordinaire une idée juste du rôle considérable que joue le travail, même dans la création de ces produits qualifiés souvent très inexactement de « naturels ». On est disposé à croire, par exemple, que tout ce qui pousse sur la terre, céréales, légumes, fruits, est une libéralité de cette terre. En réalité, la plupart des plantes qui servent à l'alimentation des hommes ont été, sinon créées, du moins tellement modifiées par la culture et les travaux de centaines de générations qu'à cette heure encore les botanistes n'ont pu retrouver leurs types originaires. Le froment, le maïs, la lentille, la fève n'ont pu être découverts nulle part à l'état spontané. Même les espèces que l'on retrouve à l'état de nature sont singulièrement différentes de leurs congénères cultivées. Entre les grains acides de la vigne sauvage et nos grappes de raisins, entre les légumes ou les fruits succulents de nos vergers et les racines coriaces ou les baies âpres, vénéneuses quelquefois, des variétés sauvages, la différence est telle que l'on peut bien considérer ces fruits ou ces légumes comme des produits artificiels, c'est-à-dire de véritables créations de l'industrie humaine. Et la preuve, c'est que si le travail incessant de culture vient à se relâcher pendant quelques années, ces produits ne tardent pas, comme l'on dit, à dégénérer, ce qui signifie simplement qu'ils retournent à l'état de nature en perdant toutes les vertus dont l'industrie humaine les avait dotés.

Enfin même pour ces richesses qui ne sont pas « des produits » parce qu'elles préexistent à tout acte de production, telles que la terre d'abord et tous les matériaux à l'état brut ou organisé qu'elle nous fournit, la source jaillissante d'eau ou de pétrole, la forêt sur pied, la prairie naturelle, la carrière de pierre, la mine de métal ou de charbon, la chute d'eau qui fait tourner la roue du moulin ou la turbine, le gisement de guano déposé par les oiseaux de mer, la pêcherie abondante en poissons, en coquillages ou en corail — encore faut-il remarquer :

1° Que ces richesses naturelles n'existent en tant que richesses, c'est-à-dire en tant que choses utiles et valables, qu'autant que l'intelligence humaine a su d'une part découvrir leur existence et, d'autre part, reconnaître en elles les propriétés qui les rendent aptes à satisfaire quelqu'un de nos besoins. Prenez une terre quelconque, une terre à blé en Amérique, par exemple. Si elle est une richesse, c'est parce qu'un explorateur ou un pionnier quelconque, marchant dans la voie que Christophe Colomb avait ouverte le premier, a révélé l'existence de cet emplacement particulier. Or, le fait de la découverte, qu'il s'applique à un Nouveau Monde ou à des champignons, suppose toujours un certain travail;

2° Que ces richesses naturelles ne pourront être utilisées, c'est-à-dire servir ultérieurement à la satisfaction des besoins de l'homme, qu'autant qu'elles auront subi plus ou moins l'action du travail; s'il s'agit d'une terre vierge, qu'autant qu'elle aura été défrichée; s'il s'agit d'une source d'eau minérale, qu'elle aura été captée et mise en bouteilles; s'il s'agit de champignons ou de coquillages, qu'ils auront été cueillis et le plus souvent mis à cuire dans la casserole.

1 *Le terme « travail » employé ici par Charles Gide a-t-il sa signification ordinaire? Quels sont les divers sens donnés à ce mot?* **2** *L'emploi dans son sens étymologique du mot* production *n'est-il pas nécessaire pour permettre le raisonnement de Charles Gide?* **3** *Précisez le sens de :* création *et de :* découverte. **4** *Pourquoi seul l'effort de l'homme peut-il s'appeler travail?*

14. LES PÊCHEURS DE GOÉMON

ALAIN

LIBRES PROPOS,
GALLIMARD ÉD., 1928.

Longtemps après la tempête d'équinoxe, la mer reste houleuse et tonnante, et roule dans ses vagues un fourrage glauque arraché aux grands fonds. Juste à l'heure où le flot change de voix et commence à se retirer, on voit bondir les agiles paysans, chacun brandissant un râteau aux longues dents, comme une main de bois. Chacun d'eux guette le moment de harponner tout un paquet d'algues, et les traîne en courant, souvent gagné de vitesse par la vague qui suit; dans l'eau jusqu'aux jarrets, et souvent trempés jusqu'aux yeux. Cette pêche du goémon a fait un lieu commun de littérature et de peinture. Toutefois il reste à dire.

« C'est un jeu, dit l'un, et même une sorte de danse, que les baigneurs imitent; mais on ne se baigne pas en avril. Je vois que ces vigoureux paysans sont bientôt gelés, rompus, essoufflés. Tout métier est un jeu pour l'amateur; tout métier est pénible par la durée. J'ai lu qu'une femme bienfaisante, voulant se donner quelque expérience des métiers de femmes, choisit pour commencer le plus doux, qui consistait à coller des étiquettes sur des bouteilles; deux jours après, elle était au lit avec la fièvre. Jugez de ce métier-ci. Cet engrais d'or vert, la mer, il est vrai, l'apporte, élaboré en sa grande cuve chimique; elle l'apporte, puis elle le remporte; à quoi s'opposent ces doigts de bois, longs et crochus. C'est ainsi toujours. Nous ne créons rien; nature fait tout; mais ce qu'elle fait il faut le lui arracher, charbon au sol, goémon à la mer, force industrielle au torrent. Nous mangerons ces précieux sels, incorporés au blé et à la pomme de terre; et nous mangerons aussi, en ce mélange, cette force paysanne qui s'exerce à l'extrême bord de son domaine. Cette jeune verdure qui s'étend jusqu'au bord de la falaise rocheuse, depuis ces arbres qui cachent les villages, cette verdure est faite de travail humain aussi. »

« L'histoire est abolie, dit l'autre. Il est hors de doute que les légionnaires de César, quand ils abordèrent ici, trouvèrent les mêmes pêcheurs d'algues, armés de ce râteau de bois aux dents inclinées. Les paysans de ce temps-là estimaient déjà la force des tempêtes et l'heure du reflux qui recule le long des jours du même pas que la lune. Et sans doute les légionnaires jouèrent un petit moment ce jeu, et envièrent les heureux paysans; car il suffit d'essayer seulement un métier pour qu'il plaise. Et les paysans, au rebours, rêvaient de porter les armes; mais le métier des armes consiste à porter les armes une heure encore au-delà de l'extrême limite, au-delà de ce degré de fatigue où l'on se couche comme on tomberait. Seulement, ces paysans n'en savaient rien. Ainsi César fit ici quelques recrues. »

« Si l'on était assez grand, dit un troisième, pour observer à la manière de Micromégas[1] ces pêcheurs de goémon, si bien réglés sur les marées, n'admirerait-on pas le merveilleux instinct de ces insectes si bien adaptés? en revanche, après quelques siècles d'observation, ne conclurait-on point qu'ils ne pensent pas, puisqu'ils n'inventent plus? »

Et l'autre lui répondit : « A deux signes, Micromégas saurait que ce ne sont point des insectes, mais bien des hommes; ces deux signes sont le vêtement et l'outil. Les bêtes produisent leurs vêtements et leurs outils d'elles-mêmes; elles ont poil ou carapace, et leurs râteaux seraient des antennes ou des pattes. Voyez ceux-là qui jettent leurs râteaux et courent se dépouiller de leurs cottes mouillées, revêtir des habits secs, et boire à la bouteille; voilà le moment humain. »

1 *Notez les différentes réflexions que suggère à l'auteur la scène décrite dans le premier paragraphe.* **2** *Expliquez et commentez les phrases suivantes : « Tout métier est un jeu pour l'amateur; tout métier est pénible par la durée. » « Nous ne créons rien; nature fait tout. » « Ainsi César fit quelques recrues. » « Ils ne pensent pas puisqu'ils n'inventent plus. » « Voilà le moment humain. »*

1. *Micromégas* (*micros* : petit; *mégas* : grand). Personnage d'un conte de Voltaire qui a donné son titre à l'ouvrage.
Ce géant, habitant d'un satellite de Sirius, vient sur la terre qu'il croit d'abord déserte. Mais à l'aide d'un microscope, il aperçoit un minuscule vaisseau qu'il saisit et dans lequel il découvre des êtres infimes qui sont des hommes. Avec bien des difficultés il arrive à converser avec ces « insectes invisibles » qui se trouvent être des philosophes. Ce conte qui rappelle Gargantua de Rabelais et Gulliver de Swift, illustre les thèmes, chers à Voltaire, de la relativité de la connaissance et de la vanité des querelles métaphysiques.

15. ON N'A RIEN SANS PEINE

ALAIN

PROPOS SUR LE BONHEUR,
GALLIMARD ÉD., 1928.

On n'a rien sans peine et nous ne faisons qu'acheter du travail avec du travail. Depuis que l'expérience nous l'enseigne, nous devrions commencer à le savoir. Le radium a des propriétés très merveilleuses, c'est entendu : mais il faut dépenser beaucoup de travail pour isoler le radium. L'air liquide fournit de fortes pressions; oui, mais il faut, pour obtenir l'air liquide, faire agir de fortes pressions.

La locomotive nous entraîne le long des rails, pendant que nous lisons tranquillement notre journal. Oui. Mais il a fallu extraire le charbon et le minerai de fer; il a fallu forger, limer, polir, graisser; il a fallu terrasser, couper, disposer des traverses, boulonner des rails, construire des ponts; actuellement encore, indolent voyageur, il faut des centaines d'hommes, mécaniciens, aiguilleurs, chefs de gare, employés, serre-freins, gardes-barrières, pour que cet agréable voyage soit possible pour vous.

J'ai chez moi une vieille horloge à poids qui marche comme un chronomètre; elle me plaît, parce qu'elle me rappelle cette loi : on n'a rien sans peine. Son mécanisme est très simple; je vois ses poids descendre peu à peu et travailler pour moi toute la journée; seulement, le soir, il faut que je les remonte, ils me rendent mon travail. Que la pesanteur soit infatigable et impossible à épuiser, cela ne m'avance guère lorsque les poids de mon horloge sont par terre.

Je sais, il y a le bon soleil qui travaille réellement, soit qu'il fasse pousser les arbres dont je ferai des poutres, soit qu'il vaporise, promène et précipite les eaux qui font tourner le moulin. Voilà un bon serviteur, et qui durera plus que nous. Tout de même, si je veux profiter de son travail, je dois travailler, moi aussi : je dois couper, équarrir, transporter l'arbre; je dois construire une digue, fabriquer et ajuster des vannes, une roue de moulin, des engrenages. La turbine rend plus que l'antique roue en bois, c'est vrai, mais il faut plus de travail aussi pour la construire, le temps n'approche pas où le travail se fera tout seul...

1 *Qu'a voulu suggérer le philosophe dans cette page?* **2** *Commentez la phrase :* « Nous ne faisons qu'acheter du travail avec du travail ». **3** *Quelles sont les caractéristiques du style de cette page? Étudiez, en particulier, le rôle des affirmations.*

16. LES SEMAILLES

JEAN GIONO

QUE MA JOIE DEMEURE,
GRASSET, 1935.

Les uns allaient droit devant eux, face au nord et ils balançaient le bras. Les autres face à l'est, les autres face au sud, face à l'ouest. Dans toutes les directions de la rose des vents les hommes s'étaient mis à marcher pas à pas en balançant le bras. Le balancement de ce bras était d'accord avec le pas. Le pied droit s'avançait, la main entrait dans le sac. Le pied gauche s'avançait, la main sortait du sac, le bras se balançait et la poignée de graines giclait au moment où le pied gauche se posait sur la terre. Et ainsi, pied droit, pied gauche, balancement de bras, roulement des hanches et des épaules, tous ensemble, les hommes marchaient posément sur les sentiers invisibles et entrecroisés qui étaient les sentiers de semailles. Le terre recevait les graines nues à pleines poignées. De temps en temps les silhouettes de deux hommes très éloignés l'un de l'autre dans le vide des champs se rencontraient. C'était seulement un semblant, mais ça arrivait parce que l'un des semeurs allait vers l'est et l'autre vers l'ouest. Alors, d'abord on les voyait s'approcher et venir en face l'un de l'autre, toujours posément, avec la noblesse lente de cette lourde marche utile; le corps un peu courbé par le poids du sac, la tête penchée pour regarder la terre. Les pas, le bras, les pas, le bras, les deux hommes s'approchent. Qui les fait avancer? Quelle est cette force lente et formidable qui les porte? Est-elle dans leurs jambes? (On voit à peine les petites jambes noires s'ouvrir et se fermer). Est-elle dans ce bras qui bat l'air comme une aile? S'avancent-ils portés par l'air, et ce bras est-il la rame, la nageoire, l'aile? Non, la force vient des jambes. On le voit maintenant. Le corps lourd et encore alourdi par le sac de grain danse sur les jambes. Le bras c'est le rythme, le bras c'est l'esprit, le bras lance les graines, le bras commande, le pas est soumis. La graine vole. Ils s'approchent l'un de l'autre sans hâte. Encore un pas, deux, trois; dans un moment ils vont être comme les vis-à-vis à la danse sous les tilleuls. Ici il n'y a pas de musique sauf ce chuintement léger des graines lancées. C'est sourd et léger, mais il y a tant de mains qui lancent que peu à peu au fond de l'air il y a quand même la musique souple pour cette danse de lourdeur et de travail. Voilà : les deux hommes se font vis-à-vis. Ils lèvent le bras, ils lèvent la jambe, ils s'avancent. Ils s'approchent. Ils se collent l'un à l'autre, les deux bras se lèvent. Ils vont se frapper. Ils vont se battre. Ils lèvent le bras. Il n'y a plus qu'un homme. En voilà encore deux. Ils se sont croisés. Ils s'éloignent, sans hâte au même pas, à la même cadence, les pas, le bras, les pas, le bras; un va vers l'est, l'autre vers l'ouest. Ils ne se sont pas vus. Ils sèment le blé. Le temps est clair.

En un rien de temps, toute la plaine de Roume fut couverte d'oiseaux. Ils tournoyaient en grands remous à cinq ou six mètres au-dessus du sol. Ils criaient. Ils étaient comme des auréoles noires au-dessus des semeurs. Ils se mêlaient. Ils se gonflaient en nuages. Ils se dispersaient dans le ciel. Ils s'abattaient dans les emblavures. Ils se relevaient. Ils flottaient en grandes troupes dans le ciel comme un foulard chamarré d'or que le vent emporte. Devant le pas des semeurs fuyaient les bourianes, les sauterelles à gros ventre bleu, les scarabées aux cuirasses de soie, les vers de terre couleur de fer, les hordes de fourmis. Quand les hommes arrivaient au bout du champ, ils faisaient la volte tous ensemble. Ceux qui avaient fait front au nord s'affrontaient au sud, ceux du sud allaient au nord, ceux de l'est, ceux de l'ouest tournaient et repartaient, et dans toutes les directions de la rose des vents, sur un passe-pied, les chemins recommençaient à se croiser à la trame inverse. Les pas, le bras, les pas, le bras. Les insectes fuyaient de tous les côtés. Les sauterelles claquaient, les fourmis sortaient de terre comme de l'écume d'eau. Les oiseaux flottaient en criant. La terre se chargeait de grains. Dans le poignet des hommes, les premières douleurs commençaient à tordre les muscles.

La musique était maintenant le bruit du blé, le cri des oiseaux, le claquement des élytres, le ronflement des fourmis, le bruit étouffé des pas, le halètement des hommes, le ronflement des camions qui apportaient des sacs neufs, le hennissement lointain d'un cheval. Et le grain tombait sur la terre.

1 *Quelle impression vous laisse cette description?* **2** *En quoi l'originalité de cette page traduit-elle la personnalité de l'auteur?* **3** *Étudiez le mélange de réalisme et d'idéalisme dans ce texte.* **4** Page 61 *« noblesse » (l. 11) : apprécier le choix du terme. — « utile » (l. 12) : préciser le sens du mot. (Comparer V. Hugo évoquant dans* Saison des Semailles, Le Soir, *« le geste auguste du semeur » qui doit croire « à la fuite* utile *des jours ») — « s'approchent » (l. 14) : Pourquoi le présent est-il substitué à l'imparfait? « Ils s'éloignent... vers l'Ouest » (l. 31 et 32) : Montrez en quoi le rythme de la phrase correspond à celui des gestes des semeurs? — « auréoles noires » (l. 36) : Expliquez l'image. — « Faisaient la volte » 43) : Expliquez.*

17. SEMER N'EST PAS RÉCOLTER

JOSEPH DE PESQUIDOUX

LE LIVRE DE RAISON,
PLON ÉD., 1925.

Les paysans disent : « La terre est jalouse ». Elle veut une attention, une surveillance, des soins continus, comme une sorte de tendresse qui ne souffre ni tiédeur ni absence. On la néglige, elle cesse de se livrer; on l'abandonne, elle répond par la ruine. On doit choisir : présence réelle, active ou mésentente; pas de milieu, c'est une union à vie : aussi douce, je l'ai dit, à ceux qui la contractent avec leur cœur que pesante à ceux qui ne font que la subir. Elle est austère, elle prend tous les jours, toutes les heures. Et tout est du côté de l'homme : inquiétude et labeur; sans compter les coups du sort, la moisson grêlée qui laisse sans pain, la vendange contaminée qui donne à peine à boire, l'animal qui avorte. Rude école de patience en vérité, de résignation et de ténacité. Parce que rien n'est acquis aux champs, et semer n'est pas récolter; parce que tout y est à longues échéances, quelque pressant que soit le besoin. On vit enfin dans une sorte d'isolement d'où l'on ne sort que peu, pour les achats ou les courses d'affaires, ou des visites à des voisins occupés comme vous. Les jours noirs d'hiver, noyés de pluie, qui interdisent le dehors; les nuits aveugles où les éléments semblent se ruer à la fois en se lamentant, cette austérité de la résidence rurale prend son sens entier de réclusion et de renoncement. Il y manque, certes, les plaisirs de la rue, la chaleur de pensée et de sentiment de l'agglomération urbaine, le coudoiement de la foule anonyme même, sans quoi d'autres prétendent ne point pouvoir vivre... Cela se peut pourtant ... La discipline consentie trempe les forces et les volontés. A mesure qu'on l'accepte on prend conscience de son âme profonde, et la récompense en est le goût passionné de la tâche, qui vous vient, et le juste orgueil de l'œuvre agrandie.

18. TRANSFORMATION DU MONDE PAYSAN

DANIEL FAUCHER

HOMMES ET TECHNIQUES, CONFÉRENCE,
LIGUE FRANÇAISE DE L'ENSEIGNEMENT, 1956.

Cette paysannerie française, elle ne s'est pas faite seulement dans la puissance de son esprit, dans la chaleur un peu cachée de sa sensibilité, dans des habitudes dont elle ne veut se départir qu'avec prudence, dans cet immense espoir qui la soutient, à ce point que le paysan dont le champ vient d'être dévasté sait bien que son travail et, s'il se peut, les éléments naturels venant à son secours, lui permettra de réparer le désastre. Toute cette paysannerie qui s'est ainsi formée lentement, rencontre devant elle l'obstacle même de cette formation, l'obstacle de ses habitudes. Je viens de le démontrer pour la mécaniculture, je suis sûr que dans dix ans, mon successeur à cette table le démontrera pour la motoculture. Les habitudes tomberont parce que les avantages présentés par ces moyens nouveaux de culture seront tels qu'il faudra bien s'y convertir.

Il y a l'obstacle de l'argent qu'on a et même l'obstacle de l'argent qu'on n'a pas. Permettez-moi de dire que l'obstacle de l'argent qu'on a est quelquefois beaucoup plus difficile à franchir que l'obstacle de l'argent qu'on n'a pas! Ce n'est pas un paradoxe, je ne le crois pas. Ces paysans, ils sont les héritiers de vingt, trente, quarante siècles de paysans qui n'avaient pas d'argent. S'ils en ont, ils savent à quel prix ils l'ont acquis. Ils savent ce que cela peut coûter de privations. Cette paysannerie française, nous ne l'aimerons jamais assez! Voilà une paysannerie, qui est l'une des plus anciennes du monde, en tout cas la plus ancienne du monde occidental, la plus vraiment « paysanne » — c'est-à-dire associée, mariée à la terre — qui soit en Europe. Cette paysannerie nous a apporté à la fin du XVIIIe siècle, au moment de la révolution agraire, une terre qui pouvait encore produire. Vous ne trouverez cela nulle part. En Russie, où on disposait des meilleures terres du monde, il fallait constamment que le paysan en change, parce qu'il les épuisait. La paysannerie française, installée sur ses champs, nous les a apportés, au seuil du XIXe siècle, en parfait état de production. Ce que cela représente de privations, de privations au bénéfice de la terre, pas seulement au bénéfice de la famille, au bénéfice de ce qu'on n'arrachait pas de cette terre pour la ménager!... Il y a là comme une espèce d'amour, qui l'a entourée de soins, qui l'a choyée, qui a préservé ce capital. Allez voir ce que j'ai vu en Amérique, quand la terre est cultivée de telle sorte qu'on veut lui demander tout ce qu'elle peut produire dans le temps le plus bref, sans se préoccuper du lendemain; alors, on la ruine je ne dis pas en une génération, mais on la ruine en vingt ans. Eh bien, le paysan français a consenti, de génération en génération, à ces sacrifices, pour ne pas ruiner sa terre; mais du même coup, il a obtenu juste ce qu'il fallait pour ne pas mourir. Et encore! que la peste arrivât, elle ravageait ses rangs; que les maladies contagieuses arrivassent, et la paysannerie payait plus que personne!

Que les conditions atmosphériques fussent mauvaises deux ou trois ans de suite, et c'était vraiment la famine. Jusqu'au XVIIIe siècle, il y a eu des famines constantes. A partir du XVIIIe siècle, seulement des disettes, mais jusque-là, il a fallu consentir à ces privations. La paysannerie française est une paysannerie de privations. Alors, elle a pris l'habitude de l'économie méticuleuse. Sans argent, elle a voulu tout de même avoir un petit pécule.

Elle était dans cet état d'esprit des gens qui, n'ayant pas d'argent, ne veulent pas en dépenser. On le comprend. Mais à partir du moment où on en a, ces habitudes-là ne disparaissent pas pour autant. Si on en a, c'est pour le garder. De même qu'on a fait des économies sou à sou, on va garder les capitaux, si ce sont des capitaux, en tout cas les sommes confortables qu'on a pu acquérir, et il faudra des révolutions monétaires, et il faudra que le pouvoir de l'argent soit menacé pour le dépenser.

***

Il y a d'autres obstacles, des obstacles qui sont, ceux-là, beaucoup plus sérieux; c'est surtout l'obstacle de cette polyculture dont je vous parlais. Comment, par exemple, introduire ces instruments de puissance mécanique au milieu d'une culture fractionnée, où il y a sept, huit, dix pièces dans le domaine? C'est pratiquement impossible. Je sais bien que la construction des machines s'y adapte; au lieu de donner le gros tracteur, elle donne le motoculteur. Au lieu de donner la puissante machine, elle l'adapte à ses petites parcelles, à ses cultures diversifiées. Ici encore l'ingéniosité des techniciens vient à notre secours, mais aussi des nécessités économiques. Cette petite culture en parcelles séparées, c'est une relique d'un temps dépassé. C'était bon quand les échanges d'une région à l'autre, d'un pays à l'autre, étaient limités, bornés, et qu'il fallait bien qu'on vive sur soi; cette polyculture vivrière était une polyculture autarcique [1], mais à l'heure actuelle, il y a des abandons possibles; mais, ces abandons, il ne faut pas les faire au hasard. Il faut les faire de façon que ce qu'on garde puisse être échangé. Il y a donc un problème de marchés qui dépasse le paysan, un problème d'organisation économique qui n'est pas un problème local, qui est un problème national, que dis-je, national! qui est un problème international de nature.

Ces transformations ne sont pas faites, ne peuvent pas se faire dans le cadre étroit de la commune, du canton, du département. Tout de suite, c'est l'espace qui s'ouvre et l'espace au-delà des frontières, n'en doutons pas. Cela aussi, c'est une révolution, une révolution de l'esprit. On a pensé jusqu'ici avec l'horizon borné à l'étendue des champs. Le paysan, au seuil de sa ferme, voyait non seulement son domaine matériel, mais tout son domaine de sensibilité, son domaine de pensée dans l'étalement de ses champs quand ils étaient groupés autour de sa maison, ou bien dans la répartition de ses parcelles, celle-ci au flanc du coteau bien ensoleillé pour donner son vin, celle-ci sur les bonnes terres franches de la commune pour avoir son blé, celle-ci au bas de la rivière pour avoir un coin de prairie. Cette magnifique adaptation de toutes les cultures au sol et au climat, pour donner les meilleurs résultats, limitait nécessairement la pensée à ce domaine; l'horizon aujourd'hui s'élargit, a besoin de s'élargir. Disons le mot, c'est un problème d'éducation. Il faut tirer ses enfants de l'horizon étroit dans lequel ils sont de nature enfermés, pour leur offrir le spectacle d'un monde changeant. Il y a d'autres habitudes ou d'autres institutions, si vous préférez, qu'il faudra vaincre.

1. **Qui se suffisait à elle-même, produisant par elle-même et consommant ses propres produits.**

Il y a bien d'autres obstacles, et ce sont des obstacles psychologiques. « Cette terre qui est moins bonne que celle qu'on me donnerait, c'est celle que mon père m'a léguée. » Voilà : « Je l'ai reçue et je la rendrai comme je l'ai reçue. » C'est une chose devant laquelle il ne faut pas plaisanter. C'est un sentiment non seulement très respectable, mais très émouvant, cette sorte de fidélité à ceux dont on vient, cette fidélité à ce qu'on a reçu le support nécessaire et fécond de la vie.

A ce compte, créera-t-on cette paysannerie nouvelle et la créera-t-on sans déchet? C'est là-dessus que je voudrais finir. Dans la paysannerie comme dans tout le reste du monde, les choses vont vite. Il y a des régions dans lesquelles le paysan nouveau est déjà né. Il y a des régions qui résistent davantage.

Il ne faut pas que nous fassions abstraction de cette donnée humaine. Il faut qu'au-delà d'elle, et pour la remplacer, nous en montrions une autre, aussi émouvante, aussi belle, par exemple cette idée que le paysan à la tête de ses champs n'est plus seulement le responsable de la vie de sa famille, mais qu'il a une fonction de caractère social, qu'il est devenu avec son pouvoir de production un des éléments de la vie collective, d'une vie collective élargie, élargie non seulement jusqu'aux frontières de sa nation, mais au-delà des frontières, qu'il n'est plus cette fois penché sur son sillon, mais monté sur son tracteur, la tête et le corps redressés, qu'il peut avoir la fierté de travailler à une œuvre qui le dépasse, infiniment plus que son œuvre ancienne ne le dépassait.

Est-ce possible? Sans aucun doute. Déjà dans notre jeunesse, il y a la fierté d'un métier nouveau, d'un métier qui affirme la puissance de l'homme sur la machine. Lorsque notre jeune paysan monte sur son tracteur, il ne fait pas seulement un geste de manœuvre, il fait un geste de triomphe; il ne s'intéresse pas à cette mécanique simplement pour les bénéfices qu'elle lui donne; il la sent vraiment frémir sous lui et il sent qu'elle n'est rien sans lui.

Je dois dire que ce métier, qui peut nous paraître très simplifié, à la fois par la transformation des systèmes agricoles, par une organisation extérieure des marchés et par l'emploi même de la mécanique, à la vérité, je le vois se compliquer chaque jour davantage. Il ne suffit pas d'avoir de magnifiques machines pour que le travail paysan soit un vrai travail de la terre. Il y a maintenant toute une science des sols. Il y a une science des plantes, comme il y a une science économique. Il y a des sciences que le paysan avait le droit d'ignorer autrefois, qu'il ne peut plus ignorer aujourd'hui.

19. ARTISANS DE FRANCE

CHARLES PÉGUY
L'ARGENT,
GALLIMARD ÉD. 1913.

Le croira-t-on, nous avons été nourris dans un peuple gai. Dans ce temps-là, un chantier était un lieu de la terre où des hommes étaient heureux. Aujourd'hui un chantier est un lieu de la terre où des hommes récriminent, s'en veulent, se battent, se tuent.

De mon temps, tout le monde chantait (excepté moi, mais j'étais déjà indigne d'être de ce temps-là). Dans la plupart des corps de métiers on chantait. Aujourd'hui, on renâcle. Dans ce temps-là, on ne gagnait pour ainsi dire rien. Les salaires étaient d'une bassesse dont on n'a pas idée. Et pourtant tout le monde bouffait. Il y avait dans les plus humbles maisons une sorte d'aisance dont on a perdu le souvenir. Au fond on ne comptait pas. Et on n'avait pas à compter. Et on pouvait élever des enfants. Et on en élevait. Il n'y avait pas cette espèce d'affreuse strangulation économique qui à présent d'année en année nous donne un tour de plus. On ne gagnait rien; et tout le monde vivait...

On ne saura jamais jusqu'où allait la décence et la justesse d'âme de ce peuple; une telle finesse, une telle culture profonde ne se retrouvera plus. Ni une telle finesse et précaution de parler. Ces gens-là eussent rougi de notre meilleur ton d'aujourd'hui, qui est le ton bourgeois. Et aujourd'hui tout le monde est bourgeois.

Nous croira-t-on, et ceci revient encore au même, nous avons connu des ouvriers qui avaient envie de travailler. On ne pensait qu'à travailler. Nous avons connu des ouvriers qui le matin ne pensaient qu'à travailler. Ils se levaient, et à quelle heure, et ils chantaient à l'idée qu'ils partaient travailler. A onze heures ils chantaient en allant à la soupe. En somme c'est toujours de Hugo; et c'est toujours à Hugo qu'il faut en revenir : « Ils allaient, ils chantaient [1]. » Travailler était leur joie même, et la racine profonde de leur être. Et la raison de leur être. Il y avait un honneur incroyable du travail, le plus beau de tous les honneurs, le plus chrétien, le seul peut-être qui se tienne debout. C'est par exemple pour cela que je dis qu'un libre-penseur de ce temps-là était plus chrétien qu'un dévot de nos jours. Parce qu'un dévot de nos jours est forcément un bourgeois. Et aujourd'hui tout le monde est bourgeois.

Nous avons connu un honneur du travail, exactement le même que celui qui au moyen âge régissait la main et le cœur. C'était le même conservé intact en dessous. Nous avons connu ce soin poussé jusqu'à la perfection, égal dans l'ensemble, égal dans le plus infime détail. Nous avons connu cette piété de l'ouvrage bien faite poussée, maintenue jusqu'à ses extrêmes exigences. J'ai vu toute mon enfance rempailler des chaises exactement du même esprit et du même cœur, et de la même main, que ce même peuple avait taillé ses cathédrales...

Tout était un rythme et un rite et une cérémonie depuis le petit lever. Tout était un événement, sacré. Tout était une tradition, un enseignement, tout était légué, tout était la plus sainte habitude. Tout était une élévation, intérieure, et une prière, toute la journée, le sommeil et la veille, le travail et le peu de repos, le lit et la table, la soupe et le bœuf, la maison et le jardin, la porte et la rue, la cour et le pas de porte, et les assiettes sur la table.

Ils disaient en riant, et pour embêter les curés, que travailler c'est prier, et ils ne croyaient pas si bien dire.

Tant leur travail était une prière. Et l'atelier était un oratoire.

1. Les soldats de l'An II *(Les Châtiments)*.

20. JOIES D'ARTISAN

ROGER IKOR

LA GREFFE DE PRINTEMPS,
ALBIN MICHEL ÉD., 1955.

Naguère encore, les moindres gestes du métier ne lui étaient-ils pas une source de plaisirs sans cesse renouvelés? Apprécier de loin la pièce de drap toute fraîche, goûter d'avance la souplesse de l'étoffe, son moelleux, cligner des yeux pour bien juger de la teinte. Un claquement de langue, un hochement de tête entendu, une moue de connaisseur : « Hum! Ça sera un bijou, je vous le dis! » On la voyait déjà, la casquette, bien ronde et bien tendue sur la forme, avec ses côtes et le bouton au milieu. Alors on s'approchait, on pétrissait une poignée d'étoffe dans la main; c'était rêche, doux et tiède, ça sentait bon. Religieusement, on étreignait à bras le corps, comme un être vivant, le rouleau de drap, on le portait à l'établi... Hop! le voilà déchargé sur la plaque de tôle! Mais attention; il faut le coup de poignet pour bien faire! Car le rouleau n'est pas cylindrique, mais aplati, et le grand chic consiste à le basculer de telle manière qu'il déroule tout de suite deux ou trois tours, tandis que d'elle-même l'étoffe docile se dégage, déploie mollement un pan. Quelques tours supplémentaires, rien que pour entendre le heurt mat du rouleau retombant à plat sur la tôle. Alors on prend les patrons de carton qu'on a préparés d'avance. Un temps d'arrêt : on a presque mal au cœur de saccager cette belle nappe d'étoffe vierge et comme offerte. Mais quoi, c'est la vie! Sans se presser, on dispose les morceaux de carton sur l'étoffe, comme un puzzle, en calculant les places au plus juste, suivant les diverses formes, pour limiter les chutes — ici, la visière, là, les côtes. Puis tandis que les doigts de la main gauche maintiennent le patron à sa place, la main droite saisit la craie — ah! la craie plate, rose ou bleue, le bonheur que la pulpe des doigts éprouve chaque fois à son contact savonneux! A secs petits coups de craie, on attaque l'étoffe et le crissement éveille le long de l'échine un frisson acide... Enfin, c'est le moment décisif, celui de la coupe. Les patrons, maintenant inutiles, ont été rangés. Les grands ciseaux brillent là, à portée de la main, meurtriers, semblables à des poignards avec leur coquille d'appui pour le gras du pouce. Il faut toujours les faire cliqueter un ou deux coups avant de s'en servir, le temps d'une hésitation, car qui n'hésite pas à l'instant de l'irréparable? Allez, Yankel, assez réfléchi! Et les ciseaux mordent dans le gras de l'étoffe, et la volupté monte le long des reins, et ce n'est plus l'image d'une casquette idéale qu'on a devant les yeux, non, il n'y a plus rien que le plaisir du saccage, le plaisir nu, intime, de tailler, trancher, mettre en pièces... Tout à coup, les deux branches des ciseaux claquent en s'emboîtant à fond. Fini! Et ces lambeaux d'étoffe aux formes biscornues reprennent un sens, composant déjà d'avance la coiffure... Bon ouvrier, Yankel!

21. C'EST LA MER QUI FAÇONNE LES BATEAUX

ALAIN, LIBRES PROPOS, GALLIMARD ÉD., 1928.

Les barques pontées sur lesquelles les Bretons de l'île de Groix vont à la grande pêche sont des mécaniques merveilleuses. J'ai entendu un ingénieur qui disait que le cuirassé le mieux dessiné est un monstre [1], comparé à ces gracieuses et solides coques, où la courbure, la pente, l'épaisseur sont partout ce qu'elles doivent être. On admire les travaux des abeilles; mais les travaux humains de ce genre ressemblent beaucoup aux cellules hexagonales de la ruche. Observez l'abeille ou le pêcheur, vous ne trouverez pas trace de raisonnement ni de géométrie; vous y trouverez seulement un attachement stupide [2] à la coutume, qui suffit pourtant à expliquer ce progrès et cette perfection dans les œuvres. Et voici comment.

Tout bateau est copié sur un autre bateau; toute leur science s'arrête là : copier ce qui est, faire ce que l'on a toujours fait. Raisonnons là-dessus à la manière de Darwin [3]. Il est clair qu'un bateau très mal fait s'en ira par le fond après une ou deux campagnes, et ainsi ne sera jamais copié. On copiera justement les vieilles coques qui ont résisté à tout. On comprend très bien que, le plus souvent, une telle vieille coque est justement la plus parfaite de toutes, j'entends celle qui répond le mieux à l'usage qu'on en fait. Méthode tâtonnante, méthode aveugle, qui conduira pourtant à une perfection toujours plus grande. Car il est possible que, de temps en temps, par des hasards, un médiocre bateau échappe aux coups de vent et offre ainsi un mauvais modèle; mais cela est exceptionnel. Sur un nombre prodigieux d'expériences, il ne se peut pas qu'il y en ait beaucoup de trompeuses. Un bateau bien construit peut donner contre un récif; un sabot peut échapper. Mais sur cent mille bateaux de toute façon jetés aux vagues, les vagues ramèneront à peine quelques barques manquées et presque toutes les bonnes; il faudrait un miracle pour que toujours les meilleures aient fait naufrage.

On peut donc dire, en toute rigueur, que c'est la mer elle-même qui façonne les bateaux, choisit ceux qui conviennent et détruit les autres. Les bateaux neufs étant copiés sur ceux qui reviennent, de nouveau l'Océan choisit, si l'on peut dire, dans cette élite encore une élite, et ainsi des milliers de fois. Chaque progrès est imperceptible; l'artisan en est toujours à copier, et à dire qu'il ne faut rien changer à la forme des bateaux; et le progrès résulte justement de cet attachement à la routine. C'est ainsi que l'instinct tortue dépasse la science lièvre.

1 *Étudiez la composition de ce texte. Montrez l'enchaînement des différentes parties.* **2** *Quel rôle l'auteur attribue-t-il à l'expérience?* **3** *« Méthode tâtonnante, méthode aveugle »: De quelle méthode s'agit-il? à quelle autre méthode s'oppose-t-elle?* **4** *De quelle manière le progrès peut-il résulter de la routine?* **5** *Peut-il en être ainsi toujours?*

1. *Monstre:* (lat. *monstrum*, avertissement céleste, prodige) désigne un être dont la conformation diffère de celle de son espèce. Au figuré, toute chose qui est comparée à un être hors nature en raison de sa grosseur, sa laideur, sa grossièreté, sa disproportion.
2. *Stupide:* la stupeur est un engourdissement général, une diminution des facultés intellectuelles, qui se traduit par une espèce d'immobilité, de paresse de pensée qui empêche la réflexion. L'adjectif stupide traduit bien ici ce qu'il y a de figé dans cet attachement à la coutume dont parle Alain.
3. DARWIN (1809-1882), naturaliste anglais, auteur d'une théorie développée dans son ouvrage *De l'origine des Espèces par voie de sélection naturelle* qui explique les variations des espèces parmi lesquelles s'opère la sélection des plus aptes.

22. VERTUS DU MÉTIER

PAUL VALÉRY

REGARDS SUR LE MONDE ACTUEL,
GALLIMARD ÉD., 1945.

Si j'aimais, plus que je ne fais, les termes considérables, je dirais que tout métier, même très humble, ébauche en nous une éthique [1] et une esthétique [2], tellement que, à partir de l'obligation de « gagner sa vie » au moyen d'un travail bien défini, quelqu'un peut s'élever à une possession de soi-même et à un pouvoir de compréhension en tous genres, qui surprennent parfois celui qui les observe chez des individus dont il n'eût pas attendu des remarques d'artistes ou des sentences de philosophe, exprimées en termes semi-pittoresques, semi-professionnels.

Il arrive même que le métier, s'il fut aimé et approfondi, demeure comme le dernier vestige d'intelligence et de moralité, la suprême chance de salut mental et social dans un homme en ruine quant à l'organisme; en perdition totale quant au caractère. Il est remarquable qu'une spécialité — de celles qui peuvent inspirer l'orgueil d'y exceller — s'insère si profondément dans une vie, y développe des connexions [3] si fortes, que la déchéance générale, le désordre psychologique habituel, le procès [4] de dégradation et de destruction de la personne physique et pensante, respectent, presque jusqu'à la fin, le sentiment du métier. Je ne l'aurais pas cru si je ne l'avais vu.

Il y a quelque trente ans, je passais, un dimanche, devant l'ancien Hôtel-Dieu. Au bas des tristes murs, mainte échoppe de vieilleries s'appuyait : linges sales, lampes verdies, verres et ferraille, ustensiles ignobles dans des paniers. Et des livres aussi, car il se trouve toujours des livres dans les épaves.

Un de ces livres m'arrêta. Je le pris du bout des doigts. Je ne sais plus ce qu'il était : peut-être un recueil de ces pièces de théâtre que les élèves des Jésuites composaient sous Louis XV pour leurs Académies de collège? Mais la reliure m'intrigua. Toute souillée et comme éculée qu'elle était, le dos presque arraché, les plats [5] faisant songer à des pommes soufflées, elle me parut fort remarquable et singulière. Je n'avais jamais vu ce genre de décor. J'étais dans cette réflexion, quand vint à passer quelque être bien misérable, un très petit homme, l'air farouche et égaré, le pas incertain, le vêtement trop vaste et immonde. Sans âge; le cheveu étrangement décoloré; le visage sans poil et de parchemin, il était vieillard et enfant. Je demeurai stupéfait de me voir le livre bizarre arraché des mains par ce blême avorton. Il brandit le bouquin avec un rire amer et extraordinaire; et comme le fripier se ruait pour défendre son bien, il le repoussa en haussant les épaules. Exhalant une haleine affreuse et tout échauffée

1. Voir note 1, page 31.
2. *Esthétique :* science qui détermine le caractère du beau dans les productions de la nature et de l'art. Entendez ici que le métier développe le sens de la beauté.
3. *Connexions :* proprement, action d'unir des choses l'une à l'autre; résultat de cette action. Ici, employé au figuré, liaison, enchaînement.
4. *Procès :* doublet de processus (évolution, développement, progrès).
5. *Plats :* feuilles de papier, de toile recouvrant le carton de la couverture d'un livre.

d'alcool, il me cria d'une voix trop proche, grasseyant à la parisienne : « Allez donc... Ça m'connaît, moi, la r'liure. » Et maniant, retournant, ouvrant et fermant le volume, voilà cet ivrogne sans couleur, aux mains de cire, qui entame toute une démonstration savante et raisonnée, avec une abondance de termes techniques et mystérieux, un sentiment saisissant du métier, une manière d'éloquence amoureuse et précise, dont je restais émerveillé. Je m'aperçus alors qu'il avait des yeux bleus admirables et que ses pâles mains ne tremblaient plus. Elles avaient retrouvé leur objet... On eût dit que le contact du livre avait changé cette chose humaine errante en Docteur de la Reliure. Je ne me tins de l'interroger. Il se dit être le dernier survivant d'une famille qui fut illustre dans le métier. Trois siècles durant, établis rue Dauphine, ils vécurent de vêtir les livres noblement. Il montrait la conscience la plus nette de la dégénérescence que tout son être et son état manifestaient.

— Et les fers [1], lui demandai-je, qu'est-ce qu'ils sont devenus?

— Vendus au poids, dit-il, on les a bus.

Il haussa les épaules. Son regard avait repris l'air noyé.

Le mouvement des gens sous la bruine absorba l'avorton, et je m'évanouis dans mes pensées, comme parle la Bible...

1 *Exposez en quelques lignes la thèse soutenue par Paul Valéry.* **2** *Qu'entend l'auteur par « sentiment du métier »? Donnez le sens de « procès », « singulière ».* **3** *Faites l'analyse logique de la première phrase.* **4** *Étudiez les procédés de style qui donnent au récit son agrément.*

23. HEUREUX AGRICULTEURS

ALAIN

PROPOS SUR LE BONHEUR,
GALLIMARD ÉD., 1928.

Le travail est la meilleure et la pire des choses : la meilleure, s'il est libre; la pire, s'il est serf [2]. J'appelle libre au premier degré le travail réglé par le travailleur lui-même, d'après son savoir propre et selon l'expérience, comme d'un menuisier qui fait une porte. Mais il y a de la différence si la porte qu'il fait est pour son propre usage, car c'est alors une expérience qui a de l'avenir; il pourra voir le bois à l'épreuve, et son œil se réjouira d'une fente qu'il avait prévue. Il ne faut point oublier cette fonction d'intelligence qui fait des passions si elle ne fait des portes. Un homme est heureux dès qu'il reprend des yeux les traces de son travail et les continue, sans autre maître que la chose, dont les leçons sont toujours bien reçues. Encore mieux si l'on construit le bateau sur lequel on naviguera; il y a une

1. *Fers :* instruments qui servent à faire des empreintes sur la reliure.
2. Adjectif : qui ne résulte pas d'une libre décision, par analogie avec la condition de l'esclave qui ne jouit pas de la liberté personnelle ou du serf du Moyen Age attaché à la glèbe et ne pouvant disposer de sa personne.

reconnaissance à chaque coup de barre, et les moindres soins sont retrouvés. On voit quelquefois dans les banlieues des ouvriers qui se font une maison peu à peu, selon les matériaux qu'ils se procurent et selon le loisir; un palais ne donne pas tant de bonheur; encore le vrai bonheur du prince est-il de faire bâtir selon ses plans; mais heureux par-dessus tout celui qui sent la trace de son coup de marteau sur le loquet de sa porte. La peine alors fait justement le plaisir; et tout homme préférera un travail difficile, où il invente et se trompe à son gré, à un travail tout uni, mais selon les ordres. Le pire travail est celui que le chef vient troubler ou interrompre. La plus malheureuse des créatures est la bonne à tout faire, quand on la détourne de ses couteaux pour la mettre au parquet; mais les plus énergiques d'entre elles conquièrent l'empire sur leurs travaux, et ainsi se font un bonheur.

L'agriculture est donc le plus agréable des travaux, dès que l'on cultive son propre champ. La rêverie va continuellement du travail aux effets, du travail commencé au travail continué; le gain même n'est pas si présent ni si continuellement perçu que la terre elle-même, ornée des marques de l'homme. C'est un plaisir démesuré que de charroyer à l'aise sur des cailloux que l'on a mis. Et l'on se passe encore bien des profits si l'on est assuré de travailler toujours sur le même coteau. C'est pourquoi le serf attaché à la terre était moins serf qu'un autre. Toute domesticité est supportée, dès qu'elle a pouvoir sur son propre travail et certitude de durée. En suivant ces règles, il est facile d'être bien servi, et même de vivre du travail des autres. Seulement le maître s'ennuiera; d'où le jeu et les filles d'opéra. C'est toujours par l'ennui et ses folies que l'ordre social est rompu.

Les hommes d'aujourd'hui ne diffèrent pas beaucoup des Goths, des Francs, des Alamans, et autres pillards redoutables. Le tout est qu'ils ne s'ennuient point. Ils ne s'ennuieront point s'ils travaillent du matin au soir selon leur propre volonté. C'est ainsi qu'une agriculture massive réduit à des mouvements en quelque sorte ciliaires l'agitation des ennuyés. Mais il faut convenir que la fabrication en série n'offre point les mêmes ressources. Il faudrait marier l'industrie à l'agriculture comme on marie la vigne à l'ormeau. Toute usine serait campagnarde; tout ouvrier d'usine serait propriétaire d'un bien au soleil et cultiverait lui-même. Cette nouvelle Salente [1] compenserait l'esprit remuant par l'esprit rassis. Ne voit-on pas un essai de ce genre dans le maigre jardin de l'aiguilleur, qui fleurit sur les rives du trafic aussi obstinément que l'herbe pousse entre les pavés?

1 *Exposez, en quelques lignes, les idées d'Alain sur le travail.* **2** *Pourquoi a-t-il donné pour titre à son propos : « Heureux agriculteurs »?* **3** *Expliquez la phrase : « Il ne faut point oublier cette fonction d'intelligence qui fait des passions si elle ne fait des portes ».* **4** *Expliquez la tournure : « comme d'un menuisier qui... »*

1. *Salente*, cité chimérique où Mentor enseigne à Idoménée les meilleurs procédés de gouvernement. C'est une des étapes du voyage que Télémaque accomplit sous la direction de Mentor, dans le *Télémaque* de Fénelon (paru en 1699).

24. MILIEU NATUREL ET MILIEU TECHNIQUE

GEORGES FRIEDMANN

VILLES ET CAMPAGNES,
A. COLIN ÉD., 1953.

Nous [1] appelons milieu naturel, le milieu des civilisations ou communautés pré-machinistes dans lequel l'homme réagit à des stimulations venues pour la plupart d'éléments naturels, la terre, l'eau, les plantes, les saisons, ou venues d'êtres vivants, animaux ou hommes. Dans ce milieu, les divers outils sont des prolongements directs du corps, adaptés au corps, façonnés par le corps selon des processus où les conditionnements biologiques, psychologiques et sociaux sont étroitement mêlés comme l'a en particulier admirablement montré Marcel Mauss dans son mémoire classique sur les techniques du corps [2]. Par ailleurs, les outils, dans ce milieu naturel, sont dans le prolongement direct de l'habileté professionnelle comme on le voit par exemple en analysant psychotechniquement [3] le travail du forgeron traditionnel. Enfin, ces outils sont associés à l'expérience et à la connaissance du matériau sur lequel travaille l'artisan, cette expérience et cette connaissance du matériau formant la part essentielle de l'apprentissage des métiers globaux et unitaires qui sont artisanaux par définition et cela, dans toutes les communautés et civilisations pré-machinistes.

D'autre part, nous appelons milieu technique, celui qui se développe dans les sociétés et communautés industrialisées depuis le début de l'ère des révolutions industrielles, c'est-à-dire depuis la fin du XVIIIe siècle pour l'Angleterre et le début du XIXe pour le continent. Dans ce milieu technique, la part des stimulations que nous avons précédemment définies décroît et par contre, en même temps, se resserre autour de l'homme, et cela de plus en plus, un réseau de techniques complexes tendant vers l'automatisme. Dans ce milieu technique, le sociologue peut distinguer, pour la commodité de l'observation, quelques grandes catégories que je ne puis qu'énumérer ici : tout d'abord, les techniques de production, et cela à la fois dans les secteurs industriels et agricoles, les techniques d'administration et de distribution, les techniques de consommation, parmi lesquelles toutes celles qui tendent à transformer la vie domestique et ménagère, les multiples techniques de transport, les techniques de relation et de communication et en particulier le télégraphe, le téléphone, la radio-télégraphie et bientôt la radio-télévision; et enfin les techniques de loisir, parmi lesquelles les machines parlantes et ce que l'on peut appeler « les deux grandes » — the big Two — à savoir le cinéma et la radio.

Ce milieu technique, de plus en plus dense, multiplie autour de l'homme des stimulations dont la psychologie contemporaine, depuis quelques décades, a montré les différences essentielles avec les stimulations du milieu naturel.

Voici donc la première définition que l'on peut donner de ces deux milieux, définition qui doit être critiquée et nuancée, car il est évident

1. Les sociologues.
2. *Journal de psychologie*, 1935, reproduit dans le recueil *Sociologie et Anthropologie*, P.U.F., 1950.
3. Les psychotechniciens mettent au point les méthodes (*tests*, par exemple), qui permettent d'établir l'adaptation la plus rationnelle de l'individu à son travail.

qu'il y a toute une gamme infiniment variée de milieux naturels, différents au regard du géographe, de l'ethnologue, de l'historien, du démographe, de l'économiste, du sociologue. Il est clair que l'homme des milieux naturels, et cela dès le début du paléolithique [1], est un *homo faber* [2], comme on le voit dans les travaux d'archéologie préhistorique et d'ethnologie.

Je souligne donc, et très fortement afin de prévenir tout malentendu, qu'*il ne peut être question de milieu naturel « pur »*, tout milieu naturel étant déjà plus ou moins humanisé et relativement technique.

1 *Définissez, d'après ce texte, les notions de « milieu naturel » et de « milieu technique ».* **2** *Donnez le sens des mots : stimulation ; processus ; matériau ; conditionnement.* **3** *Commentez la phrase : « Dans ce milieu, les divers outils sont des prolongements directs du corps. »* **4** *Définissez les termes : géographe, ethnologue, historien, démographe, économiste, sociologue.*

25. HISTOIRE DES TECHNIQUES

MAURICE DAUMAS
HISTOIRE GÉNÉRALE DES TECHNIQUES,
P.U.F. ÉD., 1962

Toutes les civilisations qui nous sont connues, même les plus lointaines qui se manifestent aux fouilleurs par des traces épisodiques, se révèlent à nous déjà riches d'une expérience manuelle qui laisse soupçonner un très long passé. Chacune d'entre elles était déjà vieille à l'époque où elle réalisait les ouvrages dont les résidus témoignent aujourd'hui de son passage comme le fait d'une comète son sillage dans notre ciel.

Lorsque débute l'histoire proprement dite, l'utilisation et la transformation des matériaux naturels avaient fait naître une industrie, c'est-à-dire que déjà certains hommes avaient acquis de leurs devanciers une certaine technique à laquelle ils consacraient toute leur adresse et une partie de leur temps...

On constate que les peuples les plus divers non seulement possèdent des connaissances techniques à peu près équivalentes, mais qu'ils ont établi entre eux des relations pour échanger les procédés de fabrication des produits élaborés et surtout des matières premières. L'industrie est née sur le monde comme une moisissure dont les spores sont dispersées par le vent. Il est impossible d'affirmer comme on l'a suggéré qu'elle est issue d'un lieu privilégié ! Les faits que nous connaissons semblent au contraire montrer que l'invention s'est manifestée simultanément dans diverses régions...

Autre trait constant depuis les origines jusqu'à nos jours, l'invention

1. Voir note 1, page 48.
2. L'*Homo faber*, c'est l'homme qui fait, l'homme ouvrier que l'on distingue de l'*Homo sapiens*, l'homme qui pense, qui sait. On estime généralement qu'au début de son aventure humaine, l'homme, poussé par le besoin, a été d'abord un *Homo faber* tourné vers l'action et plus tard, une fois détaché des soucis de la production, il aurait cherché à savoir, à comprendre. L'intelligence humaine aurait été dans la première étape technicienne, dans la seconde philosophe. En réalité, il semble bien que l'*Homo faber* et l'*Homo sapiens* aient été contemporains.

n'est jamais le fait d'un homme seul. Elle est le produit d'une époque, d'un milieu. Elle prend jour dans des circonstances historiques déterminées. Ceci explique sa simultanéité, les circonstances nécessaires pour rendre effective une invention donnée pouvant être réalisées à un très petit intervalle de temps en différents lieux entre lesquels il n'existe aucun échange sur ce sujet. Il est rare que les précurseurs signalés aient réellement joué le rôle d'initiateur... Qu'il soit dû à l'évolution progressive ou à l'invention, le développement des moyens techniques est le résultat d'une expérience collective sans cesse accumulée. Chaque génération continue à hériter l'expérience de toutes celles qui l'ont précédée; dans le domaine technique, le progrès est une somme. Contrairement à ce que l'on constate dans l'histoire des sciences, par exemple, les voies n'ont pas été hésitantes; en tout cas elles l'ont été beaucoup moins. La technique semble, en effet, avoir suivi une courbe ascendante continue sans avoir à proposer des solutions incertaines. Il ne semble même pas qu'elle ait connu des périodes de stagnation ou de régression. Ceci s'entend naturellement si l'on envisage l'ensemble de l'humanité et non des groupes de population limités! Certains de ceux-ci, s'ils ont connu des niveaux techniques stabilisés pendant des siècles, ont toujours fini par profiter de l'expérience des autres, sans que le progrès technique de ces derniers s'en trouve retardé. Le xxe siècle nous l'apprend.

Il y a un peu plus de deux siècles seulement que les connaissances techniques se transmettent autrement que par le geste et la parole. Avant de bénéficier dans la période contemporaine de moyens de diffusion généraux, l'expérience acquise ne s'est acquise que par l'enseignement de l'homme par l'homme, depuis les plus lointaines origines jusqu'au siècle de Louis XIV environ...

Pendant toutes les époques où les contacts directs demeuraient indispensables, la rapidité des progrès est restée liée à la fréquence de ces contacts, c'est-à-dire au développement démographique de l'humanité. Nous ne possédons aucune notion sur la densité de peuplement des régions habitées pendant la Préhistoire. Nous supposons avec raison qu'elle a été très faible d'abord. Outre la difficulté de créer les premiers outils à partir de rien, la dissémination de l'homme suffit à nous faire comprendre la lenteur de ces premières étapes. Le miracle est qu'elles aient été franchies. Ensuite tout devenait possible... Des anciens empires aux civilisations de la proche Antiquité, l'évolution a été très nette. On sent déjà que l'activité technique a bénéficié d'un nombre de participants beaucoup plus élevé. Pendant qu'à la suite des grandes invasions l'Europe maintenait à peine, plusieurs siècles durant, le niveau où elle était parvenue, le progrès technique suivait rapidement son cours en Extrême-Orient.

Cette avance rapide de la Chine et des contrées avoisinantes a été pour une part profitable à l'Occident. Mais finalement elle a tourné court.

Elle n'est pas allée au-delà d'une certaine civilisation très raffinée dans tous les domaines et dont chacun de ceux-ci formait les parties d'un ensemble homogène. Arrivé là, l'Extrême-Orient pendant plusieurs siècles n'a pas senti le besoin de progresser. Les techniques se sont stabilisées à un niveau que l'Occident a rattrapé et commencé à dépasser au cours du xviie siècle.

L'aventure des techniques occidentales est bien différente en effet. La stagnation qui suivit l'écroulement de l'Empire romain ne semble pas avoir duré plus de deux ou trois siècles. L'influence du développement démographique sur le progrès technique est indiscutable ici jusqu'au milieu du siècle dernier. Nous verrons en effet d'abord les métiers manuels se perfectionner et devenir plus nombreux, puis les premières machines apparaître, leur nombre augmenter, leur perfectionnement s'améliorer sans cesse à mesure que les besoins de consommation augmentaient; le Moyen Age a été une période de perfectionnement continu, celle où apparurent et se développèrent ces grandes inventions collectives dont la genèse demeure encore bien obscure pour nous : cela va des moulins à eau et à vent à la fabrication du papier ou à celle des lunettes, du harnais d'attelage et de la navigation hauturière jusqu'à l'exploitation minière.

La pression des besoins n'était pas suffisante pour accélérer le progrès technique.. Il y fallait aussi un accroissement constant du nombre des « techniciens » et celui-ci a été rendu possible par l'expansion démographique de l'Europe occidentale.

Nous constatons alors que l'activité et l'efficacité des « techniciens » ne cessent de croître comme leur nombre... Ces hommes étudiant un même problème en même temps obtiennent des résultats de beaucoup plus importants qu'un homme seul se consacrant au même travail pendant un temps cent fois plus long. En outre le progrès technique a été à lui-même son propre stimulant. Autrefois, comme il n'a cessé de le faire aujourd'hui, il a créé continuellement des moyens plus perfectionnés favorables à son accélération. Ce sujet mériterait d'être longuement étudié, ce qui permettrait peut-être à nos contemporains de mieux comprendre que le degré de développement actuel de la civilisation industrielle n'est pas « monstrueux ».

26. LA VILLE DESCEND AU TRAVAIL

RENÉ DUCHET

BILAN DE LA CIVILISATION TECHNICIENNE,
PRIVAT ÉD., 1955.

La ville descend au travail. Des quartiers populeux, des lointaines banlieues, vers les usines, les bureaux, les magasins, s'amorce le flux de centaines de milliers d'hommes et de femmes. Le flot humain dévale vers les quais des gares et des stations de métro, emplit les trains ouvriers, les rames souterraines, les trams et les autobus. Foule silencieuse, compressée sur les banquettes, serrée, debout dans les couloirs et sur les plate-formes. Le bras tendu, on s'accroche tant bien que mal à une barre ou à une courroie, tandis que de l'autre on tient le journal plusieurs fois replié dont on n'est parvenu à déchiffrer que les gros titres et les images, le sac ou la serviette coincés dans la foule. Visages crispés, visages las... avec cet air absent qu'on imagine aux somnambules. Pour beaucoup, ces déplacements quotidiens du logis au lieu de travail sont devenus de laborieux voyages, prenant des heures, demandant l'utilisation de plusieurs moyens de locomotion, métro, train, autobus, qu'il s'agit de combiner, d'ajuster sans erreur, suivant un horaire précis. La tête pleine encore de la sonnerie du réveil, qui est entrée dans la conscience comme une vrille, on voit surgir l'image de la prochaine bouche de métro, de l'escalier qu'il faudra dévaler. On pense au portillon automatique qui se rabattra peut-être alors qu'il ne restera que quatre marches à descendre... et puis à la sortie dans le petit jour, à l'autobus cahotant. Et puis, c'est l'usine, le moutonnement des dos qui s'engouffrent dans le portail béant, les mêmes ateliers, les mêmes odeurs, les mêmes gestes, les mêmes poignées de main machinales rapidement échangées. Les moteurs démarrent, on n'entend plus maintenant que la voix des machines, « on est dans la même journée qu'hier et que demain ».

Combien loin maintenant est la nature avec ses arbres, ses plantes, ses bêtes, ses eaux vives, son air libre! A la place du ciel le regard trouve les carreaux bleus des toitures en lames de scie. On est dans un monde tout à fait artificiel, né tout entier de l'effort de l'homme, dans le monde des constructions géométriques, des blocs de ciment armé aux lignes droites, aux arêtes dures, dans le monde du métal et des machines qui vivent d'une vie étrange et sans âme, dans le monde de la nécessité. L'horloge de pointage marque l'entrée dans ce pays à part, la soumission de l'homme à l'automatisme de la machine. Tout est réglé, rien n'est laissé au hasard. D'avance les tâches ont été conçues, organisées et minutées. Il n'y a plus qu'à suivre les prescriptions de la feuille de travail.

1 *A quels problèmes économiques et sociaux est lié le tableau de la vie du travailleur moderne?* **2** *Quelles répercussions peuvent avoir sur la vie intérieure de l'être humain de telles conditions d'existence?* **3** *Quel est le sens des expressions : laborieux voyages ; une vie étrange et sans âme ; le monde de la nécessité?* **4** *Relevez quelques procédés de style utilisés par l'auteur.*

27. ÉQUIPE DE JOUR, ÉQUIPE DE NUIT

GEORGES NAVEL

TRAVAUX,
STOCK ÉD., 1945.

... On parvenait à une vitesse de gestes étonnante. Ouvrir un tiroir, l'explorer, en retirer un outil, repousser un tiroir, ne prenait qu'un instant. On était déjà occupé à une perceuse. On agissait comme dans les films fous où les images se suivent à une vitesse choquante. On gagnait du temps. On le perdait à attendre la meule, la perceuse, le pont roulant. Il fallait trop souvent faire face au manque de petit outillage. Ces trous dans l'organisation d'une usine qui passait pour fonctionner à l'américaine, c'était de la fatigue pour nous.

Plus encore que l'insistance des chefs, c'est l'énorme tam-tam des machines qui accélérait nos gestes, tendait notre volonté d'être rapides. Le cœur essayait de s'accorder à la vitesse des claquements de courroies. Dehors l'usine me suivait. Elle m'était rentrée dedans. Dans mes rêves, j'étais machine. Toute la terre n'était qu'une immense usine. Je tournais avec un engrenage.

Le temps dans le hall passait vite. Midi atteint, avec un rapide mouvement des mâchoires, en un quart d'heure en prenant l'air de la rue, les compagnons dévoraient leur casse-croûte. Reprise jusqu'à deux heures et demie. Au coup de sirène les équipes partantes vidaient l'atelier. Au vestiaire, chacun raclant un peu de savon noir et le mêlant de sciure se lavait en hâte, vite essuyé, vite dévêtu de ses bleus d'usine. Les compagnons étaient rapides à fuir, à fermer leur placard, à tourner le coin de la rue, la casquette ajustée sur l'oreille, à filer vers le métro avec une petite valise de carton à la main. Hâte de marcher et de changer d'air, de se délivrer de là.

En les quittant, je serrais les mains d'une foule changeante, toujours hâtivement. Les poignées de main étaient distraites, machinales. L'usine embauchait. De nouvelles têtes apparaissaient. D'anciennes disparaissaient. Elles se ressemblaient à la sortie. C'étaient les mêmes faces blêmes, grises; comme si l'usine nous avait fabriqués, découpés, avec ses grosses presses, dans de la pâte industrielle.

Par roulement, une quinzaine, mon équipe était de nuit. Les quinzaines filaient. Le temps, les saisons n'existaient plus. La nuit, le travail était moins fébrile, les chariots, les ponts roulants moins actifs. Dans les vastes carrés sombres, beaucoup de machines sommeillaient, les grosses presses souvent travaillaient au ralenti. Les chalumeaux crépitaient à la chaudronnerie en jetant dans le hall de grands éclairs bleus. C'était beau la nuit, l'éclairage, les parties d'ombre, des lumières isolées, un homme seul à sa machine. La vie était plus lente, les compagnons sympathisaient davantage, se voyaient. Nous redevenions là des êtres humains. Le hall, malgré ses vitres, ses murs, communiquait avec la nuit, le grand repos de la terre. Mieux que dans la journée, je savais que j'étais au monde, bien présent, avec une certaine douceur à songer à la mort, plein de souvenirs qui se réveillaient, tout en ayant plein contact avec le moment. La beauté ou l'étrangeté de la vie m'apparaissait. Je jouissais des mouvements de mon corps, à travers lui du privilège de vivre, présent à la perceuse, au bruit de la mèche s'enfonçant dans la fonte, ramenant en tournant de la poussière grise, à la pression que j'exerçais, la main sur le volant poli de la perceuse, heureux d'être éveillé, d'être un corps qui travaille et qui songe.

Puis venait la fatigue. Sur les deux heures du matin mes forces déclinaient. Pompé, un brin hagard, quelques heures plus tard, quand les équipes de relève arrivaient, voix neuves, joues colorées par l'air du matin, je serrais des mains comme en rêve.

1 *Quels problèmes humains du travail sont évoqués dans cette page?* **2** *Étudiez le style employé par l'auteur.* **3** *Analyse logique de la phrase: « Je jouissais des mouvements de mon corps... un corps qui travaille et qui songe. »*

28. LA VIE D'USINE

SIMONE WEIL

LA CONDITION OUVRIÈRE,
GALLIMARD ÉD., 1951.

L'usine pourrait combler l'âme par le puissant sentiment de la vie collective — on pourrait dire unanime — que donne la participation au travail d'une grande usine. Tous les bruits ont un sens, tous sont rythmés, ils se fondent dans une espèce de grande respiration du travail en commun à laquelle il est enivrant d'avoir part. C'est d'autant plus enivrant que le sentiment de solitude n'en est pas altéré. Il n'y a que des bruits métalliques, des roues qui tournent, des morsures sur le métal; des bruits qui ne parlent pas de nature ni de vie, mais de l'activité sérieuse, soutenue, ininterrompue de l'homme sur les choses. On est perdu dans cette grande rumeur, mais en même temps on la domine, parce que sur cette base soutenue, permanente et toujours changeante, ce qui ressort, tout en s'y fondant, c'est le bruit de la machine qu'on manie soi-même. On ne se sent pas petit comme dans une foule, on se sent indispensable. Les courroies de transmission, là où il y en a, permettent de boire par les yeux cette unité de rythme que tout le corps ressent par les bruits et par la légère vibration de toutes choses. Aux heures sombres des matinées et des soirées d'hiver, quand ne brille que la lumière électrique, tous les sens participent à un univers où rien ne rappelle la nature, où rien n'est gratuit, où tout est heurt, heurt dur et en même temps conquérant, de l'homme avec la matière. Les lames, les courroies, les bruits, la dure et froide ferraille, tout concourt à la transmutation de l'homme en ouvrier.

Si c'était cela, la vie d'usine, ce serait trop beau. Mais ce n'est pas cela. Ces joies sont des joies d'hommes libres; ceux qui peuplent les usines ne les sentent pas, sinon en de courts et rares instants, parce qu'ils ne sont pas des hommes libres. Ils ne peuvent les sentir que lorsqu'ils oublient qu'ils ne sont pas libres; mais ils peuvent rarement l'oublier, car l'étau de la subordination leur est rendu sensible à travers les sens, le corps, les mille petits détails qui remplissent les minutes dont est constituée une vie.

1 *Résumez la pensée de l'auteur.* 2 *Voyez-vous, dans ces observations qui sont le résultat d'une expérience vécue (l'auteur a été ouvrière d'usine en 1934 et 1935), une indication quant aux possibilités de réconciliation de l'homme avec son travail, dans la société de l'avenir?* 3 *Sens des mots et expressions : unanime ; unités de rythme ; transmutation de l'homme en ouvrier.* 4 *Caractères et qualités du style de ce fragment. Donnez des exemples.* 5 *Analyse logique de la phrase : Aux heures sombres... de l'homme avec la matière.*

École Nationale d'Ingénieurs de Strasbourg, *1952.*

29. RÉFLEXIONS D'UN TOURNEUR

JULES ROMAINS

LES HOMMES DE BONNE VOLONTÉ — MONTÉE DES PÉRILS, FLAMMARION ÉD., 1923-1947.

Les gens qui n'y ont jamais goûté s'imaginent que dans une usine moderne le travail se fait tout seul, que tout se répète indéfiniment. Ce qui se répète indéfiniment, ce qui doit se ressembler le plus possible, d'un bout à l'autre des journées, c'est la pièce à produire. Peut-être que si vous vous mettiez à trop y penser — à ces dix, cent, mille pièces identiques que vous produirez, qui tomberont de vous, une à une — une espèce de cafard vous prendrait! Mais il n'y a pas de raisons pour que vous y pensiez. La pièce une fois finie ne vous intéresse pas. Ce qui vous intéresse, c'est de l'amener à un certain degré de fini, qui doit toujours être le même, et de l'y amener malgré les incidents du travail qui ne sont jamais les mêmes, qui, s'ils reviennent, se représentent de la façon la plus capricieuse. Le type qui se tiendrait à côté de vous, sans être du métier, ne s'apercevrait d'à peu près rien. Il aurait l'impression que, la plupart du temps, ça roule sans secousses. Mais vous, vous n'êtes jamais tranquille. Vous en gardez même une petite contraction dans l'estomac. Vous êtes obligé de rester constamment à l'affût. Car les incidents profiteraient de la moindre distraction pour vous gagner à la main et gâcher l'ouvrage.

... Vous saisissez un petit bruit qui n'est pas naturel. Ou bien vous reconnaissez, à certaines indices, que le tour s'est déréglé légèrement. Vous vous en doutiez depuis un ou deux jours, mais vous n'aviez pas voulu vous y arrêter, en essayant de vous faire croire à vous-même que « c'était une idée ». Ou bien plusieurs copeaux de suite s'enlèvent mal. Vous êtes forcé de constater que l'outil s'émousse, ou s'ébrèche. Vous vous étiez dit qu'il irait jusqu'à ce soir; mais il est à bout de souffle. Ou bien encore c'est le métal des pièces qui apporte des surprises. On ne se figure pas les différences qu'il peut y avoir, suivant les jours, dans ce qu'on vous apporte comme étant la même espèce de fonte ou d'acier.

... Si vous rencontrez trois pièces de suite qui cassent, parce que le métal a été mal cuit, vous serez peut-être furieux, ou anxieux, en attaquant la quatrième, mais ce n'est pas l'ennui qui vous menace. On peut se fatiguer, ou se dégoûter dans le travail. S'ennuyer, à proprement parler, est plus difficile. Quand est-ce qu'un homme s'ennuie? Quand il ne lui arrive absolument rien. Il ne peut guère y avoir d'ennui, tant qu'il y a des hasards. Le travail est à sa manière un jeu de hasard, une suite de bonnes et de mauvaises « rencontres ». Il est sûr qu'avec le progrès des matières et des machines, la marge laissée aux hasards est réduite. Mais les petits hasards, les hasards minuscules ont pris une importance qu'ils n'avaient pas. Et vous les devinez bien mieux.

1 *Quelle est la thèse soutenue dans ce texte au sujet du travail en usine? Qu'a-t-elle d'insolite? Quels arguments lui donnent de la force?* **2** *Par quels procédés de style J. Romains a-t-il réussi à authentifier le personnage qu'il fait parler? Relevez-les.* **3** *Expliquez et commentez la phrase: « Le travail est à sa manière un jeu de hasard, une suite de bonnes et de mauvaises rencontres ».* **4** *Analyse logique de la phrase : « Ce qui vous intéresse .....se représentent de la façon la plus capricieuse. »*

30. TACHES ÉCLATÉES

GEORGES FRIEDMANN

LE TRAVAIL EN MIETTES,
GALLIMARD ÉD., 1956.

La confection est une des branches modernes de la production industrielle où l'éclatement des tâches a été le plus poussé. Les psychotechniciens anglais citent souvent le cas d'une entreprise des Midlands où la fabrication du seul gilet pour complet masculin avait été morcelée en plus de 65 postes de travail différenciés. Mon usine hollandaise avait suivi le même courant et, pour ce qui est du veston, lors de ma visite, le nombre de postes, qui était déjà de 40 en 1932, était passé à 54, avec réduction du temps global de fabrication. La division des opérations dans toutes les entreprises de confection de quelque importance a pris, ce qui est normal, la forme du travail à la chaîne et entraîné un *planning* rigoureux. Toute la pensée du travail se trouve absorbée dans sa préparation, qui va jusque dans le moindre détail. « Coudre et piquer sur nos machines n'est pas difficile, me dit un chef d'atelier. Ce qui est difficile c'est de préparer les opérations ». Le travail du modéliste est particulièrement élaboré et minutieux. S'il s'agit d'une robe, par exemple, il « crée » dans le tissu choisi, ou plutôt expérimenté; deux piqueuses exécutent d'après ses indications; puis le Bureau d'études examine ce premier projet sous trois angles : 1° la qualité du tissu en fonction des opérations à effectuer; 2° la difficulté de celles-ci, en particulier de la coupe et de la couture sur machines; 3° l'intérêt commercial : où, sur quels marchés, dans quelle mesure la robe serait-elle vendable?

On cherche ensuite à simplifier la robe, et c'est là une des tâches du Bureau de préparation qui, pour ce faire, dispose du « Catalogue » de toutes les pièces et éléments de robe, fabriqués par l'usine depuis ses débuts. Il arrive ainsi assez souvent aux techniciens de constater que des pièces analogues ont été, antérieurement déjà, mises au point. Il s'agit donc de profiter de cette expérience et des sommes qu'on y a investies, de recombiner le modèle, d'opérer une nouvelle synthèse, composée d'un nombre moindre d'éléments ou d'éléments plus simples : « Véritable chimie de la mode », me dit un des ingénieurs. Le Bureau d'études, une fois le modèle définitivement « composé » et sélectionné, dresse la liste des opérations qui seront effectuées à la chaîne et en établit les fiches détaillées, au 1/100 de minute. Je vois ainsi que la robe n° 3389, dont un premier lancement déversera sur le marché hollandais et surtout étranger 20 000 exemplaires, sera achevée, par unité, en un temps de 47 minutes 25/100. La répartition du travail, la place des ouvrières, la cadence de la chaîne sont donc fixées par le Bureau d'études. La responsabilité du « chef de chaîne » (une ancienne ouvrière ayant de l'autorité et de l'expérience) se réduit à décider du poste où elle utilisera telle ou telle de ses ouvrières. C'est là tout ce qui lui échoit d'initiative dans l'organisation de sa section. Les piqueuses sont classées en quatre catégories : A, B, C, D, correspondant à un ordre croissant dans la difficulté des tâches et les salaires. Les « D » sont celles qui sont capables d'effectuer toutes les opérations conduisant à une robe entière, « en confection »; mais elles ne seraient pas, pour cela, rentrées chez elles, capables de réaliser cette robe à l'aiguille, « en couture ».

Les professionnels de la couture, dans une telle entreprise, sont rares. Point n'est besoin de coupeurs de formation artisanale. Les coupeurs (ou coupeuses) sur machines sont d'anciens ouvriers spécialisés formés dans l'usine même par leurs anciens. Certains d'entre eux suivent, à l'extérieur, des cours de coupe : « Pour nous, c'est, à proprement parler, du luxe », me dit Z..., le directeur technique. Les « chefs de chaîne » elles-mêmes sont d'anciennes « D » sachant faire une robe entière en confection, mais pas nécessairement qualifiées en couture. Notons toutefois que Z... a cru bon d'adjoindre à son personnel d'ouvriers spécialisés un véritable tailleur que l'on consulte en certaines circonstances pour éviter des erreurs dans la manière de réunir les pièces, de coudre, etc. Mais un seul suffit, et largement!

31. RÉFLEXIONS SUR « LE TRAVAIL EN MIETTES »

JEAN GUÉHENNO
LE FIGARO, 29-12-1956.

Je ne pense pas, pour moi, que la vie d'un ouvrier de Moscou et celle d'un ouvrier de Chicago soient si différentes. Ici et là, la plus grande révolution reste et restera peut-être toujours à faire. « C'est, dit Dieu, à la sueur de ton visage que tu mangeras du pain. » Mais la sueur n'est pas le pire. Le pire, les hommes, tout seuls, depuis cent ans, l'ont inventé peut-être : c'est cette « dépersonnalisation », ce « déracinement », qui peut résulter de certaines formes nouvelles du travail [1]. Elles leur enlèvent jusqu'à la conscience d'être...

Un livre d'apparence purement technique peut porter en lui un très grand drame. C'est à quoi je songeais en lisant le livre de Georges Friedmann : *Le travail en miettes*... Ce livre est fait de descriptions et d'analyses rigoureuses. On visite, avec son auteur, toutes sortes d'usines. Il contraint à imaginer ce qu'est un homme, un « robot », comme on dit si vite, devant sa machine. Mais le robot reste un homme. On apprend avec précision ce que c'est que, pendant huit heures, ficeler un saucisson toutes les trois secondes, ou désergoter sans cesse le même pied de porc, ou poinçonner des platines de montre dont un ruban mécanique vous pourvoit toutes les dix secondes; ou monter, ou découper, ou scier des peignes; ou être une des soixante-cinq ouvrières qui, en quarante-sept minutes vingt-cinq centièmes, fabriquent un gilet d'homme; ou celle-là qui pose, sur des milliers de bouteilles, l'étiquette glorieuse d'un marchand d'eau ou de vin, qu'au reste elle passe, pour qu'elle la colle, à sa voisine en aval de la chaîne, etc... Enfin, on apprend tous les magnifiques métiers de ce temps,

1. « Le travail à la chaîne constitue la forme la plus répandue, dans l'industrie moderne, du travail à rythme obligatoire. Les descriptions des chaînes d'assemblage des usines Ford, où le travail est émietté en une poussière d'opérations sont bien connues », constate Georges Friedmann dans *Problèmes humains du machinisme industriel.* » En 1929, pour le seul montage du châssis, on comptait, poursuit-il, quarante-cinq opérations. L'ouvrier qui place une pièce ne la fixe pas. Celui qui place un boulon ne met pas l'écrou, et parfois même celui qui place l'écrou et celui qui le visse sont deux opérateurs différents. Le gonflement énorme de la production, associé aux efforts de rationalisation devait donner à toutes les formes de travail à la chaîne un essor prodigieux. »

toutes les tâches éclatées, infiniment divisées, de ce travail en miettes, qui, pour être bien fait, doit exclure, chez ceux qui le font, l'habileté et des soins trop personnels, et suppose leur complète « déqualification ».

Ai-je tort de m'émouvoir de ces faits? J'ai trouvé dans ce livre un mot admirable. Un ingénieur le prononce, qui accompagnait l'auteur au cours d'une de ses visites : « L'homme est plus grand que sa tâche. »

Il n'est sans doute pas, dans notre civilisation industrielle et technicienne, de plus urgent problème que celui de l'organisation même du travail dont elle dépend. Elle commande le bonheur ou le malheur des hommes. Des prophètes de l' « automation [1] » nous annoncent que nous serons bientôt délivrés de toutes les tâches mentalement avilissantes. Mais en attendant, on a du plaisir à apprendre que, dans les pays mêmes où la division du travail a atteint son extrême développement, de nombreux ingénieurs cherchent par tous les moyens à rendre à ce travail divisé son intérêt et son humanité...

Un poète anglais contemporain a pensé une fois résumer la misère de l'homme moderne en lui faisant dire : « Moi, un étranger, en proie à la peur, dans un monde qui n'est pas mon œuvre. » La grande affaire est sans doute de rendre aux hommes leur monde, de les réconcilier avec lui, et, d'abord, dans leur travail.

1 *Quel est le drame dont parle l'auteur? Exposez-le en vous appuyant sur le texte.* **2** *Sens des mots ou expressions : dépersonnalisation ; conscience d'être ; en aval.* **3** *Pourquoi l'auteur a-t-il raison de dire que « la grande affaire est de réconcilier les hommes d'abord avec leur travail » ?*

32. TAYLORISME ET SCIENCES DE L'HOMME [2]

GEORGES FRIEDMANN

PROBLÈMES HUMAINS DU MACHINISME INDUSTRIEL, GALLIMARD ÉD., 1946.

On a eu tort de nommer science ce qui n'est qu'un système perfectionné de moyens pour augmenter le rendement immédiat de l'outillage et de la main-d'œuvre. Le chronométrage des temps unitaires, l'assimilation du travail humain à un jeu de mécanismes inanimés, la méconnaissance du fonctionnement, corporel et mental, de l'organisme et de ses exigences propres, le procédé de stimulation et de rémunération de l'effort, l'absence d'orientation professionnelle, la sélection par le rendement, enfin l'empirisme des généralisations promues à la dignité de « lois », — tout prouve que l'on se trouve en présence d'un système mis au point par un homme qui a sans doute été un grand technicien mais qui n'a pas dépassé les limites de son univers d'ingénieur. Il ne conçoit rien au-delà, et ses disciples, pas

1. Automation : ensemble de procédés techniques qui assurent le fonctionnement d'entreprises industrielles sans intervention de main-d'œuvre (voir note 3, p. 87).

2. La rationalisation du travail a donné lieu dans le monde occidental à trois grands « systèmes » cependant que l'économie soviétique développait de son côté une méthode de rationalisation à caractère idéologique, le stakhanovisme.

Le Taylorisme : ***Taylor*** **(1856-1915) a eu pour**

davantage. Rien ne leur est plus étranger que la nécessaire et constante collaboration du technicien avec le physiologiste et le psychologue pour une étude vraiment solide et pénétrante des problèmes de l'industrie. Ce repliement sur soi du technicien caractérise l'attitude et les solutions que nous appellerons *technicistes*. [...]

Néanmoins, qu'on ne s'y trompe pas, le taylorisme a pénétré en fait beaucoup d'usines en Amérique et en Europe. Son influence techniciste circule, sous d'autres noms, à travers tous les systèmes d'organisation industrielle qui, dérivés de lui, ont avec des fortunes diverses, tenté leur chance dans les entreprises depuis quelques décades. La rationalisation des ingénieurs s'est développée en dépit de critiques qui souvent ne dépassaient pas un cercle de spécialistes. Bien plus : elle s'est développée non *malgré* mais précisément *à cause* de ses lacunes, de ses erreurs; un système d'augmentation de l'efficience de l'outillage et de la main-d'œuvre, tendu vers le rendement maximum et immédiat de l'un et de l'autre et donnant le pas au succès économique sur le bien-être physique et mental de l'ouvrier, correspondait aux besoins d'une étape déterminée du capitalisme mondial.

Ce n'est pas que les sciences de l'homme, dans leur rationalisation biologique, négligent l'aspect économique des problèmes : leurs recherches ont, elles aussi, un caractère pratique et même l'ambition d'atteindre, mieux que la rationalisation taylorienne (établie du point de vue restreint de l'ingénieur), les méthodes de travail qui sont, pour l'entreprise et pour l'individu, « les meilleures ». Elles s'efforcent, dans chaque cas, de découvrir la solution *optima* qui, fondée sur la connaissance des fonctions physiologiques et psychologiques, équilibre le respect de l'ouvrier, en tant qu'opérateur et en tant qu'homme, avec le souci de l'efficience et du rendement.

1 *Précisez, d'après le texte, l'opposition entre « conceptions technicistes » et « sciences de l'homme ».* **2** *Montrez que le système Taylor ignore les exigences physiologiques du travailleur.* **3** *A quelles conséquences aboutit le système Taylor touchant la psychologie du travailleur?* **4** *Qu'entend-on par : « rationalisation du travail » ?* **5** *Voyez-vous dans les observations de M. Georges Friedmann un moyen de réconcilier l'homme avec son travail?*

ambition de bâtir une théorie qui s'applique à l'organisation du travail dans toutes les branches de l'industrie. A la base de sa doctrine, il a placé trois séries d'études : celle de l'outillage, celles des temps et celle des mouvements. Il a recherché d'abord, en se fondant sur l'expérience, les meilleures formes d'outils. Puis il a introduit l'étude élémentaire des temps, substituant ainsi une notion précise à des données vagues... Chaque opération est chronométrée. Ensuite par des observations répétées et minutieuses, il détermine quels sont les mouvements indispensables qui entraînent le moins de fatigue et le moins de perte de temps dans l'exécution d'une tâche. Enfin, pour faire accepter cette méthode de travail aux ouvriers, il institue le tarif différentiel grâce auquel l'ouvrier qui accomplit la tâche reconnue normale est récompensé par un supplément de salaire, tandis que celui qui n'atteint pas le volume de production exigé est découragé, par un salaire inférieur au salaire normal, de rester à l'usine.

Le Fordisme :

Henry Ford (1863-1947), constructeur d'automobiles, a poussé à l'extrême la division du travail dans le but d'accroître le rendement du travail. Mais ce principe d'ordre technique qui réduisait l'ouvrier à un rôle d'automate a été corrigé par l'octroi de hauts salaires que permettait la production standardisée de masse. Le système Ford apparaît ainsi comme une manière de philosophie sociale.

Les relations humaines dans l'entreprise :

Depuis la dernière guerre, les méthodes de rationalisation du travail prennent une orientation différente. On s'écarte de l'aspect techniciste pour se préoccuper davantage du facteur humain dans son double aspect individuel et social. Les sciences de l'homme : psychologie, sociologie, physiologie apportent leur contribution à l'amélioration des rapports humains.

33. LE CLIMAT SOCIAL DANS L'ENTREPRISE

HENRI CAHOUR

DANS : L'INTÉRESSEMENT DU PERSONNEL DES ENTREPRISES, COMPAGNIE NATIONALE DES EXPERTS-COMPTABLES, 1962.

L'entreprise groupe des hommes dont le travail commun a pour but de rendre un service déterminé à la collectivité, en leur assurant une juste rémunération et des moyens d'épanouissement personnel. En petit, sans doute, tous les problèmes de la société humaine s'y posent. Il ne faut donc pas s'étonner de leur complexité.

Une solidarité devrait exister entre tous les membres de l'entreprise. Les fautes commises par le chef dans la gestion peuvent compromettre le paiement des salaires et la stabilité de l'emploi. Le relâchement dans le travail, les prétentions excessives des salariés peuvent conduire l'entreprise à sa ruine. Les relations humaines devraient donc y être basées sur une communauté d'intérêts, une communauté de vues, une communauté d'efforts.

Le progrès technique, la diffusion des informations scientifiques, rendent pratiquement les possibilités du travail égales pour toutes les entreprises. Chacune d'elles dispose des mêmes moyens, ce qui rend plus âpre la concurrence. Aussi les facteurs humains, progressivement relégués au second plan lors du prodigieux essor des techniques, redeviennent-ils heureusement prépondérants : c'est sur l'homme, sur ses aptitudes, sur son caractère, sur sa valeur morale qu'il faut miser.

Pour coopérer, l'homme a besoin de comprendre et d'approuver. Rien de beau, de bon et de durable ne peut être accompli sans enthousiasme. Pour comprendre notre tâche commune, pour l'aimer, il faut d'abord que nous nous comprenions et que nous nous aimions. Ceci implique une confiance réciproque totale et permanente. Chacun devrait avoir le sentiment que le poste qui lui est confié, quel qu'il soit, l'engage et qu'il l'intègre dans l'entreprise.

Celui qui est responsable du fonctionnement et du développement de l'entreprise est constamment préoccupé de la satisfaction de ses clients. Il a à réaliser une juste répartition des profits. L'avenir de la communauté de travail qu'il dirige pose des problèmes économiques et techniques bien souvent difficiles à résoudre. Mais, il devrait savoir que le but de son entreprise n'est pas seulement de faire fructifier l'apport des gens qui ont risqué leur argent pour permettre sa constitution. Elle a un autre but beaucoup plus noble : celui de rendre service à la collectivité. De cette collectivité fait avant tout partie le personnel, qui n'investit pas son argent, mais sa vie.

« Il n'y a pas de progrès social sans progrès économique, il n'y a pas de progrès économique sans progrès technique ». C'est ainsi que M. Jean Fourastié résume, de façon magistrale, le grand espoir du XXe siècle, dans l'évolution des sciences et des techniques. Nous nous permettons de dire également:« mais il n'y a pas non plus de progrès technique et économique sans progrès social » pour affirmer notre foi dans la valeur d'un climat social général.

Le social commande à tous les problèmes qui se posent dans l'entreprise. Cela est essentiel au point de vue économique, l'existence d'un bon climat favorisant au plus haut point qualité et rendement. Mais cela est essentiel aussi et surtout au point de vue humain, l'atmosphère morale de l'entreprise marquant profondément toute la vie du travailleur et influençant même son avenir professionnel et ses possibilités d'évolution personnelles.

Ce bon climat ne peut être obtenu qu'avec la collaboration de tous les membres de l'équipe, cette collaboration sincère étant un premier grand pas vers la coopération.

***

Dressons maintenant rapidement, car ce n'est pas l'essentiel de notre présent propos, l'inventaire des facteurs indispensables à l'obtention d'un bon climat social.

L'importance du salaire est évidemment primordiale pour le travailleur, que ce salaire soit fixe ou résulte de l'application de formules savantes d'intéressement du personnel au destin de l'entreprise. Le travailleur doit, avant tout, gagner sa vie et celle des siens et il cherche à obtenir le standard de vie le plus élevé possible. Il veut aussi que son salaire soit équitable, c'est-à-dire distribué au prorata du mérite de chacun. Il souhaite enfin qu'il soit sûr, c'est-à-dire protégé contre tous les aléas possibles: irrégularité du planning de production, maladie, accident, vieillesse.

Mais un salaire substantiel ne suffit jamais à lui seul à créer un climat satisfaisant. Les employés, les ouvriers, les ingénieurs passent plus de la moitié de leur vie consciente dans les ateliers et les bureaux. Non seulement ils sont là pour gagner leur vie, mais aussi pour « vivre » et les conditions matérielles de travail qui leur sont faites peuvent être un facteur déterminant, surtout lorsque leur salaire atteint un certain niveau.

Ces conditions sont d'abord d'ordre physique : hygiène et sécurité dans le travail, ambiance la plus acceptable possible, disposition des postes de travail, aménagement des horaires, enfin tout ce qui concourt à empêcher la « fatigue industrielle ».

Elles sont d'ordre psychologique : respect et développement de la personnalité du travailleur, sécurité de l'emploi, facilité des contacts, élimination de la monotonie et surtout valeur des cadres.

Des techniques savantes d'ambiance et d'éclairage, des lavabos éclatants, des rythmes de travail humanisés, des systèmes de suggestion bien compris sont donc des éléments de satisfaction qu'il ne faut pas dédaigner, mais il existe un autre facteur de satisfaction qui montre bien au travailleur la place qu'il occupe dans la communauté de l'entreprise. C'est le fonctionnement et le développement des réalisations sociales, apportant des solutions heureuses à son désir et à ses besoins d'homme.

Enfin, il ne faut pas oublier l'une des grandes préoccupations de l'homme au travail et nous pensons alors à la possibilité que chacun devrait avoir de se perfectionner dans son métier, d'accroître sa culture générale et technique et d'atteindre le rang hiérarchique auquel ses efforts et ses capacités lui donnent droit. Dans la compétition qui en résulte, chaque homme mérite d'avoir sa chance. Un climat social favorable exige cette promotion des travailleurs.

Ce programme, très vaste, s'ajoute aux problèmes d'ordre technique déjà si complexes qui préoccupent la direction. Celle-ci ne doit cependant pas considérer l'amélioration du climat de travail uniquement comme un des facteurs nécessaires à l'amélioration de la productivité. Il lui suffirait alors d'adjoindre à ses programmes technique, administratif et commercial, un programme social. Il s'agit aussi d'un domaine où l'homme compte plus que les formules. C'est pourquoi un idéal doit animer cet effort de réconciliation de l'homme avec le travail, idéal dont la réalisation doit s'avérer passionnante et aboutir à faire de l'entreprise une véritable communauté de travail.

34. APPRENTISSAGE ET HUMANISME [1] DU TRAVAIL

GEORGES FRIEDMANN

PROBLÈMES HUMAINS DU MACHINISME INDUSTRIEL, GALLIMARD ÉD., 1946.

De nouvelles formes d'instruction professionnelle doivent surgir, combinant de manière étudiée d'une part notions théoriques, larges vues sur la technologie, et d'autre part entraînement pratique et en particulier éducation de l'attention.

Car c'est là ce qui sans doute caractérise le plus les formes modernes du travail industriel : l'attention dont l'effort s'exprimait naguère selon un rythme libre, est désormais, en beaucoup de cas, plus intense, contrainte et continue. Cela, aussi bien dans les machines semi-automatiques que dans les machines automatiques, où la part de l'homme est devenue de surveillance et de contrôle. C'est l'attention, la décision prompte, avec des réactions exactes et une grande souplesse motrice qui distinguent le mécanicien moderne. Et chez l'ouvrier vraiment complet, dominant son travail, ces aptitudes devraient être soutenues par des connaissances théoriques et techniques qui lui permettraient de replacer la machine qu'il sert dans l'ensemble de l'atelier, de comprendre la technologie du processus des opérations qu'il accomplit. Au surplus, son transfert à des opérations nouvelles serait ainsi plus facile. Il s'ensuit que l'apprenti mérite d'être considéré comme un type psychologique *sui generis:* il n'est plus un écolier et pas encore un ouvrier.

Un tel apprentissage indique une conception nouvelle et complète de l'éducation où s'affirme, au-delà des vieilles « humanités [2] », un humanisme qui concilie culture et métier. Peu à peu, surtout à partir de la fin du XIXe siècle, au milieu des rumeurs de la seconde révolution industrielle et de l'impérieuse pression des causes économiques, les insuffisances du vieil enseignement rhétorique qu'avaient pressenties en France Rabelais [3], Pascal [4], Vauban [5], Diderot [6] et quelques autres se sont révélées au grand jour. On a senti la nécessité d'une nouvelle éducation, tenant compte à la fois des nécessités économiques et humaines, ne sacrifiant pas le corps au cerveau, ne négligeant pas les éléments féconds du milieu renouvelé et pénétré de techniques, cherchant à le dominer. C'est à ce besoin, inséparable de la seconde révolution industrielle, que correspond l'effort pour humaniser l'apprentissage dont nous suivons ici

1. Voir note 2, p. 36.
2. Voir note 2, p. 36.
3. RABELAIS, *Gargantua*, liv. I, chap. XXIII, XXVIII, *Pantagruel*, liv. II, chap. VIII.
4. PASCAL, *Lettre dédicatoire de la machine arithmétique.*
5. VAUBAN, dans son ouvrage *La Dîme Royale* (1707), affirmait que le travail est le principe de toute richesse et rappelait que l'agriculture est le travail par excellence.
6. DIDEROT, *Plan d'une Université pour le Gouvernement de Russie.*

quelques traces. Ce qui le caractérise, c'est la tentative difficile de répondre aux besoins de l'industrie, de l'agriculture, aux nécessités fluctuantes du placement, du gagne-pain, aux besoins de la société — et en même temps de donner une éducation véritable (non un dressage), de faire des hommes.

1 *Essayez de définir simplement les nécessités auxquelles doit répondre l'apprentissage, de nos jours.* **2** *L'auteur envisage un* humanisme *qui concilie* culture et métier *et qui va au-delà des vieilles humanités. Essayez de définir les* vieilles humanités *et, par comparaison, l'humanisme dont il est question.* **3** *G. Friedmann dit que cette conciliation est* une tentative difficile. *Quelles sont, à votre avis, dans la pratique, les principales difficultés de l'entreprise?* **4** *Qu'entend-on par :* seconde révolution industrielle? **5** *Sens des expressions :* technologie du processus des opérations, type psychologique sui generis; enseignement rhétorique. **6** *Que vous suggère la formule employée par l'auteur : « Donner une éducation véritable (non un dressage), faire des hommes ».*

École Nationale d'Ingénieurs de Strasbourg, *1953.*

35. LES ORGANISATIONS OUVRIÈRES ET L'AUTOMATION[1]

GEORGES FRIEDMANN ET JACQUES DOFNY
REVUE DE L'ÉDUCATION NATIONALE, 7 MARS 1962.

Une diminution de l'importance relative du groupe ouvrier et l'apparition de ce qu'on appelle les semi-skilled engineers ou ingénieurs auxiliaires, la mécanisation et la division du travail des employés, le gonflement des services d'entretien et de préparation, l'accroissement du personnel des bureaux d'étude et de programmation[2], la solidarité et la coopération accrues, enfin la transformation même des fonctions de direction, telles semblent être les plus importantes caractéristiques de la collectivité que constitue le personnel d'une entreprise automatisée[3].

1. Voir note 1, p. 82.
2. *Programmation :* ce néologisme qui signifie : dresser le programme, définit l'opération qui consiste à fixer à l'avance l'ordre et les modalités du déroulement d'une opération. Ainsi, la gestion rationnelle d'une entreprise suppose que toutes ses activités soient orientées vers un même but fixé à l'avance : c'est le principe de la gestion budgétaire. La notion de programmation rappelle celle de planification, le plan étant un programme impératif comportant des objectifs, des délais et des moyens et assorti d'instructions sur la procédure à suivre pour réaliser, dans les délais impartis, les objectifs fixés.
3. *Automatisation :* substitution d'une machine à un homme pour effectuer un travail déterminé.
L'automatisation désigne le fait de chercher à remplacer, à l'usine comme au bureau, l'homme par un automate chaque fois que la substitution est possible, c'est-à-dire en pratique, partout où l'homme se bornait à appliquer des directives déterminées, ce cas étant général dans l'industrie et dans l'administration, où — hormis accidents ou circonstances fortuites — le rôle du travailleur consistait en l'exécution de consignes données.
Le principe de l'automatisation est fort ancien, puisque déjà dans l'Antiquité plusieurs appareils avaient

Toutefois, soulignons-le encore, il en est de même pour la structure des groupes de travail qu'en matière d'emploi : on se trouve rarement dans des situations pures, offrant tout l'éventail des nouvelles caractéristiques ci-dessus mentionnées, mais fréquemment, en revanche, devant des cas d'automation partielle. En sorte que les attitudes à l'égard de l'automation relèvent très souvent elles-mêmes de situations techniques extrêmement variées. Toutefois, si l'on cherche à discerner à travers le présent les modèles du futur, il peut être utile de prendre comme hypothèse une situation où la plupart de ces transformations se rencontrent.

En ce qui concerne le comportement des travailleurs et de leurs organisations syndicales, le point le plus important de cette évolution est la diminution quantitative du groupe ouvrier. Ce fait est d'autant plus certain qu'il renforce une tendance marquée au cours de la période précédente de l'industrie, à savoir le gonflement des *white collars* [1]. L'importance accrue des travailleurs non manuels pose en soi de nombreux problèmes. Traditionnellement, le monde des employés s'est manifesté par des attitudes moins revendicatives que celles des ouvriers. Mais ce trait reflétait sans doute précisément une situation minoritaire qui, par ailleurs, inclinait les directions à accorder certains privilèges aux employés, les isolant ainsi des luttes ouvrières. Quant aux ingénieurs, leur origine sociale, leurs origines et attaches bourgeoises ou, en l'absence de celles-ci, leur mobilité sociale potentielle, les écartaient des revendications affirmées par les autres catégories de travailleurs. On ne peut, certes, extrapoler au présent ces attitudes traditionnelles qui avaient déjà nettement évolué depuis 1945. Elles doivent être replacées et interprétées historiquement dans le cadre d'une société où les proportions numériques des groupes professionnels étaient différentes de celles que nous notons aujourd'hui et où l'importance des rôles sociaux de chacun de ces groupes conditionnait souvent leur orientation idéologique.

A partir de ces observations, on a émis l'hypothèse d'une atténuation dans l'entreprise des clivages entre groupes professionnels. L'influence grandissante du groupe des techniciens constituerait une sorte de creuset où se rapprocheraient des hommes d'origines sociales parfois très différentes. Cette homogénéisation des statuts professionnels, des niveaux d'instruction, des origines sociales, n'est encore qu'amorcée : elle n'en est pas moins en train de se réaliser par un phénomène presque invisible de « glissement de terrain ».

Ce courant est encore renforcé par les diverses politiques de « relations humaines » et singulièrement les efforts de formation et d'information. Rien d'étonnant dès lors si, dans les entreprises qui pratiquent une poli-

été construits pour effectuer un travail à la place de l'homme. Plus tard, au XVIIIe siècle, Diderot évoque l'automatisation des métiers à filer, dont la remarquable conception permet « de n'employer qu'une fille là où deux étaient auparavant nécessaires ». A la fin du XVIIIe siècle, on cite aussi l'automatisation d'une meunerie à Philadelphie. Mais l'automatisation restait alors limitée à quelques cas extrêmement particuliers : ce devait être le privilège du XXe siècle d'apporter à la machine des moyens entièrement nouveaux, qui allaient au demeurant permettre à la technique de déborder le stade de l'automatisation pour entrer dans l'ère de l'automation. (Grand Larousse Encyclopédique, t. I, 1960.)

1. « Cols blancs », c'est-à-dire salariés non manuels.

tique de ce genre, le personnel adopte peu à peu des comportements qui se rapprochent de ceux observés chez les employés, voire chez des fonctionnaires.

Cette intégration va-t-elle supprimer les conflits sociaux? Cette question s'encadre dans un problème plus général, qui a suscité d'amples discussions, celui du rapport de forces entre employeurs et employés, partis et syndicats dans une société industrielle largement pénétrée par l'automation. Les hypothèses qu'on avance ici peuvent se classer en deux groupes contradictoires. Selon certaines d'entre elles, l'intégration, dont il vient d'être fait état, en resserrant les relations de travail entre exécutants et cadres techniques, affaiblirait la solidarité ouvrière et par contrecoup le pouvoir des syndicats : autrement dit les usines automatisées, où incontestablement le travail est moins manuel qu'auparavant, tendraient à devenir des centres de « cols blancs ». Par ailleurs, dans l'ensemble, les prix de revient étant moindres, il serait plus facile d'obtenir des augmentations de salaire et l'appartenance au syndicat deviendrait moins utile.

Au contraire, selon d'autres conjectures, le pouvoir des organisations ouvrières serait accru. Toute interruption de travail, dans une entreprise automatisée, entraînerait de graves conséquences à la fois techniques et financières. D'où, même si ses effectifs déclinent, un renforcement de la puissance du syndicat, « minorité agissante ». Quant aux effets de l'intégration, ils ne tendent pas nécessairement à affaiblir le syndicat. Pourquoi le personnel « intégré » dans sa majorité à l'entreprise cesserait-il de défendre ses intérêts? En France, notamment, les employés des services publics, dans certains secteurs, ne se sont pas montrés moins combatifs que les salariés des entreprises privées. D'autre part, il est vraisemblable que plus le niveau d'instruction du personnel informé, intégré, s'élèvera, plus il sera capable de comprendre la politique de l'entreprise, plus il tendra à exercer un contrôle sur sa gestion.

On a fait, par ailleurs, remarquer que l'automation accélérait les processus de concentration des entreprises et qu'elle menaçait l'existence des petites et moyennes entreprises. Mais ne faut-il pas distinguer ici la « grande automation » de l'automation applicable à de petites unités de production? Quelles que soient les capacités d'automation des petites entreprises, il n'en est pas moins vrai qu'une ample concentration financière, actuellement en cours, tend, en éloignant d'elles le pouvoir, à affaiblir les unités de production.

Par ailleurs, dans le même temps, une autre tendance se dessine : celle qui va vers la décentralisation géographique. Attirées par la main-d'œuvre à bon marché des petites villes et par les avantages que consentent les municipalités, de grandes firmes n'ont pas hésité à implanter des unités automatisées loin du siège central de l'entreprise. Si ce mouvement, soutenu par l'administration, préconisé par les urbanistes (et rejoignant paradoxalement par le rapprochement des villes et des campagnes certains objectifs classiques des réformateurs socialistes) se développait, il ne manquerait pas d'exercer une influence très profonde sur la société tout entière et aussi sur les rapports sociaux au sein des entreprises. Enfin, certains observateurs estiment que les grandes entreprises recourent pour leurs besoins en capitaux à l'autofinancement, et de moins en moins au marché des capitaux. D'où vraisemblablement, un pouvoir accru des *managers* [1] et aussi, dans le même temps, une tendance au contrôle de la gestion par l'ensemble du personnel.

1 *Dégagez le plan de cette étude.* **2** *Quelles transformations entraîne dans la composition du personnel l'adoption de l'automation dans une entreprise?* **3** *Quelles sont les conséquences de cette transformation sur la mentalité des travailleurs?* **4** *Les associations ouvrières subiront-elles le contrecoup de cette évolution? Dans quel sens?*

36. LA MACHINE LIBÈRE L'HOMME

JEAN FOURASTIÉ
LE GRAND ESPOIR DU XXe SIÈCLE,
COLLECTION IDÉES, N° 20,
GALLIMARD ÉD., 1962 (pp. 351-361).

La machine 1900 exigeait qu'un ouvrier la serve, elle n'était automatique que pour une part de son travail et exigeait le service de l'homme, soit pour son alimentation, soit pour une autre phase du travail; le manœuvre spécialisé devait agir comme une machine complémentaire de la machine incomplète, répéter sans cesse le même geste à la cadence du métal. La machine 1950 est entièrement automatique; l'ouvrier n'intervient plus que pour la contrôler ou la réparer : il n'intervient plus que pour accomplir des gestes et des actions réfléchis, intelligents, d'une essence absolument différente du déterminisme mécanique [2]. Cette évolution si frappante pour qui visite les ateliers, est la marque d'un fait fondamental : loin d'entraîner l'homme dans son domaine d'automatisme, loin de l'assujettir à son propre déterminisme, il apparaît que la machine moderne, en prenant pour elle toutes les tâches qui sont du domaine de la répétition inconsciente, en libère l'homme, et lui laisse les seuls travaux qui ressortissent en propre à l'être vivant, intelligent et capable de prévision. Plus la machine se perfectionne, plus elle est capable d'accomplir des tâches complexes; mais, par conséquence même, elle laisse à l'homme celles qui sont plus complexes encore. La machine accomplit déjà les tâches subalternes qu'autrefois seul un être vivant pouvait accomplir; d'abord celles d'un animal, puis celles d'un manœuvre spécialisé; à mesure que la machine se perfectionnera, il est clair maintenant qu'elle libérera progressivement et complètement l'ouvrier de ces tâches serviles; mais elle ne cessera d'exiger de lui justement ce qui continuera de lui manquer à elle, c'est-à-dire les activités les plus éloignées du déterminisme mécanique; à mesure que l'évolution se poursuivra, ce seront donc les ressources les plus élevées de son intelligence que l'ouvrier devra mettre en œuvre, et ces ressources seront, par définition, de plus en plus éloignées de celles qui impliquent la soumission à un automatisme simple. Ainsi la machine,

1. Voir note 1, p. 50.
2. Très éloignés, par nature, des gestes automatiques, « commandés » par la machine et qui relèvent du « conditionnement » qu'elle impose à l'ouvrier.

en s'annexant progressivement le domaine des tâches automatiques, des plus élémentaires (machines 1850) aux plus complexes (cybernétique [1]), obligera l'homme à se spécialiser dans les tâches intellectuelles les moins faciles, et dans la solution des problèmes scientifiquement imprévisibles, où l'intuition, la morale et la mystique jouent un rôle prépondérant...

... En libérant l'homme du travail servile, la machine moderne le rend donc disponible pour les activités plus complexes de la civilisation intellectuelle, artistique et morale. Il était nécessaire que, au moment où il créait les premières machines, l'homme s'absorbât dans leur étude et leur service. Mais dès maintenant une division du travail s'esquisse, qui ne peut pas ne pas s'affirmer : la machine accomplira toutes les tâches nécessaires à la vie qui ne mettent en jeu que des réflexes ou des déterminismes; l'homme sera ainsi libéré d'une part considérable de ses travaux traditionnels, mais justement de ceux qui, étant les plus matériels, sont les moins essentiellement humains. La machine conduit ainsi l'homme à se spécialiser dans l'humain...

Tels sont les résultats des cent cinquante premières années du machinisme et du progrès technique. Loin d'aboutir à l'abaissement de l'homme devant la matière, à l'application à l'être vivant du corset de fer du déterminisme mécanique, comme on pouvait le craindre, il y a trente ou cinquante ans, tout indique que la machine non seulement permettra à l'homme le libre exercice de ses facultés les plus hautes, mais le contraindra à cet exercice, en lui retirant progressivement les préoccupations et les obligations de nature matérielle. Tout indique, de plus et surtout, que l'invention et l'usage des machines, après avoir pendant plus d'un siècle obligé la pensée scientifique à se consacrer tout entière à l'étude et la recherche du seul déterminisme, au point que les phénomènes non déterminés étaient négligés ou niés, conduira dans une seconde phase à une plus large compréhension du vaste univers; les lois de la machine nous feront découvrir par contraste les lois de la vie.

Cette évolution est dès maintenant inscrite dans les faits; elle est évidente aux yeux de ceux qui en sont avertis. Mais elle reste ignorée du plus grand nombre. Les États-Unis n'entrevoient qu'à peine les insuffisances de leur civilisation mécanicienne. Les innombrables populations de l'Asie se ruent avec l'ardeur des néophytes dans les faciles triomphes de l'industrialisation et s'enivrent de l'efficacité immédiate et prodigieuse des déterminismes physiques et sociaux.

Ce n'est encore qu'une poignée d'hommes qui constate la limite de ces succès et qui devine que l'essence [2] rare du progrès humain a besoin, pour vivre et se développer, d'un autre terrain que les serres artificielles de jardiniers passés en vingt ans de la barbarie à la technique. Fils d'une vieille terre qui, depuis cinq cents ans, non seulement a retrouvé la civilisation antique, mais encore a donné au monde des outils intellectuels nulle part ailleurs imaginés, nous savons qu'il est prématuré de couper un arbre qui a donné de bons fruits, sous prétexte qu'il en produit trop peu

1. *Cybernétique :* du grec *kubernêtês*, pilote. Le latin *gubernare* qui a donné gouverner est formé sur la racine de ce mot. La cybernétique est la science qui étudie les phénomènes de commandes et de contrôle chez les êtres vivants, les relations entre le système nerveux et le système moteur. Appliquée aux machines, la cybernétique étudie les techniques de commande automatique, par exemple dans les servo-mécanismes, les machines à calculer, etc...

2. *Essence :* l'essence est la manière d'être, la véritable nature et, par extension, le principe fondamental. C'est dans ce sens que le mot est employé dans le texte.

ou les fait mûrir trop lentement. Nous savons aussi que les jeunes arbres ne se jugent qu'à leurs fruits, et qu'en matière de civilisation, les récoltes ne sont pas annuelles, mais séculaires ou millénaires; nous savons mieux encore que le progrès intellectuel de l'humanité, du moins le progrès de sa fraction la plus avancée, n'est l'œuvre ni de l'imitation, ni du conformisme, ni de l'autorité établie, ni des bons élèves de l'enseignement officiel. C'est donc à nous Français, qui de tous les peuples avons le mieux conservé les ressorts individualistes de notre pensée, le pouvoir de synthèse, le goût de la controverse intellectuelle et la tradition de la recherche libre et désintéressée, de promouvoir cette révolution intellectuelle qu'implique l'entrée du phénomène vital dans le domaine de la pensée scientifique.

Plus précisément, dans le domaine pratique de la mise en œuvre du machinisme, c'est à nos ingénieurs et à nos architectes de révéler clairement que l'objet du progrès technique est d'aider l'être humain dans la recherche de son autonomie et de la plénitude de son être. En libérant l'humanité des travaux que des matières inanimées peuvent exécuter pour elle, la machine doit conduire l'homme aux tâches que lui seul peut accomplir parmi les êtres créés : celles de la culture intellectuelle et du perfectionnement moral.

1 *Résumez en quelques lignes les principales idées contenues dans ce texte.* **2** *Indiquez quel est le plan de ce texte; distinguez nettement les différentes parties et donnez un titre à chacune d'elles.* **3** *Expliquez et commentez les phrases suivantes : « Il n'intervient plus que pour accomplir des gestes et des actions réfléchis, intelligents, d'une essence absolument différente du déterminisme mécanique. » « Nous savons que le progrès intellectuel de l'humanité, du moins le progrès de sa fraction la plus avancée, n'est l'œuvre ni de l'imitation, ni du conformisme, ni de l'autorité établie, ni des bons élèves de l'enseignement officiel. »* **4** *Quel rôle l'auteur assigne-t-il aux Français? Pourquoi ce rôle est-il assigné particulièrement aux Français?*

37. LA MACHINE EST UN ÉLÉMENT DU BONHEUR HUMAIN

BERTRAND RUSSELL

LA CONQUÊTE DU BONHEUR,
PAYOT-PARIS ÉD., 1962.

On a l'habitude de dire que, dans notre époque où règne la machine, il y a moins de place qu'autrefois pour la joie qu'un artisan peut retirer du travail spécialisé. Je ne suis pas du tout sûr que cela soit vrai : l'ouvrier spécialisé, de nos jours, travaille il est vrai à des choses toutes différentes de celles qui occupaient les corporations médiévales, mais il garde encore une place très importante et tout à fait essentielle dans l'économie de la fabrication mécanique. Il y a d'abord ceux qui font des instruments scientifiques et des machines de précision; il y a les dessinateurs, il y a les mécaniciens d'avions, il y a les chauffeurs et une légion d'autres ouvriers qui ont un métier où l'adresse peut être développée à n'importe quel degré. L'agriculteur et le paysan des communautés relativement primitives sont, d'après ce que j'ai pu observer, loin d'être aussi heureux qu'un chauffeur ou un mécanicien. Il est vrai que le travail du paysan qui cultive sa propre terre est varié; il laboure, il sème, il moissonne. Mais il est à la merci des éléments et se rend très bien compte de sa dépendance, alors que l'homme qui travaille à un mécanisme moderne est conscient de sa force et acquiert le sentiment que l'homme est le maître et non pas l'esclave des forces naturelles. Il est vrai, évidemment, que le travail est très monotone pour tout ce groupe de simples surveillants de machines qui ne font que répéter continuellement une opération mécanique avec le minimum de variété, mais plus un travail est monotone, plus il devient possible de le faire exécuter par une machine. Le but final de la production mécanique — d'où, il est vrai, nous sommes encore très éloignés — est un système où tout ce qui est monotone sera fait par les machines et où les êtres humains seront réservés à un travail comportant de la variété et de l'initiative. Dans un tel monde, le travail sera moins ennuyeux et moins déprimant qu'il ne l'a été depuis l'avènement de l'agriculture. En s'adonnant à l'agriculture, l'humanité a décidé qu'elle se soumettrait à la monotonie et à l'ennui pour diminuer le risque de famine. Quand les hommes se procuraient leur nourriture par la chasse, le travail était une joie, comme on peut le conclure du fait que les riches ont gardé ces occupations ancestrales comme amusements. Mais avec l'avènement de l'agriculture, l'humanité est entrée dans une longue période de mesquinerie, de misère et de folies d'où elle ne fait que sortir maintenant, grâce à l'aide salutaire de la machine.

Les sentimentaux ont beau parler de contact avec le sol et de la sagesse mûre des paysans philosophes de Thomas Hardy [1], mais le seul désir de tout jeune paysan est de trouver un travail en ville qui lui permette d'échapper à l'esclavage du vent, du mauvais temps et de la solitude des sombres soirées d'hiver, qui lui permette de connaître l'atmosphère confiante et humaine de l'usine et du cinéma. La solidarité et le travail fait en commun sont des éléments essentiels au bonheur de l'homme moyen et on peut les trouver beaucoup plus souvent dans l'industrie que dans l'agriculture.

38. PROCÈS DU MACHINISME

LANZA DEL VASTO
LE PÈLERINAGE AUX SOURCES
DENOËL ÉD., 1943.

Si les gens d'aujourd'hui ne se sont pas convaincus du caractère fâcheux d'un système qui les a menés de crise en krach [2], de faillite en révolte, de révolution en conflagration; qui gâte la paix, la rend affairée et soucieuse; qui fait de la guerre un cataclysme universel, presque aussi désastreux pour les vainqueurs que pour les vaincus; qui ôte son sens à la vie et sa valeur à l'effort; qui consomme l'enlaidissement du monde et l'abrutissement du peuple; si les gens d'aujourd'hui accusent n'importe qui des grands

1. Romancier et poète anglais, principal représentant d'un courant de pessimisme dans la littérature de la fin du XIXe siècle.
2. *Krach* (mot allemand signifiant craquement), dans son sens propre désigne une débâcle financière.

maux qui les accablent, en attribuent la cause à n'importe quoi plutôt qu'au développement de la machine, c'est qu'il n'est pas de sourd mieux bouché que celui qui ne veut rien entendre.

Il faut que la puérile admiration pour les brillants jouets qui les amusent, il faut que l'exaltation fanatique pour l'idole qu'ils se sont forgée, et à laquelle ils sont prêts à sacrifier leurs enfants, leur ait tourné la tête et fermé les yeux à l'évidence pour qu'ils continuent d'espérer du progrès indéfini de la machine l'avènement d'un âge d'or [1].

Ne parlons pas des bouleversements que le progrès des machines fait sans cesse subir aux institutions humaines, parlons seulement des avantages par lequels elles allèchent le sot :

Elles épargnent du temps, elles épargnent des peines, elles produisent l'abondance, elles multiplient les échanges et amènent un contact plus intime entre les peuples, elles finiront par assurer à tous les hommes un loisir [2] perpétuel.

S'il est vrai qu'elles épargnent du temps, comment se fait-il que dans les pays où les machines règnent, on ne rencontre que des gens pressés et qui n'ont jamais le temps? Alors que dans ceux où l'homme fait tout de ses mains, il trouve le temps de tout faire et du temps en outre, autant qu'il en veut, pour ne rien faire.

S'il est vrai qu'elles épargnent de la peine, pourquoi tout le monde se montre-t-il affairé là où elles règnent, attelé à des tâches ingrates, fragmentées, précipitées par le mouvement des machines, à des travaux qui usent l'homme, l'étriquent, l'affolent et l'ennuient? Cette épargne de peine, en vaut-elle la peine?

S'il est vrai qu'elles produisent l'abondance, comment se fait-il que là où elles règnent, règne aussi, dans tel quartier bien caché, la misère la plus atroce et la plus étrange? Comment, si elles produisent l'abondance, ne peuvent-elles produire la satisfaction? La surproduction et le chômage ont logiquement accompagné le progrès des machines, tant qu'on n'a pas fait une guerre, trouvé un trou pour y jeter le trop-plein.

S'il est vrai qu'elles ont multiplié les échanges et rendu les contacts plus intimes entre les peuples, il ne faut pas s'étonner que lesdits peuples en éprouvent les uns pour les autres une irritation sans précédent. Suffit qu'on me frotte à quelqu'un malgré moi et malgré lui pour que je commence de haïr ce quidam [3] et lui moi. Peut-être est-ce regrettable, mais c'est humain. Les contacts mécaniques et forcés n'engendrent pas l'union. C'est bien dommage, mais ainsi veut nature.

Enfin, s'il était possible, toutes ces crises Dieu sait comment dépassées, de soulager l'homme de tout travail pénible et de lui assurer un loisir perpétuel, alors tous les dégâts que le progrès des machines a pu causer par ruines, révolutions et guerres deviendraient insignifiants au regard de ce fléau définitif : une humanité privée de tout travail corporel.

1. *L'âge d'or* (mythologie) désigne les temps où, sous le règne de Saturne, les hommes vivaient dans l'innocence et le bonheur. Les anciens divisaient l'histoire du genre humain en quatre périodes : l'âge d'or, l'âge d'*argent* au cours duquel les hommes ont déchu de leur innocence, l'âge d'*airain* période où le mal domine, l'âge de *fer* qui se signale par les débordements et les crimes de toutes sortes.
2. *Loisir*, ancien infinitif, qui a produit loisible (latin *licere*, être permis), désigne le temps laissé libre, le temps où l'on a la permission d'agir ou de ne pas agir (voir texte n° 114, p. 231).
3. *Quidam*, mot latin, équivaut à « quelqu'un ». Désigne familièrement et par dénigrement un homme dont on ignore le nom et qu'on ne connaît pas.

A dire vrai, l'homme a besoin du travail plus encore que du salaire.

Ceux qui veulent le bien des travailleurs devraient se soucier moins de leur obtenir un bon salaire, de bons congés, de bonnes retraites, qu'un bon travail qui est le premier de leurs biens.

Car le but du travail n'est pas tant de faire des objets que de faire des hommes. L'homme se fait en faisant quelque chose. Le travail établit un contact direct avec la matière et lui en assure une connaissance précise, un contact direct et une collaboration quotidienne avec d'autres hommes; il imprime à la matière la forme de l'homme et s'offre à lui comme un mode d'expression; il concentre l'attention et les forces sur un point ou au moins sur une ligne continue; il bride les passions en fortifiant le vouloir. Le travail, le travail corporel constitue pour les neuf dixièmes des hommes leur seule chance de manifester leur valeur en ce monde.

Mais pour que le travail même, et non le payement seul, profite à l'homme, il faut que ce soit un travail humain, un travail où l'homme entier soit engagé : son corps, son cœur, son intellect, son goût. L'artisan qui façonne un objet, le polit, le décore, le vend, l'approprie aux désirs de celui à qui il le destine, accomplit un travail humain. Le paysan qui donne vie aux champs et fait prospérer le bétail par une œuvre accordée aux saisons, mène à bien une tâche d'homme libre. Tandis que l'ouvrier enchaîné au travail à la chaîne, qui de seconde en seconde répète le même geste à la vitesse dictée par la machine, s'émiette en un travail sans but pour lui, sans fin, sans goût ni sens. Le temps qu'il y passe est temps perdu, vendu : il vend non son œuvre mais le temps de sa vie. Il vend ce qu'un homme libre ne vend pas : sa vie. C'est un esclave.

Il ne s'agit pas d'adoucir le sort du prolétaire afin de le lui faire accepter, il s'agit de supprimer le prolétariat comme on a supprimé l'esclavage, puisque de fait le prolétariat c'est l'esclavage.

Quant aux peuples entiers voués à l'oisiveté, que fera-t-on d'eux, que feront-ils d'eux-mêmes?

L'État, répondent ces gens-là (si vous ne savez pas ce que c'est que l'État je vous le dirai : c'est la Providence Mécanisée), l'État qui aura résolu le problème du travail par l'industrialisation intégrale n'aura plus qu'à résoudre le problème des loisirs et de l'éducation. Il règlera jeux et spectacles et distribuera la science à tous.

Mais les plaisirs des hommes sans travail ont toujours été l'ivrognerie et la débauche. L'État aura beau leur proposer des plaisirs éducatifs, ils préféreront toujours l'ivrognerie et la débauche. Les jeux devront donc prendre un caractère obligatoire et cesseront du coup d'être des jeux pour devenir des disciplines et des corvées : des falsifications du travail d'où rien de bon ne saurait résulter. Mieux eût valu régler le travail.

Mais il est un plaisir plus cher à l'homme sans travail, plus cher que l'ivrognerie et la débauche, celui de crier « A bas » et de mettre le feu partout. Ce jeu-là ne tardera pas à remplacer tous les autres au Paradis Mécanisé.

1 *Exposez, en quinze lignes, la thèse soutenue ici par Lanza del Vasto.* **2** *Donnez le sens des mots ou expressions : paix affairée et soucieuse, brillants jouets, étriquent.* **3** *Expliquez et, au besoin, discutez la formule : « Le but du travail n'est pas tant de faire des objets que de faire des hommes. »* **4** *Indiquez les caractères principaux du style de ce passage.* **5** *La lecture de ce texte vous renseigne-t-elle sur la philosophie de l'écrivain ?*

Jardin de château. Paul Klee (Bâle, Kunsthalle).

les acquisitions de l'esprit

L'état de « civilisé » est le point de progrès auquel est parvenu l'homme vivant dans une société pourvue d'institutions politiques, disposant d'un équipement technique, dotée d'un système de valeurs qui favorise tout son développement spirituel.

L'histoire de la civilisation est celle des lents et longs efforts du genre humain pour se dégager des servitudes que faisait peser sur lui la nature, pour s'assurer une vie toujours plus libre, plus aisée et plus belle.

En somme, l'homme cherche continuellement à satisfaire tous ses besoins, tous ses désirs. Sans doute, à l'origine, l'homme a-t-il paré au plus pressé : il lui a fallu subsister et satisfaire d'abord à des besoins purement physiologiques. Ceux-là assouvis, pouvant dès lors oublier le vouloir-vivre de l'espèce, l'homme s'est trouvé aux prises avec des besoins nouveaux, des besoins transcendantaux. Moins préoccupé par la recherche de l'indispensable et de l'utile, il s'est attaché à se créer un cadre de vie plus agréable et s'est adonné aux spéculations de l'esprit. On aurait tendance à estimer que la hiérarchie des besoins a déterminé la priorité de la technique sur la science, de l'action sur la pensée dans la quête du progrès humain. Mais la distinction entre l'« homo faber » et l' « homo sapiens » est hasardée comme l'est l'affirmation que le premier est le devancier du second; sans doute ont-ils été contemporains.

Quoi qu'il en soit, tous les faits de civilisation se classent en deux grandes catégories : ceux qui relèvent de l'action, de la production, qui sont marqués du signe de l'utilité et assurent le progrès de l'homme dans l'ordre matériel — tels ceux qui ont été examinés dans la première partie du recueil — et ceux qui procèdent de la pensée, de la spéculation pure et donnent au progrès humain une orientation plus spirituelle. De ce domaine relèvent la science pure, la littérature, la philosophie, les arts. Les textes qui suivent examineront quelques-unes des questions que soulèvent les acquisitions de l'esprit humain.

39. QU'EST-CE QUE LA CULTURE?

ANDRÉ SIEGFRIED

TECHNIQUE ET CULTURE DANS LA CIVILISATION DU XXe SIÈCLE,
CONFÉRENCE DU 6 JANVIER 1953,
PUBLIÉE PAR LE CENTRE NATIONAL DE DOCUMENTATION PÉDAGOGIQUE.

Qu'est-ce que la culture? Vous avez chacun votre définition, je suggère celle-ci : la culture est une prise de conscience par l'individu de sa personnalité d'être pensant, mais aussi de ses rapports avec les autres hommes et avec le milieu naturel. De telle sorte qu'un homme cultivé est un homme qui se conçoit et qui, en même temps, se situe; ce n'est pas un anarchiste, ce n'est pas un individu isolé, il est membre de sa collectivité, il est membre de l'univers, il est membre de l'espèce humaine; il a des rapports avec la terre, avec les autres hommes et il cherche à les connaître. Dans ces conditions, la culture est une conception personnelle de la vie en tant que conçue par un individu.

Pour être cultivé, il n'est pas nécessaire d'être instruit livresquement. Ce qui est important, c'est l'opération de la prise de conscience de la personnalité et celle qui consiste à se situer. Je vous dirai tout à l'heure qu'à mon avis, un artisan, un paysan de la tradition française, est, par essence, un homme cultivé; beaucoup plus cultivé que tel Américain, mécanisé au maximum, chef d'industrie que je considère comme inférieur en tant qu'être humain.

Ce serait donc une erreur de considérer la culture comme une affaire de livres, comme une affaire de bibliothèque ou de strict enseignement, c'est beaucoup plus profond que cela. Cependant, c'est principalement par les livres et par l'enseignement que l'on peut apprendre la culture.

Comment est-ce qu'on l'acquiert? D'abord par l'observation personnelle, par la réflexion personnelle et lorsque votre métier comporte la culture, alors l'expérience du métier est la fondation de la plus belle culture qui soit au monde, la vieille culture de l'artisan, du paysan qui connaît sa terre, ses instruments, son climat, les possibilités de son domaine et ses limitations; j'appelle cela une culture, même si le paysan ne savait pas lire. Pour moi, la réflexion personnelle est à la base de la culture et celui qui ne réfléchit pas individuellement a beau être un homme chargé de science, il ne sera pas un homme cultivé.

D'autre part, la lecture est un élément absolument essentiel pour connaître ce que les grands penseurs ont imaginé de la vie et des hommes, de même que la conversation. Cette dernière est un élément fondamental de la culture et même, dans certains cas, elle peut remplacer la lecture. Dans une ville comme Paris, il est plus difficile de lire qu'en province; les hommes de province sont beaucoup plus cultivés que les Parisiens par la connaissance qu'ils ont de la littérature parce qu'ils disposent de leurs soirées. Mais le Parisien se rattrape dans une certaine mesure par la conversation, conversation mondaine dans le sens le plus général, conversation avec les collègues, et des collègues d'une formation différente de la sienne. Elle vous sort de votre milieu, par le contact avec des gens qui ont une formation autre que la vôtre.

Mais que vous appreniez par la lecture ou par la conversation, par les yeux en lisant ou par l'oreille en écoutant, c'est toujours une affaire de contact.

Enfin, pour être un homme cultivé, il faut avoir assimilé, consciemment ou inconsciemment, tout l'apport séculaire de la civilisation, tout ce que la tradition des siècles antérieurs a donné à l'homme. Cette assimilation peut se faire par la lecture, par l'enseignement, par la conversation, par une espèce d'osmose, en respirant dans un certain climat; de la même manière que l'enfant est formé par l'atmosphère familiale et par les conversations qu'il entend à la table de famille, l'homme appartenant à une civilisation est formé par l'air même qu'il respire, par les maîtres qu'il a, par les amis qu'il rencontre, j'en reviens donc toujours à cette conception que l'opération essentielle ici, c'est la prise d'individualité quel que soit le moyen par où vous l'obtenez.

Mais il y a des conditions matérielles pour l'acquisition de cette culture et ces conditions matérielles ne sont pas toujours remplies. Quelles sont-elles? Il faut d'abord un minimum d'*esprit critique* ou du moins la volonté de se servir de son esprit critique, c'est-à-dire qu'il faut avoir la volonté de juger par soi-même par contraste avec la pensée dirigée, avec le conformisme et même avec le respect infiniment dangereux de la toute puissance de l'expert. Un homme qui voudrait rester cultivé, une civilisation qui voudrait rester cultivée et qui obéirait aux lois de la pensée dirigée, comme nous en sommes menaçés, ou au conformisme, qu'il soit d'extrême gauche ou d'extrême droite, et surtout comme aux États-Unis, au respect de l'expert, ne peut pas conserver sa culture. Aux Etats-Unis, le grand danger, c'est le respect excessif de la compétence technique et spécialisée; de telle sorte que dans une question donnée, l'individu se dit qu'il ne peut pas savoir par lui-même et qu'il doit s'adresser aux experts. Experts en physique ou en chimie, je le veux bien, mais la notion d'expert, aux États-Unis, s'étend à toute la vie : il y a les experts de la morale, les experts des relations familiales, les experts fameux des relations sexuelles, les experts religieux. Chacun se dit : « Je consulte l'expert », et il ne réfléchit plus et perd la confiance qu'il a en son jugement, cette espèce de jury intellectuel qui fait que nous ne nous fions pas uniquement à l'expert sujet à une déformation professionnelle. Le jury, dans la justice, représente le recours aux gens non compétents auxquels il est quelquefois nécessaire de faire appel parce qu'ils sont restés humains.

Quelqu'un me donnait la définition suivante du technicien : un homme chez qui rien de ce qui est humain n'était resté présent; par la technique, par la compétence, il avait abandonné tout ce qui est humain. En conséquence, vous entrevoyez les rapports entre l'enseignement purement technique et l'enseignement purement humaniste, enseignement classique, enseignement des lettres qui justement maintient cet élément humain. Or cet élément humain est exclu des jugements de l'expert et peut-être doit-il l'être.

Il faut donc d'abord un minimum d'esprit critique; puis un certain *désintéressement*. La science... est appliquée, mais à l'origine, elle est désintéressée, son but, c'est elle-même, c'est la connaissance; on cherche à savoir uniquement pour connaître; c'était probablement la conception de la science selon Renan.

Enfin, il faut un certain *loisir*. Si certaines personnes ne peuvent pas se ménager ce loisir — je le regrette — beaucoup d'autres pourraient l'avoir, mais elles ne le veulent pas. Tout le monde ou presque peut se réserver, par effraction si je puis dire, un certain nombre de minutes dans la journée où il sera lui-même et où il réfléchira. C'est la formule de Sénèque dans les lettres à Lucilius : « Vindica te tibi », réserve-toi à toi-même, défends-toi contre l'étranger, contre le dehors, sois toi-même. Et selon une formule magnifique que j'ai trouvée dans Jules Renard qui revendique le loisir et la réflexion : « Se retirer de l'intérêt quotidien et professionnel et prendre quelque hauteur pour respirer et dominer. » La formule est magnifique et presque tout le monde en est capable.

La culture est donc quelque chose de très particulier et je ne la réserve pas du tout à une classe de gens qui auraient des loisirs, je ne veux même pas la réserver à une classe de gens qui auraient de l'éducation ou de l'instruction. Elle peut appartenir à n'importe qui; l'homme de métier, le paysan, le professeur peuvent être des hommes cultivés et ils auront ceci de commun, avoir cherché à se concevoir eux-mêmes, arriver à une conception personnelle de l'univers et surtout se situer dans le temps et dans l'espace. Si vous arrivez à cela, vous possédez à peu près ce que nous pouvons appeler l'idéal de la culture.

1 *Étudiez le plan de ce texte.* **2** *Quelle définition de la culture donne-t-on ordinairement? Comparez-la à celle que propose l'auteur.* **3** *Quels moyens l'auteur indique-t-il pour l'acquisition de la culture?* **4** *Quel rôle joue l'esprit critique dans l'acquisition de la culture?* **5** *Outre la possession d'un « minimum d'esprit critique », quelles autres conditions doivent être remplies pour pouvoir se cultiver?*

40. LA TECHNIQUE ET LA CULTURE

ANDRÉ SIEGFRIED

TECHNIQUE ET CULTURE DANS LA CIVILISATION DU XXe SIÈCLE,
CONFÉRENCE DU 6 JANVIER 1953,
PUBLIÉE PAR LE CENTRE NATIONAL DE DOCUMENTATION PÉDAGOGIQUE.

Il me semble, quant à moi, qu'il y a une perversion moderne, dans la civilisation occidentale la plus évoluée, de ces notions de science, de culture et de technique. Ce que, de plus en plus, la foule entend par la science, ce n'est pas du tout la connaissance désintéressée, mais le progrès technique et plus spécialement le progrès mécanique assimilé de plus en plus au progrès tout court. Quand les gens parlent de la science, ils pensent à l'avion, à l'automobile, à l'électricité, à la machine... C'est l'un des éléments essentiels de la science appliquée, nous ne serions pas nous-mêmes si nous ne possédions pas tout cela et je n'ai aucune envie de le déprécier. Mais on a changé la conception propre de la science désintéressée.

Nous ne trouvons plus ni individuellement, ni collectivement, l'un des éléments de la culture, le désintéressement. D'autre part, la technique appliquée se trouve ainsi rehaussée, à un rang éminent qui est le sien, mais dans une certaine mesure, à un rang privilégié qui, dans ma pensée, n'est pas le sien. La technique est un moyen dont le but est d'élever le niveau de vie de l'humanité; c'est strictement vrai si vous parlez du niveau de vie. Et je crois qu'il n'y a pas de civilisation possible sans un certain niveau de vie parce qu'alors la liberté intellectuelle de pensée n'existe pas et il est nécessaire d'arriver à un certain degré de dignité matérielle et humaine pour continuer d'exister. Cependant, dans certaines circonstances, il y a des choses qui doivent passer avant la technique parce que la technique appliquée ou la science appliquée ne couvrent pas tout. Mais la préférence collective est pour la technique, contre la science désintéressée et dans beaucoup de cas, contre la culture désintéressée et la culture littéraire. Je crois que dans les démocraties, il faut défendre la culture littéraire. Vous savez par exemple que l'U.R.S.S. considère que la seule culture, c'est la technique. C'est une conception et je crois bien que les Américains n'ont pas une conception très différente. Mais notre démocratie française n'a pas joué de façon très différente de celle-là; la Révolution française a certainement préféré la technique à la culture, quand elle a supprimé l'Académie française; elle ne l'a pas fait seulement parce que cette institution était supposée n'avoir pas rempli un devoir qui était le sien, mais parce que, dans sa pensée, la culture littéraire devait passer après la culture technique. Et c'est en 1792 ou 1793 qu'a été créé l'Institut de France, d'une conception très différente, dans lequel on a finalement inclus l'Académie française et qui comprenait essentiellement la Faculté des Sciences et la Faculté des Sciences morales et politiques. Vous savez que Napoléon était très fier de faire partie de l'Académie des Sciences. Dans ces conditions, l'Institut pouvait être considéré comme une affirmation de la primauté de la technique, alors que la culture littéraire — que je ne veux en aucune façon assimiler ou simplement associer à l'Académie — était quelque chose de différent.

Suivant que nous considérons que la culture littéraire est une chose utile et nécessaire pour la technique ou bien, au contraire, une chose superficielle que l'on met au second plan, que l'on traite même selon les conceptions de la technique — car il existe toute une conception de la littérature qui est une conception technique et non pas littéraire — nous avons une *crise de la culture* telle que j'ai essayé de la définir.

Il s'ensuit donc que vous êtes en présence de deux conceptions : dans l'une, la culture est considérée comme un but en soi, le but de l'individu, dans l'autre, la culture est considérée comme un aspect, une modalité de la technique. Je crois bien que dans tous les pays, et même en France, la conception générale de la foule est celle qui prévaut. J'en vois plusieurs conséquences sur lesquelles je vous demande d'attirer votre attention, car ces conséquences sont dangereuses pour la culture et pour l'individu lui-même.

La première de ces conséquences c'est que science et culture sont mises au service de la technique et de l'État, c'est cela le plus grand danger. L'État revendique aujourd'hui le service des savants et le service des penseurs. Or, savants et penseurs souhaiteraient d'être indépendants et dans beaucoup de cas, ils savent qu'ils ne le sont pas et qu'on les considère comme des moyens. D'autre part, l'indépendance du savant ou de l'homme cultivé est de plus en plus considérée par l'État comme un danger. Je ne devrais pas dire de plus en plus : il en a toujours été ainsi; les États antérieurs étaient des États persécuteurs qui ne reconnaissaient pas la liberté de penser religieusement; l'État moderne est un État persécuteur en ce sens que si la liberté de pensée va à l'encontre des buts de l'État — et les buts de l'État, c'est la puissance — la pensée sera de nouveau persécutée, sous des formes nouvelles, sans doute beaucoup plus efficaces que les formes du passé. Dans le passé, on pouvait toujours se renfermer en soi-même, avec son esprit critique, sa pensée, sa liberté d'opinion, avec quelques livres. Aujourd'hui, le savant ne peut plus se contenter de quelques livres, il a besoin d'un laboratoire, d'un outillage; d'autre part qu'est la liberté de la culture si vous n'avez pas la liberté de la conversation, la liberté de l'enseignement ou la liberté de la propagande? Nous avons connu ce régime sous l'occupation et il est probablement connu en Europe orientale et aux États-Unis; il faut regarder autour de vous quand vous causez si quelqu'un n'écoute pas vos propos pour aller les répéter à votre patron, à votre recteur, à l'État ou à la Commission du Sénat qui viendra enquêter sur les opinions que vous avez, non pas seulement proférées, mais sur les opinions que vous avez eues. L'État moderne comporte un extrême danger pour la liberté de la culture.

Remarquez que c'est une question qui a été posée depuis très longtemps et Renan l'avait très bien posée, mais il n'en avait pas du tout vu les conséquences. Vous connaissez sans doute ces magnifiques dialogues philosophiques écrits par Renan au lendemain de 1870, dans lesquels, avec une prescience admirable, il imagine que des savants ont découvert le moyen de détruire la planète. Quelle est la conséquence qu'il en tire? Juste le contraire de ce que nous voyons : il imagine que ces savants, par une espèce de chantage, sont les maîtres de l'État et menacent de « casser tout », si l'État ne leur laisse pas leur liberté. Les choses ne se passent pas ainsi parce qu'on ne peut pas tout casser sans l'aide de l'État! Il faut un outillage, il faut des conditions, une organisation puissante que l'État est seul capable de donner; et même si vous arrivez à la posséder, l'État est assez puissant pour vous empêcher de vous en servir. Aujourd'hui, donc, ce n'est pas le savant qui est maître de l'État, mais bien l'État qui est maître du savant. Le savant le regrette, il proteste. Les savants américains ont protesté à propos de la bombe atomique : il y a eu un message extrêmement intéressant qu'avait, je crois, signé Einstein, dans lequel les savants protestaient contre les conditions dans lesquelles ils étaient obligés de travailler avec le secret, sans être maîtres des conséquences de ce qu'ils faisaient. Rien n'a été changé, l'État est trop puissant. Que ce soit à Moscou ou à Washington, il est bien évident que maintenant, l'individu est entre les mains de la collectivité ou plus exactement entre les mains de l'État.

La seconde conséquence c'est que dans le monde tel que nous l'avons aujourd'hui, je ne suis plus très sûr que la technique puisse être une source de culture.

Quand je disais tout à l'heure que l'artisan ou le paysan était cultivé [1], comment est-ce que c'était possible? L'artisan était, en quelque sorte, un petit monde autonome, il était son propre patron, il devait très bien connaître sa matière première, son outil, leurs réactions mutuelles l'un sur l'autre, il était responsable de son travail depuis le commencement jusqu'à la fin; toutes conséquences qui le menaient à la conception d'une

1. Texte n° 39, p. 98.

méthode et à la conception d'un individu. On m'a cité ce mot magnifique d'un sabotier qui représente toute une culture artisanale : « Il y a cinquante ans que je fais des sabots et ils ne m'ont pas encore dit leur dernier mot. » *Cet homme-là était un homme cultivé parce qu'il se perfectionnait sans cesse.* Pour le paysan, la question est la même : il connaît sa terre, ses possibilités et ses limites. Le paysan français n'a jamais permis à la terre de subir les effets de l'érosion, les plus savants des Américains ont érodé leurs terres comme les plus sauvages des Africains; l'expert n'a pas eu la culture qu'a le paysan qui connaît le climat, la terre, la diversité de la vie paysanne, qui sait qu'il doit faire une partie d'élevage, une partie de culture, entretenir des forêts. Il est obligé de concevoir toutes ces choses et de les équilibrer et pour cela, il doit réfléchir.

Maintenant prenez un ouvrier qualifié, mais surtout un manœuvre de la grande industrie, un manœuvre demi-qualifié de chez Renault, de chez Ford, ou de la General Motors. Ce n'est pas un homme sans connaissances, il manie une machine extrêmement chère, extrêmement compliquée qu'il doit connaître parfaitement. Mais hors de sa machine, il ne sait pas quels sont ses liens avec l'ensemble de l'industrie; on essaie bien de les lui faire entrevoir, mais c'est extrêmement difficile : ce n'est pas un cours, ce n'est pas non plus l'expérience qui le lui apprendra. Cet homme ultra-spécialisé souffre du principal défaut de notre civilisation, *la spécialisation.* Cette spécialisation qui est une nécessité de la technique est une menace pour la culture parce qu'elle divise l'homme et l'empêche de se considérer lui-même comme étant complet.

Vous en arrivez à ce caractère très particulier de notre époque qui est le travail collectif avec la division du travail et d'autre part, la perte de la mesure entre l'homme et sa production. Je crois bien que c'est le phénomène le plus important de la transformation de notre civilisation; c'est le moment où l'homme a cessé d'avoir une mesure avec le reste des choses. Vous vous rappelez la formule célèbre : « L'homme est la mesure de toutes choses. » C'est encore vrai dans quelques industries, très savantes, très artistiques, mais de façon générale, l'homme n'est plus la mesure des choses, notamment pour le contrôle. Si vous visitez les usines véritablement spécialisées de l'horlogerie ou de l'instrument scientifique, le contrôle ne se fait plus par les sens de l'homme, mais par des machines. J'ai souvent visité en Suisse les usines horlogères, le contrôle des pièces détachées se fait par des procédés où l'œil, l'oreille, la main de l'homme ne jouent plus le rôle essentiel. Nous avons perdu ce contact de l'individu avec l'univers, l'homme ne peut plus se situer lui-même d'autant plus que les découvertes contemporaines lui compliquent encore cette tâche.

Une troisième conséquence, c'est que nous assistons à une sorte de pseudo-culture, d'autant plus dangereuse que le public la prend pour de la culture véritable alors que ce n'est que de la technique et de la technique appliquée. Et il admire en somme le moyen plus que le but, ce qui est très humain. Il est tellement en admiration devant les procédés techniques nouveaux que ces procédés absorbent tout le reste. Remarquez que nous sommes tous ainsi; quand je voyage rapidement, je suis en admiration devant l'avion et devant la vitesse; quand je téléphone, je suis émerveillé de pouvoir entrer en communication avec New York et de pouvoir écouter une voix humaine à 5 000 kilomètres d'ici; je suis intoxiqué moi-même par cette admiration, par cette espèce de passion de la découverte technique moderne. Mais si je réfléchis, je pense que ce ne sont que des moyens. C'est admirable d'avoir des moyens de diffuser la pensée, c'est admirable d'avoir le moyen d'aller plus vite! Mais il y a autre chose que la transmission, il y a tout de même la valeur de la pensée que je transmets; si cette pensée est stupide, il n'y a aucun intérêt à ce qu'elle soit retransmise 10 000 fois plus vite, il serait même préférable qu'elle soit retransmise plus lentement Vous avez tous en mémoire les séances de l'ONU ou de l'UNESCO. Dans ces séances, il n'y a plus de contact direct : l'orateur parle devant un micro et il parle à des gens qui ont tous des écouteurs qui leur donnent la transmission de la pensée avec une rapidité merveilleuse, traduite dans n'importe quelle langue (cinq je crois : Français, Anglais, Espagnol, Chinois et Russe). Avec un retard de quelques secondes, la pensée arrive — je ne sais pas dans quel état! Et je suis plein d'admiration pour cette transmission. Mais personne ne se demande quelle est la valeur de la pensée qui a été transmise.

De sorte que la civilisation moderne se préoccupe et admire beaucoup plus les moyens avec lesquels la pensée est transmise que la pensée elle-même. Or, ce qui est intéressant, c'est évidemment la pensée. Je laisse de côté les conditions dans lesquelles notre vieille éloquence change entièrement de caractère; vous ne parlez plus à des individus; ici encore, avec ce petit micro qui ne m'indispose pas, je peux croiser vos regards, c'est un contact humain, avec une atmosphère humaine. Quand je suis dans le studio et que je parle tout seul au micro, je ne sais pas à qui je m'adresse, je ne sais même pas si on m'a entendu; en sortant du studio, je me dis toujours humoristiquement : « Je ne sais pas si ma pensée est sortie! » La seule garantie, c'est qu'à la fin, on me demande de passer à la caisse pour toucher le paiement; je me dis alors: «Ça a passé, puisqu'on me paye! »

Il en résulte donc, qu'il s'agisse du cinéma, de la télévision, du téléphone, de la radio, de l'ONU ou de l'UNESCO, que la civilisation tend à être une civilisation de technique et non plus une civilisation de culture. Le danger, c'est d'être absorbé par l'instrument, par l'organisation.

1 *Quelle est la composition de ce texte?* **2** *Analysez en quoi consiste la « perversion moderne des notions de science, de culture et de technique ».* **3** *Quelles sont les conséquences de la « conception technique » de la culture? Quelles menaces fait-elle peser sur la culture elle-même?*

41. CULTURE ET TRAVAIL

ANTOINE DE SAINT-EXUPÉRY

CITADELLE,
GALLIMARD ÉD., 1948.

Fou celui-là qui prétend distinguer la culture d'avec le travail. Car l'homme d'abord se dégoûtera d'un travail qui sera part morte de sa vie, puis d'une culture qui ne sera plus que jeu sans caution, comme la niaiserie des dés que tu jettes s'ils ne signifient plus ta fortune et ne roulent plus tes espérances. Car il n'est point de jeu de dés mais jeu de tes troupeaux, de tes pâturages ou de ton or...

Certes j'ai vu l'homme prendre avec plaisir du délassement. J'ai vu le poète dormir sous les palmes. J'ai vu le guerrier prendre son thé chez les courtisanes. J'ai vu le charpentier goûter sur son porche la tendresse du soir. Et certes, ils semblaient pleins de joie... Mais je te l'ai dit : précisément parce qu'ils étaient las des hommes. C'est un guerrier qui écoutait les chants et regardait les danses. Un poète qui rêvait sur l'herbe. Un charpentier qui respirait l'odeur du soir. C'est ailleurs qu'ils étaient devenus. La part importante de la vie de chacun d'eux restait bien la part du travail. Car ce qui est vrai de l'architecte qui est un homme et qui s'exalte et prend sa pleine signification quand il gouverne l'ascension de son temple et non quand il se délasse à jouer aux dés, est vrai de tous. Le temps gagné sur le travail s'il n'est point simple loisir, détente des muscles après l'effort ou sommeil de l'esprit après l'invention, n'est que temps mort. Et tu fais de la vie deux parts inacceptables : un travail qui n'est qu'une corvée à quoi l'on refuse le don de soi-même, un loisir qui n'est qu'une absence...

Moi je dis que pour les ciseleurs il n'est qu'une forme de culture et c'est la culture des ciseleurs. Et qu'elle ne peut être que l'accomplissement de leur travail, l'expression des peines, des joies, des souffrances, des craintes, des grandeurs et des misères de leur travail.

Car seule est importante et peut nourrir des poèmes véritables la part de la vie qui t'engage, qui engage ta faim et ta soif, le pain de tes enfants et la justice qui te sera ou non rendue. Sinon il n'est que jeu et caricature de la vie et caricature de la culture.

Car tu ne deviens que contre ce qui te résiste. Et puisque rien de toi n'est exigé par le loisir et que tu pourras aussi bien l'user à dormir sous un arbre;... puisqu'il n'est point d'injustice qui te fasse souffrir, de menace qui te tourmente, que vas-tu faire pour exister sinon réinventer toi-même le travail?

1 *Dégagez avec précision l'idée maîtresse de ce passage.* **2** *Montrez que cette conception de la culture ignore délibérément les conditions du travail dans le monde moderne.* **3** *Commentez la formule : « Tu ne deviens que contre ce qui te résiste. »* **4** *Faites sur le style du passage toutes les remarques que vous jugerez utiles.*

42. VERTUS DE L'ÉTONNEMENT

J. ROMAINS

POUR RAISON GARDER,
FLAMMARION ÉD., 1960.

Dans toute l'histoire de l'esprit humain l'étonnement a joué un rôle considérable et déployé de précieuses vertus. Non qu'il ait été suffisant; mais il a été indispensable. C'est parce qu'un homme, ou plusieurs, se sont étonnés de certaines absurdités ou improbabilités choquantes admises autour d'eux que des progrès ont été faits dans la connaissance de la réalité. Il faut, bien entendu, que l'étonnement devienne actif, qu'il n'ait pas honte de lui-même, qu'il ose demander des comptes. Et, s'il n'a pas à s'incliner devant des croyances traditionnelles, il n'a pas non plus à désarmer devant des théories neuves ou des hypothèses, pour la seule raison qu'elles sont neuves, ou bouleversantes.

C'est ainsi qu'aux époques — dont les plus anciennes sont déjà très reculées — où fut avancée l'hypothèse de la rotondité de la terre, il était très légitime de soulever l'objection des antipodes; ou plus tard, quand on en vint au mouvement de la terre sur elle-même et autour du soleil, de demander comment cette giration rapide pouvait se produire sans projeter dans l'espace tout le mobilier terrestre, et sans même se faire sentir des êtres vivants qui y participent.

Ces étonnements, quand ils ne prenaient pas la forme d'interdictions dogmatiques ou de persécutions de la pensée libre [1], ne pouvaient guère que tourner au profit de la recherche et de la découverte. Ils signalaient des points obscurs ou des points faibles. Ils obligeaient les savants novateurs à justifier leurs assertions, à mieux les prouver.

Ce serait encore le cas à l'heure actuelle si à l'ancien préjugé contre la nouveauté n'avait pas succédé un préjugé aussi fort en sa faveur. S'étonner met en péril l'amour-propre : « Pour quel imbécile, ou quel retardataire incurable ne vais-je pas me faire prendre? » Cet amour-propre inhibant se développe en cercles concentriques autour du spécialiste intéressé. Les savants d'une obédience toute voisine trouveraient déjà de mauvais goût de jouer les importuns. Les gens éclairés, situés plus ou moins loin, ne se sentent pas qualifiés pour intervenir. Et leur avis, dans la mesure où ils ont l'occasion d'en indiquer un, ne peut être que : « Puisque tant de personnes éminentes et bien mieux placées que moi ont l'air de trouver cela tout naturel, c'est que cela doit être naturel; et que ma petite gêne tient à des habitudes de pensée surannées et vulgaires. »

Or l'étonnement dont nous parlons est une forme d'émotion intellectuelle qui accompagne le fait de penser quelque chose avec force et plénitude. Même dans la vie quotidienne et devant les affirmations les moins abstruses [2], cette force et cette plénitude font souvent défaut chez l'homme moyen. Déclarez devant un certain nombre de personnes : « Le coureur

1. Rappelons les luttes qu'eurent à soutenir les humanistes du XVIe siècle pour assurer le triomphe de l'esprit de libre examen sur le dogmatisme et l'esprit d'autorité de la Sorbonne; les persécutions subies par les premiers savants (Copernic, Galilée, Michel Servet) et par les « libertins » tout au long du XVIIe siècle.
2. Les plus claires, les moins difficiles à comprendre.

Untel a fait l'autre jour le trajet de Lyon à Valence, à pied, en une heure cinquante-huit... », Vous serez surpris de voir combien peu de vos auditeurs protestent que c'est rigoureusement impossible. La plupart accueillent votre affirmation distraitement, et ne se donnent pas la peine de la penser dans les termes et conditions de la réalité qu'ils connaissent. A plus forte raison leur sens critique entre-t-il en sommeil dès que l'affirmation leur vient d'une autorité scientifique, s'exprimant ès qualités [1], et de plus noyant, comme il est de coutume, la crudité de son affirmation dans la sauce d'un jargon spécial.

Les occasions de s'étonner et les bienfaits de l'étonnement se produiraient aujourd'hui plus que jamais si la pudeur révérencielle [2] n'avait pas de son côté grandi encore plus vite. Seuls réussissent à la vaincre ceux à qui leurs convictions religieuses leur en font provisoirement un devoir. C'est ainsi que le transformisme [3] s'est heurté pendant trois quarts de siècle à une opposition indignée, non parce que la théorie contenait des insuffisances ou des erreurs, mais parce que l'Église, et même en général les Églises chrétiennes avaient attribué à la formule : « L'homme descend du singe » une valeur directement antireligieuse, et quasi diabolique. Ces mêmes Églises ont toléré beaucoup mieux l'écartèlement et la pulvérisation du cosmos biblique par l'astronomie moderne [4]. Cette différence de susceptibilité montre combien les Églises se préoccupent, avant tout, de l'homme quelconque. L'homme quelconque (et ce qu'il y a d'homme quelconque chez n'importe qui) s'inquiète assez peu des millions d'années-lumière qui se développent derrière le ciel de ses ancêtres. Mais la question de son ascendance terrestre le touche de près. Il est bien plus vexé par l'idée d'une parenté trop étroite avec les animaux de la planète, même supérieurs, que par la chute vertigineuse de la planète dans la hiérarchie du cosmos. Une preuve en est dans le soin assez amusant qu'ont pris certains savants transformistes pour ne pas laisser confondre « l'homme descend du singe » et « l'homme descend d'un ancêtre qui, sans être supérieur au singe, n'était pas un singe ».

Réserve faite de ces protestations « dirigées », l'étonnement actif et qui réclame des comptes a pratiquement disparu. On ne saurait y assimiler la résistance et les fins de non-recevoir que rencontre encore la recherche dite psychique ou parapsychologique [5]. Il ne s'agit pas là d'une demande de comptes, liée à une volonté de comprendre. Il s'agit bien plutôt d'un refus d'examiner les comptes, et du désir de ne pas compliquer, au-delà de toute espérance d'y voir clair, une représentation du monde déjà terriblement embrouillée.

On retrouve dans cette disgrâce dont pâtit toute une catégorie de

1. En tant que telle.
2. Due au respect des règles du savoir-vivre, de la bienséance.
3. LAMARCK (1744-1829) fut le fondateur de cette théorie reprise par DARWIN (voir texte 21, note 3), selon laquelle l'adaptation provoque la transformation des espèces et la naissance de nouvelles.
4. A l'idée que le soleil tournait autour de la terre a succédé celle de la fixité du soleil et du mouvement de la terre et d'autres planètes. De nos jours le soleil n'est plus qu'une étoile dans un amas de milliards d'autres constituant une galaxie d'une étendue de cent mille années-lumière. D'autres galaxies, souvent plus vastes que la nôtre, se déplacent à grande vitesse dans un univers en continuelle expansion.
5. Appliquée aux phénomènes qui ne relèvent pas de la psychologie courante.

recherches l'idée des « secteurs d'accueil à la vérité » ou de «la connaissance phare tournant », sans laquelle ne s'expliquent pas certaines vicissitudes et certains aveuglements de la science humaine. Mais, si cette question a quelques points de contact avec celle qui nous retient en ce moment, elles sont très loin de coïncider.

1 *En quoi consiste l'étonnement défini ici par Jules Romains?* **2** *A quelles conditions peut-il se manifester?* **3** *Quelles sortes de dangers le menacent?* **4** *Quels avantages présente t-il dans le domaine de la connaissance? Dans celui de la vie quotidienne?*

43. LA CONNAISSANCE, FONCTION PRIMITIVE

JULES ROMAINS

POUR RAISON GARDER,
FLAMMARION ÉD., 1960.

Une des premières manifestations de l'humanité proprement dite, un des signes les premiers en date par lesquels l'homme a prouvé qu'il se dégageait de la condition animale, a été certainement l'effort qu'il a donné pour se rendre compte de ce qui existe réellement; pour y réfléchir. Non pas d'une réflexion encore toute pragmatique [1], comme il est possible que bien des animaux supérieurs en soient capables et qui n'est qu'une complication des réflexes et des impulsions instinctives, autrement dit une réponse différée et perfectionnée à une situation actuelle et locale. Mais par une opération déjà désintéressée (en ce qui regarde les intérêts immédiats de l'être vivant) et générale (en tant qu'elle se flatte d'être valable pour un nombre illimité de cas et pour un temps indéfini).

Cette aube de l'*homo sapiens* est même plus significative que celle de l'*homo faber* [2]. Car l'*homo faber* avait des devanciers caractérisés parmi les animaux supérieurs; et même, à certains égards, dans beaucoup d'autres espèces. L'invention de l'outil indépendant de l'organisme, si décisive qu'elle soit, tranche moins sur le passé animal que ne le fait celle de la connaissance.

On peut considérer que l'amorce de cette dernière invention a été la question que voici, qui au début a dû rester confuse : « Qu'est-ce qui existe bien réellement? D'où vient ce qui se passe? Comment m'expliquer ce qui se passe? »

De même que la question se mêlait aux exigences de l'expérience quotidienne, il est permis d'attribuer aux commencements de réponse tout le manque de pureté et de discernement que l'on voudra.

Il n'est pas sûr que les témoignages qui nous sont parvenus, plus ou moins indirectement, de ces âges lointains nous suggèrent une idée très exacte de l'état d'esprit dont procédaient les premiers efforts de connaissance.

1. Orientée dans un sens purement pratique. 2. Voir note 2, page 73.

En effet, depuis la fin du XIXe siècle, et de peur de céder à une illusion classique, nous tendons à nous représenter les états d'esprit de l'homme primitif, et aussi ceux du semi-primitif, en leur prêtant le moins de ressemblance possible avec les nôtres. Cette précaution, qui répond à un scrupule louable, risque de nous entraîner à de nouvelles erreurs : celle-ci, par exemple, de méconnaître, en les noyant à l'excès dans une boue d'opérations mentales analogues au rêve éveillé et au délire, les manifestations d'une curiosité déjà lucide et raisonnable.

C'est ainsi que l'opinion reçue, appuyée sur les travaux de la sociologie comparée et de la préhistoire (interprétations des documents graphiques et des traditions orales, etc.), est de n'apercevoir les actes de connaissance chez le primitif qu'inséparablement liés à la magie, à la mythologie, à la religion. Rien ne prouve que le primitif n'ait pas senti à certains moments un besoin de voir clair dans ce qui l'entourait, et ne se soit pas fourni des ébauches de suppositions, de réponses, moins essentiellement éloignées que nous ne sommes tentés de le croire de celles que donnerait un esprit de nos jours placé dans les mêmes conditions et disposant des mêmes moyens. Ce qui manquait au primitif, c'était d'avoir appris à introduire dans des formules fidèles, souples, non défigurantes ni transfigurantes, les intuitions, impressions, aperceptions, qu'il lui arrivait de recueillir. Quelquefois il pensait raisonnable, mais il formulait magique ou mythique par entraînement et par système. Quand sa pensée cherchait à se traduire au-dehors, et à se fixer, l'expression qui lui venait (une mélopée, un dessin rupestre...) était d'avance lourde d'images, pétrie de mythologie. Peut-être n'y croyait-il pas plus, au fond, qu'un Hugo à ses métaphores de visionnaire. (Ou bien il y croyait après coup. « Ce que je viens d'imaginer, ou ce qui vient de s'imaginer en moi est si beau que ce doit être vrai. »)

En d'autres termes, il n'est pas défendu de supposer que dès l'origine les mythologies, les religions, etc... ont admis, dans les constructions mentales qu'elles présentaient à la collectivité, des éléments de sensibilité, d'imagination, de fantaisie poétique, auxquels personne, ou à peu près, n'attribuait une valeur intégrale d'explication objective. Pas plus que l'auteur d'un tableau représentant le Jugement dernier, ni celui qui le regarde, n'y voient la description fidèle de ce qui se passera, même dans l'hypothèse où l'idée du Jugement dernier est vraie quant au fond.

C'est ce qui rend si délicate l'interprétation des témoignages fournis sur l'état de la connaissance à leur époque par les vestiges, documents, monuments d'ordre magique, mythologique ou religieux qui ont subsisté. Cette interprétation risque d'être aussi naïve que celle d'un historien qui, dans deux mille ans, prendrait au pied de la lettre les figurations de Dieu et du ciel par Michel-Ange, et prétendrait que c'était la façon dont les hommes de la Renaissance — y compris l'élite intellectuelle — se représentaient l'existence objective, réelle, de Dieu et du monde surnaturel commandé par lui.

Sans oublier une distinction qui a été plus ou moins valable à toutes les époques : celle qui sépare le commun des hommes et un petit nombre d'autres. Ce petit nombre pouvant se distribuer en plusieurs catégories : les créateurs ou initiateurs des croyances communes, maîtres spirituels de la collectivité, qui très souvent restent juges de la part d'objectivité et de la part de transposition imaginative qu'ils ont mises dans ces croyances ou ces mythes; qui dans certains cas usent cyniquement du pouvoir que leur procurent ces suggestions collectives; dans d'autres cas se laissent plus ou moins contaminer par elles, au besoin en se donnant à eux-mêmes la caution de l'illumination intérieure, ce qui nous fournit tous les termes de passage entre le prophète porteur de mission et l'imposteur.

En second lieu les « esprits forts », comme il s'en est trouvé, sous des formes relatives, à toutes les époques, et dont la caractéristique permanente a été de ne pas adhérer, au moins en secret, aux croyances de la multitude, de ne pas « marcher », de même préférer l'ignorance consentie ou le doute pur à ce qu'ils tiennent pour niaiserie et absurdité. Aux âges anciens, ils devancent le rationalisme.

Enfin il convient de faire une place à une catégorie assez petite qui, à certaines époques, s'est mal distinguée de la précédente ou partiellement confondue avec elle; mais qui, tout spécialement aux époques primitives, a pu jouer un rôle important : les « initiés », ou se considérant comme tels. Leur principale prétention étant justement de ne pas se contenter du sens apparent ou littéral qu'offrent les croyances collectives, ou les figures par lesquelles s'expriment ces croyances. Derrière le rite magique, le dessin, le mythe, ils aperçoivent le sens caché. La religion et ses légendes sont non des mensonges mais des symboles. L'« initié » des premiers âges de la connaissance est justement l'homme qui se défend d'admettre que ces aliments accordés à l'imagination populaire soient des faits de connaissance proprement dits.

En conclusion il est abusif de faire coïncider le cercle de la connaissance, même dans les temps primitifs, avec celui que tracent la magie et la religion.

Si l'on préfère, il est prudent de faire commencer l'âge de la réflexion « laïque », ou « philosophique », avant, et peut-être longtemps avant ses premières expressions écrites.

1 *Dégagez les idées essentielles de ce texte.* **2** *Qu'entend l'auteur par « opération désintéressée », « les manifestations d'une curiosité déjà lucide et raisonnable » ?* **3** *Sens des mots : magie ; mythologie ; religion.*

44. ROLE DE LA CURIOSITÉ DANS LA RECHERCHE SCIENTIFIQUE

LOUIS DE BROGLIE

SUR LES SENTIERS DE LA SCIENCE,
ALBIN MICHEL ÉD., 1960.

L'enfant est curieux. Tout le monde qui l'entoure l'émerveille et l'étonne. Il voudrait comprendre, et dès qu'il est en état de s'exprimer, il pose des questions. Cet ardent désir de comprendre, cet appétit de connaissances se prolonge, sous une forme un peu plus réfléchie et plus approfondie, pendant l'adolescence qui, pour cette raison, est l'âge naturel des premières études supérieures. Plus tard, chez la plupart des hommes, cette curiosité universelle diminue, ou du moins se rétrécit et se concentre, et cette diminution entraîne une limitation des voies qui s'ouvrent devant nous quand nous nous éloignons de la jeunesse.

L'humanité, dans son évolution passée, a suivi une route analogue dans ses grandes lignes à celle que suivent les individus humains au commencement de leur existence. A ses débuts, elle a observé avec curiosité, attention et parfois inquiétude la nature qui l'enserrait : elle a cherché à dégager les raisons et les liens des phénomènes qu'elle constatait autour d'elle. Mais elle n'avait à l'origine auprès d'elle ni parents ni maîtres pour l'instruire et fréquemment elle a cru trouver dans des mythes[1] souvent poétiques, mais toujours trompeurs, une interprétation sans valeur réelle des faits qu'elle cherchait à comprendre. Ensuite, depuis quelques siècles, elle est parvenue à son adolescence et s'est dégagée de ses premières erreurs. Comme sa curiosité pouvait désormais s'appuyer sur une raison plus ferme et sur un esprit critique plus aiguisé, elle a pu poursuivre l'étude des phénomènes avec des méthodes d'investigation plus sûres et plus rigoureuses.

Ainsi est née la Science moderne, fille de l'étonnement et de la curiosité, et c'est toujours ces deux ressorts cachés qui en assurent les progrès incessants. Chaque découverte nous ouvre des horizons nouveaux et, en les contemplant, nous ressentons de nouveaux étonnements et nous sommes saisis par de nouvelles curiosités. Et, comme l'inconnu s'étend toujours indéfiniment devant nous, rien ne paraît pouvoir interrompre cette succession continuelle de progrès qui assouvissent nos anciennes curiosités, mais en suscitent immédiatement de nouvelles à leur tour génératrices de nouvelles découvertes.

Cependant, il n'est pas impossible qu'en avançant en âge, l'humanité n'éprouve elle aussi quelques-uns des appauvrissements qui marquent l'âge mûr des individus. Déjà comme pour l'homme arrivant à l'état adulte, la nécessité de spécialisation apparaît avec ses inconvénients. Moins graves sans doute pour l'ensemble de l'humanité que pour l'individu isolé, ces inconvénients sont cependant réels car la spécialisation rétrécit les horizons, rend plus difficiles les comparaisons et les analogies fécondes et finira par peser comme une menace sur l'avenir de l'esprit. Mais, autant qu'on en peut juger, l'humanité est encore dans sa phase de jeunesse et, si elle arrive à éviter les dangers que peut lui faire courir sa propre puissance d'action sur le monde physique, elle est sans doute encore loin des scléroses et des décrépitudes.

1 *Quelle est l'idée générale de ce texte?* **2** *Étudiez la composition du texte. Donnez un titre à chacune de ses parties.* **3** *Citez quelques exemples de mythes donnant une interprétation poétique de phénomènes naturels.* **4** *Dans quels sens interprétez-vous le mot progrès dans la phrase : « Et comme l'inconnu... cette succession continuelle de progrès qui... »? S'agit-il d'un progrès de la connaissance?*

1. Fable exprimant symboliquement l'origine des phénomènes naturels ou des croyances religieuses. Exemples : le mythe solaire, le mythe de Prométhée, le mythe de la Caverne, etc.

45. LA PENSÉE ET L'ACTION

PAUL LANGEVIN

L'ÉVOLUTION HUMAINE, préface,
A. QUILLET ÉD., 1934.

Il est bien certain que le point de vue utilitaire, le souci d'agir sur la matière et de développer des techniques de plus en plus efficaces et de plus en plus savantes est, en partie au moins, à l'origine de nos connaissances. La chimie, en particulier, a beaucoup profité des progrès de la métallurgie, des recherches de l'alchimie [1] dans son rêve de transmutation ou de celles des iatrochimistes [2] sur l'action médicamenteuse des substances les plus variées, dans l'espoir d'y trouver la panacée et de lutter victorieusement contre la maladie, la souffrance et la mort.

Seulement, fait significatif, l'expérience nous montre que même pour obtenir des résultats vraiment nouveaux et féconds en matière de technique et d'application de la science, c'est la recherche la plus désintéressée qui se montre parfois la plus efficace. C'est en se laissant guider avant tout par le souci de comprendre que le savant découvre par surcroît les possibilités d'action les plus importantes, les plus imprévues se montrant toujours les plus efficaces. Les exemples abondent. Les applications de l'électricité dont nous sommes si fiers et qui pénètrent aujourd'hui dans tous les détails de notre existence, qui ont permis par la découverte et par le maniement d'un fluide invisible de doter notre planète d'un système nerveux et de supprimer les distances entre les nations, sont issues des travaux de Coulomb, de Volta, de Faraday, d'Ampère [3] dont le but exclusif était d'analyser et de comprendre la nature profonde des manifestations électriques. C'est la découverte, pour des raisons entièrement spéculatives, de l'induction électromagnétique par Faraday qui a rendu possible, grâce à la dynamo, cette électrification du monde, qui est en passe de transformer complètement les conditions de notre vie matérielle. Aucune recherche immédiatement orientée vers le but pratique de la transmission de la force à distance n'aurait trouvé le détour qu'a révélé, sans l'avoir cherché, la spéculation pure sur la nature de l'électricité et sur le mystère connexe de l'aimant.

Un autre exemple, plus significatif encore et plus récent, nous est donné par cette admirable radiotechnique qui nous permet de communiquer instantanément par la parole et bientôt de voir à distance. Elle est issue d'une divination de Maxwell [4] qui, prolongeant Ampère et Faraday, a réussi, en introduisant un terme nouveau dans une équation différentielle, à donner une expression complète des lois de l'électromagnétisme et à découvrir le lien profond qui existe entre la lumière et l'électricité. Il a prévu ainsi l'existence de ces ondes dont Hertz [5] a fait ensuite une réalité expérimentale avec, pour conséquence imprévue, les applications merveilleuses dont la série n'est pas encore achevée.

Il est bien certain que la recherche pour elles-mêmes de la téléphonie ou de la télévision entre les antipodes sans aucun lien matériel aurait

1. Art, souvent imprégné de magie, des savants et chercheurs du moyen âge.
2. Qui font des recherches de chimie appliquée à la médecine.
3. COULOMB : physicien français 1736-1806. VOLTA : physicien italien 1745-1827. FARADAY : physicien anglais 1791-1867. AMPÈRE : physicien français 1775-1836.
4. MAXWELL : physicien écossais 1831-1879.
5. HERTZ : physicien allemand 1857-1894.

légitimement passé pour une entreprise folle et n'aurait eu aucune chance d'aboutir. C'est en cherchant, au contraire, à comprendre le monde qu'on trouve le plus sûr moyen de féconder l'action. Sans aucun doute, la meilleure politique au point de vue de l'utilité technique consiste à favoriser la recherche la plus pure et la plus désintéressée.

C'est là une raison, à côté d'autres [...] qui fait que le mouvement de l'esprit pour chercher à comprendre — la sainte curiosité — est véritablement l'activité profonde qui fait naître la science et qui en féconde les applications.

1 *Condensez cette page en une dizaine de lignes.* **2** *Commentez l'expression : « sainte curiosité ».* **3** *Montrez l'importance de la réserve introduite par les mots « en partie au moins » à l'affirmation que « le souci d'agir sur la matière est à l'origine de nos connaissances. »*

46. LES DEUX FACES DE LA SCIENCE

LOUIS DE BROGLIE

SAVANTS ET DÉCOUVERTES,
ALBIN MICHEL ÉD., 1951.

Il faut distinguer les deux faces sous lesquelles la science se présente à nous depuis qu'il y a des hommes qui pensent et qui s'étonnent devant le mystère des choses.

D'une part, il y a en nous un instinct profond qui nous pousse vers la recherche de la vérité, un désir insatiable de connaître et de comprendre. Noble instinct, sublime désir! Ils tendent à une sorte de conquête du monde physique par l'intelligence, à une ascension spirituelle qui permette à l'esprit de dominer la matière. Mais il y a d'autre part un autre aspect de la science, aussi ancien que le premier : l'homme a le désir raisonnable et légitime de connaître les lois des phénomènes naturels afin de pouvoir les utiliser à son profit. Point de vue moins élevé sans doute que le précédent, mais que justifie la nécessité où nous sommes de lutter sans cesse pour préserver notre vie, en diminuer les souffrances, en améliorer les conditions. Tendance à augmenter nos connaissances pour avoir la joie divine de savoir et de comprendre, tendance à utiliser nos connaissances pour faciliter notre existence, telles sont les deux grandes faces de la science. Toutes deux ont leur beauté et leur poésie [...] mais elles sont tournées vers des buts différents. Entre elles existe un certain antagonisme car, en un sens, elles répondent à des tendances contraires de la nature humaine et cet antagonisme fait penser au récit évangélique où s'opposent le caractère et l'activité des deux sœurs, Marie et Marthe. Comme Marie, la science pure est assise aux pieds de Dieu, plongée dans la contemplation, tandis que, telle Marthe, la science appliquée s'affaire pour vaquer aux humbles soins du ménage, je veux dire pour subvenir aux besoins de l'homme dans sa vie quotidienne. Marie, cédant ainsi au péché d'orgueil, aurait envie de dire à sa sœur : « Je contemple la vérité divine car cette seule chose est nécessaire. J'ai choisi la meilleure part et elle ne me sera point enlevée », à quoi Marthe, plus prosaïque, répondrait peut-être, non sans quelque raison, que l'on vit de bonne soupe et non de belles pensées et qu'il faut bien quelqu'un pour faire marcher la maison. C'est là l'éternel dialogue de la Vie et du Rêve, de la Pensée et de l'Action.

Néanmoins, malgré l'antinomie de leurs points de vue, les deux formes de la science ne sont pas séparables et ne tarderaient point à mourir si l'on cherchait à les séparer. Elles procèdent l'une de l'autre. Les découvertes de la science pure, très souvent faites sans aucun souci d'applications possibles, sont cependant la condition nécessaire des progrès techniques et ceux-ci en général ne tardent guère à suivre les progrès de la science pure [...]

Les deux formes de la science correspondent aux deux faces de la nature humaine, l'une spirituelle, l'autre matérielle : elles sont comme l'âme et le corps de la science et leur union est indispensable à sa vie.

47. UTILITÉ DE LA SCIENCE INUTILE

ANDRÉ GEORGE

LES NOUVELLES LITTÉRAIRES, 1960.

La science et la technique sont très étroitement liées, ce qui n'est pas étonnant, celle-ci étant fille de celle-là. Toutefois cette filiation est subtile, souvent cachée ou du moins lointaine et l'on ne voit pas toujours l'étroitesse du lien, surtout si l'on est du dehors. Pasteur disait déjà : il n'y a pas une science pure et une science appliquée, il y a la science et les applications de la science. Le principe reste immuable, les nécessités de méthode, la division du travail et la spécialisation seules conduisent à distinguer les choses en pratique.

Je voudrais rappeler ici, à l'aide de quelques exemples, combien en cette matière la notion d'utilité est souvent obscure, longtemps dérobée aux yeux. Une découverte peut sembler au début bien étrangère à toute application; puis il arrive que ce qui était simple vue de l'esprit, ou science purement théorique, débouche sur la pratique, d'une façon et dans une ampleur tout à fait imprévues. Un éminent technicien me disait récemment combien une telle notion échappe souvent aux utilisateurs et me suggérait l'idée de cet article.

On croit trop communément qu'il suffit d'imposer aux chercheurs un but déterminé pour qu'ils l'atteignent. L'éclatante réussite des États-Unis dans la fabrication de la bombe atomique prouve à première vue les vertus du dirigisme[1] intense, et certes les formidables moyens de tout genre convergeant alors vers ce but unique amenèrent le résultat. Mais justement, il ne s'agissait que d'application, si extraordinairement difficile fût-elle, les principes étant acquis dès le départ.

L'énergie atomique est bien l'exemple type d'une technique finalement d'ordre industriel, dérivant de découvertes ou de travaux très éloignés durant longtemps d'un tel aboutissement. La science du noyau était purement contemplative. La radioactivité relevait de la recherche fondamentale, comme on dit aujourd'hui, c'est-à-dire de la science pure;

1. Organisation autoritaire des moyens mis en œuvre en vue d'un but déterminé par le pouvoir.

ceux qui la pratiquaient n'avaient aucune préoccupation utilitaire et poursuivaient seul l'idéal traditionnel de la connaissance scientifique. Si les ingénieurs militaires, les professionnels de la balistique avaient, un peu avant la seconde guerre mondiale, cherché un moyen de destruction très supérieur à tous les explosifs connus, ce n'est pas dans leur propre domaine qu'ils l'auraient trouvé. La solution est venue au contraire de l'étude du noyau atomique, c'est-à-dire de la science pure.

Le raisonnement offre une très grande généralité. Si dans les années 1923 ou 1924 l'on avait cherché systématiquement un instrument permettant de voir les molécules individuelles des virus ou de l'hémoglobine, si le docteur d'Hérelle [1] avait lui aussi voulu inventer l'appareil capable de montrer aux yeux incrédules la réalité de ses bactériophages, l'exploitation dirigée, le perfectionnement des moyens optiques jusqu'alors connus n'y eussent point suffi. Qui se serait douté qu'un travail de pure physique mathématique, c'est-à-dire les mémoires et la thèse de Louis de Broglie jetant les bases de la mécanique ondulatoire, allait permettre, par une voie tout à fait différente, la réalisation de l'instrument voulu, le microscope électronique?

Jean Perrin, au moment où il créait le premier embryon d'un centre d'État pour la recherche scientifique, observait judicieusement que, si à la fin du XIXe siècle on avait proposé aux médecins de s'entendre avec les spécialistes de l'optique pour inventer un appareil permettant de voir à travers les corps opaques, on peut difficilement croire que le but eût été ainsi atteint. En 1895, c'est un physicien pur, Roentgen, qui découvrait, comme l'on sait, les rayons X, amenant par là la solution.

Il est trop évident que J. J. Thomson [2] et ses émules, en fondant la science de l'électron, étaient eux-mêmes fort loin de supposer quelle prodigieuse progéniture elle allait engendrer et comment l'électronique serait de nos jours une des caractéristiques de notre civilisation, non seulement planétaire, mais, avec fusées et satellites, extraplanétaire, en attendant d'être interplanétaire.

Pas davantage Maxwell et Hertz [3] ne pouvaient-ils entrevoir comment les équations ou les expériences que leur devait l'électro-magnétisme contenaient en germe les développements infinis de la radio et de la télévision. Et le génial Pasteur, observant sur des cristaux de paratartrate ce que personne encore n'y avait vu, était lui-même bien loin de se douter que, finalement, cela le conduirait de proche en proche ou plutôt de lointain en lointain jusqu'à guérir de la rage les hommes et les animaux.

La grosse difficulté, pour un État ou pour une industrie, est évidemment de laisser assez de liberté au chercheur pour ne pas entraver l'essor de sa recherche, sans pourtant payer à ne rien faire le maladroit ou le malchanceux qui n'aboutit jamais. On ne peut, sur le plan pratique, vivre éternellement de promesses sans lendemain; mais il ne faut jamais perdre de vue que les découvertes les plus théoriques sont souvent celles dont dépend aussi le plus l'avenir : les quanta de Planck [4] en 1900, la relativité d'Einstein en 1905 étaient de la science la plus inutilitaire et pourtant, comme l'écrivait excellemment André Lichnérowicz [5], nous risquons tous aujourd'hui de vivre et de mourir par effets relativistes et quantiques.

1. Biologiste canadien 1873-1949. 2. Physicien anglais 1856-1940 (Prix Nobel 1906). 3. Voir notes 4 et 5 page 112. 4. Physicien allemand 1858-1947 (Prix Nobel 1918). 5. Mathématicien français contemporain.

48. LE TRAVAIL DES HOMMES DE SCIENCE

LOUIS DE BROGLIE

SUR LES SENTIERS DE LA SCIENCE,
ALBIN MICHEL ÉD., 1960.

Le travail des hommes de science se poursuit aujourd'hui dans des conditions bien différentes de celles qui existaient autrefois. Si nous nous reportons par la pensée deux ou trois siècles en arrière, nous voyons la plupart des savants travailler plutôt en amateurs et avoir des occupations professionnelles bien éloignées de leurs recherches scientifiques. L'Europe était alors le foyer à peu près unique de la Science, au sens où nous l'entendons maintenant, ce qui aurait pu rendre assez facile d'en suivre le développement; mais le petit nombre de publications, la lenteur des communications, le peu d'intérêt porté par le public à des connaissances qui n'avaient encore guère d'applications dans la vie quotidienne nuisaient grandement à l'échange des idées et à la diffusion des découvertes. L'état encore rudimentaire des méthodes mathématiques, les moyens matériels insuffisants mis à la disposition de ceux qui voulaient faire des expériences par des techniques encore imprécises ajoutaient, d'ailleurs, aux difficultés que les chercheurs rencontraient sur leur chemin.

Ce fut cependant dans ces conditions extrêmement défavorables que furent effectuées de très grandes découvertes qui sont encore à la base de toute notre Science. Pour les faire il fallut de grands efforts, beaucoup d'habileté et souvent beaucoup de génie car les connaissances théoriques de base et les instruments nécessaires à la mesure et à l'expérimentation manquaient encore presque totalement. Par suite de l'état même de la civilisation à cette époque, les grandes découvertes scientifiques entre la Renaissance et la fin du XVIIe siècle furent faites par des savants travaillant dans un certain isolement et résultèrent surtout de réflexions ou d'observations individuelles poursuivies souvent dans le calme et la solitude.

Les temps ont bien changé. L'immense développement scientifique et industriel du XIXe siècle et de la première moitié du XXe avec la profonde transformation qu'il a entraînée dans la vie des peuples civilisés a eu d'énormes répercussions sur l'existence et les conditions de travail des hommes de science : amenés de plus en plus à se spécialiser, devenus presque tous professeurs ou ingénieurs, ils sont tous plus ou moins plongés dans l'atmosphère trépidante de la vie contemporaine.

L'Europe a perdu l'apanage des recherches scientifiques : elles se poursuivent maintenant dans le monde entier et d'innombrables périodiques ou d'autres publications en diffusent promptement les résultats. La rapidité croissante des communications favorise l'échange des idées et les contacts personnels tandis que se multiplient à un rythme presque hallucinant les colloques et les congrès. Les laboratoires sont armés de moyens de plus en plus puissants et, du moins dans les pays riches et fortement équipés, deviennent de véritables usines. Dans ces laboratoires, ou dans les Instituts qui les entourent, le travail s'effectue fréquemment en équipes qui groupent souvent des expérimentateurs, des théoriciens et même des techniciens : l'activité des chercheurs y est souvent partiellement dirigée suivant un plan arrêté à l'avance.

Il est certain que le travail scientifique se trouve ainsi facilité et que le savant, mieux informé, mieux outillé et se sentant davantage solidaire de tous ses compagnons de travail, profite de facilités autrefois inconnues et utilise de plus en plus les ressources chaque jour croissantes que lui offre la civilisation contemporaine.

1 *Quel est le plan de ce texte?* **2** *Dégagez les conditions dans lesquelles travaillait le savant d'autrefois.* **3** *De la même façon dégagez les conditions de travail du savant moderne.* **4** *Étudiez le schéma de quelques phrases de ce texte qui est un bel exemple de prose claire et solidement construite.*

49. LE SAVANT DANS LA SOCIÉTÉ

J. ROBERT OPPENHEIMER

CONFÉRENCE PRONONCÉE LE 1er JANVIER 1953
A L'UNIVERSITÉ DE PRINCETON (NEW-JERSEY)

On dit que nous avons changé la face du monde, que nous avons transformé la façon dont vivent les hommes. Nous n'avons certainement pas modifié la condition humaine, mais nous avons changé tous les modes dans lesquels cette condition se présente. Je veux dire par là que les particularités du présent découlent du fait que la science, la découverte, la connaissance, la technique et la puissance de la science existent. Or, nous savons tous que, si actuellement la vie est très différente de ce qu'elle fut il y a deux siècles, si nous affrontons nos problèmes humains et politiques sous un angle totalement nouveau, cela tient à deux faits. D'abord, quantité de choses sont maintenant faisables et, ensuite, il y a des gens tout disposés à les exécuter. Ces hommes ne sont pas typiquement des savants, mais ils sont prêts à utiliser les connaissances et, en même temps, la maîtrise que la science met à leur disposition.

Je n'ai pas à minimiser deux autres remarques qui ont été faites. La première est que l'effet exercé par la science sur la condition de la vie humaine est aussi, en partie, d'ordre culturel et intellectuel. Je reviendrai sur ce point car je suis persuadé que cette heureuse symbiose[1] appartient surtout au passé; de nos jours on en profite très peu. Parmi les idées qui ont changé nos façons de penser, celles qui dérivent de l'expérience scientifique ne sont pas nées d'aujourd'hui; en fait, elles remontent à un ou deux siècles, sinon davantage.

L'autre remarque a trait à une tendance : celle de ne pas accorder à la vie scientifique une autonomie au sein de la société. Manifestement, pour une société, il est possible de faire en sorte qu'il n'y ait pas de science. Personne d'entre nous ne peut donc se dégager de la crainte de voir un jour flétrir l'arbre florissant de la science.

Tout cela n'empêche qu'effectivement nous avons changé la face du monde; c'est un fait qui doit être relevé, dès le début, dans toute discussion sur la science et la société.

1. Association d'organismes vivants à bénéfices réciproques. Exemple : le lichen, produit de l'association de l'algue et du champignon.

Voici maintenant un deuxième sujet dont on parle : notre époque tend à croire au progrès! Effectivement, nos façons de penser, de régler notre vie personnelle, de créer les formes de notre vie politique, pointent vers l'avenir. Cet avenir n'est pas conçu comme une évolution qui produit le changement, la transformation, la déchéance; une note d'espoir s'y mêle : on croit en une amélioration, en la nature inéluctable du progrès. Par l'acquisition des connaissances, par la notion même d'une discipline cumulative, le lendemain comprend en quelque sorte le présent ou le passé. Je crois que ce sens du progrès, inséré dans la vie humaine, n'est pas une idée religieuse; je ne crois pas que ce soit une notion chrétienne. Quant à savoir dans quelle mesure ce sens résulte de l'influence de la science sur la pensée philosophique et politique, je voudrais laisser aux historiens des idées le soin de s'en occuper, car le problème me semble assez sérieux.

En troisième lieu, on dit que la science est, en un certain sens, universelle. Elle n'est pas universelle, si l'on entend par là que tous les hommes y participent; elle l'est du fait que tous peuvent y participer. La science n'est liée ni à un lieu ni à une personnalité; bien qu'on ne puisse dire qu'elle soit détachée des civilisations, elle est singulièrement indépendante des formes de gouvernement, de la tradition immédiate ou de la vie effective des gens. La science est liée à l' « humanité ». Son universalité n'est pas à négliger, surtout à une époque où, pour d'autres raisons, le besoin de grands complexes à l'échelle mondiale se fait sentir. Je sais combien d'amères déceptions l'expérience de ces dernières années a apportées à ceux qui ont cru en l'universalité de la science; mais nous avons tous conscience que cela est dû à une mauvaise politique et non à un défaut inhérent à la science. Nous savons tous qu'il n'y a pas de physique allemande, ni de génétique soviétique, ni d'astronomie américaine; ces terrains sont accessibles à tous les hommes doués de raison et disposés à se donner la peine de s'informer.

Il y a encore ce qui, à première vue, peut sembler le contraire de l'universalité de la science; j'espère que vous y pensez quand je parle de la science comme d'un monde à part, grand et beau. Le monde de la science comporte une certaine unité; mais sa diversité est bien plus frappante et immense. Vos deux conférenciers de ce matin sont des physiciens et je pense que nous sommes très différents de nos frères les chimistes ou les mathématiciens. Nous différons d'eux par notre style et par ce que nous apprécions. De toutes les branches de la science, la physique est peut-être celle qui a le plus veillé à conserver son unité. De temps en temps, la Société de Physique donne naissance à des sous-branches; mais elle répugne à le faire et les sections qu'elle crée s'occupent principalement de sciences appliquées. L'histoire de la physique fait ressortir son étroite association avec les mathématiques, l'astronomie, l'épistémologie [1] et même la cosmologie; pourtant nous savons bien peu de choses des autres savants. A l'Institut, nous saluons toujours comme un hasard particulièrement heureux quand surgit une question susceptible d'intéresser en même temps les mathématiciens et les physiciens. Ces occasions se présentent très rarement et c'est presque une fête pour nous quand un lien commun peut être trouvé entre les intérêts des uns et des autres. Je voudrais donc insister tout particulièrement sur le fait qu'il n'existe

1. La critique des sciences.

aucune unité de technique, d'appréciation de valeurs et de style, entre les différentes activités que nous appelons du nom de science. Il y a une différence énorme entre le savant qui s'occupe de physique nucléaire et celui qui, agronome, recherche la possibilité d'améliorer les récoltes dans quelque îlot perdu de la mer des Caraïbes. Tous deux sont des savants; ils se comprennent mutuellement et nous espérons aussi qu'ils s'aiment l'un l'autre. Mais ils ne se ressemblent pas beaucoup.

On parle aussi de deux ou trois autres thèmes généraux; je crois que l'un de ceux-ci peut présenter plus d'intérêt pour d'autres milieux que le nôtre. Il s'agit de l'un des sous-produits du grand épanouissement de la science et il remonte à une époque où, effectivement, la science avait une influence sur la civilisation et les idées. Nous avons été impressionnés, — et je dois dire que je ne cesse jamais de l'être, — par le grand courant d'ordre général qui tend à reconnaître une unité là où l'on voyait des particularités. Des exemples vous sont connus : c'est l'unité de l'électricité et de la lumière, de la théorie des quanta [1] et de celle des valences, etc. Là où les choses semblaient séparées, chacune avec son ordre particulier, nous trouvons des manifestations d'un ordre plus général. On pourrait donc dire, je suppose, que la science est à la recherche d'une régularité et d'un ordre dans tous les domaines de l'expérience qui lui ont été accessibles.

Je ne suis pas certain que la victoire de l'esprit humain, si spectaculaire en cette entreprise, n'ait pas eu pour effet de nous rendre un peu sourds au rôle dans la vie des contingences et des particularités. Il est vrai que bien des particularités peuvent être comprises quand on les intègre dans un ordre plus général. Mais il est probablement non moins vrai que des éléments appartenant à des ordres généraux, inconciliables dans l'abstrait, peuvent être intégrés dans un ordre particulier. Cette notion peut être très utile à nos amis qui se consacrent à l'étude de l'homme et de sa vie; elle peut leur servir bien plus que leur insistance à suivre les voies dans lesquelles la science de la nature a remporté de si éclatants succès.

Il me reste encore à parler de ce qui me tracasse plus particulièrement : je ne veux pas me contenter de le mentionner, je veux m'en soucier ici, avec vous. En cette matière, le jury que vous représentez n'est pas si différent de tout autre jury qui aurait à statuer sur le rôle de l'artiste ou celui du philosophe. Pour m'exprimer très brutalement, le fait frappant est que le savant n'est pas intégré dans la société contemporaine; il ne l'est guère plus que l'artiste ou le philosophe.

Évidemment, le savant reçoit sa paye; on le patronne et même, pour certaines raisons bizarres que parfois lui-même ne comprend pas, on le respecte. Mais il n'est pas intégré dans la société en ce sens que ses idées, ses travaux, ne sortent pas du cadre de sa profession; ils ne font pas partie de la vie intellectuelle et culturelle de son époque. Je ne cesse d'être frappé par l'ignorance incroyable de ma branche, voire de ses données les plus rudimentaires, dans laquelle vivent mes collègues les historiens, mes connaissances les hommes d'État, mes amis les hommes d'affaires. Ils n'ont aucune idée de ce qu'est la physique et je pense que leurs notions des autres sciences sont aussi très faibles. Je sais que, personnellement, il me faut un coup de chance et beaucoup de

1. Voir note 4, page 115.

travail pour avoir une notion, même superficielle, de ce qui se fait dans les autres compartiments du domaine de la science, dans les chambres contiguës à celle où je vis. Je lis la *Physical Review* et je fais un réel effort pour me tenir au courant de ce qu'elle apporte tous les quinze jours. Je pense avoir quelques notions de ce qui se fait dans les autres branches de la physique; mais, dans l'ensemble, nous autres physiciens sommes assez mal informés de ce que font nos collègues, et le monde extérieur ne sait rien de nous. Je pense que la situation est peut-être un peu différente dans d'autres pays. Peut-être est-il de tradition en Grande-Bretagne de ne pas laisser les choses s'obscurcir au point de devenir abstruses. On note en Angleterre une sorte de tendance voulue, une sorte de directive nationale exigeant qu'un peu plus d'efforts soient faits pour que les personnes civilisées puissent avoir une idée de ce que font les mathématiciens, les astronomes et les physiciens. On y relève une aspiration à faire connaître les idées et les façons de penser des savants, à chercher qu'on ne se limite pas à la constatation des résultats pratiques qu'ils ont obtenus et à l'utilisation des sous-produits de leurs travaux.

Quand il est question d'idées scientifiques ou de découvertes en marge des disciplines strictement techniques, l'ignorance générale actuelle est en contraste flagrant avec l'état d'esprit d'il y a deux ou trois siècles. Quelques-unes des raisons qui ont amené ce changement sont manifestes. Je crois pourtant que la science actuelle est plus subtile, plus riche, plus en rapport avec la vie de l'homme et plus utile à sa dignité que ne l'était la science de jadis. J'entends par science d'autrefois celle qui, au siècle de la raison, eut une telle influence sur les formes, les traditions et les aspirations de la société humaine, et dont nous retrouvons le reflet dans notre Constitution. La science n'est pas rétrograde. Il n'y a aucun doute que la mécanique quantique offre avec la vie humaine une analogie plus intéressante, plus instructive, plus riche que celle fournie par la mécanique newtonienne. Même la théorie de la relativité, tellement vulgarisée et si peu comprise, est incontestablement un sujet de réel intérêt pour les hommes en général. On ne saurait douter que, si elles étaient comprises, les découvertes de la biologie, de l'astronomie et de la chimie pourraient enrichir toute notre civilisation. Mais il y a un abîme dangereusement profond entre la vie du savant et celle de l'homme qui ne s'occupe pas activement de science, et cela est peut-être encore plus pénible. L'expérience scientifique consiste à se cogner contre un roc et à se rendre compte ensuite que c'était réellement une pierre dure à laquelle on s'est heurté; cette expérience est difficilement transmissible par la vulgarisation, par l'instruction ou par la parole. Il est presque aussi difficile de dire à quoi ressemble la découverte de quelque nouveauté touchant le monde, que de décrire une expérience mystique à celui qui n'a jamais subi l'atteinte du mysticisme.

Le siècle de la raison fut une époque particulière : superficielle, humaine et pleine d'espoir. A moins d'être un savant historien, il doit être difficile de dire jusqu'à quel point les idées de cette époque dérivent de l'estime dans laquelle on tenait la science. Mais nous savons que les hommes qui écrivirent sur la politique et la philosophie — guère bonnes, ni l'une ni l'autre — écrivirent aussi sur les sciences naturelles, la physique, l'astronomie et les mathématiques. Nous savons que, sur deux plans très différents, Franklin et Jefferson [1] ont réussi à surplomber tout l'espace qui sépare du monde des affaires l'intérêt vivace qu'ils avaient pour les sciences et qui, dans certains cas, est allé jusqu'à la pratique des sciences. Nous savons aussi combien leurs écrits sont pleins de cette lumière qui se déverse d'un monde sur l'autre.

A cette époque révolue, la science était liée aux arts pratiques; elle était très proche du bon sens. Il en est toujours ainsi : la science est toujours une application incessante, infiniment tenace et patiente, des arts pratiques et du bon sens. Mais la chaîne s'est énormément allongée. Le simple processus qui consiste à faire gravir à un garçon les marches élémentaires de l'apprentissage occupe une grande partie de sa vie. C'est une opération si épuisante, pour le maître comme pour l'élève, que les moyens simples de communication et de compréhension, suffisants aux XVIIe et XVIIIe siècles, sont nettement insatisfaisants.

Ce problème a retenu l'attention de nombreux savants; je ne prétends donc pas parler de quelque chose nouvelle ou étrange. Je suppose que l'idée de créer des cours de laboratoire fut une tentative visant à plonger le jeune homme ou la jeune fille dans l'atmosphère de la vraie découverte. Pourtant je crains que l'expérience scientifique, quand elle parvient finalement au laboratoire et que le professeur en connaît le résultat, ne soit une opération toute différente de la découverte; elle est une initiation à quelque chose, non la chose même. Je suppose que vous avez tous lu les plaidoyers éloquents en faveur de la tentative de communiquer une compréhension partielle de la science par la méthode essentiellement historique, méthode préconisée par de nombreux savants dont le président Conant est peut-être le plus connu. A mon avis ces plaidoyers établissent bien le fait que la science, comme toute activité humaine, peut être traitée par la méthode historique; je ne pense pas qu'ils aient prouvé qu'un procédé ou une découverte scientifique puissent être communiqués à autrui par ce moyen. Je crains fort que les directives qui nous sont données pour l'enseignement de la science ne portent à faux. Loin de nous intégrer dans le monde où nous vivons — au sens très spécial de nous faire partager avec nos contemporains nos idées et quelques bribes de notre expérience — elles peuvent au contraire nous conduire dans la direction opposée.

Voilà précisément ce qui est curieux. Nous vivons dans un monde fortement touché par la science; nos modes de penser, nos idées, les termes mêmes dans lesquels nous nous exprimons en sont affectés. La notion de progrès, celle de la fraternité des savants — notions si familières à une vie chrétienne et qui ont été nouvellement stimulées par la diffusion de la science — tout cela n'est pas nouveau. Nous trouvons ces notions à l'origine, aux époques où la science était comprise des hommes d'affaires, des artistes et des poètes. Mais actuellement, nous vivons dans un monde où poètes, historiens et hommes d'affaires sont fiers de dire qu'ils ne voudraient même pas commencer à envisager la possibilité d'apprendre quoi que ce soit touchant aux sciences; ils voient la science au bout d'un long tunnel, trop long pour qu'un homme averti y glisse sa tête. Notre philosophie — pour autant que nous en ayons une — est donc totalement anachronique et, j'en suis convaincu, parfaitement inadaptée à

1. FRANKLIN : physicien et homme d'état américain, 1706-1790.
JEFFERSON : président des États-Unis et philosophe, 1743-1826.

notre époque. Quoi qu'on ait pu penser des transformations que les pensées cartésienne et newtonienne ont produites dans la vie intellectuelle de l'Europe, je crains fort que l'époque où elles représentaient la panacée soit bien passée. Depuis longtemps déjà, une intelligence plus subtile de la nature de la connaissance humaine, des rapports de l'homme avec l'Univers, aurait dû être prescrite, si tant est que nous tenions à rendre justice à la sagesse contenue dans notre tradition et à la science moderne qui se présente comme une floraison de découvertes, éclatante et toujours changeante.

Toute recherche est action. La question que je veux donc vous confier, sous une forme très crue et assez troublante, est de savoir comment communiquer ce sens de l'action à nos contemporains dont la vie ne doit pas être consacrée professionnellement à la poursuite de nouvelles connaissances.

***Composition de contraction de texte** : Résumez le texte en quatre cents mots, en vous attachant à mettre en valeur les idées essentielles.*

(Vous êtes libre de conserver la première personne là où elle est employée dans le texte. Il est admis que vous pouvez être amené à utiliser tels quels les mots, les expressions ou même les phrases du texte.)

Concours d'admission à l'École des Hautes Études Commerciales, *1962.*

50. ARTS LIBÉRAUX ET ARTS MÉCANIQUES

ALBERT BAYET

L'HOMME ET LES TECHNIQUES,
LIGUE FRANÇAISE DE L'ENSEIGNEMENT, 1956.

Les philosophes ont souvent étudié les rapports entre la « théorie » et la « pratique » et, à la lumière de leurs études, nous pouvons dire, en gros, qu'il y a différence de nature entre la science, qui est connaissance pure, qui cherche à saisir les faits et les rapports entre les faits pour le seul plaisir de les saisir, et la « pratique » ou « technique », qui utilise les résultats obtenus par les savants en vue d'agir sur la réalité : le biologiste cherche à « savoir », le médecin cherche à « guérir »; la biologie est une science, la médecine est une technique.

Bien entendu, il y a une large part de vérité dans cette distinction classique. La science, comme le disait volontiers Langevin [1], est essentiellement désintéressée; elle procède de « cette curiosité qui nous est chevillée à l'âme et nous porte à vouloir comprendre, même quand cela ne doit nous servir à rien. » La technique, au contraire, est le plus souvent « intéressée », elle cherche à satisfaire, non notre « curiosité », mais des besoins et des désirs de toute sorte, désirs si ondoyants et si divers qu'ils vont de l'art de guérir à l'art de tuer.

Prenons garde pourtant que le principe de cette distinction se dérobe si l'on veut le serrer de trop près. Quand des techniciens construisent des appareils destinés à faciliter le travail des astronomes, les uns et les autres servent, en fin de compte, le même but, qui est un but de connaissance. Ajoutons qu'entre l'effort de celui qui constate et l'effort de celui

1. Voir Notice biographique, page 348.

qui construit les parentés sont parfois évidentes; hardi qui prétendrait tracer d'une main ferme la ligne de partage des fonctions entre l'*homo sapiens* et l'*homo faber*.

Il n'est pas plus facile, il est sans doute encore plus difficile, de séparer la « technique » et l' « art ». Le mot grec « technê », dont est issu le mot « technique », désigne à la fois les efforts tendant à créer la « beauté » (architecture, sculpture, peinture, littérature, musique, danse), et les efforts tendant à créer et à transporter les objets dont nous avons besoin pour vivre au sens physiologique du mot, en dehors de toute préoccupation esthétique (agriculture, industrie, commerce).

Nous essayons aujourd'hui d'exprimer cette distinction en écrivant le mot « Art » avec une majuscule, lorsque nous voulons évoquer plus précisément l'aspiration à la beauté. Nos aînés nous avaient précédés dans cette voie en distinguant les « arts libéraux » et les « arts mécaniques ». Mais c'est en vain que nous plaçons dans une école les « beaux arts », dans une autre les « arts et métiers ». Le langage, à chaque instant, confond l' « art » et la « technique ». Nous parlons de l'art du peintre, du poète, du musicien, mais nous parlons aussi de l'art de persuader, de l'art médical, de l'art de l'ingénieur. Nous parlons de la technique automobile, mais nous parlons aussi de la technique du Titien. Du maçon nous disons qu'il « a un métier », de tel dramaturge qu'il « a du métier ».

Cette confusion dans les mots répond à une confusion dans les faits. Sans doute, en certains cas extrêmes, on peut isoler ce qui est recherche désintéressée de la beauté pure. Mais celui qui construit une maison, si modeste soit-elle, voire une étable pour ses bœufs, ne les veut pas seulement commodes, pratiques, il les veut agréables à l'œil. Même souci lorsque le potier façonne un vase, lorsque le tisserand fabrique une étoffe, lorsque le menuisier fait une table, une armoire, un fauteuil. Les fabricants d'autos, d'avions, se préoccupent avant tout de vitesse, de confort : ils ne sont pas pour autant insensibles à l'élégance des lignes. Dès qu'il s'agit de cinéma ou de télévision la « technique » et l' « esthétique » sont inextricablement mêlées.

Pour reprendre le mot de Pascal, « qui démêlera cet embrouillement »? Je ne m'y risquerai certes pas, et je ne crois pas que nous puissions nous y risquer avec des chances appréciables de succès. Mais, comme il nous faut aller de l'avant, j'admettrai, à titre d'hypothèse de travail, de première approximation, manifestement imparfaite, que la Pensée ayant pour but la création du « vrai », l'Art ayant pour but la création du « beau », la Technique a pour but la création de l' « utile ».

Toutes ces inventions merveilleuses, nous les avons placées, comme nos aïeux le faisaient pour le feu, la roue, le levier, l'imprimerie, sous le signe de l' « utilité ». Mais, comme eux, nous avons négligé de définir cette « utilité ». Résultat, une invraisemblable incohérence sur le plan moral.

D'une part, mille inventions rendent possible un luxe chaque jour plus étudié; d'autre part, l'octroi de ce luxe à un petit nombre entraîne la misère du grand nombre; le palais implique le taudis.

D'une part, le journal, la radio, la « télé » permettent aux hommes de savoir ce qui se passe sur la terre, d'étendre leur culture intellectuelle et artistique; d'autre part, ces mêmes moyens permettent d'avilir, d'abêtir, de corrompre un nombre toujours croissant de lecteurs, d'auditeurs, de téléspectateurs.

D'une part, le chemin de fer, les navires modernes, l'auto, l'avion nous permettent de mieux connaître le monde au sein duquel nous vivons, de multiplier les échanges, d'élargir nos horizons; d'autre part, ces mêmes moyens de transport permettent aux stratèges d'envoyer toujours plus loin des masses armées toujours plus denses.

J'en viens, sans plus de détours, à l'essentiel, à ce qui est la grande hantise de notre temps : d'une part, la domestication de l'énergie nucléaire rend possible un accroissement inouï, démesuré, dans la création des richesses ; d'autre part, cette même domestication a déjà permis l'explosion de la bombe de Hiroshima, et, chaque jour, on nous annonce des « perfectionnements » grâce auxquels c'est l'ensemble de l'espèce humaine qui se trouve dès à présent menacé de destruction totale.

Comment les éblouissants progrès de la « technique » peuvent-ils aboutir à des effets aussi diamétralement opposés? Comment peut-on, sous le signe de l' « utilité », multiplier, avec une même audace et un même succès, les moyens d'embellir l'existence et les moyens de l'enlaidir, les instruments de vie et les engins de mort?

1 *En utilisant les remarques de l'auteur, définissez : la Science, l'Art, la Technique* **2** *Citez des exemples précis d'activités humaines dans lesquelles ces notions sont étroitement mêlées.* **3** *Commentez et discutez cette affirmation de l'auteur : « D'une part, mille inventions rendent possible un luxe chaque jour plus étudié ; d'autre part, l'octroi de ce luxe à un petit nombre entraîne la misère du grand nombre ; le palais implique le taudis. »*

51. RETROUVER L'HOMME PARTOUT OÙ NOUS AVONS TROUVÉ CE QUI L'ÉCRASE

ANDRÉ MALRAUX
LES VOIX DU SILENCE,
GALLIMARD ÉD., 1951.

Nietzsche a écrit qu'en face de la floraison d'une prairie au printemps, le sentiment que l'humanité tout entière n'était qu'une semblable luxuriance créée pour le néant par quelque puissance aveugle, s'il était un sentiment réellement éprouvé, ne pouvait être supporté. Peut-être. J'ai vu l'océan malais constellé de méduses phosphorescentes aussi loin que la nuit permît au regard de plonger dans la baie, puis la frémissante nébuleuse des lucioles qui couvraient les pentes jusqu'aux forêts disparaître peu à peu dans le grand effacement de l'aube; si le destin de l'humanité est aussi vain que l'était cette lumière condamnée, l'implacable indifférence du jour n'est pas plus puissante que la méduse phosphorescente qui sculpta le tombeau des Médicis [1] dans Florence asservie, que celle qui grava les Trois Croix dans la solitude et dans l'abandon. Qu'importe Rembrandt à la dérive des nébuleuses? Mais c'est l'homme que les astres nient, et c'est à l'homme que parle Rembrandt. Corps de pitié passés sans traces, que l'humanité soit ce néant où de pauvres mains tirent à jamais, de la terre qui porte les marques de la demi-bête auri-

1. Œuvre de Michel-Ange.

gnacienne [1] et celles de la mort des empires, des images dont l'indifférence ou la communion rend le même témoignage de votre dignité : nulle grandeur n'est séparable de ce qui la maintient. Le reste est espèces soumises, et mouches sans lumières.

Mais l'homme est-il obsédé d'éternité ou d'échapper à l'inexorable dépendance que lui ressasse la mort? Survie misérable qui n'a pas le temps de voir s'éteindre les étoiles déjà mortes! mais non moins misérable néant, si les millénaires accumulés par la glaise ne suffisent pas à étouffer dès le cercueil la voix d'un grand artiste...

L'humanisme, ce n'est pas dire : « Ce que j'ai fait, aucun animal ne l'aurait fait », c'est dire : « Nous avons refusé ce que voulait en nous la bête, et nous voulons retrouver l'homme partout où nous avons trouvé ce qui l'écrase ». Sans doute, pour un croyant, ce long dialogue des métamorphoses et des résurrections s'unit-il en une voix divine, car l'homme ne devient homme que dans la poursuite de sa part la plus haute; mais il est beau que l'animal, qui sait qu'il doit mourir, arrache à l'ironie des nébuleuses le chant des constellations, et qu'il le lance au hasard des siècles, auxquels il imposera des paroles inconnues. Dans le soir où dessine encore Rembrandt, toutes les Ombres illustres, et celle des dessinateurs des cavernes, suivent du regard la main hésitante qui prépare leur nouvelle survie ou leur nouveau sommeil...

Et cette main, dont les millénaires accompagnent le tremblement dans le crépuscule, tremble d'une des formes secrètes, et les plus hautes, de la force et de l'honneur d'être homme.

1 *Quelle est l'idée générale de ce texte? Relevez les phrases qui l'expriment avec le plus de poésie et de force.* **2** *Expliquez et commentez les phrases suivantes : « Si le destin de l'humanité... dans l'abandon. » « Nulle grandeur n'est séparable de ce qui la maintient. » « Survie misérable qui n'a pas le temps de voir s'éteindre les étoiles déjà mortes. » « L'homme ne devient homme que dans la poursuite de sa part la plus haute. »* **3** *Relevez et expliquez les images les plus saisissantes que l'auteur a employées pour exprimer sa pensée.* **4** *Quelle remarque grammaticale faites-vous à propos de la construction : « L'homme est-il* obsédé d'éternité ou d'échapper *à l'inexorable dépendance... »*

52. TOUS LES ARTS SE SOUVIENNENT

ALAIN
PROPOS SUR L'ESTHÉTIQUE,
P.U.F. ÉD., 1949.

Quand les Anciens disaient que Mnémosyne [2] est la mère des Muses, peut-être ne pensaient-ils pas au-delà de cette relation simple qui subordonne tous les travaux de l'esprit à l'inférieure mémoire. Et cette idée, si simple qu'elle paraisse, nous éclairerait encore sur les réelles conditions du savoir, si nous prenions le temps de la considérer. Certainement la mémoire est trop méprisée. Et sans doute il n'y a que les belles métaphores pour nous forcer à réfléchir sur ce que nous jugeons trop connu. Mais

1. De Aurignac (Haute-Garonne) qui a donné son nom à une des subdivisions du paléolithique.
2. Mnémosyne : fille d'Ouranos, déesse de la mémoire, mère des Muses.

sous ce texte, comme dans les vieux parchemins, j'en découvre un autre. Car les chants épiques, source de tous les arts parlés, sont par eux-mêmes mémoire; et tout récit vieillit en même temps que les hommes, perdant bientôt ses fermes lignes de jeunesse, s'il n'a d'abord une forme rythmée et belle. Il fallait oublier la guerre de Troie, ou la chanter. La poésie fut effort de mémoire et victoire de mémoire. Encore aujourd'hui toute poésie est des choses passées. Tel est le second texte. Mais l'antique métaphore nous donne encore mieux à comprendre; car tous les arts se souviennent. Il n'existe point d'architecte qui puisse dire : « Je vais oublier tout ce que les hommes ont construit. » Ce qu'il inventerait serait bien laid; pour mieux dire, s'il tenait sa promesse à la rigueur, il n'inventerait rien du tout. C'est pourquoi le temple se souvient du temple, et l'ornement se souvient du trophée, et le carrosse se souvient de la chaise à porteurs. Qui n'imite point n'invente point. Il semble que le souvenir soit esthétique par lui-même, et qu'un objet soit beau principalement parce qu'il en rappelle un autre. Au reste toute fête est de souvenir, et toute danse aussi; et le culte universel est culte du passé. La contemplation de cette perspective humaine est certainement la pensée elle-même; tout autre objet ennuie, et sans qu'on pense même à l'ennui, car l'action aussitôt nous entraîne.

Il n'y a point d'idée neuve. Ce thème est connu, et lui-même aussi ancien que les hommes. « Tout est dit et l'on vient trop tard »; seulement La Bruyère n'est point resté sur ce moment de l'ironie; il s'est livré au plaisir de penser. Cette idée que tout est dit n'est point déprimante; bien au contraire, tonique. Le paradoxe humain c'est que tout est dit et que rien n'est compris. Tout est dit sur la guerre; tout sur les passions. L'humanité réelle se compose de ces belles formes pleines de sens, que le culte a conservées. Mais il faut frapper dessus comme sur des cloches; car la forme se referme toujours sur le sens, parlant seulement par la beauté. Telle est l'attention. Si l'on ne se réveille de cette manière-là, l'on ne se réveille point du tout. Un signe nous renvoie à un autre signe. Et nos premiers instituteurs sont les mots, qui sont monuments.

La chose inhumaine n'a rien à dire; d'où ce grand scandale, que les sciences n'instruisent pas du tout. Ainsi n'est-ce point par là qu'il faut commencer; mais tout enfant commence heureusement par réciter ce qu'il ne peut comprendre et veut comprendre, pensant toujours au-dessus de lui; c'est ainsi et non autrement, que l'homme peut se voir au miroir, je dis l'homme pensant. Dans une fable, ou seulement s'il retrouve Muse dans musique. Allant donc de la forme au contenu, il réfléchit sans jamais se perdre, retenu par cette invincible forme, qu'il ne désire point changer. Si les signes humains étaient effacés de la terre, tous les hommes se perdraient au travail, faute de métaphores; et les premières danses et comédies iraient à la fureur, sans souvenir aucun, tant que les pieds n'auraient pas creusé le sentier vénérable, première esquisse du temple. Mais dès que le danseur se soumettrait au signe humain, ce serait de nouveau lecture, et les Humanités commenceraient à refleurir.

1 *Exprimez en cinq lignes l'idée générale du texte.* **2** *Expliquez les formes : « toute poésie est des choses passées »; « qui n'imite point n'invente point ».* **3** *Sens des mots : signe; monument.* **4** *Illustrez par des exemples précis la formule : « Tous les arts se souviennent. »*

53. L'ŒUVRE D'ART SOURCE INTARISSABLE DE JOIE

G. PICON

INTRODUCTION A UNE ESTHÉTIQUE DE LA LITTÉRATURE, GALLIMARD ÉD., 1953.

Plus nous avançons dans le temps, plus les œuvres que nous aimons nous semblent riches, proches, possédées. Elles seront là demain, et à l'avenir, et non point figées dans une éternité muette : renouvelées par chacune de nos approches. Les œuvres que nous aimons sont toujours à naître : elles seules ne savent pas mourir ni s'éloigner. Quand nous reprenons l'une d'elles, c'est comme si nous entrions dans une maison familière dont nous n'aurions pas encore poussé toutes les portes : et nous pénétrons dans ces chambres nouvelles sans l'angoisse qui nous fait craindre qu'un être cher y mourra. Vivre dans la connaissance et dans l'amour de l'art n'est pas vieillir, ni perdre, ni oublier. Ici, nous possédons les choses dans un temps qui ne signifie plus usure, mais découverte, qui n'est plus séparation, mais possession.

Joyaux ensevelis, fermés sur leurs secrets, qui dorment, loin de nos yeux, leur sommeil de blocs invulnérables, les poèmes que nous savons par cœur gardent pour nos regards futurs des éclats insoupçonnés. Sous la couverture qui semble les clore comme la porte d'un palais muré, les pages que nous avons lues tant de fois ne nous ont pas dit encore tout ce qu'elles ont à nous dire. Au fond de leur avenir toujours vivace, nous ignorons quelles traînées de feu sur des pierreries jamais vues allumeront les vers de Mallarmé en leurs reflets réciproques; quels Orénoques du cœur humain couleront vers nous avec les vers de Baudelaire; quelles étincelles d'or Rimbaud fera jaillir des apparences détruites; quelles inflexions prendra la voix de Verlaine, de Heine, de Keats, de Shelley; quelles grappes Hœlderlin [1] cueillera dans le verger des dieux; quels rêves rencontrera Nerval au-delà de la porte d'ivoire et de corne; et quels éclairs, à cette extrême pointe du Promontoire du Songe où Hugo est monté, arracheront ses porches et ses angles à la géométrie des ténèbres.

Je suis loin de connaître encore tous les feux d'auberges familières qui s'allument à travers les brumes errantes de Dickens, toutes les figures de Jugement dernier qui se dressent pétrifiées dans l'enlacement de leur combat, sous les torches fabuleuses dont Balzac éclaire tant de boue. Je n'ai pas encore épuisé la saveur de l'air vif qui claque, du haut de leur prison, pour les héros de Stendhal — ni l'immensité du grand espace que Tolstoï déroule sur la terre de Dieu... Dans l'avenir, dans un éternel avenir nous attendent, au fond de leurs petites places traversées d'oiseaux et d'enfants, les églises de Venise où dorment des Titiens et des Tintorets que nous souhaitons revoir (la dernière fois, le soleil n'atteignait pas l'autel sombre, le sacristain de conte d'Hoffmann n'avait qu'entrouvert le rideau, et nous n'avons pas bien vu les ailes de l'archange et les mains de la Vierge) — comme nous attend, dressée dans l'avenir ainsi que sur sa plaine, la cathédrale de Chartres que nous n'avons pas vue encore, quoique nous l'ayons vue tant de fois; et la dernière fois seulement, le soleil

1. HEINE : poète allemand, 1797-1856. KEATS : poète anglais 1795-1821. SHELLEY, poète anglais 1792-1822. HŒLDERLIN (1770-1843), poète lyrique allemand.

couchant frappant les vitraux nous révéla dans toute leur orfèvrerie barbare les rois mages pour tarots cruels et, dans sa levée d'aube bleue, Notre-Dame-de-la-Belle-Verrière [1]...

Avec les grandes œuvres qu'à chaque étape de notre expérience de l'art nous apprenons à mieux connaître, nous vivons comme nous aimerions vivre avec les êtres que nous aimons : en dehors du destin.

1 *Quelle est l'idée générale de ce texte? Exprimez-la en une phrase.* **2** *Pourquoi chaque nouvelle lecture est-elle une découverte?* **3** *Soulignez le rapport que l'auteur établit entre une nouvelle lecture et une nouvelle contemplation d'une œuvre d'art.* **4** *Expliquez les phrases suivantes : « Les œuvres que nous aimons sont toujours à naître. » « Au fond de leur avenir toujours vivace... leurs reflets réciproques. » « Avec les grandes œuvres... en dehors du destin. »*

54. REGARDE

LUC BENOIST

REGARDE OU LES CLEFS DE L'ART,
HAZAN ÉD., 1962.

Nous avons tous appris à lire et à écrire, mais nous n'avons jamais appris à voir, n'estimant pas, à cet égard, qu'une initiation fût nécessaire. Aussi a-t-on constaté que le visiteur ordinaire d'un musée n'arrête pas son regard sur le plus beau tableau du monde pendant plus de cinq secondes. Et nous ne prêtons pas plus d'attention aux monuments célèbres ou aux paysages prestigieux que nous rencontrons en voyage. Nous ne soupçonnons pas que devant ces objets ou ces spectacles notre regard ait une habitude à prendre, un art à exercer, un plaisir à recevoir; et qu'à partir du moment où nous en comprendrons la nature, la signification et le but, nous commencerons à les rechercher pour eux-mêmes et à les aimer.

C'est un accord de sentiment qui nous pousse à parcourir plus volontiers les pages d'un nouveau roman que les salles d'une exposition de peinture abstraite, à écouter sans impatience le dialogue d'une pièce, à suivre avec sympathie les gestes des acteurs sur la scène. Tandis que les tableaux d'un musée, les œuvres d'art qui s'y entassent nous demeurent bien souvent lointains et mystérieux, immobiles et muets. Comme il est naturel, nous ne prenons intérêt qu'aux choses ou aux personnes que nous aimons intimement, par vocation, profession ou passion. Si devant une jolie femme rencontrée dans la rue un coiffeur remarque inconsciemment sa chevelure, un couturier sa robe, un médecin sa diathèse [2], tous sont frappés, et nous avec eux, par la qualité la plus générale, la plus universelle à laquelle l'œil et l'âme soient sensibles : sa beauté. La question qui se pose est de

1. Célèbre vitrail de la cathédrale de Chartres, datant du XIIe siècle.
2. La maladie à laquelle elle semble prédisposée.

savoir si nous sommes capables de déceler la beauté sous ses formes les plus différentes et les plus hautes, autant que sous sa plus ordinaire apparence.

Nous nous promenons dans un jardin public et, au tournant d'une allée, part devant nous un vol de colombes. C'est un incident sans importance. Mais il a permis à bien des peintres d'évoquer avec vérité les oiseaux consacrés à Vénus. On nous appelle pour goûter une collation servie sur un coin de table. C'est un mince sujet, mais Chardin ou Matisse en auraient tiré un chef-d'œuvre. Nous entrevoyons une autre fois une femme brossant ses cheveux : Degas et Bonnard l'ont vue avant nous et, bien souvent, l'ont peinte. Monet s'est promené le long de cette rivière bordée de peupliers. Van Gogh, Courbet se sont assis avant nous sur cette grève et Utrillo a passé dans cette rue de Montmartre, où nous voyons se découper au loin le dôme du Sacré-Cœur. L'attention infaillible de ces artistes a transformé en spectacle exceptionnel un sujet si banal que nous ne l'avions pas vu, encore moins regardé et pas du tout goûté. Pourtant nous vivons comme eux au milieu de la même nature, du même monde, auquel ils ont tout emprunté, leur répertoire, leur technique, leurs matériaux, leurs couleurs, toutes les formes des choses combinées de mille façons. La matière première de l'art est inépuisable. Elle se rencontre partout. Mais il faut ouvrir les yeux et savoir regarder.

En effet tous les spectacles offerts par l'art ou la nature ne sont pas toujours faciles à saisir ou à comprendre du premier coup d'œil et l'artiste, qui ne fait que transcrire les apparences, a pu hésiter comme nous. Aussi nous arrive-t-il parfois de nous demander si nous avons affaire à un objet naturel ou fait de main humaine. On a longtemps refusé d'admettre que les haches de silex, découvertes par Boucher de Perthes [1], avaient été taillées par des hommes dans le lointain de la préhistoire. Ou bien le jeu des illusions et l'inversion des échelles peuvent nous pousser à confondre sous la même forme des choses étrangères les unes aux autres. Nous prêtons à la courbe d'une colline le galbe d'une hanche humaine, retrouvant sans le vouloir le mythe du dieu égyptien Geb, dont le corps allongé représentait la terre. Ne nous est-il jamais arrivé de rêver à un obélisque devant une cheminée d'usine? L'œil, comme un poète, crée journellement de nouvelles métaphores. Car, dans le domaine de l'art, comparer constitue un moyen habituel de connaissance. Sans cesse notre regard va d'un objet à l'autre et, cette comparaison nécessaire, nous souhaitons la favoriser et la commenter. Nous espérons susciter l'exercice d'un choix parmi les images d'un monde qui nous offre tous les spectacles adaptés à nos états d'âme, à nos imaginations, à nos rêves. L'œuvre d'art est le meilleur moyen d'apprendre à faire ce choix, puisque l'artiste a déjà choisi pour nous. Il nous apprend à voir comme lui.

Innombrables sont les points de vue auxquels nous pouvons nous placer devant les œuvres de l'art suivant notre goût, notre humeur, notre compétence. L'œuvre est capable, si nous la questionnons bien, de répondre à toutes nos curiosités, de nous révéler ses secrets : le pays où elle est née, l'artiste qui l'a faite, la technique employée, le sujet qu'elle représente, l'amateur qui l'a commandée, les sentiments qu'elle inspire, les modes qu'elle a pu provoquer. Pour être plus précis, disons qu'on peut d'abord

1. Archéologue français (1788-1868) qui fut à l'origine des première grandes découvertes archéologiques.

retenir d'une œuvre d'art son sujet visible, le spectacle ou l'histoire qu'elle représente. On la traite alors comme une image. A ce titre, elle couvre tout le clavier de la réalité sensible. Elle peut nous révéler un coin de la nature, un moment du travail humain. Ce peut être le cadre de la vie d'autrefois, les épisodes de notre histoire, le visage des hommes représentatifs. Ainsi le *Sacre de Napoléon* par David constitue une grande image.

En second lieu, on peut chercher à retrouver dans un monument, une sculpture, un tableau, les conceptions idéologiques ou religieuses qui l'ont fait naître. On le considère alors comme un symbole. Presque toutes les peintures religieuses sont symboliques. Quand un peintre, Titien par exemple, peint un *Mariage mystique de Sainte Catherine*, où l'on voit l'Enfant Jésus passer un anneau au doigt d'une adolescente, on pense bien qu'il n'a pas représenté un fait historique, mais qu'il a voulu suggérer une idée, celle de la vocation d'une jeune fille qui prend l'habit et entre en religion. C'est figure des dieux ou essai d'évoquer la vie intérieure d'une âme.

On peut enfin s'attacher exclusivement à la technique, à la matière que l'œuvre utilise, au métier qu'elle exige et on la considère alors comme un objet. A ce point de vue l'art comporte également tous les degrés, du plus petit au plus grand, depuis l'orfèvrerie d'un bijou jusqu'à l'urbanisme des grandes capitales. Dans le cadre de la peinture, c'est le cas de toute composition non figurative, où seul compte aux yeux de l'artiste le jeu des couleurs et des lignes.

Bien entendu, toute œuvre d'art digne de ce nom devrait répondre à ces trois fonctions essentielles. Mais presque jamais l'équilibre n'est parfait. Pour une âme pieuse le sujet religieux d'une image possédera forcément une vertu qui fera négliger sa virtuosité. Le grand artiste est justement celui qui satisfait également tous les besoins de l'œil, de l'âme et de l'esprit. Il doit trouver le motif qui comble, remplisse, magnifie ou sublime exactement son dessein. A la cime de l'art, les chefs-d'œuvre nous proposent les réussites les plus difficiles, celles où l'émotion est provoquée à la fois par le symbole, l'image et le métier. Elles nous offrent un modèle de ce qu'il y a de plus exaltant au monde comme programme de vie : la coïncidence du travail et du plaisir. Tant il est vrai, selon le mot de Keats, qu'une œuvre parfaite, après avoir été la passion de son créateur, est « une joie pour toujours ».

1 *Distinguez avec précision le sens de regarder et de voir.* **2** *Commenter les phrases : « Le jeu des illusions et l'inversion des échelles peuvent nous pousser à confondre sous la même forme des choses étrangères les unes aux autres » ; « L'œil, comme un poète, crée journellement de nouvelles métaphores ».* **3** *L'auteur distingue dans une œuvre d'art trois éléments : une image, un symbole, un objet. Expliquez, en prenant des exemples précis, en quoi consistent ces trois éléments.*

55. LE VISIBLE ET L'AU-DELÀ DU VISIBLE

ÉMILE HENRIOT
DISCOURS PRONONCÉ A L'ACADÉMIE FRANÇAISE POUR LA RÉCEPTION DE M. HUYGHE, 1961.

Oui, l'art plastique, sculpture ou peinture, est du domaine du visible. Et quand l'art est supérieur, ou quand il remplit seulement sa mission, ce qu'il donne à voir est doublé d'une part d'invisible, qui autant qu'à regarder donne à penser. A quoi fait penser un tableau : à ce qu'il y a de non dit, contenu dans sa profondeur, son épaisseur et ses dessous; sa percussion, sa densité, sa vitesse même, car plus d'un tableau nous emporte; — et l'auteur, son dessein, ses intentions, sa part de mystère et de secret : le mystère Van Eyck, le mystère Jérôme Bosch, le mystère Rembrandt, le mystère Goya, le mystère Manet; le cours de la pensée intime de Vinci quand il enchevêtrait, nouveau Dédale, les méandres de bois et de feuillages dans son fameux plafond du palais Sforza à Milan; ce que Dürer avait dans la tête quand il assemblait sur le cuivre les raisons de sa Mélancolie; la patiente poursuite, chez Ingres, du beau idéal à travers les beautés les plus matérielles; l'appétit de grandeur de Delacroix.

Au-delà du visible il y a toujours ce quelqu'un de caché dans l'éternelle et vibrante aura [1] des grandes œuvres, comme dans les livres, au-delà du roman, du poème, il y a souvent Stendhal, Flaubert ou Baudelaire, dont la présence importe parfois plus que ce qu'il dit; il y a plus à rêver devant les tableaux que devant les livres. Les livres, en principe, disent tout ce qu'ils contiennent, c'est leur raison d'être. Il n'est que de les lire avec attention pour saisir, pour percevoir ce que leur monologue nous apporte, quitte à relire le passage obscur ou équivoque. Le dialogue, en effet, est avec l'œuvre d'art, avec ce que l'auteur y a mis, qu'on ne cesse pas d'interroger, qu'il faut toujours interpréter, pour trouver ce qu'il y a d'humain sous son immobile et silencieuse fixité et dans sa capacité de durer devant le regard passager du regardant.

Le beau, ce n'est pas nécessairement la mince Vénus esquiline [2], ou celle de Syracuse, plus puissante; ni les innombrables nudités couchées du Titien, de Vélasquez, de Delacroix, de Chassériau, de Corot lui-même, ni *les trois Grâces* de Rubens, ou les insolentes *Demoiselles du bord de la Seine;* ni tel impeccable portrait d'Ingres, ni *la Marseillaise* de Rude ou *le Génie de la Danse* de Carpeaux. La beauté n'est plus celle des sujets qui ont fourni un modèle digne d'admiration et de rêverie; elle est dans la façon que le peintre a eue de représenter génialement le plus triste, le plus disgracié. La beauté, ce peut être la pauvre Bethsabée croulante et émouvante de Rembrandt, ce peut être une folle de Géricault, une simple chose promue au degré supérieur de l'art — une pomme, un quartier de bœuf, un plat d'huîtres; ce peut être une horrible fille de Lautrec ou l'*Olympia* peu désirable de Manet... Le beau, c'est peut-être seulement la vie surprise au plus bas degré, mais vivante, ce peut être le caractère. Ainsi conçu, le beau, c'est ce qui fait frémir, à la pointe extrême du vrai, quand le génie s'est trouvé là pour le capter, et, le regardant, assez libre pour y retrouver sa plus franche image.

1. *Aura*, mot latin signifiant souffle; se dit de l'atmosphère qui imprègne certaines œuvres ou qui enveloppe certains êtres. 2. L'Esquilin était un quartier de la Rome antique.

Un tableau d'abord apporte un message. Objet de communication entre l'auteur et le spectateur (qui à la longue et s'il le mérite devient son complice) — il est dessin, forme, couleur, lumières et images. Chacun de ces moyens a sa propre signification. Le dessin est pour délimiter le contour, séparer l'objet de l'espace où il se confond, et comme découpé, en faire cette cible que vous avez dite pour les primitifs chasseurs des cavernes. La forme est pour indiquer l'épaisseur et la perspective; la couleur pour traduire l'impression sensuelle ou affective qu'apporte l'image de la chose représentée; la lumière est pour noyer le sujet ou ladite chose dans l'atmosphère éblouissante où elle baigne. Les images ainsi produites sont pour suggérer, au-delà de la réalité immédiate, les allusions, la rêverie, les thèmes de poésie ou d'allégorie dont a pu la charger l'artiste, à la fois voyeur et rêveur. Ce sera l'évanescence glaciaire de Vinci, les sensualités coloristes de Delacroix, le calme adorable et rassérénant de Corot, la pureté, la grâce et l'absence de mensonge de Chardin. A l'autre extrémité, ce seront les diableries de Jérôme Bosch, la violence ricanante d'Ensor, la force destructive et déformatrice de Picasso, qui, d'ailleurs, parfait mimétiste, ne fait, avec une surprenante agilité, que recommencer ce qui a été fait par les déformateurs étrusques, les monstrueux illustrateurs des bestiaires du Moyen Age, les sculpteurs de masques polynésiens ou le linéaire M. Ingres. Ce seront les peintures abstraites, sans autre souci que d'effets de couleurs, de formes étranges ne signifiant rien, et qui pourtant retiennent l'attention, comme tous les jeux où l'esprit se trouve mis à la devinette.

Et après tout, l'art abstrait, non figuratif, pourquoi pas, du moment que l'on a commencé à tout admettre — mais quel jour, à quelle heure, à quelle minute commencent les révolutions? — Pourquoi pas, s'il y a talent, couleurs entre elles singulièrement contrastées? Pourquoi pas s'il y a — sinon dessin — jeux de lignes, courbes, formes inédites, mouvements qui, hors de tout sujet, intriguent l'esprit, le dérangent de ses habitudes et l'emmènent ailleurs?

1 *Exposez en quelques lignes les principales idées exprimées dans ce texte.* **2** *Quelle est d'après l'auteur, « cette part d'invisible » contenue dans une œuvre d'art?* **3** *Expliquez et commentez les expressions suivantes : « l'éternelle et vibrante aura des grandes œuvres ; » « il y a plus à rêver devant les tableaux que devant les livres ; » « le beau c'est ce qui fait frémir à la pointe du vrai ; » « les jeux où l'esprit se trouve mis à la devinette ».* **4** *Quelles remarques faites-vous sur la construction des phrases contenues dans le dernier paragraphe du texte.*

56. NOS JUGEMENTS SONT DES JUGEMENTS DE MODE

ANDRÉ MAUROIS

LES NOUVELLES LITTÉRAIRES

Que nous jugions nos contemporains est nécessaire. Il faut bien choisir et guider. Toutefois il serait sain et sage de penser que *ces jugements si péremptoires* seront révisés par les générations futures...

Nous allons aujourd'hui au musée du Jeu de Paume admirer les peintures impressionnistes avec *la même sécurité respectueuse* que nous inspirent, au Louvre, les maîtres de la Renaissance italienne. Et pourtant Cézanne, Sisley, Degas passaient, il y a un demi-siècle, pour aussi inintelligibles qu'aujourd'hui le peintre le plus neuf et le plus difficile. Nous vénérons avec raison les cathédrales gothiques, mais avant le renouveau médiéval qu'amena Hugo, elles étaient tenues pour des édifices barbares, et *gothique semblait un terme d'opprobre.*

Où veux-je en venir? A ceci: que nos jugements surtout esthétiques sont, malgré nous, des jugements de mode, gauchis par l'esprit du temps et par le parti pris de quelques hommes. La faveur d'une coterie s'impose à un public tout entier; Jean Cocteau, Christian Bérard ont « fait » des écrivains, des musiciens et des peintres. Politique et religion jouent leur rôle : Chateaubriand, tout grand qu'il était, n'aurait pu obtenir tout à fait le même rang si le *Génie du Christianisme* n'avait appuyé la politique de l'Empereur et celle de l'Église. *Hugo champion de la République, a servi puis desservi, puis de nouveau servi Hugo poète.* Dans le cas de ces deux hommes, le génie était à la taille du rôle, mais il arrive que de telles gloires soient éphémères et que des écrivains doivent une trop grande part de leur situation à des appuis idéologiques, à un choc de surprise ou à une publicité bien faite. Ceux-là couleront à pic dans les gouffres sans fond de l'oubli tandis que surnageront ceux, moins célèbres de leur vivant, qui auront peint des passions éternelles.

Où je veux en venir? A ceci encore : que nous devons être d'une prudente modestie en nos refus. Aller à l'excès de la louange a ses dangers; ils sont moindres que ceux du dénigrement. Nier ou railler ce que l'on ne comprend pas n'est légitime qu'après un sérieux effort pour comprendre. *La Jeune Parque* [1] n'était pas inintelligible, mais elle exigeait un effort et elle en était digne. Telle musique, obscure à la première audition, s'éclaire si on l'entend plusieurs fois. Accordez donc un préjugé favorable aux œuvres d'art dont les auteurs semblent sérieux et convaincus.

1 *Montrez, en une dizaine de lignes, comment l'auteur de ce texte développe sa pensée et proposez un titre qui soit la synthèse des conséquences auxquelles il parvient. (6 points)* **2** *Expliquez les quatre phrases et expressions en italique. (12 points)* **3** *Donnez la nature et la fonction des propositions dans les phrases : « que nous jugions nos contemporains est nécessaire » — « où je veux en venir? » — « à ceci encore : que nous devons être d'une prudente modestie en nos refus ». (2 points)*

Écoles Nationales d'Ingénieurs des Arts et Métiers, *1961.*

1. Poème de Paul Valéry.

57. COMMENT L'ART TRADUIT L'AME

RENÉ HUYGHE
L'ART ET L'AME,
FLAMMARION ÉD., 1960.

Depuis un siècle notre connaissance de l'homme a subi un bouleversement comme il ne s'en était peut-être plus produit depuis l'apparition du christianisme, peut-être depuis celle de la civilisation grecque. Notre connaissance de l'art ne peut qu'en subir le contrecoup.

Corps et âme, vie matérielle et vie intérieure, physiologie et psychologie, cette division suffisait : la bâtisse, et, tout en haut, la cabine éclairée du phare, seule visible dans la nuit. Et, un jour, on s'aperçoit que la lumière qui, au sommet, attire le regard, est solidaire d'une obscure machinerie qui la prépare et la conditionne, qui sans arrêt tressaille et vrombit dans les entrailles de la tour; l'activité mentale cesse de se limiter à cette cellule vitrée et éclairée, où tout se voit et se comprend; elle se prolonge, elle descend sans fin dans le corps ténébreux et caché; elle y trouve ses sources : la vie intérieure n'est plus seulement la vie de l'esprit, elle s'agrandit, elle s'alourdit de l'étrange, de l'immense domaine de la vie inconsciente.

Transformation incalculable! Jusqu'alors, la pensée lucide et réfléchie apparaissait la cause de toutes nos réflexions, de tous nos actes, de toutes nos démarches; brutalement elle devient un achèvement, une réaction ou même un simple effet. L'étude de l'individu n'est pas seule à sortir transformée de cette épreuve, mais aussi celle de l'histoire de l'art. La première avait été jusque-là constituée par des « hommes illustres » par des cerveaux responsables agissant sur les éléments, et voici que soudain elle se trouve un inconscient, elle aussi : les masses anonymes et les sourds mobiles qui les mènent aveuglément. La seconde offrait une suite de maîtres illustres, dont on écrivait « les Vies » et dont la recherche voulue donnait ses visages à la Beauté et voici que tout, théories et styles, roule passivement à la fatalité des faits et n'obéit plus qu'à des mobiles collectifs et inavoués. Alors Taine explique l'art par ses conditions d'apparition comme Marx, la société par le matérialisme dialectique. Une vague de déterminisme emporte le XIXe siècle finissant et la conscience, pour beaucoup, prend rang d'épiphénomène enregistreur.

Depuis, un équilibre a tenté de s'établir : face à ce monde illimité de l'inconscient qui lui est étranger par sa nature même, et dont elle dépend pourtant si étroitement, la pensée a réagi. Rien ne lui étant irréductible par définition, même ce qui lui est le plus opposé, elle a entrepris avec la génération des Bergson et des Proust d'assouplir suffisamment ses méthodes pour analyser, au lieu de le nier, cela même qui lui est antinomique.

Avec Valéry, elle a franchi une étape de plus; la pensée a tenté la reconquête totale de sa responsabilité, de son libre arbitre; plus acrobatique et plus lucide que jamais, assez subtile pour doubler l'inconscient sur toute son étendue et le pénétrer de sa compréhension, elle en refuse la tutelle au point de répudier l'inspiration, source obscure, pour mieux établir un perpétuel contrôle sur soi-même. Peut-être Valéry trouve-t-il là sa vraie position dans l'histoire de la pensée; peut-être est-ce par là qu'il prolonge Bergson en même temps qu'il réagit contre lui.

Quoi qu'il en soit, depuis un demi-siècle l'homme se plie à une double lecture de lui-même, la lecture « en clair » pourrait-on dire, et la lecture « en chiffré ». L'une s'appuie sur ses idées conscientes et avouées, sur la démarche de sa réflexion et les buts qu'elle se propose : c'est la méthode traditionnelle des moralistes de jadis. L'autre explore les signes, les traces involontaires où s'inscrit la vie inconsciente et spontanée et cherche « à quoi ils correspondent » dans la nature profonde de l'individu : c'est la méthode qui, poussée au système, est devenue la psychanalyse.

De cette évolution qu'elle ne saurait ignorer, l'histoire de l'art est désormais tributaire. Elle peut disposer maintenant d'un triple mode d'investigation : la lecture en clair consiste à étudier les fins conscientes que proclame l'artiste, son programme esthétique, et à discerner dans quelle mesure son œuvre les réalise. Mais l'historien, selon les enseignements de Taine, toujours valables si l'on en limite la juste portée, doit déborder cette zone « avouée », il doit préciser les conditions ambiantes, sociales et historiques dont l'œuvre d'art subit inévitablement la pesée, et presque le moule. Ce n'est pas encore assez, il doit alors aborder le déchiffrement de l'œuvre, procéder à une sorte de psychanalyse, entendue au sens le plus large, pénétrer à revers par la porte cachée de l'inconscient; chaque ligne, chaque forme, chaque touche doit alors être considérée comme un geste instinctif au moins autant que volontaire; l'artiste y exprime son intention, mais y inscrit également sa nature profonde, initiale, sans le savoir, il y transporte les caractères de son être le plus intime, inaperçus de lui-même au moment où il les manifeste, au même titre que sa physionomie, sa démarche, ses tics et tout son comportement spontané. Il est tout entier caché mais présent dans cette empreinte irréfutable de son être. Ainsi l'œuvre d'art est comme un texte qui révèle le caractère de son auteur simultanément par sa teneur, qu'il suffit de comprendre, et par son graphisme qu'il faut interpréter; elle s'offre à la fois, comme l'écriture, au lecteur et au graphologue.

58. UNIVERSALITÉ DE L'ART CONTEMPORAIN

PIERRE FRANCASTEL

ART ET TECHNIQUE,
ÉDITIONS DE MINUIT, 1956.

Si l'on compare une ville ou même un village moderne avec une agglomération du siècle dernier, la transformation est plus grande que si l'on considère l'évolution survenue dans les cent cinquante années précédentes. Un certain type de maison qui s'était imposé dans le courant des XVIIe et XVIIIe siècles a cessé de correspondre aux besoins sous la double poussée d'un goût nouveau et d'une transformation radicale de la manière de vivre. La transformation de tout le matériel des objets usuels a suivi, d'autre part, le développement des moyens de production fondés sur les nouvelles techniques industrielles. Des objets aussi familiers que le chaudron ou la broche, que la bassine ou le chandelier, ont disparu pour faire place à de nouveaux outils indispensables à la vie journalière. Le fer électrique et le frigidaire constituent l'objectif immédiat d'une foule de ménagères qui songeaient cuivres ou lèchefrite il y a seulement soixante ans. Rarement sans doute a-t-on assisté à un renouvellement aussi rapide du matériel d'environnement des activités humaines. On n'a pas manqué de souligner que cette transformation considérable du matériel d'objets était due non seulement à l'apparition de nouveaux moyens de production mais à la diffusion et à l'unification d'une civilisation. Désormais les objets où s'incarne l'activité de l'homme pénètrent uniformément dans toutes les régions de la Terre; et leur degré toujours plus grand d'accessibilité réduit les distinctions anciennes de classes.

Il en résulte pour l'art, dans la mesure où il participe à la transformation matérielle du monde, une force de pénétration accrue en même temps que l'abandon de tout un aspect des plus marquants de son ancienne activité. Il ne souligne plus, désormais, la spécificité des formes réservées à certaines catégories étroites de personnes, potentats ou initiés, il exalte au contraire la généralité des perceptions et des messages. On assiste, en somme, à un phénomène qui bouleverse la situation de l'art non seulement sur le plan social mais sur le plan géographique. Désormais et pour la première fois depuis la Préhistoire, il existe une forme d'art universelle.

Quel que soit l'engouement que manifestent certains groupes pour des aspects folkloriques ou populaires de l'art, un courant irrésistible entraîne la société contemporaine à l'utilisation d'un type identique d'objets qu'ils soient figuratifs ou utilitaires. On construit et on s'habille aujourd'hui de la même manière à Paris, à Varsovie, à Rio de Janeiro et au Pakistan. Les expositions de peinture présentent des analogies extraordinaires de Sidney à Oslo.

L'unité des signes plastiques tend à se réaliser sur la planète avant la communauté des langues. Il est donc légitime de considérer que les études fondées sur l'analyse des formes sont d'une valeur capitale pour la connaissance des structures sociales et mentales du monde actuel.

1 *Exprimez en quelques lignes l'idée générale de ce texte.* **2** *Dégagez le plan de ce texte.* **3** *Expliquez et commentez les phrases suivantes : « Désormais les objets où s'incarne l'activité de l'homme pénètrent uniformément dans toutes les régions de la Terre et leur degré* *toujours plus grand d'accessibilité réduit les distinctions anciennes de classes. » « (L'art) ne souligne plus désormais la spécificité des formes réservées à certaines catégories étroites de personnes, potentats ou initiés, il exalte au contraire la généralité des perceptions et des messages. » « L'unité des signes plastiques tend à se réaliser sur la planète avant la communauté des langues. »* **4** *Quelles remarques grammaticales faites-vous à propos des expressions suivantes : « (une foule de ménagères) qui songeaient cuivres ou lèchefrite », « les objets où s'incarne l'activité de l'homme ».*

59. LA LANGUE FRANÇAISE

LOUIS MARTIN-CHAUFFIER

LA PATRIE SE FAIT TOUS LES JOURS,
ÉDITIONS DE MINUIT, 1947.

Le langage français, c'est à la fois la langue, l'esprit qui l'a formée, l'esprit qui par elle s'exprime, et les esprits où elle s'imprime. L'affreuse mutilation que le XVIIe siècle a fait subir au vocabulaire a eu sa contrepartie. Puisqu'on la privait de ses mots, la langue a dû mettre au point cet incomparable ajustement de la syntaxe, cette rigueur souveraine du sens des mots qui lui restaient, cet art de faire de pauvreté fortune. C'est sans doute ce dépouillement ascétique et ce sens de l'ascèse qui ont fait d'elle le plus pressant propagateur des idées claires dans le monde. Des mots, il lui en restait assez pour que Hugo en fît un torrent et Claudel une mer. Mais l'ascèse, en lui imposant ses contraintes, lui laissait l'harmonie des sons, pour ses poètes, et à ses prosateurs, proposait l'harmonie des phrases; le jeu achevé, à la fois intellectuel et musical, des incidentes. Vit-on jamais langage clair, dont la clarté dispersât mieux la confusion, sans rien sacrifier du complexe? Et où la simplicité se refusât plus heureusement à toute simplification?

Peuples divers, à cette pointe d'Europe où affluaient les aventuriers, où refluaient les vaincus, où pénétraient les conquérants qui n'y pouvaient survivre qu'en changeant d'âme et de culture : ne laissant leur marque que si, d'abord, ils avaient su s'assimiler, recevant plus qu'ils ne donnaient. Ce ne sont pas les juristes de Louis XI, de Louis XIV ou de Napoléon qui ont fait l'unité de cette diversité : ils ont centralisé la France, ils n'ont pas réduit ses variations. C'est la langue enrichie de tant d'apports, de tant d'images, venus de toutes parts, qui a fait l'unité française, sans altérer sa diversité. Non pas Louis XI, mais Villon, non Louis XIV, mais Racine; Chateaubriand plus que Napoléon.

Et peu importe que cette langue soit parlée en deçà ou au-delà des frontières que l'État, suivant sa chance du moment, peut étendre ou laisser étrécir. Hamilton [1] est Anglais; la voix du Breton Chateaubriand répond à celle du Genevois Rousseau; la Belgique offre le don des poèmes du Fla-

1. HAMILTON : Gentilhomme de la suite des Stuarts qui vécut en France et qui écrivit en 1713 les spirituels *Mémoires du Chevalier de Grammont.*

mand Verhaeren; c'est en Amérique que Green [1] est devenu écrivain français. On en pourrait citer mille autres. A quoi bon? Il s'agit surtout de l'audience.

Il est remarquable que la France ait été souvent détestée par l'Europe sans que l'esprit français et la langue qui le porte aient rien perdu de leur pouvoir et de leur séduction dans ces querelles politiques. Ni d'insupportables victoires, ni de retentissantes défaites n'altéraient leur charme ni leur prestige. C'est qu'à l'Europe ils étaient nécessaires. L'Europe avait besoin d'une clarté et d'un élan qui toujours jaillissaient de la même source.

La France, pays de la mesure? Quelle plus grande absurdité! Ceux qui ont inventé la « douceur » de Racine, la « bonhomie » de La Fontaine, tiré la beauté au cordeau dans les parterres de Le Nôtre, trouvé la plus sobre image de la pureté dans l'exacte rigueur des buis taillés, et admiré comme la grâce suprême les « coteaux modérés » et le ciel tendre de la gentille Ile-de-France, sont les mêmes qui arrêtent l'histoire de France à cette première marque de mauvais goût et de vilaine démesure, la prise de la Bastille, qui mettent en pot et sous globe la France morte et stérilisée depuis un siècle et demi, et offrent à l'admiration du monde, pour l'ornement des dessus de cheminées bourgeoises, la France, la France seule. Ce sont les mêmes, d'ailleurs, qui voient dans la Saint-Barthélémy, les dragonnades du Roi-Soleil et d'autres qui suivent, la paternelle, juste, adroite et prudente rigueur du Prince.

La mesure d'un habit de cérémonie porté avec aisance. Qu'aurait eu à faire l'Europe de la mesure? Parlera-t-on de la mesure d'Aubigné, de la mesure de Pascal, de celle de Nerval, de Michelet, de Rimbaud, de Hugo, de Claudel, de celle même de Gide? L'Europe n'avait pas besoin de mesure, elle avait besoin de clarté; elle n'avait pas besoin de modération, il lui fallait être pressée, poussée, portée pour prendre conscience d'elle-même, il fallait qu'on la suscitât.

Ce fut la vocation de la France. Cet esprit sans frontières recevait tous les appels confus, en assimilait l'expression, les restituait clarifiés, définis, renforcés. De désirs, d'apirations, il faisait des idées, des sentiments, des vérités : la force qu'il répandait au dehors était celle de la lumière. Et si divers qu'à tout appel il apportait une réponse. La seule mesure qu'il connût était la mesure de l'Homme; sa seule vocation depuis l'origine, cette mesure. Mesure de la grandeur et de la misère de l'homme, de sa faiblesse et de sa dignité, mesure de l'homme sans Dieu, mesure de l'homme devant Dieu, devant la Société, devant l'État, devant autrui; devant les contraintes de nature, et devant les préjugés; devant l'horreur et l'attrait du péché; dans l'exercice de sa liberté; dans les droits et les limites de l'homme et du citoyen. C'est par le général qu'il rejoignait l'universel; mais ce général n'était pas abstrait : au bout de son analyse, comme au fond de son inquiétude, on trouvait l'homme, cette chair fragile et menacée cette créature quasi-divine. C'était l'énigme du sphinx et la réponse d'Œdipe [2], valable pour tous.

Ce frémissement, cette anxiété devant le problème de l'homme, cette

1. **Green** : Américain né à Paris en 1900, écrit en français et en anglais des essais, des romans *(Mont Cinère, Adrienne Mesurat, Leviathan, Moïra..)* et des pièces de théâtre *(Sud, L'Ennemi, L'Ombre)*.

2. A la question posée par le Sphinx : « Quel être a successivement quatre, deux et trois pieds? » Œdipe répondit : « L'Homme ». L'enfant se traîne à quatre pattes, l'adulte marche sur ses deux pieds, le vieillard s'appuie sur un bâton.

cruelle rigueur, cette implacable application dans la recherche, ce souci de donner, sans la mutiler, l'altérer et surtout l'éteindre, à cette découverte l'expression exacte, complète et vivante; ce désir, d'abord d'être vrai : clarté et élan, c'est là le miracle français, qui si souvent a soulevé l'Europe et le reste du monde ou donné un sens aux orages qui grondaient au dehors et n'étaient que désordre et flots soulevés dans la nuit avant que l'éclairât la lumière de sa connaissance. La raison, notre fameuse raison, n'a jamais retenu l'audace de l'esprit ni les emportements du cœur. Elle les a laissés être parfaitement déraisonnables, n'intervenant qu'ensuite pour contrôler et éclairer les effets de ces sentiments jaillis de la nature même. Raison, non point modérée, ni sèche, ni médiocre. Raison lucide et brûlante.

1 *Relevez la suite des idées exprimées dans ce texte et rédigez-les ensuite en quelques lignes.* **2** *Quelles qualités l'auteur reconnaît-il à la langue française et à l'esprit français dont elle est l'expression?* **3** *Quelle fut l'action de l'esprit français sur les idées venues d'ailleurs?* **4** *Commentez cette affirmation de l'auteur : « C'est la langue enrichie de tant d'apports... Chateaubriand plus que Napoléon. »*

60. PLAIDOYER EN FAVEUR DE LA LANGUE FRANÇAISE

LOUIS DE BROGLIE

SUR LES SENTIERS DE LA SCIENCE,
ALBIN MICHEL ÉD., 1960.

Nous sommes dans une période où l'histoire s'accélère, où les découvertes de la Science et les progrès de ses applications sont si rapides que les conditions de la vie matérielle et de la vie intellectuelle elle-même sont sans cesse en prompte et constante évolution.

De plus, l'Europe occidentale et méditerranéenne a peu à peu cessé d'être le centre de la civilisation humaine. Celle-ci s'étend lentement à la terre entière, et, dans tous les domaines, le rapport des forces en présence s'en est trouvé modifié.

La langue française a subi et subit chaque jour davantage les conséquences de cette situation. Envahie par des mots étrangers qu'on ne cherche même pas à assimiler en les « francisant », défigurée par toutes sortes d'expressions ou de locutions mal formées, introduits hâtivement et sans esprit critique par la presse, la radio ou des écrivains sans scrupule, la langue française court aujourd'hui un grand danger et risque de se détériorer rapidement.

Il est certain qu'à notre époque, plus qu'à toute autre, une langue doit évoluer et qu'elle doit même s'enrichir rapidement de mots nouveaux permettant de traduire l'accroissement rapide de nos connaissances et de nos possibilités d'action : tout purisme excessif qui tenterait de s'opposer à cette conséquence inéluctable du progrès de la civilisation ne pourrait que venir se briser contre la force d'un courant qu'il ne pourrait remonter et, en se refusant de tenter de le guider, il ferait finalement plus de mal que de bien.

Mais l'enrichissement du français, s'il est à la fois souhaitable et inévitable, doit se faire d'une façon rationnelle préservant l'autonomie de la langue et restant conforme à ses origines et à son génie. Le français doit, certes, se transformer et s'accroître, mais il doit le faire sans perdre les qualités essentielles de précision et de cohérence qui ont assuré dans le passé le succès de son emploi dans le monde et la diffusion des idées dont il était l'interprète.

Dans le domaine scientifique plus que dans tout autre, la langue française est appelée chaque jour à se transformer et à s'accroître parce que la Science a chaque jour besoin de mots nouveaux pour désigner les conceptions qu'elle introduit, les phénomènes qu'elle découvre, les instruments qu'elle invente. Il serait aussi nuisible que vain de vouloir empêcher le langage scientifique de proliférer puisque cette prolifération est la conséquence nécessaire d'un besoin sans cesse plus pressant de termes nouveaux pour désigner des idées nouvelles.

Mais il faut que le langage scientifique français, tout en se complétant et en s'enrichissant continuellement, garde cependant les qualités de précision et de clarté qui ont toujours assuré la valeur et l'élégance de notre langue et ne se transforme pas en un jargon incorrect, prétentieux et lourd, tout chargé de mots étrangers et de sigles obscurs.

1 *Quelle est l'idée générale de ce texte?* **2** *Indiquez la composition de ce texte et montrez l'enchaînement des différentes parties.* **3** *Expliquez et commentez les expressions suivantes : « Nous sommes dans une période où l'histoire s'accélère. » « Le rapport des forces en présence s'en est trouvé modifié. »*

61. SCIENCE ET LITTÉRATURE

HENRI QUEFFELEC

LES NOUVELLES LITTÉRAIRES, 16 FÉVRIER 1961.

Le mot « littérature », même quand il ne s'entend pas de ce penchant naturel à l'homme qu'est la sophistication [1], est riche de sens. C'est aussi bien, en général, et dans quelque domaine que ce soit, une lettre d'amour comme une police d'assurance, un traité de géométrie comme une tragédie de Racine, l'art de traduire la pensée en mots exacts que l'on puisse écrire correctement et faire lire et comprendre, comme ce peut être, dans le domaine considéré comme purement littéraire, une technique extrêmement complexe par laquelle des gens qui s'intitulent écrivains cherchent à découvrir, pour les créations de leur réflexion, de leur imagination, de leur mémoire, un style chargé de sa beauté originale.

Selon que l'on dit « La science » ou « Les sciences », nous observons une ambiguïté du même type. La première expression a un champ infiniment plus vaste que la seconde; elle seule rend compte de l'immense curiosité de l'esprit humain... C'est à elle que se rattache la littérature au sens strict du mot. Elle n'est pas une science. La littérature dont il est question à la Sorbonne quand nous parlons des chaires de « langue et littérature » — et

1. Recours aux sophismes. Le sophisme est un raisonnement spécieux tenu dans l'intention de tromper l'interlocuteur. Par extension, la sophistication est la falsification de la vérité déformée par les mots.

qui s'associe plus ou moins de bonne grâce aux matières enseignées sous le nom de « sciences humaines » — s'entend de l'histoire littéraire. On ne donne pas aux élèves de Sorbonne des drames, des poèmes, des romans à écrire. Même les problèmes généraux que pose la création ne sont pas du ressort des professeurs de littérature — entendez encore une fois d'histoire littéraire. Ils dépendent de la philosophie, par le biais de l'esthétique ou de la psychologie...

Peu importe au fond si la littérature n'est pas une science, elle a sa place, tout aussi naturellement que les sciences, dans le savoir humain. Il n'y a pas de cloisons étanches entre elle et les chercheurs scientifiques. L'œuvre littéraire s'ébauche et se crée, comme toute chose en ce monde, à partir de matériaux extérieurs empruntés à la vie. Elle peut vouloir être jeu verbal, les mots que l'écrivain emploie alors ne sont tout de même pas nés de lui. Il lui est impossible en vérité de se séparer du monde. La tour d'ivoire désigne une fiction. Parmi les multiples comparaisons dont se sert Victor Hugo pour expliquer le rôle du poète reviennent sans cesse les termes de miroir, de phare et d'écho. Ces termes d'optique et d'acoustique, chez un homme qui avait une si haute idée de la littérature, méritent réflexion. Ils témoignent combien l'âme du poète, quand elle s'interroge en profondeur sur son mécanisme, doit recourir au vocabulaire scientifique.

Nous sentons tous qu'entre l'attitude de l'homme de science et celle du littéraire une différence subsiste au principe et doit subsister. Quand la littérature n'est pas une technique générale de l'esprit au service de la pensée, elle apparaît d'abord comme un art personnel du récit. L'auteur décrit, raconte à sa manière ses émotions et réflexions de poète ou d'essayiste, les aventures de ses personnages de théâtre, de roman ou de journal. Le savant, lui, se tourne vers l'avenir. La « recherche », qui est son mode d'activité principal et qui s'exerce dans le passé du monde, il veut la conduire à son terme : la découverte. Les techniques, bien sûr, se chargent, à sa place, d'inventer les applications de celle-ci, mais cependant qu'il travaille, il aperçoit continuellement leur vol autour de lui, comme un navire de pêche les mouettes attendant les débris de poisson. Si la tour d'ivoire est une fiction, le laboratoire séparé de tout en est une autre. Les bureaux, les ateliers ne sont pas si loin.

Soit. Mais nous savons en même temps que de grands écrivains ont pu être des savants notoires, et inversement. Comme certains requins peuvent être vivipares sans cesser d'être des poissons, certains historiens, tout en ployant leur recherche aux méthodes scientifiques, demeurent à chaque instant de cette recherche des écrivains. (Et les géographes donc! Et les naturalistes!)

L'homme de lettres ne remonte pas au-delà du XVIIIe siècle. Le Moyen Age confondait dans l'humanisme toutes les branches du savoir. Il a fallu spécialiser. Et à outrance. Séparations et distinctions opérées avec sagesse, mais guidées par un instinct utilitaire, et ne supprimant pas chez les meilleurs, conscients de certains artifices, la nostalgie de la communauté ancienne.

La science et la littérature n'ont pas à rougir de travailler en commun à expliquer le monde; de travailler en commun à faciliter aux hommes l'admiration du monde. Elles ont fraternisé dans les pyramides, dans les cathédrales — elles peuvent fraterniser dans l'exploration des océans et de la goutte d'eau. Paul Valéry faisant le point de sa pensée, à midi, face à la mer ensoleillée, témoigne en faveur du même humanisme qu'un Cousteau s'élançant, tel un Mercure des profondeurs, vers un champ d'amphores englouties, ou un professeur Pérès descendant, plein de bonne humeur virile, photographier un relief sous-marin.

1 *Citez des savants qui ont donné à leurs ouvrages un « apparat littéraire » tel qu'il permet de les compter également parmi les écrivains.* **2** *A votre avis, quel est l'aspect le plus durable de leurs œuvres, le contenu scientifique ou la forme littéraire? Pourquoi?* **3** *Qu'ajoute à une œuvre scientifique une forme « littéraire »?* **4** *Quelles leçons un écrivain peut-il recevoir du savant et du technicien?* **5** *Comment la science et la littérature peuvent-elles fraterniser?*

62. POÉSIE ET SCIENCE

SAINT-JOHN PERSE

Discours prononcé à Stockholm le 11 octobre 1960, à l'occasion de la réception du Prix Nobel.

La poésie n'est pas souvent à l'honneur. C'est que la dissociation semble s'accroître entre l'œuvre poétique et l'activité d'une société soumise aux servitudes matérielles. Écart accepté, non recherché par le poète, et qui serait le même pour le savant sans les applications pratiques de la science.

Mais du savant comme du poète, c'est la pensée désintéressée que l'on entend honorer ici. Qu'ici, du moins, ils ne soient plus considérés comme des frères ennemis. Car l'interrogation est la même qu'ils tiennent sur un même abîme, et seuls leurs modes d'investigation diffèrent.

Quand on mesure le drame de la science moderne découvrant jusque dans l'absolu mathématique ses limites rationnelles; quand on voit, en physique, deux grandes doctrines maîtresses poser, l'une un principe général de relativité, l'autre un principe quantique d'incertitude et d'indéterminisme qui limiterait à jamais l'exactitude même des mesures physiques; quand on a entendu le plus grand novateur scientifique de ce siècle [1], initiateur de la cosmologie moderne et répondant de la plus vaste synthèse intellectuelle en termes d'équations, invoquer l'intuition au secours de la raison et proclamer que « l'imagination est le vrai terrain de germination scientifique », allant même jusqu'à réclamer pour le savant le bénéfice d'une véritable « vision artistique » — n'est-on pas en droit de tenir l'instrument poétique pour aussi légitime que l'instrument logique?

Au vrai, toute création de l'esprit est d'abord « poétique » au sens propre du mot; et dans l'équivalence des formes sensibles et spirituelles, une même fonction s'exerce, initialement, pour l'entreprise du savant et pour celle du poète. De la pensée discursive ou de l'ellipse poétique [2], qui va plus loin et de plus loin? Et de cette nuit originelle où tâtonnent deux aveugles-nés, l'un équipé de l'outillage scientifique, l'autre assisté des seules fulgurations de l'intuition, qui donc plus tôt remonte, et plus chargé de brève phosphorescence? La réponse n'importe. Le mystère est commun. Et la grande aventure de l'esprit poétique ne le cède en rien aux ouvertures dramatiques de la science moderne. Des astronomes ont

1. Einstein. 2. Du raisonnement logique développé ou de l'image poétique condensée.

pu s'affoler d'une théorie de l'univers en expansion; il n'est pas moins d'expansion dans l'infini moral de l'homme — cet univers. Aussi loin que la science recule ses frontières et sur tout l'arc étendu de ces frontières, on entendra courir encore la meute chasseresse du poète. Par la pensée analogique et symbolique, par l'illumination lointaine de l'image médiatrice, et par le jeu de ses correspondances; sur mille chaînes de réactions et d'associations étrangères, par la grâce enfin d'un langage où se transmet le mouvement même de l'Être, le poète s'investit d'une surréalité [1] qui ne peut être celle de la science.

Mais, plus que mode de connaissance, la poésie est d'abord mode de vie — et de vie intégrale. Le poète existait dans l'homme des cavernes, il existera dans l'homme des âges atomiques, parce qu'il est part irréductible de l'homme.

Fierté de l'homme en marche sous sa charge d'éternité. Fierté de l'homme en marche sous son fardeau d'humanité, quand pour lui s'ouvre un humanisme nouveau, d'universalité réelle et d'intégralité psychique... Fidèle à son office, qui est l'approfondissement même du mystère de l'homme, la poésie moderne s'engage dans une entreprise dont la poursuite intéresse la pleine intégralité de l'homme. Il n'est rien de pythique [2] dans une telle poésie. Rien non plus de purement esthétique. Elle n'est point art d'embaumeur ni de décorateur. Elle n'élève point des perles de culture, ne trafique point de simulacres, ni d'emblèmes, et d'aucune fête musicale elle ne saurait se contenter. Elle s'allie, dans ses voies, la beauté, suprême alliance, mais n'en fait point sa fin ni sa seule pâture. Et c'est d'une même étreinte, comme d'une seule grande strophe vivante, qu'elle embrasse au présent tout le passé et l'avenir, l'humain avec le surhumain, et tout l'espace planétaire avec l'espace universel. L'obscurité qu'on lui reproche ne tient pas à sa nature propre, qui est d'éclairer, mais à la nuit même qu'elle explore, celle de l'âme elle-même et du mystère où baigne l'être humain. Son expression toujours s'est interdit l'obscur, et cette expression n'est pas moins exigeante que celle de la science.

Ainsi par son adhésion totale à ce qui est, le poète tient pour nous liaison avec la permanence et l'unité de l'Être. Et sa leçon est d'optimisme. Une même loi d'harmonie régit pour lui le monde entier des choses. Rien n'y peut advenir qui, par nature, excède la mesure de l'homme. L'inertie seule est menaçante. Poète est celui-là qui rompt pour nous l'accoutumance. Et c'est ainsi que le poète se trouve aussi lié, malgré lui, à l'événement historique. Et rien du drame de son temps ne lui est étranger. Qu'à tous il dise clairement le goût de vivre ce temps fort. Car l'heure est grande et neuve, où se saisir à neuf. Et à qui donc céderions-nous l'honneur de notre temps?

1 *Résumez le texte ci-dessus en cent mots au minimum, cent vingt au maximum.* **2** *L'hommage que Saint-John Perse rend à la poésie vous surprend-il? ou correspond-il à l'idée que vous vous faites d'elle? Justifiez votre réponse.*

E.N.S.I.-A., *1961.*

1. Un caractère surréel, au-delà de la réalité, qui appartient au domaine du rêve. 2. La Pythie était une prêtresse qui rendait des oracles dans le temple d'Apollon à Delphes.

63. SITUATION DE LA POÉSIE CONTEMPORAINE

PIERRE DE BOISDEFFRE

UNE HISTOIRE VIVANTE DE LA LITTÉRATURE D'AUJOURD'HUI, LE LIVRE CONTEMPORAIN, 1959.

« Avec la poésie moderne, un langage de création se substitue à un langage d'expression... L'essentiel de la poésie n'est plus dans son contenu, ou dans sa forme prosodique : il est dans son langage même qui tend à devenir fin en soi et création originale. » Et Valéry définit le poème comme « le discours d'un être plus pur, plus puissant et plus profond dans ses pensées, plus intense dans sa vie, plus élégant et plus heureux dans sa parole que n'importe quelle personne réelle » et la poésie comme « un langage dans le langage » d'autant plus efficace qu'il est plus pur et qu'il ne se confond pas avec « les moyens de communication de la vie ordinaire et superficielle ». *Depuis le surréalisme, l'activité poétique s'identifie avec la recherche de l'Absolu.* En outre, elle joue souvent le rôle d'une psychanalyse : Pierre Jean Jouve l'affirmait explicitement dans la préface de *Sueur de Sang :*

Nous avons connaissance à présent de milliers de mondes à l'intérieur du monde de l'homme, que toute l'œuvre de l'homme avait été de cacher... Cet homme n'est pas un personnage en veston ou en uniforme comme nous l'avions cru ; il est plutôt un abîme douloureux... l'homme moderne a découvert l'inconscient et sa structure ; il y a vu l'impulsion de l'éros et l'impulsion de la mort, nouées ensemble... Rien ne nous fera plus oublier que nous sommes conflit... Les poètes qui ont travaillé depuis Rimbaud à affranchir la poésie du rationnel... ont retrouvé dans l'inconscient... l'ancienne et la nouvelle source, et se sont approchés par là d'un but nouveau pour le monde... Dans son expérience actuelle, la poésie est en présence de multiples condensations à travers quoi elle arrive à toucher au symbole... C'est comme une matière qui dégage ses puissances. Et par le mode de sensibilité qui procède de la phrase au vers et du mot utilitaire au mot magique, la recherche de la forme adéquate devient inséparable de la recherche du fond...

Cette recherche de l'absolu, cette référence à l'inconscient, ce refus de séparer forme et fond, se retrouvent dans la plupart des grandes expériences poétiques de notre temps : les poètes se séparent en fonction de la place qu'ils accordent au langage. Pour les uns, le problème de la création n'est guère qu'un problème d'expression. Aragon, Supervielle, Robert Desnos, le dernier Éluard, Patrice de la Tour du Pin, Audiberti, et, du côté des plus « avancés », Jacques Prévert ou Francis Ponge — pour ne pas parler de Marie Noël ou de Philippe Chabaneix — n'estiment pas qu'un langage accessible à tous soit inconciliable avec une inspiration poétique originale. (Raymond Queneau va même jusqu'à lui incorporer le parler populaire.) Pour les autres (Antonin Artaud, Pierre Reverdy, Henri Michaux, René Char), le poème demeure rebelle à toute élaboration; la matière crée sa propre forme. [...]

La poésie française est aujourd'hui le lieu d'une guerre inexpiable : pas de point commun ni de terrain de rencontre entre la Tradition et la Révolution. Apparemment, pas de compromis possible entre ceux qui acceptent de soumettre le langage à la règle, à la mesure, à la raison, et ceux qui ne veulent connaître que les injonctions incontrôlables de l'inconscient. Faute de croire que la Beauté puisse jaillir, tout armée, de nos rêves, devrons-nous donc nous résigner au déjà dit, aux lieux communs? N'avons-nous fui l'académisme que pour tomber dans l'incohérence? [...]

Si l'on estime que le poète doit s'adresser à tout un peuple, on souhaitera donc qu'il parle sa langue, et non celle de l'absence, de l'absurde ou du surréel. On cherchera dans le vers une musique et l'on refusera de se soumettre aux dictats de l'hermétisme et de l'écriture automatique. Est-ce à dire qu'il faille rejeter les efforts de ces poètes difficiles, héritiers de Mallarmé et de Valéry, qu'on a pu comparer à des cruciverbistes dont « le chemin de croix est un damier avec des chicanes et des clôtures »? Certes non! Mais on peut souhaiter que s'atténue le divorce qui sépare aujourd'hui les artisans des ingénieurs et la chanson du laboratoire. Si la poésie française du demi-siècle attend encore son Baudelaire, c'est peut-être parce qu'il n'existe aucune communication entre ces deux mondes, et que nos ingénieurs, passés maîtres dans la désintégration du verbe, ne se soucient pas de faire bénéficier de leurs découvertes un public réduit à la bonne volonté d'artisans plus ou moins adroits.

64. LE ROMANCIER PARLE A L'HOMME

CH. PLISNIER
ROMAN,
GRASSET ÉD., 1954.

Je ne dis pas qu'aucun des géants qui ont fait le patrimoine spirituel de l'humanité n'ait apporté un message exaltant. Il faut reconnaître pourtant que la plupart d'entre eux furent des génies noirs, qu'ils semblaient avoir le vertige des gouffres : ainsi Eschyle et Shakespeare, Dante et Balzac, Racine et Dostoïevski. S'ils vivaient aujourd'hui, faudrait-il éteindre leurs voix et, à la manière dont l'entendait Platon, chasser ces « corrupteurs » de la République [1]?

Qu'on y songe, pourtant : s'ils donnèrent à leurs contemporains une vue désolante du monde, il n'y eut pas, à l'échelle des siècles, hormis les saints, de plus grands purificateurs d'hommes. Les œuvres d'art survivent aux empires; elles luisent sur leurs poussières. Une chose paraît nuisible aux yeux des vivants; les générations la ramassent et disent : « C'était un diamant ». Téméraires ceux qui veulent se faire juges et empêcher ces choses d'éclore au jour!

« Changez vos thèmes! » crient les idéologues aux créateurs. Autant vaudrait dire : « Changez votre être, la forme de votre cœur, le rythme de votre sang! » Imagine-t-on Dostoïevski , si russe, si patriote, si patriote

1. Platon soutenait que le poète est nuisible à la société.

russe, « changeant ses thèmes » après 1855 et Sébastopol? Cette idée est comique. Si grands que fussent les désastres de sa patrie, son devoir n'était-il pas de continuer son travail d'ausculteur illuminé? Il servait ainsi.

Il n'y a pas « des » sujets. Il n'y a qu' « un » sujet : l'homme, l'homme et encore l'homme. L'homme aux prises avec les sept péchés, l'enfance, l'amour, la mort, le sourd orage de la foi qui fait son chemin dans les âmes, les embrase ou s'éteint.

Qu'importent les apparences, les gestes? Les gestes sont les mêmes depuis des millénaires, depuis l'arbre et le serpent. Ce qui importe, c'est l'âme des hommes.

Le créateur authentique ne peint pas pour le vain plaisir de peindre. Qu'il le veuille ou non, « qu'il le sache ou non », ce qu'il fait, au moment même qu'il fouille dans ses créatures, c'est jeter des lueurs dans les ombres qui sont les ombres de tous, c'est confesser ces vivants épars, inconnus, perdus, qui, sans lui, ne connaîtraient point toujours leur mal; c'est leur montrer le bestiaire obscur qui grouille dans leur âme, afin, peut-être, que, troublés, épouvantés, « ils se voient enfin » et songent sur eux-mêmes.

N'est-ce pas une mission assez haute? Et à ceux qui font cela, doit-on demander, pour créer une euphorie artificielle — plus mortelle que n'importe quelle inquiétude — de détourner les yeux, d'adoucir leur rigueur?

Parce que les romanciers ne le montreraient plus, le mal en existerait-il moins? Ou si, plutôt, il serait comme ces maladies ignorées de ceux-là mêmes qu'elles tuent, nommées honteuses parce que chacun s'en croit seul affligé, et qui rongent sourdement le corps social.

Les romans authentiques sont des questionnaires secrets.

Voilà, dit le romancier, la plaie de celui-ci, de celui-là, sa lâcheté, son doute, son égoïsme. N'es-tu pas un peu ainsi? Ne portes-tu pas au fond de ton être des maux tout semblables? Ne te sens-tu pas capable de sombrer dans un gouffre pareil? Fais l'inventaire de tes misères et de tes fautes, ici, devant ce livre, dans le secret de ton cœur. Cruellement, impitoyablement, considère-toi dans ta vérité. Ce n'est pas moi qui suis chargé de t'apporter le secours; j'ai pour mission seulement de toucher ton âme et de te dire : « Tu as ce mal ». Et je ne ferme pas l'espérance.

1 *Quelle est, selon Plisnier, la véritable mission du romancier?* **2** *Distinguez les différents points de son argumentation.* **3** *Expliquez et commentez les expressions suivantes : « Des génies noirs » — « Les œuvres d'art survivent aux empires ». — « C'était un diamant. » — « Le bestiaire obscur qui grouille dans leur âme. » — « Les romans authentiques sont des questionnaires secrets. » — « Je ne ferme pas l'espérance. »*

65. LE NOUVEAU ROMAN HYPNOTISE LE LECTEUR

RENÉ-MARIE ALBÉRÈS

MÉTAMORPHOSE DU ROMAN,
ALBIN MICHEL.

Dans le roman nouveau, l'œil ou l'oreille du lecteur-auditeur (car il s'agit souvent d'un roman « vocal ») ne sait où se placer pour voir ou pour entendre. Au lieu de se trouver, comme chez Balzac, dans un observatoire privilégié, d'où une sorte d'Asmodée-Vidocq, chef de la Police, voit et entend ce qui se passe dans toutes les chambres, dans toutes les pièces, dans toutes les rues et l'organise en un récit circonstancié, on est jeté, comme en rêve, dans une situation et dans une substitution inattendues. En ouvrant « Le Bruit et la Fureur » de Faulkner, ou « Molloy » de Beckett, il faut « devenir » soi-même, un idiot hébété et malheureux. Il n'est pas question d'étudier et d'observer cet idiot en le voyant de l'extérieur; il faut se transformer en lui, épouser ses pensées rudimentaires...

En lisant « La Jalousie » de Robbe-Grillet, je vois une femme qui est ma femme, je vois aussi celui que je soupçonne d'être son amant, et je revois toutes les scènes qui nourrissent mes soupçons; ma personnalité de lecteur disparaît, je m'identifie à ce « jaloux » qui épie. Il n'y a plus aucune distance entre moi et le cauchemar de « La Jalousie », j'oublie ma vie personnelle, et je deviens un planteur, établi dans un pays équatorial, schizophrène et tourmenté, qui a peur des mille-pattes et d'une infidélité possible de son épouse. J'ai devant moi des bananeraies, des Noirs, des jeeps, des engins agricoles et cet homme qui vient trop souvent « nous » rendre visite. Je suis obsédé, je suis sûr que ma femme et lui se rencontrent à mon insu...

Si je me dis, pendant un instant, que tout cela est faux, que je n'ai jamais planté de bananes en Afrique, que ma femme (la vraie) ne va jamais en jeep jusqu'à la ville voisine avec un ami du ménage (car en réalité je « suis » à Paris, en Italie, en Suisse), alors le roman de Robbe-Grillet s'évapore lentement comme un rêve, et je me retrouve à Paris, à Florence, ou à Fribourg, installé dans ma vie à moi...

On reconnaît cette impression : celle que l'on éprouve dans la fange de demi-sommeil, où l'on s'éveille d'un mauvais rêve. C'est le moment où en sortant du songe dans un réveil nocturne, on tâte par l'esprit les murs de sa chambre, où l'on se retrouve soi-même, où l'on croyait être en rêve, et où l'on est satisfait de rentrer dans sa peau, de retrouver autour de soi des objets familiers, et des situations moins tragiques.

Entre la lecture d'un roman comme « La Jalousie » et le retour à la vie quotidienne qui s'opère lorsque l'on ferme le livre, le rapport est le même qu'entre le songe et la vie diurne et normale. Autrement dit, le roman du monologue intérieur agit comme un hypnotisme.

Le romancier n'y est plus un homme disert, chargé, comme Stendhal ou Balzac, de nous raconter une histoire qui nous passionne « de l'extérieur ». Il est un hypnotiseur qui place devant notre regard une boule de cristal où dansent des images, et qui nous murmure doucement : « Tu n'es pas R.-M. Albérès, docteur ès lettres... Tu es... quelqu'un... planteur de bananes au Dahomey... Voici les bananes, la plantation, les

Noirs... Les vois-tu ? » Et nous les voyons. « Ta femme, poursuit le romancier-hypnotiseur, ta femme est partie faire une promenade avec votre voisin, dans la brousse... Il est tard, très tard. Ils ne sont pas encore rentrés... Tu es inquiet... Tu es jaloux... » et, si nous sommes bons lecteurs, nous nous mettons à ressentir les symptômes émotifs de la jalousie, nous remâchons, nous ressassons, nous nous torturons, nous ressentons les émotions du personnage imaginaire que l'hypnotiseur-romancier a substitué à notre véritable personnalité; nous sommes semblables à ces spectateurs que, dans une séance publique d'hypnotisme, le magicien-hypnotiseur fait monter sur la scène, magnétise, et, après leur avoir suggéré qu'ils se trouvent en plein Sahara, les amène à transpirer, à se déshabiller... D'ailleurs, cette volonté de conviction ne se trouve-t-elle pas, syntaxiquement et nettement dans les célèbres premières pages de « La Modification »?Le personnage que Butor y introduit, Léon Delmont, n'est pas présenté de l'extérieur, à la troisième personne (« il ») ni même fictivement de l'intérieur, à la première personne (« je »). Par l'emploi d'une seconde personne à l'impératif, nous sommes sommés de nous identifier à lui : « VOUS avez mis le pied gauche sur la rainure de cuivre, et de votre épaule, VOUS essayez en vain de pousser un peu plus le panneau coulissant. VOUS vous introduisez par l'étroite ouverture... »

Cet effet d'hypnotisme existe dans tout roman de monologue intérieur. Et ainsi s'expliquent les réactions bien différentes des amateurs de littérature devant ce procédé, car il est des hommes faciles à hypnotiser, et des hommes réfractaires à l'hypnotisme. Dans ce style littéraire se trouve entièrement modifiée la relation entre le « personnage » et le lecteur. On s'efforce de supprimer le plus possible le « recul » que prenait le lecteur par rapport au héros dans le roman traditionnel.

A l'entrée du roman, nous voici conduits, les yeux bandés, dans une chambre noire, qui est la chambre aux illusions. Nous n'y assisterons pas à un spectacle dans un fauteuil. Car nous sommes debout, dans le noir. Et voici que nous entendons des voix, nous voyons des silhouettes, dans des séquences de plus en plus insistantes, de plus en plus obsédantes. Cette voix qui parle, je la prends pour la mienne, cette image d'un homme qui erre, c'est peut-être moi... Dépersonnalisé, le lecteur, au lieu de regarder en immuable spectateur une action qui se déroule devant lui, tâtonne dans une comédie d'ombres dont il fait lui-même partie — s'il se laisse faire, s'il accepte cette forme d'art qui lui demande de se soumettre à une hypnose.

66. PERSONNAGE DE ROMAN, PERSONNAGE DE THÉATRE

P.-A. TOUCHARD

L'AMATEUR DE THÉATRE,
SEUIL ÉD., 1952.

On peut se demander pourquoi ni le roman ni le théâtre ne nous présentent des individus simplement forts ou heureux, et s'indigner de ce que l'art du romancier ou du dramaturge se complaise à la représentation de personnages plus ou moins visiblement marqués de caractères morbides. Il semblerait a priori qu'il serait plus tonique de nous mettre en présence d'êtres sains. Mais l'être totalement sain n'existe pas, et, en principe, il n'a pas de problèmes. Sa représentation dans un roman ou sur une scène aurait un résultat démoralisant : on nous proposerait un idéal que nous saurions ne jamais pouvoir atteindre. On peut nous présenter, à la rigueur, un Saint, dans un roman ou au théâtre, parce qu'un Saint n'est pas un être sain au départ, il est un être qui lutte magnifiquement pour conquérir la santé, ou du moins cette santé spirituelle qu'on appelle la sainteté. Ce qui nous intéresse en lui, c'est l'effort vers la sainteté, la lutte contre les tentations, car cet effort et cette lutte sont les nôtres. Un Saint déjà saint au début d'un roman ou d'une pièce de théâtre cesserait de nous intéresser, car il se présenterait à nous dans un état que nous ignorons, un état aussi étranger au nôtre que celui du végétal ou du minéral. Si les personnages de roman ou de théâtre ne sont jamais des êtres libres, s'ils ont des faiblesses et des passions, c'est qu'autrement ils cesseraient de nous apparaître vraisemblables. Et si la vraisemblance est une des lois nécessaires de tout art, c'est que nous ne pouvons ni raisonner ni aimer ni haïr que par analogie. La vraisemblance est la condition de la sympathie. La sympathie est la condition de l'intérêt. On a toujours tort de reprocher à un auteur de nous présenter des personnages faibles, vils ou bas : c'est la règle du jeu. On peut par contre lui reprocher de les présenter trop vils ou trop bas, ou de ne nous présenter que des personnages trop vils ou trop bas, car alors, bien que nous puissions nous reconnaître en eux, nous sommes gênés d'avoir à le faire, et notre plaisir devient moins pur. La même loi de vraisemblance analogie-sympathie qui nous interdit de nous intéresser à l'être trop libre ou trop sain, nous interdit de nous reconnaître dans l'être trop taré ou trop asservi...

Le roman et le théâtre, en nous présentant des personnages assez voisins de nous pour que nous les comprenions, assez loin de nous pour que nous n'ayons pas peur en les condamnant de nous condamner nous-mêmes, nous rendent notre objectivité de spectateur, nous rendent notre liberté. Nous vivons les passions des personnages avec assez d'intimité pour prendre du plaisir à les voir satisfaites, mais ce plaisir que nous prenons ainsi par sympathie, nous n'y sommes malgré tout pas assez engagés personnellement pour avoir à en rougir : c'est pourquoi le spectacle de nos passions, satisfaites ainsi comme par procuration, nous apporte cette merveilleuse détente qu'Aristote appelait la « purgation des passions ». [...] Nous nous sentons élevés hors de nous-mêmes.

Mais cette détente, cette purgation des passions est au théâtre beaucoup plus sensible, plus nette qu'à la lecture d'un roman. C'est que le roman est un art inquiet, qui fouille dans la plaie à vif, et le plaisir qu'on y rencontre est un plaisir qui demeure entaché de narcissisme[1]. Analysant mon mal à travers autrui, je le juge de plus haut, mais c'est toujours mon mal qui me préoccupe. Au théâtre, le mal est posé d'emblée comme un fait, une conséquence inéluctable de notre nature. Au lieu de ne me préoccuper que de moi par rapport à moi-même, je me préoccupe de moi par rapport à autrui. L'intrusion d'autrui est en soi une libération : je ne suis plus enfermé dans moi. Ce n'est pas un hasard si le roman est un art solitaire, ... alors que le théâtre est un art collectif.

1 *Résumez ce texte en quelques lignes.* **2** *Analysez les raisons pour lesquelles le choix du romancier ou de l'auteur dramatique se porte sur des personnages « plus ou moins visiblement marqués de caractères morbides ».* **3** *En quoi consiste d'après ce texte la « purgation des passions » apportée par le roman ou le théâtre?* **4** *Expliquez en quoi le plaisir de la lecture est « entaché de narcissisme ».*

67. L'HOMME ET L'ŒUVRE

ANDRÉ MAUROIS

LES NOUVELLES LITTÉRAIRES, 10 JUIN 1954.

Il est tout à fait vrai que la critique littéraire consiste à étudier une œuvre, et non la vie ou le caractère de son auteur...

Si l'œuvre est intéressante en elle-même, ce n'est pas une raison pour que la vie et la personne de l'homme extraordinaire qui a enfanté cette œuvre soient sans intérêt. Bien au contraire. Toute existence, toute âme humaine, si on les étudie avec amour et exactitude, offrent de beaux modèles au romancier. Mais plus encore l'âme et l'existence d'un grand homme. Il est exaltant et sain pour le lecteur de retrouver, chez un être qu'il admire, des passions qui sont celles de l'humanité tout entière. C'est un noble spectacle que la lutte du héros pour surmonter ses faiblesses et pour tirer de soi quelque chose qui, en lui, est plus grand que lui-même. Et de toutes les vies, celle de l'écrivain est la plus riche pour un biographe, parce qu'elle laisse de précieuses traces : livres, journaux intimes, lettres innombrables.

Si la critique littéraire a le droit de négliger la vie, le biographe, lui, n'a pas le droit de négliger l'œuvre. Elle fait partie de la vie; elle en est même le noyau central...

Il est certain qu'aucun écrivain ne connaît bien une autre âme que la sienne; quand il veut peindre les hommes, c'est des fragments de son caractère qu'il se sert...

Un personnage de roman est fait, non pas avec toute la personnalité de l'auteur, mais avec un fragment souvent très limité de son moi. De ce que Proust a écrit d'admirables pages sur la jalousie, je me garderai

1. Narcisse est un personnage mythologique qui, s'étant vu dans une fontaine, devint amoureux de lui-même et mourut en s'admirant.
Le narcissisme est l'amour, l'admiration exagérée de soi-même.
Le mythe de Narcisse a fourni à de nombreux écrivains, d'Ovide à Valéry, un thème où s'exprime le besoin de l'homme de reporter sur lui-même son besoin d'aimer et de connaître, le besoin de s'analyser qui procure des satisfactions délicieuses en même temps que des tourments.

de conclure que Proust, surtout vers la fin de sa vie, était jaloux. Il suffit d'avoir éprouvé un sentiment avec force pendant quelques jours, pendant quelques minutes pour être capable de le décrire. Souvent il suffit de l'avoir décrit pour ne plus l'éprouver; l'œuvre agit ici comme délivrance.

Pour atteindre sur une âme d'écrivain la vérité la plus secrète, c'est à l'œuvre qu'il faut aller. Dans ses livres, abrité par une fiction, par des personnages, et par un style, l'auteur se révèle « tel qu'en lui-même enfin l'éternité le change »[1]. Tout l'art du biographe est de savoir découvrir, en ces retraites profondes, les ressorts cachés d'un caractère. Il doit se garder d'identifier l'auteur avec tel ou tel de ses héros. Le mystère littéraire est plus complexe. Seule une analyse ingénieuse et subtile peut le percer. Mais que l'on ne dise pas que cette analyse est sans intérêt! Il arrive qu'elle soit même plus intéressante que l'œuvre. Certains écrivains ont fait de leur vie un chef-d'œuvre qui n'ont pas su le faire dans leurs livres. Sera-t-il interdit de conter la plus belle de leurs histoires?

1 *Quels rapports l'auteur indique-t-il entre la vie, la personnalité et l'œuvre d'un écrivain? Notez-les avec précision.* **2** *Quelle doit être l'attitude du biographe à l'égard de l'homme dont il étudie la vie? A l'égard de son œuvre? Peut-il les séparer?* **3** *Pensez-vous que pour goûter pleinement l'œuvre d'un écrivain la connaissance des circonstances qui ont accompagné sa création soit nécessaire? Est-elle utile? Est-elle indispensable? Dans quels cas?* **4** *Ce problème peut-il être étendu à tous les domaines artistiques : peinture, musique... et d'une manière plus générale à toute œuvre de création dans n'importe quel domaine : sciences, technique, industrie, commerce, administration, etc?*

68. PENSEZ GÉOGRAPHIE

TH. MONOD

AU BORD DE L'OCÉAN TÉNÉBREUX : ATLANTIQUE ET AFRIQUE
SAINT-LOUIS, SÉNÉGAL, 1944.

Pensez Géographie, pensez Histoire humaine, Histoire des peuples, des langues, des races, des arts ou des cultures, pensez Afrique plutôt que Sénégal et planète plutôt qu'Afrique. Votre vision ne sera jamais assez vaste, mais elle doit n'embrasser le panorama général que comme la somme des paysages particuliers qui le composent.

Le plus merveilleux des livres d'images, voyez-vous, c'est encore un atlas. D'abord parce qu'il nous sauvera des jugements hâtifs, simplistes et faux, en nous enseignant la diversité, la merveilleuse variété des climats, des végétations, des faunes, du peuplement humain des territoires, à la fois dans l'espace et, bien entendu, également dans le temps.

Ensuite parce qu'après nous avoir incité à l'analyse, il nous conviera, ce bienheureux volume, ce livre d'heures[2] moderne, aux plus vastes synthèses. Il nous apprendra à penser à l'échelle qui ne sera plus celle du clan, de la chapelle ou du village, à retrouver par-delà les barrières dressées entre les hommes par l'orgueil et la passion, par-delà les mouvantes

1. Vers de Mallarmé dans un poème sur Edgar Poe.
2. Livre où sont réunis les différents offices liturgiques célébrés au long du jour.

et provisoires frontières de la carte politique, le sens de la fondamentale unité des choses et des êtres, par-delà ce qui disperse, ce qui rassemble. Le globe terrestre n'est plus, pour celui qui sait regarder, un jouet d'enfant, un meuble de classe ou un ornement de salon, c'est la grave, la solennelle image d'une vivante réalité qui, si nous savions écouter encore, aurait à nous faire entendre une voix pathétique auprès de laquelle nos cris et nos vacarmes paraîtraient de bien modestes fredons. Mais pour voir, pour bien voir, il faut prendre de l'altitude, il faut embrasser le globe tout entier d'un seul regard.

Sur cet immense panorama, chaque discipline, tour à tour, viendra projeter, pour l'éclairer d'un feu différent, ses propres lumières. L'anthropologiste, l'archéologue, le linguiste, l'ethnologue, l'historien tout court, puis celui des religions et celui de l'art, auront chacun à apporter quelques menues, fragiles et provisoires certitudes, beaucoup d'hypothèses et plus encore de questions aujourd'hui sans réponse.

Et l'on ne peut que redire de chacune des sciences de l'homme ce qu'Henri Davanson [1] écrivait en 1938 de la Géographie en définissant son apport, « un sens de ce qu'il y a de mystérieux dans le réel, une invite à se résigner à cohabiter avec l'inexpliqué, sinon avec l'inexplicable... ». La Géographie pour nous aura été ce que la magie était à Elseneur pour Hamlet : « Il y a plus de choses sur la terre et dans le ciel, Horatio, que n'en imagine ta philosophie ».

1 *Résumez brièvement (maximum 6 lignes) les idées de l'auteur (4 pts) et dites comment vous comprenez la dernière phrase: « La géographie... la philosophie » (2 pts).* **2** *Définissez : « Livre d'heures moderne », « Archéologue », « Ethnologue » (2 pts)* **3** *Quels procédés utilise l'auteur pour essayer de faire partager ses idées? (6 pts).* **4** *Donnez la nature et la fonction des propositions de la phrase: « Le globe terrestre... fredons » (4 pts ½) et analysez les trois « ce » (ou c') qui se trouvent dans cette phrase et dans la phrase précédente (1 pt ½).*

* Dissertation. *La culture géographique vous paraît-elle nécessaire à la compréhension des réalités industrielles modernes?*

Écoles Nationales d'Ingénieurs des Arts et Métiers, *1960.*

69. ÉTUDE ET PRATIQUE DE L'HISTOIRE

GONZAGUE DE REYNOLD
REVUE HOMMES ET MONDES,
OCTOBRE 1949.

L'histoire, il y a bien des manières de l'étudier et de la pratiquer. On peut se promener dans la campagne en cherchant les sentiers à peine tracés, en s'arrêtant aux plantes et aux cailloux. S'intéresser aux hommes qui ont fait ou dirigé les événements, travailler à pénétrer le secret de leur esprit et les secrets de leur vie. S'installer dans un pays ou dans une époque. On peut enfin survoler l'histoire pour avoir d'elle cette vue générale qui dégage les lignes de force et nous permet de les suivre de l'origine jusqu'à l'heure présente.

1. Pseudonyme de Marrou devenu, depuis, professeur d'Histoire des Religions.

C'est l'histoire synthétique à laquelle l'histoire analytique doit aboutir comme à son sommet, puisqu'elle y est ordonnée comme à sa raison d'être. Nous ne méconnaissons plus les dangers que la spécialisation exagérée fait courir à l'intelligence : hier, les arbres empêchaient de voir la forêt : aujourd'hui, les broussailles empêchent de voir les arbres. Mais, si l'histoire analytique nous explique le comment des choses, l'histoire synthétique nous révèle leur pourquoi. Et c'est le pourquoi qui nous intéresse aujourd'hui. Parce que nous voulons savoir où nous en sommes, nous avons besoin de *l'expérience historique* autant que de *l'expérience scientifique.* Nous sommes devant un immense effort de reconstruction. Mais aucune reconstruction dans l'ordre des faits n'est durable, possible, si elle n'est accompagnée, soutenue, éclairée par une synthèse dans l'ordre de l'esprit. L'histoire, ce lien entre le fait et l'esprit, nous montre d'ailleurs que toute époque de reconstruction sociale et politique fut en même temps une *époque de synthèse intellectuelle.* Elle nous montre que cette synthèse a toujours débuté par un triage sévère des notions et des matériaux que la recherche et l'analyse avaient accumulés.

L'histoire ne se voit pas, ne s'apprend pas, ne s'écrit pas fenêtres fermées, dans l'atmosphère artificielle des séminaires, des archives, des bibliothèques, des cabinets de travail. L'histoire ne s'apprend et ne se comprend, ne se voit et ne vous parle qu'en plein air, sur un point de vue, celui où vous avez vos racines, votre terre, votre maison, votre lieu. Ce n'est pas un couplet que je chante; c'est une méthode que je propose. Chacun de nous est relié à l'histoire par sa patrie, son endroit, sa famille, son nom, même si ce nom n'a rien d'historique. Chacun de nous, pour humble qu'il soit, possède, pour limitée qu'elle soit, une histoire. Est-il capable d'en prendre conscience, il entrera par toute la série des *intermédiaires* dans le grand circuit de l'histoire mondiale. L'image est des cercles concentriques; mais d'abord il faut se placer sur le *centre générateur.*

1 *Lisez attentivement ce texte et montrez l'intérêt des études historiques en dégageant les principales idées de l'auteur (maximum 10 lignes).* **2** *Expliquez les mots ou expressions : « lignes de force », « époque de synthèse intellectuelle », « intermédiaires », « centre générateur ».* **3** *Quelles différences voyez-vous entre l'expérience historique et l'expérience scientifique?* **4** *Choisissez dans le texte deux ou trois phrases qui vous ont particulièrement frappé, et faites à leur sujet toutes les remarques sur le style que vous jugerez utiles : choix des termes, construction des phrases, effets recherchés.*

Écoles Nationales d'Ingénieurs des Arts et Métiers, *1959.*

70. L'HISTORIEN DEVANT LE MONDE MODERNE

ARNOLD TOYNBEE

CONFÉRENCE PRONONCÉE A L'UNIVERSITÉ DU MINNESOTA, U.S.A, 1960.

Une grande occasion intellectuelle s'offre ainsi de nos jours aux historiens. Pour la première fois, nous avons la chance de pouvoir contempler deux choses en même temps. Nous commençons à voir en son entier l'histoire des civilisations— ces cinq ou six mille années qui, pour l'humanité, se placent à la fin de cinq cent mille ou d'un million d'années; au lieu de nous limiter, comme nos prédécesseurs, à quelques-uns des fragments ou taches de cette histoire. En même temps, tous les aspects de la vie humaine nous apparaissent comme autant de facettes d'une nature unique; et nous ne devons plus, comme nos devanciers, aborder par fragments l'étude de l'homme en la divisant artificiellement en un certain nombre de « disciplines » séparées : histoire, sociologie, économie politique, psychologie, théologie, etc...

Cette possibilité nouvelle d'étude unitaire devrait nous permettre de nous embarquer pour des voyages mentaux de découvertes difficilement concevables dans le passé. En pénétrant dans ce domaine considéré maintenant comme un tout, une de nos premières tâches devrait être de déterminer jusqu'où la loi naturelle s'étend sur le champ de la vie humaine et quelle portion n'y est pas soumise. Une telle recherche nous permettrait de mesurer la liberté d'initiative et d'action que possède l'homme; et quels sont les niveaux et sphères où elle peut s'exercer.

Cette occasion intellectuelle offerte aux historiens de notre génération est éblouissante en même temps que pratique. Mais elle sera perdue si nous ne faisons pas bon usage de ce dernier caractère. Car l'humanité se détruira d'elle-même si elle ne parvient pas à vivre comme une seule famille sur la surface — qui se rétrécit rapidement — de notre terre. Les historiens peuvent et doivent dire leur mot dans ce choix de l'humanité entre les termes de cette alternative.

Vivre ensemble comme les membres d'une famille unique est le seul avenir que l'humanité puisse envisager, aujourd'hui que notre technique occidentale a simultanément « aboli les distances » et inventé la bombe atomique. Mais le tour de force d'apprendre la vie en commun est aussi difficile qu'urgent. Jusqu'à nos jours, les progrès de l'homme dans ses moyens physiques de communication se traînaient loin derrière ceux effectués sur le plan spirituel de la civilisation. Aussi, au cours des cinq ou six mille dernières années, nos cultures et nos religions se sont-elles développées chacune de leur côté. Nous en sommes arrivés ainsi à vivre dans un monde divisé en compartiments culturels; un monde où, comme l'a dit Pascal, « un méridien décide de la vérité », où « ce qui est vrai de ce côté des Pyrénées est faux de l'autre [1] ».

Ces conceptions et attitudes — accidentellement, et donc artificiellement, différenciées — ont eu le temps de s'enraciner en habitudes. Les hommes ont eu le loisir, en cinq à six mille ans, d'apprendre à devenir étrangers les uns aux autres; et voilà que nous nous accordons à peine le temps nécessaire pour apprendre l'art bien plus difficile de nous fondre dans l'unité comme des frères. L'extraordinaire rapidité de notre progrès technique, en même temps qu'elle nous plaçait entre les mains des armes mortelles, nous a mis en mesure de tirer à bout portant.

Devenus physiquement des voisins immédiats cependant que nos cœurs et nos esprits demeuraient séparés par de grandes distances, nous sommes cependant conscients du danger actuel. Lorsque des étrangers s'affrontent, l'ignorance réciproque nourrit la peur, et celle-ci, l'hostilité. L'humanité a donc besoin avant tout d'un peu de temps pour que les différents peuples se familiarisent avec les habitudes de vie des uns et des

1. « ... Trois degrés d'élévation du pôle renversent toute la jurisprudence, un méridien décide de la vérité; en peu d'années de possession, les lois fondamentales changent; le droit a ses époques, l'entrée de Saturne au Lion nous marque l'origine d'un tel crime. Plaisante justice qu'une rivière borne! Vérité en deçà des Pyrénées, erreur au-delà. » (*Pensées*, sect. V. 294, édit. Brunschvicg).

autres, afin d'apprendre d'abord à tolérer ces différences, pour ensuite les apprécier comme parties constituantes d'un futur héritage commun d'une humanité unifiée.

1 *Dégagez en quelques lignes les idées essentielles contenues dans ce texte.* **2** *Quelles réflexions vous suggère cette constatation : « Notre technique occidentale a simultanément aboli les distances et inventé la bombe atomique »?* **3** *Quelle contribution l'historien peut-il apporter à la sauvegarde de l'humanité ?*

71. CRITIQUE TRADITIONNELLE ET NOUVELLE CRITIQUE

SERGE DOUBROVSKY

POURQUOI LA NOUVELLE CRITIQUE?
MERCURE DE FRANCE ÉD., 1970.

La critique n'est une activité inoffensive et lointaine qu'en apparence. Elle est, en fait, l'appareil de contrôle, la police ultime qu'une société se donne pour surveiller l'expression de la pensée et la conservation des valeurs. De cette double fonction, la critique traditionnelle s'emploie de son mieux à s'acquitter. Pour le passé, elle recense, veille aux collections, met des étiquettes, maintient le patrimoine national en bon état, sous vitrine. Pour le présent, bien entendu, en régime démocratique, elle ne censure pas, elle informe; elle tient, comme on dit, le public « au courant » de ce qui se fait ailleurs : dans la littérature, dans les arts, dans la philosophie. Nouvelle ou passée, la contestation fondamentale qu'est toute œuvre de l'esprit a toujours lieu ailleurs que dans la critique. Assimilées, digérées par la « clarté » d'une langue banale et immuable, les entreprises les plus révolutionnaires d'hier ou d'aujourd'hui sont désamorcées, désarmées; on leur retire leur charge explosive. On les tient à distance. Barthes [1] osait parler de « sexualité » dans le théâtre de Racine, comme si l'on pouvait parler de jambes devant la reine Victoria! Picard [2] réplique que le théâtre racinien est « violent, mais pudique ». On respire. Le cliché n'est pas inutile : pour le langage courant, la « pudeur » est l'inverse de la « sexualité »; refoulée, celle-ci est inexistante. On ne saurait plus naïvement révéler la malice cousue de fil blanc du langage pré-freudien. A l'autre bout, Robbe-Grillet [3], c'est l'obsession des objets; Ionesco [4], un délire onirique, et Le Clézio [5] que sais-je encore : catalogués, sertis dans les lieux communs, les voilà devenus inoffensifs. Si le cœur vous en dit, vous pouvez, après cela, aller les lire vous-même. Vous savez à quoi vous en tenir. L'Absurde, convenablement traduit, rien, au fond, de plus clair. Car la critique traditionnelle, et c'est le rôle essentiel que la société lui assigne, est, dans tous les domaines, une immense machine à traduire l'original dans le banal. A cette fin, elle dispose d'un instrument bien au point, cette « belle langue » sacro-sainte, où les jeux sont faits, les dés

1. Roland Barthes : L'un des maîtres de la Nouvelle Critique (*Le degré zéro de l'écriture*, *Mythologies*, *Sur Racine*, *Critique et vérité*, etc.).
2. Raymond Picard : L'un des représentants de la critique traditionnelle. Dans un pamphlet : « Nouvelle critique ou nouvelle imposture », il avait violemment attaqué Barthes à propos de son livre « Sur Racine ».
3. et 5. Représentants du Nouveau Roman.
4. Représentant du Nouveau Théâtre.

pipés, les rapports humains consignés à jamais par Vaugelas et par Littré. La critique donc informe le public, mais tant qu'elle reste elle-même hors du coup, tant qu'elle lui reflète son langage, elle le protège : le lecteur est vacciné contre le choc d'une rencontre trop brutale avec l'œuvre. On comprend que la critique tienne à ce précieux instrument, et une large portion du public avec elle. « L'âge du fondamental recommence », disait un personnage de Malraux en pleine guerre civile espagnole. Dans notre époque de prospérité, tant que la vieille critique tient bon, le fondamental ne commence pas.

On voit donc mieux en quoi Roland Barthes et, avec lui, la « nouvelle critique » sont, selon le mot révélateur de Raymond Picard, dangereux. Ils violent un double tabou ou, si l'on veut, ils prennent, d'un seul coup, deux bastilles. A une extrémité, ils touchent soudain à Racine, dernier bastion de la clarté, dernier symbole de la grandeur; sur cet auteur lauré et vétuste, ils portent une main moderne et sacrilège, ils pénètrent par effraction dans une chasse jalousement gardée. A l'autre extrémité, ils mettent en question le sens de l'acte critique lui-même, ils en dénoncent l'exercice traditionnel. Avec l'éclatement de ce double verrou de sûreté, avec la rupture de ce barrage, tout saute. On passe, sans crier gare, du XVIIe siècle ou du XIXe, en plein XXe siècle. Cette langue, que l'on maniait avec une assurance intrépide, il faut soudain la contester : impossible de parler désormais de la littérature, sans s'être interrogé sur le langage; impossible de s'interroger sur le langage, sans connaître les travaux de la linguistique et de la psychanalyse; impossible aussi d'en rester à ces travaux, sans les intégrer à une philosophie totale de l'homme. En définitive, c'est donc la conception toute faite de l'homme, constituée et déposée historiquement dans le langage quotidien, qui bascule. Le bon sens, les évidences naturelles, la psychologie, tout chavire. Bref, c'est le « délire », c'est-à-dire une nouvelle raison qui tente de se conquérir. L'hystérie collective, le déchaînement de la horde vouant Roland Barthes au bûcher, au pilori, à la décapitation, c'est, tout simplement, à chaque époque, la haine de l'Intellectuel qui met en cause le confort intellectuel. C'est la révolte des gagne-petit de la plume et de la pensée, le poujadisme culturel. Eh quoi, pour prétendre parler de Racine aujourd'hui, il ne suffirait plus de mettre la main sur le cœur en criant : « Que c'est beau ! » Il ne suffirait plus de connaître les règles de la tragédie au XVIIe siècle, ni de savoir avec qui Racine a couché, quand et comment? L'histoire de la littérature ne serait plus une suite d'anecdotes attendrissantes ou croustilleuses : pour comprendre Racine, il faudrait pouvoir confronter toute une conception de l'homme, la nôtre, avec toute une conception de l'homme, la sienne; et s'il convient, bien sûr, d'être au courant de la culture du XVIIe siècle, il faudrait également être imprégné de celle du XXe. Or, ce qui caractérise la culture de notre temps, c'est le profond renouvellement qu'elle a subi : l'image de l'homme ne peut plus être fournie par les humanités traditionnelles et la pensée classique. D'innombrables sciences humaines ont surgi; la philosophie, à la suite de Husserl, a changé de visage et s'est tournée tout entière vers l'élucidation du concret, délaissant les grands systèmes. Notre culture, tout en assumant intégralement le passé (et c'est pourquoi Barthes s'intéresse à Racine), est devenue anthropologique; elle est le lieu d'une confrontation entre les sciences humaines et les philosophies de l'existence.

72. L'ART EST LE RÉSULTAT D'UNE CONTRAINTE

ANDRÉ GIDE

NOUVEAUX PRÉTEXTES : L'ÉVOLUTION DU THÉATRE,
MERCURE DE FRANCE ÉD.

Chaque fois que l'art languit, on le renvoie à la nature, comme on mène un malade aux eaux. La nature, hélas! n'y peut mais : il y a quiproquo. Je consens qu'il soit bon parfois que l'art se remette au vert et, s'il pâlit d'épuisement, qu'il quête dans les champs, dans la vie, quelque regain de vigueur. Mais les Grecs nos maîtres savaient bien qu'Aphrodite ne naît point d'une fécondation naturelle[1]. La beauté ne sera jamais une production naturelle; elle ne s'obtient que par une artificielle contrainte. Art et nature sont en rivalité sur la terre. Oui, l'art embrasse la nature, il embrasse toute la nature, et l'étreint; mais se servant du vers célèbre, il pourrait dire :

J'embrasse mon rival, mais c'est pour l'étouffer.

L'art est toujours le résultat d'une contrainte. Croire qu'il s'élève d'autant plus haut qu'il est plus libre, c'est croire que ce qui retient le cerf-volant de monter, c'est sa corde. La colombe de Kant, qui pense qu'elle volerait mieux sans cet air qui gêne son aile, méconnaît qu'il lui faut, pour voler, cette résistance de l'air où pouvoir appuyer son aile. C'est sur de la résistance, de même, que l'art doit pouvoir s'appuyer pour monter. Je parlais des trois unités dramatiques mais ce que je dis à présent est vrai tout aussi bien pour la peinture, pour la sculpture, la musique et la poésie. L'art n'aspire à la liberté que dans les périodes malades; il voudrait être facilement. Chaque fois qu'il se sent vigoureux, il cherche la lutte et l'obstacle. Il aime faire éclater ses gaines, et donc il les choisit serrées. N'est-ce pas dans les périodes où déborde le plus la vie, que tourmente le besoin des formes les plus strictes les plus pathétiques génies? De là, l'emploi du sonnet, lors de la luxuriante Renaissance, chez Shakespeare, chez Ronsard, Pétrarque, Michel-Ange même; l'emploi des tierces rimes chez Dante; l'amour de la fugue chez Bach; cet inquiet besoin de la contrainte de la fugue dans les dernières œuvres de Beethoven. Que d'exemples citer encore! Et faut-il s'étonner que la force d'expansion du souffle lyrique soit en raison de sa compression, ou que ce soit la pesanteur à vaincre qui permette l'architecture?

Le grand artiste est celui qu'exalte la gêne, à qui l'obstacle sert de tremplin. C'est au défaut même du marbre que Michel-Ange dut, raconte-t-on, d'inventer le geste ramassé du Moïse. C'est par le nombre restreint des voix dont il pouvait à la fois disposer sur la scène que, contraint, Eschyle dut d'inventer le silence de Prométhée lorsqu'on l'enchaîne au Caucase. La Grèce proscrivit celui qui ajouta une corde à la lyre. L'art naît de contrainte, vit de lutte, meurt de liberté.

1. Elle est née de l'écume de la mer.

73. L'ART EST-IL UN LUXE MENSONGER?

ALBERT CAMUS

DISCOURS DE SUÈDE,
GALLIMARD ÉD., 1958.

III

Pendant cent cinquante ans, les écrivains de la société marchande, à de rares exceptions près, ont cru pouvoir vivre dans une heureuse irresponsabilité. Ils ont vécu, en effet, et puis sont morts seuls, comme ils avaient vécu. Nous autres, écrivains du xxe siècle, ne serons plus jamais seuls. Nous devons savoir au contraire que nous ne pouvons nous évader de la misère commune, et que notre seule justification, s'il en est une, est de parler, dans la mesure de nos moyens, pour ceux qui ne peuvent le faire. Mais nous devons le faire pour tous ceux, en effet, qui souffrent en ce moment, quelles que soient les grandeurs, passées ou futures, des États et des partis qui les oppriment : il n'y a pas pour l'artiste de bourreaux privilégiés. C'est pourquoi la beauté, même aujourd'hui, surtout aujourd'hui, ne peut servir aucun parti; elle ne sert, à longue ou brève échéance, que la douleur ou la liberté des hommes. Le seul artiste engagé est celui qui, sans rien refuser du combat, refuse du moins de rejoindre les armées régulières, je veux dire le franc-tireur. La leçon qu'il trouve alors dans la beauté, si elle est honnêtement tirée, n'est pas une leçon d'égoïsme, mais de dure fraternité. Ainsi conçue, la beauté n'a jamais asservi aucun homme. Et depuis des millénaires, tous les jours, à toutes les secondes, elle a soulagé au contraire la servitude de millions d'hommes et, parfois, libéré pour toujours quelques-uns. Pour finir, peut-être touchons-nous ici la grandeur de l'art, dans cette perpétuelle tension entre la beauté et la douleur, l'amour des hommes et la folie de la création, la solitude insupportable et la foule harassante, le refus et le consentement. Il chemine entre deux abîmes, qui sont la frivolité et la propagande. Sur cette ligne de crête où avance le grand artiste, chaque pas est une aventure, un risque extrême. Dans ce risque pourtant, et dans lui seul, se trouve la liberté de l'art. Liberté difficile et qui ressemble plutôt à une discipline ascétique. [...]

Il y a un mot de Gide que j'ai toujours approuvé bien qu'il puisse prêter à malentendu. « L'art vit de contrainte et meurt de liberté. » Cela est vrai. Mais il ne faut pas en tirer que l'art puisse être dirigé. L'art ne vit que des contraintes qu'il s'impose à lui-même : il meurt des autres. En revanche, s'il ne se contraint pas lui-même, le voilà qui délire et s'asservit à des ombres. L'art le plus libre, et le plus révolté, sera ainsi le plus classique; il couronnera le plus grand effort. Tant qu'une société et ses artistes ne consentent pas à ce long et libre effort, tant qu'ils se laissent aller au confort des divertissements ou à celui du conformisme, aux jeux de l'art pour l'art ou aux prêches de l'art réaliste, ses artistes restent dans le nihilisme et la stérilité. Dire cela, c'est dire que la renaissance aujourd'hui dépend de notre courage et de notre volonté de clairvoyance.

1 Quelle mission, selon Camus, doit assumer l'écrivain au XXe siècle? **2** *Quelle définition Camus donne-t-il du véritable « engagement »? En quoi cet engagement se distingue-t-il de l'engagement dans les « armées régulières »?* **3** *Dans quel sens Camus entend-il le mot « liberté » dans l'expression : « Dans ce risque, et dans lui seul, se trouve la liberté de l'art »? Quel sens Gide donne-t-il à ce mot dans la phrase : « L'art vit de contrainte et meurt de liberté »?* **4** *Expliquez et commentez les expressions : « Il n'y a pas pour l'artiste de bourreaux privilégiés ». — « Il chemine entre deux abîmes qui sont la frivolité et la propagande ».*

74. UN POÈME VAUT UNE BATAILLE

PIERRE GRIMAL

LES NOUVELLES LITTÉRAIRES, 2 février 1961.

Il y a bien longtemps que la critique a été sensible à ce que l'on peut appeler le caractère passif de l'œuvre littéraire, cire relativement molle où s'inscrit l'empreinte du temps. Quelques exemples sont bien connus, et célèbres : nous savons que les héros de Corneille doivent beaucoup aux Frondeurs [1], que le poète ait été ou non conscient de ses analogies. L'Émilie de *Cinna* n'aurait pas été concevable si, dans la société aristocratique contemporaine, le rôle de la femme n'avait été que de veiller à la cuisine et à l'éducation des jeunes enfants.

Mais que l'on y prenne garde. *Cinna* a précédé de plusieurs années l'activité de la Grande Mademoiselle [2], et l'on ne peut dire que Corneille ait imité des modèles déterminés.

Seul, un certain style d'âme est commun à la réalité et au poème. Car il y a des réalités littéraires qui, à un moment donné, sont concevables, susceptibles de naître, et d'autres qui ne le sont point. Une création esthétique, quelle qu'elle soit, est le résultat d'un dialogue, d'une confrontation, entre le créateur et sa matière. Une création littéraire, singulièrement, a pour matière le langage, ce qui limite de façon considérable son autonomie.

Nous sentons bien que la création littéraire n'est point pure passivité. Mais, si elle est active, si l'écrivain ne se borne pas à accueillir ce que lui offre son temps, ne peut-on aussi trouver la preuve de son activité dans une action qu'il exercerait à son tour sur l'Histoire?

Aussitôt, des exemples, en foule, se présentent : qui ne sait l'importance des « héros de romans », leur faculté d'attirer autour d'eux, de polariser les esprits et les âmes, d'autant plus avides de s'identifier à eux qu'ils ne font, en somme, que s'y retrouver? Rappelons-nous les doléances hypocrites de Chateaubriand se disant inquiet de la prolifération des jeunes René [3], ou l'épidémie qui suivit la publication de *Werther* [4]. Nombreuses

1. *Frondeurs* : grands seigneurs et parlementaires qui fomentèrent un mouvement insurrectionnel, une « Fronde », contre le gouvernement d'Anne d'Autriche et de Mazarin.
2. *La Grande Mademoiselle* : la duchesse de Montpensier, (1627-1693), fille de Gaston d'Orléans, frère de Louis XIII, prit une part importante aux troubles de la Fronde (1648-1652). *Cinna* est de 1640
3. « Une famille de René poètes et de René prosateurs a pullulé ». CHATEAUBRIAND, *Mémoires d'Outre-Tombe*.
4. *Werther* : célèbre héros d'un roman de Goethe. Werther, incapable de résister à sa passion pour une jeune fille qui épouse un rival, finit par se suicider. Ce roman connut un très vif succès en Allemagne et à l'étranger. En France, *René*, de CHATEAUBRIAND, et *Oberman*, de SENANCOUR portent des traces de l'influence de *Werther*.

sont les œuvres qui ont créé de véritables mirages collectifs et, de cette façon, exercé une influence profonde dont les conséquences se sont étendues à des domaines très divers, étrangers à la littérature.

Toute une génération de la bourgeoisie européenne, au début du XIXe siècle, celle dont la naissance est postérieure à la publication de l'*Émile*, a subi l'influence profonde de l'univers que Jean-Jacques portait en lui, et cela n'a pas été sans modifier non seulement la sensibilité du siècle, mais aussi, dans une certaine mesure, le genre de vie d'une classe sociale, les rapports sociaux (entre « bourgeois » et artisans ou paysans), et peut-être même jusqu'aux méthodes de l'agriculture.

Les rapports existant entre la littérature du XVIIIe siècle français et le mouvement révolutionnaire sont indéniables, même s'il est difficile de mesurer l'action exercée par telle ou telle œuvre sur tel ou tel épisode du drame. Et l'on ne saurait inverser le rapport, et prétendre que *Candide* et les Journées d'octobre [1] sont des effets divergents d'une même réalité, qui serait, en soi, la Révolution. Ne croyons pas sans doute que les hommes de la Révolution française aient constamment pensé à leurs maîtres, et que tout, dans leurs violences, vienne de Rousseau ou de Diderot, ou des autres. Il n'en reste pas moins que, là encore, des œuvres littéraires ont fourni les catégories [2] spirituelles justifiant les actes.

Un poème, un livre, s'ils sont vraiment grands, comptent autant, et souvent plus, dans l'histoire, qu'une bataille.

1 *Résumez en une phrase l'idée générale contenue dans chacune des deux parties de ce texte.* **3** *Commentez la phrase : « Seul, un certain style d'âme est commun à la réalité et au poème. » Citez des exemples puisés dans l'histoire et dans l'histoire littéraire.* **3.** *Commentez la phrase : « Des œuvres littéraires ont fourni les catégories spirituelles justifiant les actes. » Citez également des exemples.* **4** *Expliquez à présent le sens du titre donné à ce texte.*

75. L'ÉCRIVAIN DOIT ÊTRE « ENGAGÉ »

J.-P. SARTRE
SITUATIONS II,
GALLIMARD ÉD., 1948.

Tout écrit possède un sens, même si ce sens est fort loin de celui que l'auteur avait rêvé d'y mettre. Pour nous, en effet, l'écrivain n'est ni Vestale [3], ni Ariel [4] : il est « dans le coup », quoi qu'il fasse, marqué, compromis, jusque dans sa plus lointaine retraite. Si, à de certaines époques, il emploie son art à forger des bibelots d'inanité sonore [5], cela même est un signe : c'est qu'il y a une crise des lettres et, sans doute, de la Société, ou bien c'est que les classes dirigeantes l'ont aiguillé sans qu'il

1. *Journées d'octobre :* 5 et 6 octobre 1789. Une foule de Parisiens se rend à Versailles et ramène à Paris la famille royale.
2. *Catégories :* pour Kant, les catégories sont les modes les plus généraux selon lesquels la raison constitue ses jugements. Dans le texte, le mot catégories a le sens plus général d'idées, conceptions.
3. Prêtresses gardiennes du feu sacré dans la Rome antique, les vestales menaient une vie retirée.
4. Esprit de l'air, dans *La Tempête* de Shakespeare.
5. Fragment d'un vers célèbre de Mallarmé.

s'en doute vers une activité de luxe, de crainte qu'il ne s'en aille grossir les troupes révolutionnaires. Flaubert, qui a tant pesté contre les bourgeois et qui croyait s'être retiré à l'écart de la machine sociale, qu'est-il, pour nous, sinon un rentier de talent? Et son art minutieux ne suppose-t-il pas le confort de Croisset[1], la sollicitude d'une mère ou d'une nièce, un régime d'ordre, un commerce prospère, des coupons à toucher régulièrement? Il faut peu d'années pour qu'un livre devienne un fait social qu'on interroge comme une institution ou qu'on fait entrer comme une chose dans les statistiques; il faut peu de recul pour qu'il se confonde avec l'ameublement d'une époque, avec ses habits, ses chapeaux, ses moyens de transport et son alimentation. L'historien dira de nous : « Ils mangeaient ceci, ils lisaient cela, ils se vêtaient ainsi. » Les premiers chemins de fer, le choléra, la révolte des canuts, les romans de Balzac, l'essor de l'industrie concourent également à caractériser la Monarchie de Juillet. Tout cela, on l'a dit et répété, depuis Hegel[2]; nous voulons en tirer des conclusions pratiques. Puisque l'écrivain n'a aucun moyen de s'évader, nous voulons qu'il embrasse étroitement son époque : elle est sa chance unique : elle s'est faite pour lui et il est fait pour elle. On regrette l'indifférence de Balzac devant les journées de 48, l'incompréhension apeurée de Flaubert en face de la Commune; on les regrette pour eux : il y a là quelque chose qu'ils ont manqué pour toujours. Nous ne voulons rien manquer de notre temps : peut-être en est-il de plus beaux, mais c'est le nôtre; nous n'avons que cette vie à vivre, au milieu de cette guerre, de cette révolution peut-être. Qu'on n'aille pas conclure de là que nous prêchions une sorte de populisme : c'est tout le contraire. Le populisme est un enfant de vieux, le triste rejeton des derniers réalistes; c'est encore un essai pour tirer son épingle du jeu. Nous sommes convaincus, au contraire, qu'on ne peut pas tirer son épingle du jeu. Serions-nous muets et cois comme des cailloux, notre passivité même serait une action. Celui qui consacrerait sa vie à faire des romans sur les Hittites, son abstention serait par elle-même une prise de position. L'écrivain est en situation dans son époque : chaque parole a des retentissements. Chaque silence aussi. Je tiens Flaubert et Goncourt pour responsables de la répression qui suivit la Commune parce qu'ils n'ont pas écrit une ligne pour l'empêcher. Ce n'était pas leur affaire, dira-t-on. Mais le procès de Calas, était-ce l'affaire de Voltaire? La condamnation de Dreyfus, était-ce l'affaire de Zola? L'administration du Congo, était-ce l'affaire de Gide? Chacun de ces auteurs en une circonstance particulière de sa vie a mesuré sa responsabilité d'écrivain. L'Occupation nous a appris la nôtre. Puisque nous agissons sur notre temps par notre existence même, nous décidons que cette action sera volontaire.

1 *Quelle est l'idée générale de ce texte? Définissez la position de Sartre à l'égard du problème posé.* **2** *Par quelles raisons l'auteur justifie-il sa position?* **3** *Expliquez la phrase : « L'écrivain est en situation dans son époque : chaque parole a des retentissements. Chaque silence aussi. »* **4** *Quels sont, à votre avis, les dangers qui peuvent menacer une littérature « engagée »?*

1. Propriété de famille située près de Rouen, dans laquelle Flaubert se retira pour se livrer au travail littéraire.

2. Philosophe allemand (1770-1831).

76. IMAGINATION — ABSTRACTION

LUC BENOIST
REGARDE OU LES CLEFS DE L'ART,
HAZAN ÉD., 1962.

Depuis ses débuts, l'évolution de l'art en Occident a suivi le processus de la création... Parti de la nature, il s'en est progressivement éloigné, passant de la ressemblance à l'abstraction, du réel à l'imaginaire. C'est au moment où le photographe s'est substitué au peintre dans sa fonction de reporter et de chasseur d'images, que le tableau a renoncé à représenter un objet, un portrait, un nu, un paysage. Le public eut quelque peine à admettre cette démarche qui, au fond, a toujours plus ou moins tenté l'artiste placé devant son modèle. Pour le créateur, nous l'avons vu, l'œuvre d'art est une image mentale, un songe crépusculaire, qui prend forme dans la lumière du matin. Elle n'a pas pour but de « doubler » la nature, ce qui serait parfaitement illusoire et inutile, mais de transmettre la pensée, la réaction sensible de l'artiste. Il se sert de la nature comme d'un dictionnaire compris par tous, comme d'un réservoir de symboles, de signes et de suggestions. Impressionnisme[1], Cubisme, Surréalisme, Abstraction forment les étapes progressives de cette libération de l'imaginaire.

Au premier stade, au temps de l'impressionnisme, les objets commencèrent par perdre la netteté de leurs contours, leur couleur propre. Ils étaient noyés dans la lumière ambiante. Vus de loin, certains tableaux de cette école s'enveloppaient de la brume qui se lève sur le calme des eaux. Ils devenaient, comme les *Nymphéas* de Monet, pure harmonie, qu'il suffisait de goûter pour la comprendre. La scission était accomplie entre le sujet représentable et le motif représenté. Tout le monde sait ce que signifie le sujet, le point de vue anecdotique et rationnel, ce qui peut s'expliquer par un titre et se décrire, le côté de véracité spectaculaire et de fondement objectif, tout ce qui retient l'attention immédiate du public. Or pour apprécier une œuvre dans sa valeur esthétique, il convient d'oublier, provisoirement, le sujet pour n'en retenir que l'essentiel, le pictural, cet élément subtil que Delacroix appelait la « musique » du tableau, Maurice Denis[2] le « sujet intérieur » et Cézanne, d'un mot plus précis, son « motif ». Qu'est-ce donc que le motif? C'est ce qui a ému le peintre, ce qui l'a excité à peindre. Il naît de la réceptivité de l'artiste au rythme des choses, des volumes et des lignes, des valeurs et de la lumière, des couleurs et de leurs modulations. Le tableau est fait de la synthèse de ces éléments divers en accord avec le sentiment qu'ils ont suscité chez le peintre. En poésie Valéry a pu écrire que « ce qu'il est nécessaire de dire est impossible à dire », ou plus clairement, ce qu'il est nécessaire de dire pour la compréhension rationnelle est impossible à dire pour le rendu poétique. Il en est de même en art. Ce qu'il est nécessaire de peindre, la verrue sur le nez du vieillard de Ghirlandajo[3], les repoussants détails des martyres chez les Primitifs flamands sont impos-

1. Représenté par Claude Monet (1840-1926), Sisley (1839-1899), Pissarro (1830-1903), Renoir (1841-1919), Degas (1834-1917), Gauguin (1848-1903), Van Gogh (1853-1890).

2. Peintre français (1870-1943).

3. Peintre italien de la Renaissance (1449-1494).

sibles à peindre, c'est-à-dire à transposer picturalement en les purgeant de tout élément étranger à l'art.

Cependant les Impressionnistes devaient aboutir à une impasse. Un tableau de cette école, à la limite de sa réalisation, s'estompe et disparaît. On s'aperçut alors qu'il existait un autre moyen de séparer, d'éliminer le sujet du tableau, c'est de prendre le tableau lui-même comme objet à peindre, dans sa matérialité de support plan couvert de couleurs. Ce fut le rôle du cubisme [1] qui remplaça le sujet par des combinaisons géométriques diversement colorées. Mais ces toiles sans profondeur accordaient peu de place à l'imaginaire et à l'âme, qui réagit en inventant le surréalisme. Le moi révolté, l'inconscient victorieux s'emparèrent du champ laissé libre pour peupler d'objets inventés ou imprévus un monde imaginaire, habité par des squelettes de choses et de personnes, des « cadavres exquis », comme ils l'ont dit si justement. Le surréalisme [2] découvrit qu'un sujet entièrement élaboré par l'esprit est plus facilement compris par un autre esprit que la nature brute, mystérieuse et muette.

Toutefois on entreprit d'aller plus avant encore et de se débarrasser de tout objet, fût-il un cadavre exquis. Ce fut le but de l'art abstrait, triomphe du subjectif, où l'émotion tire son origine de la peinture elle-même. Bien entendu il n'y avait pas là d'innovation absolue, mais le passage à l'extrême limite d'une tendance permanente de tout art. Une expérience très simple en apporte la preuve. Un tableau quelconque, serait-il d'une objectivité photographique, lorsqu'il est vu d'assez loin ou renversé la tête en bas, n'offre plus aucune signification littérale; et pourtant il ne perd aucune de ses qualités esthétiques. Cette aventure est arrivée aux alentours de 1910 à Kandinsky [3], l'un des créateurs de l'art abstrait, et peut-être a-t-elle contribué à sa naissance. L'art abstrait a rendu effectif un divorce qui était commencé, dès l'impressionnisme, entre le motif et le sujet. Et si aujourd'hui un Manessier [4] par exemple, pour nous transmettre l'émotion qu'il a éprouvée à entendre pour la première fois le grand *Salve Regina*, songe à un tableau ayant la forme et l'éclat d'un vitrail, où la symphonie des couleurs lance vers le ciel son chant d'allégresse, il n'y a là qu'obéissance à une stricte nécessité intérieure. Qu'elles soient confidence lyrique, espace en mouvement ou architecture savante, les œuvres abstraites, comme la musique, comme la poésie, offrent les ambitions et quelquefois les réussites les plus difficiles. Car ici comme ailleurs, ce qui importe en définitive, ce sont les qualités de l'artiste, celles de son œil et de sa main.

Cependant le public continuait à ne pas « comprendre » parce qu'il cherchait à expliquer rationnellement ce qui échappe au discours. L'art est une affaire de sensibilité et non de raison. Or il existe en chacun de nous une opposition naturelle entre les exigences de la sensibilité destinée à percevoir des différences et celles de la raison qui se borne à enregistrer des ressemblances, des précédents d'habitude. Ce qu'on appelle « compren-

1. Représenté par Picasso (1881-1973), Braque (1882-1963), Léger (1881-1955), La Fresnaye (1885-1925).
2. *Surréalisme:* Voici la définition donnée dans le *Manifeste du Surréalisme* (1924) par le Groupe surréaliste composé de André Breton, Soupault, Crevel, Desnos, Eluard, Aragon, Péret, Ernst, Picabia : « Automatisme psychique pur par lequel on se propose d'exprimer soit verbalement, soit par écrit, soit de toute autre manière, le fonctionnement réel de la pensée : Dictée de la pensée, en l'absence de tout contrôle exercé par la raison, en dehors de toute préoccupation esthétique ou morale. »
3. Peintre russe (1866-1944).
4. Peintre français né en 1911.

dre » en matière d'art ne consiste en rien d'autre qu'en une reconnaissance, une possibilité de ramener l'inédit au connu. Jadis il suffisait de s'approcher d'un tableau pour que son sujet apparaisse clairement et qu'il ouvre un chemin facile à l'émotion. Aujourd'hui, devant une peinture abstraite, c'est l'émotion du peintre que le tableau nous livre à l'état pur, sans intermédiaire d'un sujet ou d'un objet. Et si on veut le comprendre, c'est-à-dire le goûter, il faut remonter à sa source, par une approche inverse et difficile, qui va de l'émotion peinte à l'image mentale originelle. Heureusement qu'après avoir subi un certain nombre de chocs et de surprises, notre sensibilité s'apprivoise et ouvre la voie à l'intelligence. La répétition accomplit son office apaisant et accoutumé. Le monstre, jadis insolite, est enfin toléré, accepté, digéré. Il est enfin « compris », bien qu'en fait il ne nous révèle rien de plus qu'à sa première apparition. La raison s'est adaptée docilement aux réactions de la sensibilité. La nouveauté surprenante d'hier est devenue la norme d'aujourd'hui.

Si un tel accord a été possible, c'est que l'art abstrait, à travers l'inspiration de l'artiste, traduit une interprétation nouvelle que l'art en général a pour mission de nous donner. Qu'on le veuille ou non, une vision géométrique des choses fait partie de l'optique du monde où nous vivons. Le règne de la technique et des machines l'impose à nos yeux. L'homme nu, mesure antique de toutes choses, qui était resté pendant des siècles le modèle privilégié de l'art, nous paraît aujourd'hui inadapté, anachronique même, pour mériter de représenter le beau absolu. Les blasphèmes picturaux des surréalistes témoignent de notre allergie à l'égard d'un nu académique, qui prétendait éterniser indûment sous nos yeux l'Adam du Paradis terrestre.

En stricte logique, l'art abstrait rentre dans la règle commune. Il n'est qu'un cas limite, un aspect particulier de l'art éternel. Ainsi a-t-on pu découvrir des paysages de Corot dans les lointains des Vierges médiévales. On a trouvé des abstractions dans les vases grecs, les arabesques de l'Islam, les mosaïques byzantines. On en a reconnu d'autres en grossissant des fragments de tableaux de Renoir ou de Monet. Il suffit de changer d'échelle. Tout art apporte avec lui ses conventions et ses règles. Les naturels des îles australes, à qui les premiers explorateurs du XIXe siècle montrèrent leurs images photographiques, furent incapables de se reconnaître. Elles étaient pour eux aussi abstraites que pour nous les toiles de Pollock [1].

Il est normal que l'art moderne subisse les conventions nouvelles de la science et suive l'évolution générale des esprits. Notre univers voit ses dimensions se dilater depuis l'infiniment petit, visible dans les coupes histologiques, jusqu'à l'infiniment grand révélé par les nébuleuses spirales. Les thèmes de la peinture subissent l'influence des photos prises en avion ou en laboratoire, le graphisme des phénomènes chimiques ou physiques, invisibles à l'œil nu. Ainsi la nature aura toujours le dernier mot. L'art contemporain a beau s'évader jusqu'aux galaxies, au-delà des frontières concevables, il a beau jouer sur le clavier entier des apparences à la faveur d'un univers en expansion dans les sens opposés des deux infinis, une intime réalité reste présente derrière ses métamorphoses, cachée comme le dieu Pan derrière la beauté de la nature.

1. Peintre américain (1912-1956).

77. DROITE ET COURBE

RENÉ HUYGHE

L'ART ET L'AME,
FLAMMARION ÉD., 1960.

Ce sont les arts utilitaires, l'architecture, le meuble, qui reflètent le plus directement et sans interprétation doctrinaire la dictée des conditions de l'existence moderne. Or, là, que voyons-nous? Une révolution sans exemple depuis des milliers d'années dans le monde des formes. Celles qui traduisaient ce que nous appellerions l'âge agraire, depuis les premières dynasties égyptiennes jusqu'à 1914, où s'est écroulé le vieux monde déjà rongé intérieurement, exprimaient sa donnée la plus profonde : la stabilité. L'architecture y était donc basée sur un équilibre statique de la masse pesante : la pyramide en est l'image la plus primitive, retrouvée d'ailleurs plus tard dans le fronton triangulaire; le linteau horizontal pesant sur deux piles, deux pieds verticaux, en est la structure la plus essentielle et la plus permanente.

L'architecture d'aujourd'hui, s'ouvrant à la découverte du monde moderne qu'est l'énergie, sacrifie le respect des formes fondamentales de la géométrie ancienne à l'équilibre des forces en action mais se compensant. Pour effectuer leur calcul exact, l'architecte est désormais obligé de s'adjoindre un ingénieur. On ne saurait oublier que les novateurs qui ont ouvert la voie ont été justement les ingénieurs du fer, comme Eiffel avec sa tour ou le pont de Garabit, puis ceux du béton, comme Freyssinet avec ses hangars d'Orly. La géométrie ne répond plus à l'idée de délimitation d'une surface, que satisfaisaient les premiers livres d'Euclide, avec leurs figures régulières, parallélogrammes, triangles ou cercles, mais à celle des lignes de force, qui apparaît avec les sections coniques.[...]

Une architecture cependant, dans la vieille Europe, avait tenté une expérience curieusement annonciatrice des essais actuels : c'est le Gothique où l'on s'est toujours accordé à reconnaître la présence de l'esprit nordique opposé au classicisme géométrique du Roman qui le précède et de la Renaissance qui le suit. Or, la nouveauté de la conception gothique réside précisément en ceci qu'elle substitue un esprit « ingénieur » à l'esprit « architecte »; elle se soucie moins de respecter les formes traditionnelles que d'équilibrer et de canaliser les forces pesantes qui jouent dans l'édifice, dussent les structures qui en découleront rompre avec les traditions les plus établies depuis l'antiquité. La flexion des arcs de la croisée d'ogives, le jet nerveux de l'arc-boutant, avant même les excès sinueux du Flamboyant, où le tracé retrouve dans le décor le jeu frémissant des ondulations et des sinuosités chères au génie celtique, marquent la première apparition d'une architecture dynamique. [...]

La pierre discontinue gêne par sa pesanteur et ses nécessités d'assemblage le déploiement libre des transmissions d'énergie : le maître d'œuvre réussissait à les faire passer quand même par elle, ainsi qu'un courant au long d'un fil conducteur. La combinaison du métal et du ciment offre enfin à l'architecture d'aujourd'hui des moyens adaptés à cette tentative. Des réussites complètes ont été déjà réalisées. [...]

Si les formes avouent leur changement dans des domaines où la pression des circonstances pratiques suffit à l'expliquer, leur pénétration dans le domaine purement esthétique n'en est pas moins évidente. Nous voyons se dégager déjà un style, donc un goût, qui vient renforcer l'acceptation d'une donnée fonctionnelle à l'origine. Même inutile, la courbe est désormais considérée comme préférable, comme plus agréable à l'œil et à la sensibilité modernes que les droites et les plans rigides.

1 *Commentez brièvement le texte en indiquant l'idée générale, l'idée de chaque paragraphe, de façon à dresser finalement son plan précis, avec titre et sous-titres formulés.* **2** *Pourquoi l'auteur dit-il : « un style, donc un goût »? Expliquez les mots* style *et* goût, *puis l'expression.* **3** *Caractérisez le style de cet extrait.* **4** *Décomposez la phrase : « Celles qui traduisaient ce que nous appellerions l'âge agraire... la stabilité » en propositions dont vous préciserez la nature et la fonction.*

École Nationale d'Ingénieurs de Strasbourg (*1961*).

78. LA SCULPTURE

ALAIN

VINGT LEÇONS SUR LES BEAUX-ARTS,
GALLIMARD ÉD., 1931.

Il faut d'abord remarquer que l'architecture est souvent une sorte de sculpture dans le sol même ou dans le rocher. Une route, un escalier, des terrasses sont taillés dans la masse. Et, comme nous avons dit, ce genre de sculpture compose l'œuvre humaine selon la forme du terrain, comme si elle avait pour fin d'achever cette forme et de la rendre plus visible. Ces vues peuvent nous éclairer sur la plus ancienne sculpture. Car il arrive que nous croyons voir un animal, un homme, un visage dans le rocher, ou dans les nœuds des arbres, ou dans une racine. Il me semble que la plus ancienne pensée du sculpteur fut d'imagination, en ce sens que d'abord il fut étonné, peut-être trompé, peut-être effrayé; et puis que, revenant, merveilleux travail de l'homme, il voulut faire paraître de nouveau l'erreur, et reproduire la trompeuse apparence en cherchant le lieu et la distance; c'est ce que nous faisons tous. Mais ce rôle de spectateur ne convient pas à l'être qui a des mains. En ces recherches sur les formes vraies, le mouvement de l'incrédule est de palper, d'explorer et d'essayer les reliefs et les creux. Le sculpteur se trouvait donc presque à l'œuvre. Mais il faut dire que l'idée de vaincre l'apparence par la force, et d'achever l'ébauche, est naturelle aussi. Car c'est l'instabilité et l'ambiguïté des formes qui effraie et bientôt irrite. L'imagination ne cesse de chercher objet, car, de toute façon, c'est l'agitation du corps humain qui effraie; et l'on s'explique très bien les apparitions par ceci, qu'un mouvement efface souvent l'apparence; ainsi il n'y a point d'enquête possible; les dieux se montrent, rient, s'éclipsent; il n'en reste que des récits. L'homme eut d'abord à conquérir ses dieux, j'entends à les fixer, ce qui est marquer un peu plus un œil et une bouche, effacer les signes ambigus ou étrangers, enfin achever la statue. Qui n'a pas achevé un dessin commencé par le hasard? Qui n'a pas sculpté une figure d'homme ou de bête dans une racine? Les conditions de ce jeu sont aisées à comprendre, et éclairent peut-être toute la sculpture. Car, dans ces cas-là, où est le modèle? Le modèle est ce qu'on entrevoit dans la chose même, qui semble menaçante ou souriante, et d'abord semble tête d'homme, de cheval, de sanglier. Le modèle est réellement caché encore dans la pierre ou dans le bois; il s'agit de le délivrer. Mais comment? C'est lui qui le dira, en se montrant mieux à mesure qu'on le dessine selon lui-même. Tous ceux qui ont sculpté quelque canne, ou des têtes de marionnettes dans des racines, comprendront; tout le monde comprendra. Il s'agit de faire une statue qui ressemble de mieux en mieux à elle-même. D'où un travail plein de prudence. Car on pourrait perdre cette ressemblance, effacer ce fantôme de modèle. D'où une exécution soutenue par une continuelle pensée; car on observe après chaque coup de ciseau le changement de toute l'œuvre; on lui demande si l'on est dans le bon chemin. Ces subtilités, qui sont dictées par le plus naturel et le plus ancien travail de sculpter, expliquent assez l'invention, qui, en tous les arts, dépend à la fois de la pensée, du travail et de la chose. Celui-là tire beaucoup de soi qui obéit beaucoup. D'où l'on voit que la méthode d'esquisser d'abord largement, et d'aller ensuite où l'esquisse conduit, est une leçon de la sculpture naturelle. Mais on comprend aussi que le respect de la matière des formes naturelles que l'on y rencontre, des inégalités comme nœuds du bois ou grains de la pierre, des lignes de rupture, fibres, ou plans de clivage, est une partie importante de l'art de sculpter. On ne sculpte pas ce que l'on veut; je dirais qu'on sculpte plutôt ce que la chose veut; d'où vient cette intime union de la matière inhumaine et du signe humain, et l'admiration pour ces merveilleuses rencontres où la chose porte si bien le signe, où la chose fait signe.

79. DE L'EXPRESSION MUSICALE

ALAIN

SYSTÈME DES BEAUX-ARTS,
GALLIMARD ÉD., 1920.

Beaucoup de musiciens, et parmi les plus grands, expliquent volontiers dans leurs titres ce que leur musique semble devoir suggérer, et il n'est même pas rare que la musique décrive par le bruit imitatif. Que la plus plate musique puisse se faire entendre par de tels procédés, c'est ce qui est évident. Mais il est plus difficile de dire exactement ce que la belle musique y gagne. Peut-être les titres et les programmes ont-ils pour principal effet de jeter l'esprit dans une rêverie poétique et même contemplative, ce qui dispose à bien écouter; mais toujours est-il que la belle musique occupe aussitôt toute l'âme et la remplit, en quelque sorte, sans laisser la moindre place aux rêves; ici l'esprit est pris par l'objet et ne peut se déprendre, par ce progrès dans le temps, ce changement, ces passages qui vous font marcher de leur train. En sorte qu'il est vrai que la musique suggère beaucoup, mais n'exprime rien qu'elle-même. Et voilà un beau sujet de discussion entre gens de bonne foi; car tous ont raison un peu. Il est vrai que la musique conduit en magicienne dans les chemins du souvenir; mais les perspectives y sont toujours crépusculaires, lointaines, on dirait presque qu'elles sont surtout sonores; ce n'est que l'espace des sons; enfin la musique serait plutôt dévoratrice d'objets, et bon tyran. Mais en revanche elle dessine jusqu'au détail les moindres mouvements de l'âme; aussi arrivera-t-il que ces souvenirs étranges et presque impossibles à nommer que la musique nous apporte sont bien émouvants et par cela fortement reconnus; on irait jusqu'à dire que la musique nous fait reconnaître ce que nous n'avons jamais connu. Ainsi, quand la musique a passé, la rêverie a souvent des mouvements vifs et des surprises; c'est ainsi qu'un simple titre prend puissance de poème; mais toujours sans paroles et même sans objet, car l'esprit est ensuite comme soulagé et vide; neuf et plein de foi. Cette disposition est proprement épique; aussi démêlons bien. Ces pages ne conviennent pas à un lecteur pressé; au reste on n'écrit que pour soi, comme le peintre peint pour soi et ainsi des autres; et c'est le seul moyen connu de se rencontrer avec d'autres.

Il me semble donc que le chemin de la musique conduit toujours de la rêverie à l'action ou, si l'on veut, de la tristesse à la foi; je dis la foi et non l'espérance; car l'espérance cherche des secours hors d'elle, au lieu que la foi se jette dans l'aventure forte d'elle seule, et déliée de toutes les craintes; et il semble que la musique purifie mieux que la poésie, ramenant toujours le mouvement des passions au mouvement qui les guérit; la musique est donc expression pure, si l'expression annonce toujours que l'esprit s'est encore une fois sauvé. Que l'on essaie de penser à ce que serait la vie intérieure en chacun s'il s'abandonnait, s'il ne se reprenait. Dans la conscience que nous prenons de nous-mêmes, nous sommes soumis à cette condition, que nous recomposions notre être par un acte de gouvernement. Toute conscience est réveil; et le paradoxe ici est que le sentiment suppose connaissance. Qui éprouve sans se reprendre n'éprouve même pas. La pure terreur ne se connaît pas elle-même, ni l'entier désespoir. Enfin l'inexprimable n'est point senti. Les cris et les convulsions n'expriment rien qu'eux-mêmes, et l'horreur est justement le sentiment qui accompagne la contemplation de ces signes, signes qui ne signifient pas. Mais c'est dans le moment où la forme humaine reparaît que l'expression naît; et la musique est la forme humaine la plus pure, peut-être, la plus fragile et la plus forte, la plus aisément déformable; celle aussi qui prouve le plus quand elle se referme et se termine sans fléchissement. Seulement il ne faut point dire que la musique exprime jamais quelque sentiment d'abord éprouvé; mais au contraire par sa qualité de signe continuellement gouverné, la musique fait paraître un genre de sentiment qui ne serait point sans elle, qui n'a point d'autre objet qu'elle, et qui par cela même nous invite à exister seulement selon nous. Le propre de la musique, en ses plus beaux moments, serait donc de ne rien signifier, c'est-à-dire de se séparer absolument de tous les autres langages. Mais aussi il ne faut point que le hasard entre dans la musique; il faut au contraire qu'elle se développe selon ce qu'elle promet; aussi toutes les surprises sont d'un moment, et aussitôt expliquées et rattachées. Par cette puissance la musique exprime ce qu'aucun autre langage ne peut exprimer, l'histoire d'une vie humaine pour elle-même, dans le cours du temps; non point telle qu'elle est ou fut ou sera, car cela n'a point de sens, cela échappe et périt; mais plutôt l'épopée de la chose. Plus simplement disons qu'il y a toujours de la volonté dans l'expression; volonté de montrer, volonté de cacher, volonté d'être. Enfin, exprimer, c'est modeler.

80. LA DANSE

ALAIN

VINGT LEÇONS SUR LES BEAUX-ARTS,
GALLIMARD ÉD., 1931.

La danse est rythmique, et je crois même que le rythme est ici à sa source; on n'en trouverait point de suffisantes raisons dans la voix seule ni dans la musique seule. Le rythme est une loi du mouvement, ou plus précisément du travail. La première raison du rythme dans toute action c'est le rythme vital lui-même, respiration, circulation. Mais tous les rythmes ne font que traduire la loi de fatigue ou de repos, dont la succession de la veille et du sommeil donne un exemple. L'organisme en action s'encrasse plus vite qu'il ne se nettoie, d'où la nécessité du sommeil, aussi bien pour l'action de chaque muscle. Il y a un intervalle convenable entre des coups de hache, entre des coups de rame, ou dans le mouvement du fléau. Mais ce dernier exemple fait apparaître une autre cause du rythme, laquelle résulte de la société. Le rythme est la loi de toute action commune. Et le rythme se trouve alors mieux déterminé. C'est un signal, et qui comprend au moins deux éléments, un avertissement et un commandement distribués régulièrement le long du temps, et dont le retour est attendu. Je pense au cri des poseurs de rails, au chant des rameurs, au roulement de tambour qui règle les coups de bélier lorsqu'on lance un navire; mais déjà, par les effets mêmes, et par l'alternance de l'effort et du repos, toute action fait rythme. La danse en société se règle elle-même au bruit des pas; le tambour ne fait que le grossir; les mains et les claquettes s'y joignent naturellement. Et parce que les perceptions fortes et faibles se suivent selon une attente, le nombre paraît comme objet. Danse, maîtresse de musique, et maîtresse d'arithmétique.

Le second caractère de la danse c'est l'harmonie, j'entends l'harmonie musculairement, par opposition au désordre d'une peur ou d'une colère, et l'harmonie doit être prise ainsi, parce que l'action est première. La contracture, qui paralyse, est un effet de la surprise; l'adresse et la souplesse y sont opposées et supposent un passage sans secousse d'une attitude à une autre, par un glissement aisé, qui n'est que convenable coordination, retour à la forme, et repos dans le mouvement même. Et certes ce n'est pas un petit problème que le passage d'une attitude à une autre; toute la timidité vient sans doute d'une peur de soi en cette aventure, et comme d'un pressentiment de colère. Tout travail discipline les passions; mais la danse est travail sur soi, manœuvre du corps humain contre la pesanteur seulement, et revue des attitudes selon la loi de repos et de compensation. On ne sait point marcher si l'on ne sait danser. La marche de l'enfant n'est qu'une suite de chutes et de terreurs; et cet apprentissage n'est jamais fini. Ce n'est pas seulement ni premièrement en sculpture et peinture que l'attitude doit annoncer le mouvement. La sécurité intime est une autre annonce, bien plus touchante. Le troisième caractère est de sentiment, et presque de contemplation. C'est le plaisir de société que nous disions, c'est-à-dire la précision vérifiée, la confiance, enfin l'expérience du semblable en ce que j'ai nommé le langage absolu. Ce plaisir ne s'épuise point, parce que la possibilité des passions ne s'épuise point. L'homme est toujours un animal terrible aux autres et à lui-même, un lieu d'orages et de surprises, par ce troupeau de muscles si subtilement communicants. L'erreur de croire que le cerveau dirige est la même que l'erreur de croire qu'il suffit de vouloir pour faire. C'est par le mouvement précédent que se règle le mouvement suivant; et le cerveau n'est sans doute que le lieu où les attitudes successives sont rassemblées, nouées et dénouées selon des ondes raccourcies. J'indique seulement cette idée, afin que vous sachiez que c'est le tout qui gouverne les parties, et non pas une partie éminente qui gouverne le tout. Il suffit de retenir que la surprise est l'humiliation de l'homme, et que la timidité est l'ennemie intime de chacun. D'où l'on comprend le prix de la danse, et que le maître à penser doit suivre le maître à danser.

81. LE SPORT EST UN ART

JEAN GIRAUDOUX

SANS POUVOIRS,
HACHETTE ÉD., 1946.

Le sport est un art. Une recette morale dont l'exercice est physique. Le sport est l'art par lequel l'homme se libère de soi-même et libère son prochain de la pire des charges, de la moins digne, de la plus encombrante : du corps mal soigné d'un homme. L'homme que le sport a dégagé de la masse humaine est retranché de ce poids gigantesque de maladresse, de pitié, de condescendance, de promiscuité qui est le plus fort impôt qu'ait à payer à la vie l'humanité, et l'en allège d'autant.

Tout humain, mal tenu, gourd ou voûté, se cramponne aux autres et les entrave par des adhérences lamentables : il tire perpétuellement sur l'œil, sur le cœur, sur le bras, sur la conscience de ceux avec lesquels il vit, et pour la Société qui résiste à la tentation de le tuer, solution de Sparte et de tant d'autres civilisations, il ne reste qu'un remède, le sport.

Tout humain au corps terne, déjeté ou obèse, est en quelque sorte un mendiant. Le premier mendiant du monde a été le premier petit-fils d'Ève qui a mendié la pitié par des cuisses plates ou des clavicules en relief. Le sport relève l'homme de cette mendicité. Il lui redonne cette inconscience, c'est-à-dire cette richesse de son propre corps qui est l'aise et la liberté.

La vérité est que, au contraire de sa réputation, l'homme sportif n'a pas de corps, ni pour lui, ni pour les autres. Il n'est pas vu, comme l'homme qui a une voix juste n'est pas entendu, comme l'homme qui se lave n'est pas senti. D'une humanité gluante et ânonnante et odorante, il est, par un film tourné à rebours, placé à cet état de fraîche naissance et de facilité où Adam fut trouvé par le premier jour du monde, seul vrai départ, même pour nos contemporains. C'est vers cette ligne de départ que court le coureur, que vole hélicoïdalement le gymnaste à sa barre fixe, que monte l'haltérophile en laissant aller ses haltères : chacun d'eux reprend, s'il est conscient, toute la supériorité de l'équilibre et de la santé, et, s'il ne l'est pas, en plus, toute la dignité et la force de la solitude. Le plongeur qui disparaît dans sa minuscule piscine va émerger dans trente secondes du Déluge. [...]

Ce n'est pas seulement le sport qui doit être chargé de l'éducation des citoyens. C'est l'éducateur public qui doit donner au sport ses règles morales. Si le père, l'instituteur, le professeur, professeur de sport aussi plus que tout autre, façonnent une génération courtoise, loyale, généreuse, le sport sera courtois, loyal et généreux. Sinon, il n'est pas de raison pour que le sportif, déchaîné dans l'effort ou dans la mêlée, ait recours à des mots plus choisis ou à des gestes moins vulgaires que ceux des spectateurs qui l'observent de sang-froid.

Mais c'est vis-à-vis de soi-même que le sportif acquiert les vertus dont il est dépourvu vis-à-vis du prochain. C'est avec lui-même qu'il devient loyal, car il connaît les ressources de son corps; il ne peut s'en dissimuler ni les qualités ni les manques et il n'a plus à tricher avec lui. C'est vis-à-vis de lui qu'il est strict, car il sait ses limites; généreux, car il sait son abondance; économe, car la dépense inutile lui est odieuse, et il a acquis vis-à-vis de son être physique une notion qui vaut toute vertu : celle de la responsabilité. Au lieu de faire de sa route dans la vie un chemin d'à-peu-près, au lieu de s'en tirer au hasard avec la fatigue, le coudoiement, l'appétit et la saleté humaine, le vrai sportif s'arrange pour remettre chaque soir au sommeil — chaque soir ou le plus souvent possible, il faut compter avec les amis et avec les victoires — le Trésor intact de sa légèreté et de sa force.

On voit d'ici quels dangers comporte pour lui la civilisation moderne. La vie fournissait autrefois à l'homme, tout naturellement, par le métier ou la mission, ces moyens d'entretien corporel.

Mais qu'il soit gâcheur de mortier, pèlerin ou même ouvrier agricole, le travail ou l'occupation journalière n'est plus dosé pour y suffire. Nous allons à pas de géant vers l'époque où il ne restera plus aux hommes, de cette dot d'entretien et de santé, que la guerre.

Non pas qu'ils n'aient vu le péril. Cette école d'oubli du corps, cet anneau magique qui le rend à la fois présent et invisible, ils ont fait l'impossible pour le recréer. Ils ont confié au jeu, aux jeux les plus hétéroclites, leur corps amolli et transi. Ils ont, par le jeu, mimé les occupations corporelles — et morales aussi quelquefois — auxquelles la vie moderne les forçait à renoncer. Le coureur à pied, tout poursuivi qu'il est par son concurrent, poursuit un gibier ou un ennemi imaginaire. L'homme des agrès grimpe cueillir des fruits préhistoriques. L'épéiste se bat avec Guise ou Cyrano et le lanceur de javelot avec les Mèdes et les Perses. L'enfant, au chat perché, se perche hors de la portée du saurien. Le joueur de hockey pare des pierres byzantines et le joueur de poker use de la dernière réserve de sorcellerie donnée aux citoyens en veston pour hypnotiser et suggérer. De chacune de nos occupations de mort est resté un témoignage qui est le jeu : il est l'histoire mimée des premiers âges du monde, et le sport qui est la pantomime de ses ères souffrantes et luttantes est donc spécialement élu pour conserver au corps son aisance et sa force primitives.

Mais il s'est trouvé malheureusement, dans nombre de nations, que le passage de la vie naturelle à la vie artificielle s'est effectué sans les transitions nécessaires, et que certains pays, distraits de la santé, de la beauté, de la dignité de leur corps, n'ont plus songé à l'entretenir et à l'exercer, si l'on peut dire, que par délégation. Le nôtre par exemple. Incapable de se donner à cette mission dans son ensemble, il s'est contenté de déléguer certains êtres exceptionnels dans le rôle de transmetteurs des secrets et des forces corporelles : d'abord les gymnastes, les jongleurs, les équilibristes, les dompteurs ou les plongeurs, et, enfin, dans un besoin inconscient d'épurer cette fonction même, ceux que nous appelons maintenant les sportifs.

Cela a été lontemps le vice français. Alors que certains peuples, comme l'Anglais dès le début du XIXe siècle, comme, depuis, le Suédois ou plus récemment encore l'Allemand, ont fait remise de son corps et l'ont confié à chaque citoyen, nos pères ont admis sans discussion qu'il suffisait de le confier à un nombre limité d'exemplaires français, aux sportifs français, de même qu'il suffisait, pour en assurer l'invariabilité, de confier le système métrique au mètre-type muré dans son caveau de Sèvres.

C'était vouloir vivre par délégation. C'était considérer l'équilibre physique comme une espèce de sainteté réservée à des élus, et l'on créait une élite dans le seul domaine où l'élite est une faiblesse et non un sens, dans la santé de la nation.

82. LE CINÉMA EST-IL UN ART?

MARCEL MARTIN

LE LANGAGE CINÉMATOGRAPHIQUE, ÉDITIONS DU CERF, 1962.

Un demi-siècle après la découverte des frères Lumière [1], il n'est plus sérieusement contesté que le cinéma est un art. Est-il alors présomptueux de penser qu'il y a bien, dans l'histoire du cinéma, une cinquantaine de films qui sont aussi précieux que l'Iliade, le Parthénon, la Sixtine [2], la Joconde ou la Neuvième [3] et dont la destruction appauvrirait tout autant le patrimoine artistique et culturel de l'humanité? Oui peut-être, car une telle affirmation paraîtra bien audacieuse à ceux qui persistent à tenir le cinéma pour un « divertissement d'ilotes [4] »; on aurait beau jeu de répondre et de prouver que si certains méprisent le cinéma, c'est en fait parce qu'ils en ignorent les beautés et qu'en tout cas il est absolument irrationnel de tenir pour négligeable un art qui est, socialement parlant, le plus important et le plus influent de notre époque.

Mais il faut reconnaître que la nature même du cinéma fournit bien des armes contre lui.

1. Est-il besoin de rappeler cependant que le cinéma n'est pas sorti tout armé du cerveau des frères Lumière en 1895? Georges Sadoul commence à juste titre son *Histoire Générale* par un volume consacré à *L'invention du Cinéma* qui débute en 1832. Mais il est évident, sans remonter au mythe de la caverne, que les ombres chinoises et les lanternes magiques ont préparé, bien antérieurement, la voie au cinéma (voir la séance d'ombres chinoises dans *Le Montreur d'Ombres* et dans *La Marseillaise*). La découverte fondamentale des Lumière consiste dans la mise au point du dispositif d'entraînement intermittent de la pellicule, qui devait rendre possible la caméra moderne (voir les films *Naissance du Cinéma* et *Louis Lumière*).

2. La Chapelle Sixtine du Vatican, célèbre par ses fresques des maîtres de la Renaissance.

3. La Neuvième symphonie de Beethoven.

4. Le mot est de G. Duhamel. A Sparte, les ilotes étaient les esclaves appartenant à la Cité et constituaient la classe la plus basse de la société.

Il est fragilité, parce que lié à un support matériel extrêmement délicat et guetté par les outrages des ans; parce qu'il n'est pas protégé par le dépôt légal et parce que le droit moral des créateurs y est à peine reconnu; parce qu'il est considéré avant tout comme une marchandise et parce que le possesseur a le droit de détruire les films comme bon lui semble; parce qu'il est soumis aux impératifs des commanditaires et parce que dans aucun autre art les contingences matérielles n'ont autant d'influence sur la liberté des créateurs.

Il est futilité, parce qu'il est le plus jeune de tous les arts, né d'une vulgaire technique de reproduction mécanique de la réalité; parce qu'il est considéré par l'immense majorité du public comme un simple divertissement où l'on se rend sans cérémonie; parce que censure, producteurs, distributeurs et exploitants coupent à leur guise dans les films; parce que les conditions du spectacle sont si lamentables que le « permanent » permet de voir la fin avant le commencement, le tout sur un écran qui ne correspond pas au format du film; parce que dans aucun autre art l'accord critique n'est aussi difficile à réaliser et parce que tout le monde se croit autorisé, lorsqu'il s'agit de cinéma, à s'ériger en juge.

Il est facilité, parce qu'il se présente le plus souvent sous les dehors du mélodrame, de l'érotisme ou de la violence; parce qu'il consacre, dans la grande majorité de sa production, le triomphe de la sottise; parce qu'il est, entre les mains des puissances d'argent qui le dominent, un instrument d'abêtissement, « usine de rêves » (Ilya Ehrenbourg), « fleuve fugace débobinant à foison des kilomètres d'opium optique » (Audiberti).

Ainsi des tares profondes handicapent l'épanouissement esthétique du cinéma; en outre un lourd péché originel pèse sur son destin.

On connaît la célèbre formule finale de l'*Esquisse d'une psychologie du cinéma* d'André Malraux : « Par ailleurs, le cinéma est une industrie. » Ce qui n'est apparemment pour André Malraux que la constatation d'une évidence devient, dans l'esprit de certains, l'affirmation d'un vice rédhibitoire.

Certes, le cinéma est une industrie, mais on conviendra que la construction des cathédrales fut elle aussi, avant la lettre et matériellement parlant, une industrie, de par l'ampleur des moyens techniques, financiers et humains qu'elle exigeait et que cela n'entrava point l'envol de ces édifices vers la beauté. Plus que son caractère industriel, c'est son caractère commercial qui constitue un grave handicap pour le cinéma parce que l'importance des investissements financiers qu'il nécessite le rend tributaire des puissances d'argent dont la seule règle d'action est celle de la rentabilité et qui croient pouvoir parler au nom du goût du public en vertu d'une soi-disant loi de l'offre et de la demande dont le jeu est faussé parce que l'offre modèle la demande selon son bon plaisir. Bref, si le fait d'être une industrie pèse gravement sur le cinéma, ce sont plutôt les implications morales que matérielles de ce concept d'industrie qui en sont responsables.

Heureusement, cela n'empêche pas son instauration esthétique et soixante ans de cinéma ont produit assez de chefs-d'œuvre pour qu'on puisse affirmer que le cinéma est un art, un art qui a conquis ses moyens d'expression spécifiques et qui s'est pleinement dégagé de l'influence des autres arts (en particulier le théâtre) pour épanouir ses possibilités propres en toute autonomie.

A vrai dire, le cinéma fut un art dès ses origines. Cela est évident dans l'œuvre de Méliès, pour qui le cinéma fut le moyen, aux ressources prodigieusement illimitées, de poursuivre ses expériences d'illusionnisme et de prestidigitation du théâtre Robert-Houdin : il y a art dès qu'il y a création originale (même instinctive) à partir d'éléments premiers non spécifiques et Méliès, en tant qu'inventeur du spectacle cinématographique, a droit au titre de créateur du Septième Art.

Dans le cas de Lumière, l'autre pôle originel du cinéma, l'évidence est moins nette mais peut-être plus démonstrative. En filmant l'entrée d'un train en gare de la Ciotat ou la sortie des usines, Lumière n'avait pas conscience de faire œuvre artistique mais simplement de reproduire la réalité : pourtant, à les voir de nos jours, ses petits films sont étonnamment photogéniques. Le caractère quasi magique de l'image filmique apparaît ainsi en pleine clarté : la caméra crée tout autre chose qu'un simple double de la réalité. Il en fut de même aux origines de l'humanité : les hommes qui exécutèrent les gravures rupestres d'Altamira et de Lascaux n'avaient pas conscience de faire de l'art et leur but était purement utilitaire puisqu'il s'agissait pour eux de s'assurer une sorte de domination magique sur les bêtes sauvages qui constituaient leur subsistance : pourtant leurs créations font aujourd'hui partie du patrimoine artistique le plus précieux de l'humanité.

L'art fut donc initialement au service de la magie et de la religion avant de devenir une activité spécifique créatrice de beauté. D'abord spectacle filmé ou simple reproduction du réel, le cinéma est devenu peu à peu un langage, c'est-à-dire le moyen de conduire un récit et de véhiculer des idées.

1 *Dégagez le plan de ce texte en mettant en valeur les idées principales.* **2** *Pourquoi le cinéma peut-il être considéré comme un art?* **3** *Le cinéma est aussi un langage, affirme l'auteur. A quelles conditions les œuvres cinématographiques, comme les œuvres littéraires, peuvent-elles passer de l'état de langage à la dignité d'œuvres d'art?*

83. LA NOUVELLE AGORA[1]

BERNARD VOYENNE

LA PRESSE DANS LA SOCIÉTÉ CONTEMPORAINE,
A. COLIN ÉD., 1962.

Les pouvoirs de la presse sont divers, inégaux, et en somme, mal connus encore ... Mais il est un point au moins où l'effet de la presse est incontestable et immense : elle a complètement transformé les rapports entre les hommes.

Sous son influence, combinée il est vrai à celle d'autres facteurs qui concourent avec elle, la domination des élites traditionnelles a presque entièrement cédé le pas à un système d'inter-relations de caractère universel. Désormais, chaque être est plus proche de ceux qui vivent et pensent comme lui, où qu'ils soient dans le monde, que de l'étranger

1. La place publique dans les villes grecques. C'était le lieu où se réunissaient les citoyens pour discuter des affaires de la Cité.

vivant à ses côtés. C'est une nouvelle notion du prochain qui est en train de naître, où les grandes solidarités continentales ou économiques se substituent aux groupements locaux, aux relations immédiates, aux clans et même aux patries. Ainsi la presse est-elle en grande partie la cause, sinon profonde, du moins efficiente d'une mondialisation qui offre aux efforts créateurs comme aux conflits destructeurs un champ prodigieux. Ces nouvelles stratifications sont de moins en moins celles du hasard, et pas encore celles du choix. Elles répondent, d'une manière qui n'a pas cessé d'être grégaire, à des appels profonds parmi lesquels celui de la liberté n'est ni le seul, ni toujours le plus puissant. Mais elles sont une chance de personnalisation, parce que la vieille puissance du groupe ne se fait plus sentir aussi rudement : elle demande au moins une adhésion. Les goûts, les besoins, la mode et même la culture s'uniformisent. Cependant les individus se différencient. Certes, on le discerne mal encore derrière la monotonie des vêtements qui cache la singularité des âmes. Il y a pourtant des signes qui ne trompent point.

Et voilà que les distances et les durées sont presque abolies. Les conséquences en sont immenses. Nous n'en retiendrons qu'une. Ne voit-on pas que la nature du rapport politique en est profondément modifiée? Qu'y a-t-il de commun, à ce point de vue, entre le paysan qui voyait naguère encore une fois par lustre un député auquel il ne pouvait rien soumettre que le problème de son champ, et l'homme d'aujourd'hui qui, chaque jour, suit les péripéties de la conférence au sommet? Hier une mince aristocratie, qu'elle soit de naissance ou d'élection, décidait en fait de tous les problèmes. Désormais chacun a son mot à dire et chacun, s'il le veut, dispose d'une quantité de renseignements, peut s'ouvrir à une ampleur de préoccupations, dont, sans la presse, on n'aurait nulle idée. Nous dialoguons avec les ministres, les chefs d'État, les ambassadeurs. Ils viennent nous faire leur cour comme au plus puissant des princes. Bien entendu, on a toujours trompé les princes et l'on ne cesse pas de le faire. Il y a loin de la richesse potentielle dont dispose l'homme d'aujourd'hui à une capacité effective de réalisation. Mais la seconde passe par la première. La citoyenneté nationale, continentale, mondiale, n'est certes pas réalisée. Elle est devenue possible.

Pour la première fois depuis la cité grecque, les affaires publiques se traitent devant tous, sur une nouvelle agora où le plus humble des habitants de la cité n'est pas un sujet mais un personnage dont la voix comptera au jour du vote, non pas autant mais beaucoup plus que celle de son riche voisin. En effet son nom est légion. Quelques heures par jour, chacun vient flâner sur la place publique, y prend le vent des affaires, écoute qui lui plaît, se fait son idée personnelle. Dans Athènes ils étaient peut-être trois mille. A présent, ils sont des millions.

Il y a pourtant une différence, une seule. Nous y avons à plusieurs reprises insisté, parce qu'elle est capitale et que tout se jouera sur elle. Le citoyen d'Athènes pouvait, s'il lui plaisait, interpeller l'orateur. Et il fallait bien que Périclès lui répondît. Face aux techniques de diffusion, que ferons-nous sinon tourner le bouton ou déchirer la feuille? Encore ne nous y résoudrons-nous pas, pour savoir la suite. Le grand problème, c'est celui du retour. Du retour vrai, et non pas d'un écho dans lequel la voix des dirigeants se répond à elle-même dans une tragique illusion. ... L'imagination et la technique, qui ont fait de la presse ce qu'elle est, n'auront pas de peine si elles le veulent vraiment à résoudre la seule question qui compte. Nous devons nous-mêmes y travailler sans relâche. Les sondages d'opinion, la généralisation du référendum ne sont que les premières et maladroites tentatives pour donner à Caliban [1] la parole. C'est par la presse, et par elle seule, qu'il pourrait quotidiennement se faire entendre.

A l'aube du XIXe siècle, quand les journaux commençaient à peine d'exister, Royer-Collard[2] écrivait : « Le bien et le mal de la presse sont inséparables ». Deux mille ans auparavant, un certain Ésope[3] avait déjà fait une remarque semblable. Si les hommes n'étaient pas capables de mentir, ils ne seraient pas dignes de la vérité.

84. CINÉMA ET CULTURE

HENRI AGEL
LE CINÉMA,
CASTERMAN ÉD., 1963.

Le cinéma, par essence, saisit l'homme dans le monde. Il étudie l'individu, non pas isolé dans le péristyle d'une tragédie classique, mais d'une manière pleine et entière, dans son milieu naturel ou dans son groupe. Le cinéma est un « art total » dans la mesure où il replace l'homme dans des coordonnées spatiales et temporelles (mineur du Pays de Galles, paysan du Rouergue, Esquimau du pôle, noir de l'Ogooué, etc.). Nous partageons l'intimité de *L'homme d'Aran*[4], des *Paysans noirs*, des Indiens de *Tonnerre sur le Mexique*, des Lapons de *Nyla le Lapon*, tout comme celle des aviateurs, des marins, des laboureurs, des ouvriers, des savants, des prêtres de tous les pays. La réalisation même d'un découpage et d'un montage cinématographique permettent de rendre, d'une manière beaucoup plus favorable qu'aucun autre art, cette vie de groupe, par la multiplicité de saisie du réel; c'est une véritable « co-naissance » au monde de nos frères. Pour reprendre le mot des stoïciens, l'homme devient vraiment « citoyen du monde ». Nous sommes donc en plein dans le quotidien, mais aussi dans le « surréel », car la perception filmique est une transfiguration de la perception ordinaire. Le cadrage, la diversité des plans, la qualité de la lumière, les mouvements de la caméra, le montage donnent aux êtres et aux choses un mode d'existence privilégié, plus intense, plus beau ou plus pathétique. Ceci est vrai sur le plan de la réalité quotidienne : un mur, une rue, un objet usé et banal reprennent à l'écran une étrange beauté. Ils dégagent ce coefficient caché de poésie que le cinéma — lumière et mouvement — a le don de faire surgir. C'est surtout sur le plan psychologique et humain que cette transfiguration est exaltante. Certes il est

1. Personnage de *la Tempête* de Shakespeare. Il personnifie le peuple. Renan a repris le personnage dans ses *Drames philosophiques* et aussi Jean Guéhenno dans son ouvrage *Caliban parle*.
2. Philosophe et orateur français (1763-1845).
3. Fabuliste grec (VIe s. av. J.-C.) à qui La Fontaine a emprunté de nombreux sujets de fables.
4. *L'Homme d'Aran* : Flaherty, 1934. *Les Paysans Noirs* : metteur en scène Georges Régnier, 1948. *Tonnerre sur le Mexique* : metteur en scène Eisenstein, 1961. *Nyla le Lapon* : réalisateur Thor Le Brooks, 1948.

important que le film magnifie et exalte les arbres et les fleurs, tout comme les routes et les pavés d'une ville. Mais n'est-il pas plus important encore qu'il redonne toute sa noblesse, tout son tragique au visage humain? Ce visage, miroir de l'âme, nous avons aujourd'hui trop tendance à ne plus le regarder, à le traiter en objet. Nous voyons trop de visages dans une journée pour avoir encore le courage de les déchiffrer, d'apprendre à les aimer tous. Le cinéma nous apporte ici une véritable révélation : visage de notre voisin, de l'homme des villes, de l'homme de notre pays, mais aussi du « prochain » moins familier qu'est l'homme des continents lointains, des civilisations peu connues; visages des hommes de toutes les races, de tous les pays, de l'Esquimau et du Pygmée, visage unique et multiforme de notre frère qu'un « gros plan » nous rend soudain proche et vivant. On voit dès lors comment l'écran nous permettra de redécouvrir certaines réalités morales et spirituelles non plus dans l'abstrait ni d'une manière théorique, mais précisément à partir des hommes et de leur milieu. C'est du concret que se dégageront lentement, insensiblement, certaines vérités éternelles, vérités qui apparaîtront encore toutes prises dans leur gangue, toutes pleines encore de terre et de sang, mais qui, par le fait même qu'elles seront incarnées, mélangées au tuf de l'existence, n'en auront que plus d'authenticité. L'écran deviendra le lieu privilégié qui verra s'inscrire un système de signes intellectuels et moraux et qu'il nous sera loisible de déchiffrer à travers les éléments mêmes du cosmos et de la vie sociale, brassés et ordonnés de façon à signifier ce qui correspond à la vision du monde d'un créateur. La solidarité, la fraternité, le dépassement de soi, se laissent lire par exemple dans : *La Grande Illusion*, *L'Espoir*, *Chasse tragique*, *Vivre en paix*, *Rome ville ouverte*, *l'Intrus;* la réalité du corps mystique s'exprime à travers *Un jour dans la vie*, *Les Anges du Péché*, *Le Journal d'un curé de campagne* [1].

Ainsi, parallèlement à l'enseignement traditionnel des humanités [2] qui ouvre les jeunes aux valeurs intellectuelles et spirituelles, on peut convenir d'une initiation au cinéma qui permette aux élèves de redécouvrir et de ressaisir ces valeurs d'une façon plus directe, en les intégrant plus sensiblement dans leur vie. Le résultat s'exerce à la fois sur le plan du cinéma qui cesse d'être un pur divertissement et devient un objet de culture et de méditation, et sur le plan des humanités, qui cessent d'être une matière purement abstraite et prennent vie grâce au cinéma.

1. *La Grande Illusion:* Jean Renoir, 1937. *L'Espoir:* André Malraux, 1945. *Chasse tragique:* Giuseppe de Santis, 1947. *Vivre en paix:* Zampa, 1947. *Rome, ville ouverte:* R. Rossellini, 1945. *L'Intrus:* adapté de Faulkner par Clarence Brown, 1950. *Un jour dans la vie:* A. Blasetti, 1947. *Les Anges du péché:* Robert Bresson, 1943. *Le journal d'un curé de campagne:* adapté de G. Bernanos par Robert Bresson, 1950.
2. Voir note 2, page 36.

85. PUISSANCE DE LA TÉLÉVISION

GEORGES HOURDIN

UNE CIVILISATION DES LOISIRS,
CALMANN-LÉVY ÉD., 1963.

Parmi les techniques de loisirs destinés à assurer en même temps l'information du public moderne, il en est une sur laquelle il faut insister : c'est la télévision. Le petit écran commence d'envahir le monde civilisé. Pacifique conquête qui, de nation à nation, de foyer à foyer, change la structure de nos loisirs! Conquête décisive, car tous les moyens dont dispose la science moderne des transmissions sont mis, alors, à domicile, à la disposition de chacun d'entre nous.

La technique de la télévision représente une étape nouvelle et décisive dans cette conquête du public oisif par les techniques de diffusion. Elle se présente à nous à la fois comme une récapitulation de ce qui l'avait précédé et comme une avancée percutante. La machine à occuper les loisirs des hommes prend avec la télévision une puissance que ne possédait aucun autre moyen moderne de diffusion. Elle utilise, lorsqu'elle le veut, à la fois l'image, le son, et si cela lui est nécessaire, l'écrit. Son succès, son influence obligent les producteurs de cinéma, les entreprises de presse et les réalisateurs d'émissions à la radio à reconsidérer leur formule de contacts avec le public. Elle les rejette momentanément dans l'ombre. Elle prend place triomphalement au premier plan des loisirs modernes. Elle impose ses façons de voir l'actualité, de juger les événements et de distraire le public. Elle distribue à la fois l'évasion, la culture, l'information et le renseignement. Elle met à la disposition de chaque foyer qui la possède un journal permanent et omniprésent, un cinéma, une scène de théâtre, des périodiques spécialisés, une salle de concert, une université en images. Qui fait mieux? Personne. C'est pourquoi les foyers où pénètre le petit écran restent, pendant plusieurs mois ou plusieurs années, comme médusés sous l'effet de quelque philtre magique. Ils connaissent ce qu'on appelle le vertige de l'écran. Ils oublient leurs obligations familiales ou civiques pour se consacrer entièrement et collectivement à ces loisirs polyvalents.

Nos pères, lorsqu'ils avaient l'instruction suffisante et le goût de le faire, cherchaient leurs informations dans un journal qui tirait rarement à un million d'exemplaires et qui leur donnait une vision des événements conforme à leur propre conception du monde, vision complétée par d'autres feuilles présentant les mêmes événements sous un jour différent. Les techniques de loisirs dont usaient nos ancêtres étaient ainsi pluralistes. Il n'en est plus ainsi avec la télévision, même dans les pays où les postes d'émission sont des postes privés se faisant mutuellement concurrence. Lorsque les investissements nécessaires à la création d'une entreprise de loisirs atteignent une certaine importance, il n'est plus de liberté, il n'est plus de pluralisme.

La centralisation n'est pas seulement dans le fait qu'un seul homme ou qu'une seule équipe d'hommes va informer des milliers de citoyens. On la trouve aussi, ce qui n'arrange rien, dans le fait que c'est la même entreprise qui offre à un même public innombrable, comme sont les foules de l'Apocalypse, les différentes formules d'information. Le journal télévisé, les magazines spécialisés, les émissions de grands reportages, les tables rondes, les débats, les documentaires, tout cela est conçu, produit puis réalisé par une seule et même centrale de télévision. On voit la conséquence. Des dizaines de millions d'hommes, lorsqu'ils cherchent à occuper leurs loisirs, reçoivent, en tournant le bouton de leur poste, une vision du monde qui est uniforme et qui ne peut pas ne pas l'être puisqu'elle a été conçue par les mêmes équipes, dans le même climat, suivant les mêmes normes de travail. ... Un certain totalitarisme est inscrit dans le développement des techniques dont nous usons. C'est un grand sujet de réflexion.

Il en est d'autres. La télévision, qui résume dans sa puissance tous les moyens de diffusion jusqu'ici inventés, met à la disposition du public des œuvres de la littérature universelle qui, sans elle, n'auraient jamais franchi un certain cercle. La Télévision française, par exemple, espère bientôt porter à l'écran *les Perses* [1]... Quand elle le fera, si les téléspectateurs intéressés, qui ne sont pourtant pas légion, sont à l'écoute, les immortels versets de la tragédie grecque seront communiqués, en une seule fois, à un nombre de personnes infiniment supérieur à celui que totalisaient des centaines de représentations.

Dans un logement étroit, la présence d'un écran sur lequel passent des choses nouvelles pour ceux qui les contemplent va provoquer une attirance presque invincible. L'inconnu à domicile, tout ce qu'on a désiré voir et qu'on n'a pas pu aller chercher, le tenir soudain sous son regard, quel émerveillement et quel lien! Au début de l'utilisation de son poste, le téléspectateur de milieu populaire se trouve comme ligoté à lui. Ce féerique petit écran provoque ainsi un bouleversement de toutes les données populaires. Voici une jeune femme qui n'avait jamais suivi de cours de coupe. A côté d'elle, tout à coup, une autre femme lui explique qu'elle peut devenir élégante. Elle désire garder son mari, elle veut donc rester belle. Elle découvre soudain les moyens de le faire. Elle voudrait pourtant mieux comprendre ce que disait la femme qui était, là, sur l'écran...

Elle se réjouissait de la découverte qu'elle avait faite et exprimait le désir que l'émission passât plus lentement afin d'être mieux saisie. Elle voulait vraiment que le magazine féminin de la R.T.F. lui apportât, au ralenti, ces cours de coupe dont elle sentait maintenant l'importance.

La télévision, en raison de son extension, bouleverse, par ailleurs, nous l'avons dit, les autres techniques d'information et de spectacle. C'est le problème de la compétition entre différentes techniques de loisirs que nous trouvons ici. Le cinéma adopte alors l'écran panoramique et la figuration à grand spectacle. La radio individualise ses émissions pour soutenir la concurrence. Elle s'adresse familièrement désormais à chacun de ses auditeurs comme si elle leur parlait en particulier. Le journal devient le lieu de réflexion d'un journaliste intelligent qui fait le point des événements. L'utilisation des postes à transistors a facilité cette évolution et cette individualisation. Le cinéma tend donc vers le gigantisme. La radio va vers la mobilité et l'intimité du poste qu'on place dans sa poche. Il reste à la presse, qui veut se différencier, elle aussi, et continuer d'être un instrument d'information pour les heures de loisirs, la couleur des images et le sérieux de l'écrit. Mais la télévision garde sur ses concurrents tous les atouts d'une arme absolue. Il lui suffira, pour continuer de dominer, de développer les possibilités qui sont en elle. Elle aura dans

1. La Télévision française a présenté en 1964 la tragédie d'Eschyle.

nos salons, le jour qu'il le faudra, de grands écrans. Elle se fera petite avec des transistors pour prendre place, elle aussi, dans les automobiles. La couleur, elle la possède déjà. La course reste ouverte. Que pourraient inventer les autres que la télévision ne possède déjà en puissance? Rien de particulier sans doute. La télévision s'affirme ainsi, de plus en plus, comme la source intarissable, et chaque année perfectionnée, des nouveaux loisirs à domicile.

86. DES LIVRES ET DES BIBLIOTHÈQUES

ANDRÉ MAUROIS

LE COURRIER DE L'UNESCO,
MAI 1961.

Notre civilisation est une somme de connaissances et de souvenirs accumulés par les générations qui nous ont précédés. Nous ne pouvons y *participer* qu'en prenant contact avec la pensée de ces générations. Le seul moyen de le faire, et de devenir ainsi un homme *cultivé*, est la lecture.

Rien ne peut la remplacer. Ni le cours parlé, ni l'image projetée n'ont le même pouvoir éducatif. L'image est précieuse pour illustrer un texte écrit : elle ne permet guère la formation des idées générales. Le film, comme le discours, s'écoule et disparaît; il est difficile, voire impossible, d'y revenir pour le consulter. Le livre demeure, compagnon de toute notre vie. Montaigne disait que trois commerces lui étaient nécessaires : l'amour, l'amitié, la lecture. Ils sont presque de même nature.

On peut aimer les livres; ils sont toujours des amis fidèles. Je dirai même que je les ai souvent trouvés plus brillants et plus sages que leurs auteurs. Un écrivain met dans ses ouvrages le meilleur de lui-même. Sa conversation, si même elle étincelle, s'enfuit. On peut interroger sans fin le mystère du livre. En outre, cette amitié sera partagée, sans jalousie, par des millions d'êtres, en tous pays. Balzac, Dickens, Tolstoï, Cervantès, Gœthe, Dante, Melville nouent des liens merveilleux entre des hommes que tout semble séparer.

Avec un Japonais, avec un Russe, avec un Américain, de moi inconnus, j'ai des amis communs qui sont la Natacha de *Guerre et Paix*, le Fabrice de *La Chartreuse de Parme*, le Micawber de *David Copperfield*.

Le livre est un moyen de dépassement. Aucun homme n'a assez d'expériences personnelles pour bien comprendre les autres, ni pour bien se comprendre lui-même. Nous nous sentons tous solitaires dans ce monde immense et fermé. Nous en souffrons; nous sommes choqués par l'injustice des choses et les difficultés de la vie. Les livres nous apprennent que d'autres, plus grands que nous, ont souffert et cherché comme nous. Ils sont des portes ouvertes sur d'autres âmes et d'autres peuples.

Grâce à eux nous pouvons nous évader de notre petit univers personnel, si étroit : grâce à eux nous échappons à la méditation stérile sur nous-mêmes. Un soir consacré à la lecture des grands livres est pour l'esprit ce qu'un séjour en montagne est pour le corps. L'homme redescend de ces hautes cimes, plus fort, les poumons et le cerveau lavés de toutes souillures, mieux préparé à affronter avec courage les luttes qu'il retrouvera dans les plaines de la vie quotidienne.

Les livres sont nos seuls moyens de connaître d'autres époques et nos meilleurs moyens pour comprendre des groupes sociaux où nous ne pénétrons pas. Le théâtre de Federico Garcia Lorca m'aura plus appris sur l'âme secrète de l'Espagne que vingt voyages faits en touriste. Tchékhov et Tolstoï m'ont révélé des aspects de l'âme russe qui restent vrais. Les mémoires de Saint-Simon ont fait revivre pour moi une France qui n'est plus.

Plaisir accru par la découverte d'étonnantes ressemblances entre ces mondes éloignés de nous par la distance ou le temps, et celui où nous vivons. Les êtres humains ont tous des traits communs. Les passions des rois dans Homère ne sont pas si différentes de celles des généraux dans une coalition moderne.

Quand je faisais un cours sur Marcel Proust aux étudiants de Kansas City, les fils des fermiers américains se reconnaissaient dans ces personnages français. « Après tout, il n'y a qu'une race : l'humanité. » Le grand homme lui-même n'est différent de nous que par ses dimensions, non par son essence, et c'est pourquoi les grandes vies sont intéressantes pour tous les hommes.

Donc, nous lisons, en partie, pour dépasser notre vie et comprendre celle des autres. Mais ce n'est pas la seule raison du plaisir que donnent les livres. Par l'existence quotidienne, nous sommes trop mêlés aux événements pour les bien voir, trop soumis aux émotions pour en jouir. Beaucoup d'entre nous vivent un roman digne de Dickens ou de Balzac; ils n'y trouvent aucun plaisir. Bien au contraire. La fonction de l'écrivain est de nous offrir une image vraie de la vie, mais de la tenir à une telle distance de nous que nous puissions la goûter sans crainte, sans responsabilité.

Le lecteur d'un grand roman, d'une grande biographie, vit une grande aventure sans que sa sérénité en soit troublée. Comme l'a dit Santayana [1], l'art offre à la contemplation ce que l'homme ne trouve guère dans l'action : l'union de la vie et de la paix.

La lecture d'un livre d'histoire est très saine pour l'esprit; elle enseigne au lecteur la modération et la tolérance; elle lui montre que de terribles querelles qui causèrent des guerres civiles ou mondiales, ne sont plus aujourd'hui que des controverses défuntes. Leçon de sagesse et de relativisme. Les beaux livres ne laissent jamais le lecteur tel qu'il était avant de les connaître; ils le rendent meilleur.

Rien n'est donc plus important pour l'humanité que de mettre à la disposition de tous ces instruments de dépassement, d'évasion et de découverte qui transforment, à la lettre, la vie et accroissent la valeur sociale de l'individu. Le seul moyen de le faire est la bibliothèque publique.

Nous vivons en un temps où tous les hommes, en des pays dont le nombre va croissant, ont des droits égaux, participent au gouvernement et forment cette opinion qui, par son influence sur les gouvernants, décide en dernier ressort de la paix et de la guerre, de la justice et de l'injustice, bref, de la vie de leur nation et de celle du monde tout entier. Cette puissance du peuple, qui est la démocratie, exige que les masses, devenues source du pouvoir, soient instruites de tous les grands problèmes.

J'entends bien qu'elles reçoivent, de plus en plus, un tel enseignement

1. Philosophe américain né à Madrid (1863-1952).

dans les écoles, mais cet enseignement ne peut être complet si la bibliothèque ne devient l'auxiliaire de l'école. Écouter un maître, même excellent, ne suffit pas à former l'esprit. Il y faut la réflexion, la méditation. Le rôle du maître est de fournir des cadres bien construits, que le travail personnel devra ensuite remplir. Ce travail personnel sera, essentiellement, constitué par des lectures.

Aucun élève, aucun étudiant, si brillant soit-il, ne peut refaire seul ce que l'humanité a mis des millénaires à enfanter. Toute réflexion solide est, avant tout, réflexion sur la pensée des grands auteurs. L'histoire serait peu de chose si elle était réduite aux faits et aux idées que le maître peut exposer en un petit nombre d'heures. Elle deviendra une grande leçon de vie si l'étudiant, conseillé par le maître, va chercher dans les mémoires, dans les témoignages, dans les statistiques la matière même de l'histoire.

La lecture n'est pas seulement une saine gymnastique de l'intelligence; elle révèle aux jeunes le caractère secret de la vérité, qui n'est jamais donnée toute faite au chercheur, mais doit être construite par lui à force de travail, de méthode et de bonne foi. La bibliothèque est le complément indispensable de l'école ou de l'université. Je dirais volontiers que l'enseignement n'est qu'une clef qui ouvre les portes des bibliothèques.

Cela est plus vrai encore de l'enseignement postscolaire. Le citoyen d'une démocratie qui veut remplir ses devoirs avec conscience doit continuer de s'informer pendant toute sa vie. Le monde ne s'arrête pas le jour où chacun de nous sort de ses classes. L'histoire continue de se faire; elle pose des problèmes qui engagent le sort de l'espèce humaine. Comment prendre parti, comment défendre des thèses raisonnables, comment s'opposer à de criminelles folies si l'on ne connaît pas les questions? Ce qui est vrai de l'histoire l'est aussi de l'économie politique, de toutes les sciences, de toutes les techniques.

En cinquante ans, les connaissances humaines ont été renouvelées, bouleversées. Qui renseignera, sur ces grands changements, les hommes et les femmes dont la vie et le bonheur en dépendent? Qui leur permettra en accomplissant leur tâche quotidienne, de tenir compte des plus récentes découvertes?

Les livres, et eux seuls.

La civilisation crée des besoins nouveaux. L'homme n'accepte plus d'être un pion que meuvent sur l'échiquier des puissances qui le dépassent. Dans toute la mesure où cela est possible, il veut savoir, s'informer. Jadis, seul un philosophe ou un poète disait : « Je suis homme et rien de ce qui est humain ne m'est étranger [1]. » Aujourd'hui, tout homme voudrait pouvoir prononcer cette phrase, parce qu'il sait que le destin de peuples lointains et inconnus modifiera le sien, et aussi parce que sa sensibilité s'est affinée et qu'une injustice commise à l'autre bout du monde le touche. Sur les problèmes qui sollicitent l'humanité tout entière, la bibliothèque est la principale, la plus riche source d'information.

Enfin, par l'abondance de l'énergie, par les progrès de l'automatisme, notre civilisation, que nous le voulions ou non, sera de plus en plus une civilisation de loisirs.

1. Vers de l'auteur comique latin Térence.

Les sports, les jeux, les spectacles, la télévision contribueront, certes, à occuper les hommes, mais leur durée sera toujours limitée par la longueur des préparations, et d'ailleurs, un homme digne de ce nom en arrive assez vite à se lasser de n'être que spectateur. La bibliothèque fera pour lui, de l'Espace et du Temps, un spectacle infini qu'il créera lui-même.

« Tout homme qui sait lire, a dit Aldous Huxley[1], a en lui le pouvoir de se magnifier, de multiplier ses modes d'existence, de rendre sa vie pleine, intéressante et significative. » C'est cette vie pleine, enrichie de toutes les autres vies, que nous souhaitons ouvrir à tous.

Sir John Herschel, inaugurant en 1833 la bibliothèque publique d'Eton, disait : « Donnez à un homme le goût de la lecture et les moyens de le satisfaire, et vous ne pourrez manquer de faire de lui un homme heureux... Vous le mettrez en contact, à chaque moment de l'Histoire, avec les hommes les plus sages et les plus spirituels, les plus tendres, les plus braves et les plus purs qui aient orné l'humanité. Vous ferez de lui un citoyen de toutes les nations, un contemporain de toutes les époques. » On pourrait dire avec justice à toute société humaine : « Dis-moi ce que tu donnes à lire à ton peuple et je te dirai qui tu es. »

1 *Rendre compte de ce texte en deux pages au maximum.* **2** *Comment s'unissent, dans votre expérience, l'intérêt personnel et l'intérêt social de la lecture?*

1. ALDOUS HUXLEY : écrivain anglais, (1894-1963), auteur du célèbre roman d'anticipation *Le meilleur des mondes* (1932).

Route de Challier vers Pralognan. Glacier de la Grande Casse.

problèmes de civilisation

Au point où nous en sommes de l'évolution humaine, les hommes pourraient considérer avec fierté l'héritage laissé par les générations successives et entrevoir le terme de la lente ascension vers la Cité Idéale où l'humanité verrait s'épanouir un Age d'or.

Mais parce qu'elle est œuvre humaine, la civilisation porte la marque du caractère essentiel de la nature de l'homme : elle est imparfaite.

Alors que les plus vastes perspectives de progrès et de prospérité se présentent aujourd'hui, jamais peut-être les hommes n'ont été dans un plus grand désarroi. Alors que les merveilleux progrès des sciences et de la technique ont donné à nos contemporains un pouvoir démiurgique, c'est souvent de l'angoisse que ressentent, devant tant de puissance, ceux qui réfléchissent. Il apparaît, en effet, que dans son fond, la conscience de chaque individu n'a pas été, depuis son origine, sensiblement modifiée : réformer la nature de l'homme est singulièrement plus difficile que de conquérir la nature, et on pourrait même penser que, depuis un certain nombre d'années, l'homme, tout occupé qu'il est à agir sur le monde extérieur, se détourne de l'étude de lui-même qui est la condition essentielle du progrès éthique.

Aussi ne nous étonnons pas si les jugements portés sur les acquisitions de la civilisation sont parfois si contradictoires.

Dans le domaine de la morale, la louange et le blâme s'expriment par référence à des idéaux essentiellement subjectifs et changeants.

L'histoire nous rapporte qu'à travers les âges les hommes se sont partagés entre la certitude et le doute touchant leur destin. Notre époque connaît les mêmes contradictions et souvent aggravées.

87. LA CIVILISATION TECHNICIENNE N'EST ENCORE QU'UNE PSEUDO-CIVILISATION

FRANÇOIS DE CLOSETS

LE BONHEUR EN PLUS, DENOËL ÉD., 1974.

Les sociétés industrielles ont détourné le progrès de ses fins naturelles. Je poserai donc en principe que :

– Une civilisation doit viser le bonheur de tous et non de quelques-uns.

– Le bonheur est un état psychologique qui se réalise dans la personne. C'est là que se trouve la réalité première de toute civilisation. Les réalisations matérielles n'en sont jamais que le décor.

– Un bonheur authentique ne peut naître que de la justice, de la solidarité et de l'accomplissement de soi, non de l'injustice, de l'agressivité et de la domination.

Ces principes ne sont pas des vœux pieux. Ils répondent à une nécessité objective autant qu'à une préférence individuelle : la civilisation occidentale est condamnée à être heureuse ou à disparaître. Elle s'est donné les bases matérielles du bonheur — situation sans précédent dans l'histoire humaine —, mais tous ces progrès restent sur le plan des moyens : l'objectif ultime paraît toujours aussi éloigné.

Aujourd'hui, les machines sont admirables et les visages fermés. Nous avons la technique; il nous manque le sourire. Si les sociétés industrielles continuent à concentrer tous leurs efforts sur le progrès technique, elles se heurteront à des obstacles de plus en plus redoutables et laisseront chacun de plus en plus insatisfait. Si au contraire elles utilisent la technologie pour créer un monde d'aménité, de fraternité, d'équité, elles apporteront un bonheur authentique et, du même coup, elles conjureront les périls qui les menacent.

Malheureusement, la « civilisation technicienne » n'est encore qu'une pseudo-civilisation. Elle n'a de projet que pour les choses et non pour les hommes. Il est significatif que les auteurs de science-fiction aient toujours concentré leurs descriptions sur les machines. Leur monde est un décor. Surprenant, fascinant, mais seulement un décor où l'homme ressemble comme un frère au citoyen d'aujourd'hui. Seules, les techniques ont changé. En revanche, quand les peintres primitifs voulaient représenter le paradis ils ne transformaient guère notre « environnement ». Ils exprimaient la félicité dans les êtres et non dans les choses. Les bienheureux se distinguaient des hommes ordinaires par un sourire intérieur et non par des commodités extérieures.

Le premier défaut du monde moderne n'est pas d'être injuste ou violent, c'est d'être irréaliste. C'est de placer son ambition suprême dans l'accumulation des richesses et non dans le contentement des individus, de limiter son propos au monde matériel alors qu'une civilisation se fonde et se juge sur l'expérience vécue de ses membres.

Il était inévitable que cet oubli des réalités humaines finisse par provoquer des inconvénients graves et des réactions de rejet. Nous en sommes là. Désormais, les désillusions l'emportent sur les satisfactions. Certains veulent voir dans les encombrements, les frustrations, les pollutions, la pénurie et toutes les réactions de révolte, les signes avant-coureurs de la catastrophe qui emportera l'édifice. Mais on peut aussi estimer que ces crises favoriseront les redressements nécessaires. La situation tourmentée des années 70 est aussi riche de menaces que d'espoir.

Une chose est certaine en tout cas : notre avenir n'est plus inscrit dans le progrès technique. Il y a quelques années, des futurologues s'attachaient à prédire les dates auxquelles nous pourrions prévoir le temps, implanter des organes artificiels ou maîtriser la fusion thermonucléaire. Nous savons désormais que ces prédictions ne peuvent rien nous apprendre sur la vie de nos enfants. Nous sommes confrontés à un problème de civilisation; un problème que la technologie, si perfectionnée soit-elle, ne peut résoudre.

88. UNE FIRME MULTINATIONALE

RENÉ-VICTOR PILHES

L'IMPRÉCATEUR,
SEUIL ÉD., 1974.

Bien que la firme géante, multinationale et américaine, Rosserys et Mitchell ait connu une notoriété phénoménale et qu'elle ait même, à un moment, sérieusement aspiré au gouvernement des nations, il n'est pas inutile aujourd'hui de la définir brièvement, car elle a perdu sa place dans la mémoire des citoyens et elle n'a creusé aucun sillon dans l'Histoire.

Cette firme fabriquait, emballait et vendait des engins destinés à défricher, labourer, semer, récolter, etc. Son état-major siégeait à Des Moines, dans l'Iowa, splendide État d'Amérique du Nord.

La compagnie avait d'abord vendu ses engins à l'intérieur des États-Unis; ensuite, elle les avait exportés et, pour finir, elle avait bâti des usines dans les pays étrangers.

Lorsque survinrent les événements relatés ici, Rosserys et Mitchell avait entrepris de construire des usines non point dans les pays assez riches pour acheter eux-mêmes les engins fabriqués et emballés sur leur sol, mais au contraire dans les pays pauvres et démunis de denrées pour la raison que les salaires payés aux ouvriers de ces pays étaient moins élevés qu'ailleurs.

Les gens qui à l'époque se pressaient sur le pavois, tant étaient subtiles leurs réflexions, étendues leurs connaissances, éprouvées leurs techniques, portaient haut leur superbe et leur rengorgement. Et aussi la philosophie que voici :

a. fabriquons et emballons chez nous des engins et vendons-les chez nous;

b. maintenant, vendons nos engins à ceux de l'extérieur qui ont de l'argent pour les acheter;

c. fabriquons et emballons sur place, toujours chez ceux qui ont de l'argent pour acheter;

d. pourquoi ne pas fabriquer et emballer nos engins dans les pays pauvres, de façon à les obtenir moins cher ?

e. à la réflexion, pourquoi ne pas fabriquer les vis de nos engins là où les vis coûtent le moins cher, les boulons là où ils coûtent le moins cher, assembler le tout là où ça coûte le moins cher d'assembler, l'emballer là où ça coûte le moins cher d'emballer ?

f. et, finalement, pourquoi se limiter à la fabrication d'engins ?

Avec tout l'argent qu'on gagne, pourquoi ne pas acheter tout ce qui est à vendre ? Pourquoi ne pas transformer notre industrie en gigantesque société de placement ?

La sécheresse de ce processus masquait un altruisme remarquable. La construction d'usines et d'immeubles sur toute la surface du globe apportait du travail et de la nourriture aux peuples maigrement pourvus, accélérait leur marche vers le progrès et le bien-être. C'est pourquoi ces gens qui, en fabriquant, en emballant et en vendant, édifiaient le bonheur de l'humanité en vinrent à se demander à quoi pouvaient servir les assemblées politiques et les gouvernements. Voici ce que ces néo-patriciens, qui décidément avaient pénétré les secrets de l'âme humaine, répondirent : « Nous qui fabriquons, emballons et vendons, nous créons les richesses et nous en remettons une part importante aux institutions politiques, librement ou non élues, qui les redistribuent. Ces richesses, nous ne voulons pas les répartir nous-mêmes, car nous serions juge et partie. Ainsi le monde, après tant de soubresauts et de déchirements millénaires, a enfin trouvé sa voie : fabriquer, emballer, vendre, distribuer le produit de la vente. En somme, de même qu'en des temps préhistoriques on avait séparé les Églises et l'État, on séparerait aujourd'hui la justice et l'économie. D'un côté, on ferait beaucoup de « social », de l'autre, beaucoup d'argent. En quelque sorte, le pouvoir temporel appartiendrait aux entreprises et aux banques, et le pouvoir intemporel aux gouvernements. Les temples, les églises, les synagogues le cèderaient aux grands ministères. »

Fabriquons et emballons en paix! criaient-ils, vendons en liberté, et nous aurons en échange la paix et la liberté!

Une pareille grandeur d'âme ne laissait pas indifférents les peuples et les États. Entre tous, les États-Unis d'Amérique du Nord apparurent comme le peuple élu. Le monde changea de Judée. Jérusalem fut peu à peu remplacée par Washington. Quant à la politique, elle s'adapta à la religion nouvelle et forma ses grands-prêtres. Que serait un dirigeant qui n'aurait ni lu ni compris les Tables de la nouvelle Loi ? Alors surgirent dans les Conseils des hommes d'un type nouveau, compétents, capables de gérer aussi bien une administration qu'une entreprise ou une grande compagnie. Le mot GESTION rompit un carcan multiséculaire, jeta bas ses oripeaux et apparut en cape d'or aux citoyennes et aux citoyens ébahis. Jadis, on cherchait à savoir d'un homme s'il était chrétien ou hérétique, à droite ou à gauche, communiste ou anglican. A l'époque dont je parle, on se demandait : celui-là est-il ou non un bon gestionnaire ?

Rosserys et Mitchell était l'un des joyaux de cette civilisation. Grâce à ses engins, des travaux surhumains avaient été effectués dans le monde entier, du blé poussait là où Moïse sous ses pas soulevait de la poussière. Des millions d'écoliers apprenaient que, s'ils travaillaient bien en classe, ils auraient plus tard une chance d'être engagés par une firme semblable à Rosserys et Mitchell-International. Aux jeunes générations, on disait : « Le jour où le monde ne sera plus qu'une seule et immense entreprise, alors, personne n'aura jamais plus faim, personne n'aura jamais plus soif, personne ne sera jamais plus malade. »

Ainsi étaient façonnés les esprits dans le monde industrialisé.

Or c'était le temps où les pays riches, hérissés d'industries, touffus de magasins, avaient découvert une foi nouvelle, un projet digne des efforts supportés par l'homme depuis des millénaires : faire du monde une seule et immense entreprise.

89. QUE SAVENT-ILS CEUX QUI DIRIGENT ROSSERYS ET MITCHELL ?

RENÉ-VICTOR PILHES

L'IMPRÉCATEUR, SEUIL ÉD., 1974.

Ils savent que, gagner de l'argent, c'est la seule activité qui vaille. Ils savent que c'est cela, l'important, et que tout le reste, comme ils disent, c'est de la littérature. Ils savent que le pouvoir temporel est plus important que le pouvoir intemporel. Ils aiment les écrivains, les peintres et les musiciens morts, mais non ceux qui vivent et travaillent dans le même temps qu'eux. Ils ne craignent Dieu que quand ils sont petits ou quand ils sont près de mourir. Ils savent que les rapports entre les individus et entre les peuples ne sont fondés que sur la force et la richesse. Ils savent qu'en ce bas monde un bon banquier est plus utile qu'un bon confesseur ou qu'une femme aimante. Ils savent que l'homme et la terre ont été créés pour dominer l'univers et que, sous le soleil, rien ne vaut un bon gisement de cuivre, une vaste nappe de pétrole, un immense troupeau de bêtes à cornes et à poils. Ils savent que les hommes ne naissent pas égaux entre eux, que ce sont là des histoires et que, si des peuples l'inscrivent dans des constitutions, c'est tout simplement parce que c'est plus satisfaisant pour l'esprit, plus commode dans les rapports sociaux. Ils savent qu'il en est de même pour ceux qui disent qu'ils croient en Dieu. Ils savent que tout s'achète et que tout se vend. Ainsi achètent-ils des quantités importantes d'hommes politiques et de gens d'Église, qu'ils revendent ensuite avec de solides plus-values. Ils savent qu'on n'a qu'une vie, que cela seul importe, et que tous les excès de l'homme sont finalement soit oubliés dans la nuit des temps, soit pardonnés par l'Histoire. Qui pourrait en vouloir aujourd'hui à un riche planteur du Missouri d'avoir, sa vie durant, violé les négresses et enterré vivants leurs esclaves de maris ? Le planteur est-il en enfer ? Et où est l'Enfer ? Le fait est qu'il a vécu bien vieux, riche, redouté, qu'il eut de nombreux enfants et petits-enfants, et que ceux-ci ne furent frappés d'aucune maladie divine, qu'ils agrandirent les terres de l'ancêtre et qu'ils engendrèrent à leur tour. Qui médit encore aujourd'hui du juge Sewall qui condamna cruellement et stupidement les « sorcières de Salem »? Ceux qui dirigent Rosserys et Mitchell savent tout cela, ils ont bien appris la leçon. Ils savent aussi qu'ils sont les citoyens du pays le plus puissant que le monde ait connu. Ils savent que leurs chefs militaires commandent à des armes et des armées capables de mettre à la raison n'importe quel pays du monde, y compris la dictature de l'Est. Ils savent que ce qu'on appelle le patriotisme ou la dignité d'un peuple ne signifie rien du tout. Ils savent que tous les peuples sont veules, qu'ils ne pensent qu'à leur commerce, qu'ils admirent profondément la richesse et la générosité des États-Unis d'Amérique du Nord, la sagesse, la probité et la clairvoyance de ses dirigeants et, tout particulièrement, de ses génies, ceux qui, partis de rien, ont bâti un empire, des empires, ceux qui ont commencé à vendre des sandales de caoutchouc et qui ont fini à la tête de nombreuses et puissantes fabriques de peaux de bouc, de fourrures de phoques, de biscuits chocolatés. Ce sont eux, les grands exemples de l'humanité, c'est pour eux que Dieu a créé les hévéas. Ils savent, ceux qui dirigent Rosserys et Mitchell, transformer une boîte de cornichons en plusieurs boîtes de cornichons, ensuite en plusieurs boîtes de biscuits, ensuite en plusieurs flacons de térébenthine, puis en immeubles, en tuyaux de fonte, en réfrigérateurs. Et, après, ils savent construire les vaisseaux qui enfermeront dans leurs flancs des milliers de boîtes de toutes sortes, des tonnes de carburant, et encore ils savent décharger ces boîtes et ce carburant sur les quais des pays lointains, d'où ils reviennent chargés de tapis, de truffes, de noix de coco, de cannelle, de café, et ensuite ils achètent, vendent et rachètent, empruntent et prêtent. Ce faisant, ils indiquent le véritable sens de la vie, ils méritent de guider le monde. Ils savent que les poèmes sont écrits par les fous pour ceux qui sont fous, les sonates et concertos pour ceux qui sont superficiels, et que les prières sont dites par les gens faibles pour les gens faibles. Ils savent que les idéologies ne pèsent d'aucun poids dans les rapports entre États ou collectivités humaines et qu'en définitive chacun se réconcilie avec chacun devant un bon sac d'or. Ils savent qu'un dollar ou un rouble doivent toujours donner deux dollars ou deux roubles et que le moyen d'obtenir ce résultat, c'est la ruse, le cynisme et l'imagination mercantile. Aujourd'hui, ils savent utiliser au mieux les découvertes de la science pour accroître la production de l'argent avant même celle des marchandises. Ils savent acheter aussi bien une entreprise de location de voitures aux U.S.A. qu'une conserverie de poissons aux Pays-Bas ou des usines de jus de tomate en France. Ils savent que, l'important, c'est de tout acheter, de tout avoir, de tout manipuler, et non d'accorder les forces financières, industrielles et commerciales aux besoins des peuples. Ils savent que fabriquer des chaises ou des automobiles n'est pas nécessaire ni primordial, mais que seule compte la somme des bénéfices qu'à la fin de l'année rapporteront ces fabrications. De nos jours, les dirigeants de Rosserys et Mitchell savent même abattre des gouvernements, noyauter les conférences internationales, couler une monnaie, provoquer des guerres et les arrêter au moment opportun pour leurs intérêts. Ainsi qu'on le voit, ils savent beaucoup de choses. Et, comme on peut le supposer, il leur faut disposer d'immenses capacités intellectuelles et morales pour assumer des tâches aussi lourdes. Heureusement qu'ils sont là.

C'est pourquoi, prions Dieu que notre société gagne la guerre économique pour le plus grand bonheur de tous les hommes et supplions-le de garder en bonne santé les chefs qui veillent sur notre croissance et notre expansion. En dévoilant un peu de ce qu'ils savent et de ce qu'ils supportent, j'aurai contribué à les faire mieux respecter.

90. LES TROIS COURBES

JULES ROMAINS
LE PROBLÈME NUMÉRO UN,
PLON ÉD., 1947.

Vue d'assez haut, l'évolution de l'humanité depuis la préhistoire laisse apparaître trois courbes particulièrement remarquables. Nous les appellerons — pour choisir les termes les plus simples — courbe de la nature humaine; courbe des institutions; courbe de la technique.

La nature humaine, c'est la nature humaine individuelle; c'est l'homme moyen, avec ses tendances, ses aptitudes, le mécanisme de ses réactions innées. Certes, en fait, à cette nature que l'homme apporte en naissant se superpose toujours une seconde nature, qui est le fruit du dressage et de l'éducation; ainsi qu'une mentalité, c'est-à-dire un ensemble d'idées, de partis pris, de préjugés, qui, lui aussi, peut modifier beaucoup les réactions instinctives et les dictés du caractère premier. Mais l'on sait aujourd'hui que ni l'éducation ni la mentalité ne sont héréditaires; donc qu'elles ne s'incorporent point à la nature de l'homme individuel. L'une et l'autre, en réalité, relèvent plutôt du domaine des institutions.

Le mot d'institutions doit être pris en un sens très large. Il s'agit en somme de ce que tous les hommes en société inventent pour organiser et perpétuer leur vie collective, pour y adapter l'individu; et de tout ce climat moral et intellectuel que la société crée autour de l'homme et qui s'appelle culture. Dans les institutions, nous faisons donc rentrer non seulement les lois, les structures politiques, les arrangements divers, juridiques ou économiques, qui règlent les rapports des hommes entre eux et ceux des peuples; mais aussi les mœurs; et, dominant le tout, les religions et les créations supérieures de l'esprit, comme la philosophie, la littérature, l'art et la science, dans la mesure où la science ne se tourne pas vers les applications pratiques. Il est aisé de voir que l'éducation et la mentalité sont un produit direct des institutions ainsi entendues.

Enfin la technique n'a guère besoin d'être définie. C'est tout ce que l'homme en société a inventé au cours des âges pour améliorer les conditions matérielles de sa vie et augmenter son pouvoir sur la nature extérieure, depuis les silex éclatés de l'homme des cavernes jusqu'à l'avion actuel et aux dispositifs de commande mécanique à distance. La courbe de la technique serait même mieux appelée courbe du pouvoir (de l'homme sur la nature). Car philosophiquement il est très facile de contester que, dans le passé, un progrès de la technique ait chaque fois comporté une amélioration réelle de la condition humaine, et un accroissement du bonheur. Mais chaque fois, et sans doute aucun, il a entraîné une augmentation du pouvoir.

Or, depuis les âges les plus lointains que peut atteindre l'histoire et reconstituer la préhistoire, jusque vers le milieu du XVIIIe siècle, ces trois courbes avaient cheminé d'un pas analogue, et sans s'écarter beaucoup l'une de l'autre.

A vrai dire, la courbe de la nature humaine — au sens strict du mot : nature humaine — s'est presque réduite à une ligne droite horizontale, à un palier indéfini. Du moins depuis quarante ou cinquante milliers d'années, c'est-à-dire depuis l'époque où une comparaison avec les deux autres courbes prend une ébauche de signification. Il est hautement probable que l'homme de Cro-Magnon nous ressemblait comme un frère, même au point de vue psychologique. Il avait les mêmes aptitudes cérébrales, les mêmes mécanismes de réactions émotionnelles, les mêmes possibilités de freinage volontaire. Placé dès sa naissance dans un milieu social identique au nôtre, l'homme de Cro-Magnon donnerait à vingt ans un adulte indiscernable du contemporain moyen. Tout au plus s'en distinguerait-il en se classant probablement un peu au-dessus de la moyenne; car pour produire nos souches actuelles il s'est certainement mélangé à des types humains moins doués. Bref, de sa nature à la nôtre, il n'y a pas eu de changement appréciable...

C'est une courbe du même aspect qui correspond aux institutions. Plus nettement ascendante, à coup sûr. Si sceptique que l'on se flatte d'être à l'égard des progrès de la société, l'on est bien obligé de reconnaître — sauf si l'on est de mauvaise foi — qu'au total, et avec toutes sortes de régressions locales ou temporaires (le lieu était parfois très vaste, et le temps très long) il s'est produit au cours des millénaires une amélioration des systèmes politiques, des lois, des mœurs, même des relations entre peuples, en même temps qu'un enrichissement et approfondissement de la culture. C'est même par ce détour que la nature humaine individuelle a été atteinte, et entraînée tant soit peu dans le sens d'un progrès.

Jusqu'au milieu du XVIIIe siècle, la courbe de la technique a été, elle aussi, très lentement ascendante, avec de larges paliers, et des descentes, qui correspondaient en général à un recul des institutions, provoqué par quelque catastrophe historique. Mais à partir de cette date elle prend une allure entièrement différente. Elle s'écarte de plus en plus des deux autres. Elle commence une ascension qui est tout de suite rapide, mais qui, chaque quart de siècle, acquiert une accélération plus grande...

Tant que le pouvoir conféré par la technique à l'homme ne grandissait pas plus vite que la force des institutions civilisatrices et que le contrôle exercé par elle sur les impulsions violentes de l'individu et des masses — cet accroissement restant d'ailleurs très lent des deux côtés — les catastrophes, tout en variant de gravité et d'ampleur suivant les circonstances, se tenaient autour d'une certaine valeur moyenne, et n'avaient jamais franchi certaines limites. Ainsi la guerre de Trente Ans n'avait pas été plus désastreuse que la guerre de Cent Ans; ni celle-ci plus que la crise qui avait liquidé l'empire carolingien. Et cette crise elle-même avait moins détruit que n'avait fait la chute de l'empire romain d'Occident.

Mais au moment où la courbe du pouvoir commençait son ascension vertigineuse, il eût fallu que les autres courbes connussent une ascension analogue; c'est-à-dire que le perfectionnement de la nature humaine et celui de l'organisation politique de l'humanité marchassent aussi vite. Il n'en a rien été.

L'humanité s'est trouvée dans la situation d'un enfant à qui, jusqu'à l'âge de cinq ans, l'on aurait donné pour jouer des chevaux de carton, des polichinelles, au plus un petit tricycle et une trottinette; et qui à l'âge de cinq ans et un mois recevrait soudain, avec entière liberté d'en disposer suivant ses caprices, des revolvers, des bombes, un baril de poudre, un tonneau d'acide sulfurique, sans oublier une collection de poignards, et toute la variété possible d'allumettes, de briquets, et d'instruments à perforer...

Si le mouvement des trois courbes reste de même allure, c'est-à-dire si leur écart continue à croître de la même façon vertigineuse, il me paraît impossible d'échapper aux conclusions suivantes :

1o Le même jeu de forces qui jusqu'ici a provoqué les catastrophes n'a aucune raison de n'en pas produire de nouvelles (par des combinaisons peut-être imprévisibles, donc impossibles à déjouer d'avance. Autrement dit, éliminer par exemple l'impérialisme, éliminer le socialisme totalitaire, ne nous garantit nullement qu'un nouveau fléau quelconque ne surgira pas). Et il n'y a aucune raison pour que le retour de ce phénomène tarde longtemps.

2o Une nouvelle catastrophe sera nécessairement beaucoup plus grave que la dernière. Elle présentera le pouvoir de destruction de celle-ci plusieurs fois multiplié — d'autant plus de fois multiplié que l'intervalle entre les deux catastrophes aura été plus long. (Donc, en fin de compte, l'allongement du délai sera sans profit pour l'humanité.)

3o Le seul motif de croire que cette série de catastrophes en progression géométrique ne durera pas très longtemps est qu'il suffira probablement d'une, ou au plus de deux encore, pour que la civilisation disparaisse (et que les trois courbes reviennent à leurs positions de la préhistoire).

1 *Distinguez les différentes parties de l'exposé.* **2** *Illustrez par des faits précis l'évolution des trois courbes exposées par l'auteur.* **3** *Montrez que « l'essentiel de l'affaire est bien moins le problème d'une courbe que le problème de l'écart entre plusieurs courbes ».*

91. L'OCCIDENTAL ET LE TIERS MONDE

CHEIKH HAMIDOU KANE

REVUE ESPRIT,
OCTOBRE 1961.

La prise de conscience de sa situation par le Tiers Monde commence par une mise en accusation de l'Occident, auquel il est reproché la responsabilité initiale d'avoir inventé le monde et la responsabilité ultérieure de l'avoir mal réussi.

Sa responsabilité initiale est incontestable. Si les Dravidiens, les Hindous ou les Chinois ont eu, avant ou en même temps que lui, la possibilité d'aller à la découverte des autres, c'est lui qui y alla effectivement, de sorte que la terre est fille de ses œuvres et qu'une part de ses malfaçons lui sera imputable.

Mais là n'est pas le fait important car il fallait bien que la terre fût découverte. Le fait grave, c'est que, pour des raisons tenant à la nature du découvreur, elle le fut, du commencement à nos jours, d'une manière qui excluait la réciprocité des consciences et, par là même, empêchait la formation d'une véritable communauté spirituelle.

Cette nature particulière du découvreur consiste, sous des aspects multiples, dans la forte conscience qu'il a de soi. Je dirai à sa décharge, qu'il fallait bien cela pour aller à la découverte de l'autre sans risquer de se perdre, chemin faisant. Mais le fait est là.

Si l'Occidental découvrit le monde, ce fut pour le rapporter à soi, considéré comme centre de tout. Les terres qu'il découvrait s'ordonnaient à partir de Jérusalem et de la Méditerranée. Ceux qu'il rencontrait, il les convertissait à sa religion et à sa civilisation, l'hypothèse inverse étant exclue. Que « le temps du monde fini commence », que rien ne puisse plus se passer à « Tokyo comme si Berlin fût à l'infini », de sorte que toute action désormais engendre « un désordre de résonance dans une enceinte fermée », ainsi que l'a écrit Valéry, cela est parfaitement vrai de ce monde de la consécution matérielle qu'a cherché et trouvé l'Occident.

Mais le caractère incontestablement spirituel et prosélytique de la découverte du monde lui fournissait, dans sa phase initiale, et lui fournirait aujourd'hui encore une excuse, sinon une justification admissibles.

Très rapidement, il n'en fut plus ainsi. Vinrent Francis Bacon et le *Novum Organum*, puis Descartes et le *Discours de la Méthode* [1].

Ainsi commença la période de triomphe de « l'aventure occidentale de l'homme ».

A la vérité, jamais aventure n'a été moins aventureuse, moins libre, plus encerclée de lois. Il n'a pas suffi à l'Occidental d'enfermer les sociétés dans les rets de multiples codes moraux et juridiques. Il a prétendu couler la sensibilité humaine dans les mêmes patrons. Jusqu'à ce fleuve de l'Univers, dont le mouvement l'a fasciné depuis Héraclite : l'Homme occidental a prétendu le canaliser, a entrepris de l'emprisonner dans les lois de la science. L'aventure occidentale de l'homme, c'est l'histoire d'une recherche du bonheur par le moyen d'une activité législatrice universelle.

1. Notes 1 et 2, page 40.

Mais après le temps du triomphe vint celui de l'inquiétude. Ce n'est pas que l'âme occidentale eût jamais cessé d'être inquiète. Mais cette inquiétude qui saisit le voyageur loin de son point de départ, il faut véritablement s'être beaucoup éloigné pour la ressentir. C'est l'inquiétude de l'exil.

Cette œuvre de l'Occidental se compare à celle de Dieu. Elle en a la rectitude, et presque l'universalité.

Mais en a-t-elle la nécessité? L'aventure n'aurait-elle pas pu être différente et se solder par moins de pertes? Il n'est pas d'aventure humaine qui ait abouti à une telle emprise sur le monde, mais n'en est-il pas qui aient donné plus de bonheur à l'homme, sans l'altérer autant? Ayant pour sa part entrepris une œuvre dont la perfection l'apparente à la création puisqu'elle démarque la création pas à pas et la modifie, l'Occidental est pris d'inquiétude : et s'il avait été dupe? et si, acquérant ceci, il avait du même mouvement perdu autre chose, d'aussi essentiel à sa vie?

Il me paraissait nécessaire de rechercher la nature de cette inquiétude, avant de dire de quelle façon elle tend à fausser la vision que l'Occidental a du reste du monde.

A l'effet déformant des dogmes religieux s'est substitué l'opacité des taxinomies [1]. A travers les barreaux de l'édifice des lois qu'il s'est construit, c'est avec des yeux d'exilé qu'il regarde le reste du monde. Regarde-t-il l'Asiatique? Aussitôt il se demande si cette possession de l'instant, cette jouissance paisible du temps qu'il lui voit ne vaut pas mieux que sa propre frénésie de conquête. Il se demande si cette paix est un vieux patrimoine de l'homme, que l'Asiatique aurait sauvegardé — et dont lui-même aurait perdu sa part — ou l'aboutissement d'une aventure sur ce point plus heureuse que la sienne. Si c'est le Nègre qu'il observe, il le mesure avec la même aune : il lui voit de la naïveté, une plus grande ouverture sensuelle à la nature et se demande de nouveau s'il s'agit d'aptitudes qu'il a perdues ou d'acquêts qu'il n'a pas encore atteints. Ainsi, à propos de toutes les valeurs dont il a conscience de manquer et qu'il croit observer chez les autres, il se pose deux questions qui, l'une et l'autre, le frustrent : « S'agit-il de richesses que j'ai perdues, s'agit-il de richesses que je n'ai pas encore conquises? »

1 *Relevez les principales idées contenues dans ce texte.* **2** *Expliquez et commentez les phrases suivantes : « Il est reproché (à l'Occident) d'avoir inventé le monde et la responsabilité ultérieure de l'avoir mal réussi. » — « L'aventure occidentale de l'homme, c'est l'histoire d'une recherche du bonheur par le moyen d'une activité législatrice universelle. »*
3 *Expliquez en quoi consiste l'inquiétude présente de l'Occidental en face du Tiers Monde.*

1. Classifications.

92. CONFLIT DE LA CIVILISATION UNIVERSELLE ET DES CULTURES NATIONALES

PAUL RICŒUR

REVUE ESPRIT, 1961

En même temps qu'une promotion de l'humanité, le phénomène d'universalisation constitue une sorte de subtile destruction, non seulement des cultures traditionnelles, ce qui ne serait peut-être pas un mal irréparable, mais de ce que j'appellerai provisoirement, avant de m'en expliquer plus longuement, le noyau créateur des grandes civilisations, des grandes cultures, ce noyau à partir duquel nous interprétons la vie et que j'appelle par anticipation le noyau éthique et mythique de l'humanité. Le conflit naît de là; nous sentons bien que cette unique civilisation mondiale exerce en même temps une sorte d'action d'usure ou d'érosion aux dépens du fonds culturel qui a fait les grandes civilisations du passé. Cette menace se traduit, entre autres effets inquiétants, par la diffusion sous nos yeux d'une civilisation de pacotille qui est la contrepartie dérisoire de ce que j'appelais tout à l'heure la culture élémentaire. C'est partout, à travers le monde, le même mauvais film, les mêmes machines à sous, les mêmes horreurs en plastique ou en aluminium, la même torsion du langage par la propagande, etc...; tout se passe comme si l'humanité, en accédant en masse à une première culture de consommation, était aussi arrêtée en masse à un niveau de sous-culture. Nous arrivons ainsi au problème crucial pour les peuples qui sortent du sous-développement. Pour entrer dans la voie de la modernisation, faut-il jeter par-dessus bord le vieux passé culturel qui a été la raison d'être d'un peuple?

C'est souvent sous la forme d'un dilemme et même d'un cercle vicieux que le problème se pose; en effet, la lutte contre les puissances coloniales et les luttes de libération n'ont pu être menées qu'en revendiquant une personnalité propre; car cette lutte n'était pas seulement motivée par l'exploitation économique mais plus profondément par la substitution de personnalité que l'ère coloniale avait provoquée. Il fallait donc d'abord retrouver cette personnalité profonde, la réenraciner dans un passé afin de nourrir de sève la revendication nationale. D'où le paradoxe : il faut d'une part se réenraciner dans son passé, se refaire une âme nationale et dresser cette revendication spirituelle et culturelle face à la personnalité du colonisateur. Mais il faut en même temps, pour entrer dans la civilisation moderne, entrer dans la rationalité scientifique, technique, politique qui exige bien souvent l'abandon pur et simple de tout un passé culturel. C'est un fait : toute culture ne peut supporter et absorber le choc de la civilisation mondiale. Voilà le paradoxe : comment se moderniser, et retourner aux sources? Comment réveiller une vieille culture endormie et entrer dans la civilisation universelle?

Mais, comme je l'annonçais en commençant, ce même paradoxe est affronté par les nations industrialisées qui ont réalisé depuis longtemps leur indépendance politique autour d'un pouvoir politique ancien. En effet, la rencontre des autres traditions culturelles est une épreuve grave et en un sens absolument neuve pour la culture européenne. Le fait que la civilisation universelle ait procédé pendant longtemps du foyer européen a entretenu l'illusion que la culture européenne était, de fait et de droit, une culture universelle. L'avance prise sur les autres civilisations semblait fournir la vérification expérimentale de ce postulat : bien plus, la rencontre des autres traditions culturelles était elle-même le fruit de cette avance et plus généralement le fruit de la science occidentale elle-même. N'est-ce pas l'Europe qui a inventé, sous leur forme scientifique expresse, l'histoire, la géographie, l'ethnographie, la sociologie? Mais cette rencontre des autres traditions culturelles a été pour notre culture une épreuve aussi considérable dont nous n'avons pas encore tiré toutes les conséquences.

Il n'est pas aisé de rester soi-même et de pratiquer la tolérance à l'égard des autres civilisations; que ce soit à travers une sorte de neutralité scientifique, ou dans la curiosité et l'enthousiasme pour les civilisations les plus lointaines, que ce soit même dans la nostalgie du passé aboli ou à travers un rêve d'innocence et de jouvence, que nous nous livrons à l'exotisme culturel, — la découverte de la pluralité des cultures n'est jamais un exercice inoffensif; le détachement désabusé à l'égard de notre propre passé, voire le ressentiment contre nous-mêmes qui peuvent nourrir cet exotisme révèlent assez bien la nature du danger subtil qui nous menace. Au moment où nous découvrons qu'il y a des cultures et non pas une culture, au moment par conséquent où nous faisons l'aveu de la fin d'une sorte de monopole culturel, illusoire ou réel, nous sommes menacés de destruction par notre propre découverte; il devient soudain possible qu'il n'y ait plus que les autres, que nous soyons nous-mêmes un autre parmi les autres; toute signification et tout but ayant disparu, il devient possible de se promener à travers les civilisations comme à travers des vestiges ou des ruines; l'humanité entière devient une sorte de musée imaginaire : où irons-nous ce week-end? visiter les ruines d'Angkor ou faire un tour au Tivoli de Copenhague? Nous pouvons très bien nous représenter un temps qui est proche où n'importe quel humain moyennement fortuné pourra se dépayser indéfiniment et goûter sa propre mort sous les espèces d'un interminable voyage sans but. A ce point extrême, le triomphe de la culture de consommation, universellement identique et intégralement anonyme, représenterait le degré zéro de la culture de création; ce serait le scepticisme à échelle planétaire, le nihilisme absolu dans le triomphe du bien-être. Il faut avouer que ce péril est au moins égal et peut-être plus probable que celui de la destruction atomique.

1 *Quelles conséquences comporte pour les peuples sous-développés l'accession à un nouveau degré de civilisation?* **2** *Quelles conséquences comporte pour les nations occidentales la rencontre avec les autres civilisations?* **3** *Expliquez et commentez la phrase : « A ce point extrême, le triomphe de la culture de consommation... le nihilisme absolu dans le triomphe du bien-être. »*

93. CORPS ET ÂME DE L'HOMME AFFAMÉ

JOSUÉ DE CASTRO

GÉOPOLITIQUE DE LA FAIM,
ÉDITIONS OUVRIÈRES, 1962.

Ce n'est pas seulement en agissant sur le corps des individus, en dégradant leur taille, en minant leurs chairs, en rongeant leurs viscères et en creusant des plaies et des trous dans leur peau, que la faim annihile l'homme. C'est encore en agissant sur son esprit, sur sa structure mentale, sur sa conduite sociale.

Dans l'étude de l'influence de la faim sur le comportement humain, nous devons considérer, d'une part, la faim aiguë des époques de calamités, et, d'autre part, la faim chronique, latente ou spécifique.

Aucune calamité n'est aussi capable de désagréger, et cela aussi profondément et d'une façon aussi nocive, la personnalité humaine que la faim lorsque celle-ci atteint les limites de la véritable inanition. Aiguillonné par l'impérieux besoin de manger, l'homme affamé peut révéler la conduite mentale la plus déconcertante[...]

Sous l'action tyrannique de la faim, l'homme éprouve l'apaisement et même la suppression totale de tous ses autres désirs, de tous ses intérêts vitaux, et sa pensée se concentre activement sur la recherche et la découverte d'un aliment, par n'importe quels moyens et au prix de n'importe quel risque[...]

En annulant les autres forces qui conditionnent le comportement humain, la faim désagrège la personnalité, réduit ou même inhibe ses relations normales vis-à-vis de toutes les sollicitations du milieu ambiant qui sont étrangères à la satisfaction de l'instinct de nutrition. Au cours de cette désintégration mentale progressive disparaissent les activités d'autoprotection et de contrôle mental, et l'on aboutit finalement à la perte des scrupules et des inhibitions d'ordre moral. Dans ces cas, l'homme apparaît, plus que jamais, comme l'animal de proie dont parle Spengler [1], et qui représente « la forme suprême de la vie inquiète, le paroxysme du besoin de s'affirmer par la lutte, par la victoire, par l'anéantissement de l'adversaire »[...]

Voyons maintenant ce qu'entraîne pour l'esprit l'autre type de faim, moins spectaculaire, mais pourtant d'action plus prolongée et plus persistante — la faim chronique ou de déficience alimentaire. Si, dans son action déséquilibrante du comportement humain, la faim aiguë tend à déterminer, de préférence, une exaltation anormale de l'esprit, la faim chronique tend à provoquer de la dépression et de l'apathie. C'est que les individus qui souffrent de faim chronique perdent en peu de temps l'appétit, la sensation de faim et ne sentent plus l'aiguillon qui incite avec le plus de vigueur l'homme à agir. Les populations sous-alimentées de façon chronique ne souffrent presque pas de la sensation du manque d'aliments, parce que leur appétit est faible, parfois même presque nul. Pour que, chez les sous-alimentés, s'éveille l'appétit, il faut, bien souvent, le stimulant d'apéritifs relevés de condiments piquants, comme le poivre. C'est ce qui se passe, par exemple, au Mexique, et c'est ce qui amena l'anthropologue Ramos Espinosa à affirmer que le peuple de ce pays,

1. Philosophe allemand (1880-1936).

« pour vaincre son inappétence [1], se cautérise la bouche et l'estomac avec du poivre, afin de produire le réflexe d'une sécrétion salivaire qui simule celle que provoque un bon appétit ».

Dans une expérience de laboratoire, nous avons eu l'occasion de confirmer l'action déterminante de certains types de faim spécifique sur la perte de l'appétit, en administrant à des rats un régime alimentaire d'apparence normale, mais qui manquait pourtant de certains acides aminés, substances génératrices des protéines. Sous l'effet de cette carence expérimentale, l'appétit des animaux tombait aussitôt d'une manière impressionnante; mais ces mêmes animaux recommençaient à manger avec voracité lorsque, à ce même régime, on ajoutait quelques milligrammes de certains acides aminés. C'est par un phénomène identique que le Chinois se contente d'une poignée de riz par jour, que le Mexicain se satisfait d'une simple *tortilla* [2] de maïs et d'une tasse de café, et que l'habitant de l'Amazonie travaille dans son *seringal* [3] après avoir absorbé le matin une simple bouillie de farine de manioc, repas qu'il répétera le soir en regagnant sa cabane. Phénomène qui explique également la perte de toute ambition et le manque d'initiative de ces populations véritablement en marge du monde. Il ne faut pas chercher ailleurs l'origine du conformisme chinois, du fatalisme des castes les plus basses de l'Inde, de l'alarmante imprévoyance de certaines populations latino-américaines.

La tristesse est un autre signe émotionnel des peuples qui souffrent d'une faim chronique. Il n'y a pas, à proprement parler, de races tristes, comme l'affirment lyriquement certains sociologues qui n'ont pas étudié avec attention le problème. Ce qu'il y a, ce sont des peuples tristes, des peuples possédés par cette tristesse qu'entraîne la faim, et qui ne parviennent pas à éprouver de la joie, même sous l'action stimulante de l'alcool. La tristesse de l'Indien du Mexique, par exemple, est une conséquence de sa maigre et déficiente alimentation, à base de maïs, et même le *pulque* [4] avec sa forte dose d'alcool, ne réussit pas à la vaincre.

La célèbre gaieté et jovialité du peuple français est, au contraire, un produit de son alimentation abondante, de l'équilibre de son régime alimentaire en temps normaux. Nous avons eu l'occasion d'être témoin en France, un an après la dernière guerre, d'un fait singulier qui confirme cette hypothèse. Par un beau matin ensoleillé, d'une des stations de chemin de fer de Paris partait pour la campagne un train rempli d'enfants. D'un train qui stationnait sur le même quai, nous pûmes, pendant les quelques minutes qui précédèrent le départ, observer l'attitude de ces enfants, et nous fûmes étonnés par leur sérieux, leur absence de gaieté spontanée, et le silence qu'ils observaient. Silence qui paraissait plus tragique encore par un si beau jour de soleil destiné à un pique-nique. Nous cherchâmes à observer ces enfants avec plus d'attention et, immédiatement, tout devint clair à la vue de ces petites figures pâles et creuses, à la peau terreuse et fripée, qui trahissaient la faim terrible qui leur rongeait les entrailles. Ces petits gamins de la joyeuse race gauloise avaient perdu toute joie de vivre dans leur âpre lutte contre la faim!

1 *Résumez la thèse de l'auteur.* **2** *Expliquez les mots : conformisme, fatalisme, imprévoyance.* **3** *Quelles réflexions vous suggère le dernier paragraphe?*

1. Absence d'appétit.
2. Omelette.
3. Partie de forêt où se trouvent des hévéas.
4. Boisson faite à partir de l'agave.

94. LE PROBLÈME DES TRAVAILLEURS IMMIGRÉS

FRANÇOIS DE CLOSETS
LE BONHEUR EN PLUS,
DENOËL ÉD., 1974.

Que des étrangers viennent travailler en France, ce n'est pas une nouveauté. Qu'il s'agisse d'hommes d'autres races et d'autres continents, venus en France pour une durée limitée, cantonnés dans certains métiers pénibles et condamnés à vivre en sous-développés dans un pays riche : cela c'est nouveau. Et dangereux.

Cette main-d'œuvre ne constitue à aucun titre une immigration de peuplement comparable à celle que connut l'Amérique. Ces travailleurs ne souhaitent pas devenir Français et les Français ne souhaitent guère en faire des citoyens à part entière. Étrangers à notre culture, ignorant notre langue, n'ayant aucune qualification professionnelle, ne disposant pas des droits nécessaires pour se défendre, ils sont condamnés à ne toucher que les plus bas salaires pour le plus sale travail. Sur cette maigre rémunération, ils doivent prélever des économies pour entretenir une famille ou amasser un pécule de retour. Il est inévitable que leur condition soit très inférieure à celle des travailleurs français les moins payés.

Peut-on imaginer que ces hommes trouveront toujours normal de vivre si mal en faisant un travail si pénible, alors que les Français vivraient de mieux en mieux en se débarrassant des tâches désagréables ? Il est inévitable que cette situation conduise à des conflits d'un type nouveau : des conflits sociaux-raciaux.

Jusqu'à présent ces tensions ont pu être contenues grâce à la situation totalement dominée dans laquelle se trouvait cette main-d'œuvre. Mais cette situation est en train de changer.

Désormais les travailleurs immigrés tiennent, par le bas, des secteurs entiers de l'économie. Plus les Français se détourneront des travaux manuels, plus leur dépendance s'accentuera et plus la position des immigrés se renforcera. Il est naturel — et souhaitable — que cette main-d'œuvre utilise sa force pour améliorer son sort. La prise de conscience est en train de se faire. Que se passera-t-il lorsque les Français seront gênés dans leur confort par la révolte des mercenaires qu'ils exploitent ? Il est à prévoir que le réflexe raciste l'emportera sur la solidarité sociale. [...]

Mais, me dira-t-on, ne serait-ce pas faire preuve de racisme que réduire progressivement cette immigration ? Comment oserait-on inciter au départ ces hommes qui sont venus travailler chez nous ? Cette attitude trahit un odieux préjugé néo-colonialiste. Nous voulons croire que nous aidons le Tiers Monde en lui procurant du travail. C'est un mensonge que démentent les faits. C'est nous et non eux qui sommes les bénéficiaires de l'opération. C'est nous qui demandons à des pays pauvres d'élever à leurs frais des hommes qui travailleront à notre profit au lieu de développer leur pays. Tartuffe lui-même ne verrait pas de charité dans un tel échange. Si nous voulons aider le Tiers Monde nous n'avons qu'à doubler le prix des matières premières, mettre à sa disposition des instituts de recherche, lui fournir l'assistance dont il a besoin, mais pas faire le commerce des hommes.

Par toutes ses implications, une telle politique constituerait une révolution sociale et culturelle. Nous y serons contraints tôt ou tard. Devrons-nous réprimer les révoltes d'immigrés plutôt que reconsidérer notre conception du travail ? Le choix risque de nous être imposé dans un avenir très proche.

95. TRAVAILLEURS IMMIGRÉS ET RACISME

JEAN LACOUTURE
INTERVIEWER : CLAUDE GLAYMAN

UN SANG D'ENCRE
STOCK ÉD., 1974.

Nous sommes, depuis l'automne 1973, entrés au cœur du débat à propos des matières premières, mais celles-ci sont transformées par des hommes qui sont eux-mêmes, pour une large part, importés. Il y a aussi livraison de matières premières humaines. Mais les immigrés, par définition, ne sont pas passifs. Cette population, active sur le plan économique, le devient sur le plan politique. Il y a des facteurs de transformation pour les sociétés — pour la nôtre qui s'inocule un prolétariat souffrant et doublement aliéné, et pour les sociétés africaines qui voient se transformer pendant l'émigration une partie de leurs forces de travail et qui récupèrent des gens dotés d'une expérience neuve, d'une technique acquise en Europe.

On dira que ces hommes astreints à un travail très élémentaire du fait d'une distribution du travail qui les voue aux tâches dont personne ne veut plus, ne reçoivent chez nous aucune formation. Mais ils sont quand même mêlés à un type de société plus moderne, plus technique. Faut-il en conclure que cette population travailleuse est elle-même transformée ? On ne peut pas généraliser. On constate, dans un bon nombre de cas, que les migrants ont reçu de plein fouet l'impact de la société industrielle, et repartent avec la volonté de transformer leur propre société. Mais dans un nombre au moins égal de cas, ils repartent vers l'Afrique en hommes qui n'ont qu'une envie, celle de se replonger dans le milieu traditionnel, et chez lesquels l'expérience industrielle et européenne n'a provoqué que volonté de rejet et de retour au « paradis » de la société primitive. Dans un premier temps.

L'ambiguïté est profonde aussi pour ce qui est de l'impact de ces travailleurs sur les sociétés européennes. La majorité de ces ouvriers, soumis à un traitement inhumain, sont des révolutionnaires en puissance. Mais beaucoup d'entre eux sont astucieusement utilisés par les forces conservatrices et le patronat pour diviser le mouvement ouvrier. En manipulant ce sous-prolétariat prêt à tous les sacrifices pour survivre et qui accepte les salaires les plus bas, les employeurs européens peuvent opposer une masse de manœuvre aux organisations syndicales. Il est vrai que le gouvernement français a dû accepter, à la fin de septembre 1973, que les ouvriers étrangers puissent assumer des responsabilités syndicales. Mais je crois que le patronat et des États de l'Europe occidentale vont trouver d'autres moyens de diviser les classes ouvrières immigrées et autochtones. Les menaces de chômage vont nourrir le racisme. Ce ne sont pas les proclamations formelles antiracistes qui y changeront quoi que ce soit — ces proclamations n'étant suivies d'aucune action constante et organisée pour bannir le racisme et en démontrer la nocivité. Quand on détruit à la bombe le consulat d'Algérie à Marseille, croyez-vous que M. Marcellin daignerait se déranger pour animer l'enquête sur place comme il l'aurait fait pour le consulat des États-Unis ? Ce ne sont jamais que des histoires entre bougnoules...

– *Croyez-vous qu'on exagère la corrélation entre le développement du racisme et la présence de nombreux travailleurs étrangers ?*

– Le simple journaliste constate un rapport, sinon inévitable, en tout cas inévité jusqu'ici, entre la teneur en éléments « différents » dans une certaine société et les réactions racistes. Un Noir à Stockholm est populaire, des centaines de Noirs à Stockholm sont intéressants, cent mille Noirs à Stockholm commencent à provoquer des réactions racistes, quelle que soit leur activité — à moins que les responsables, à tous les niveaux, ne combattent le fléau. Une politique antiraciste commence par un effort systématique en vue de prévenir ces réactions spontanées, mécaniques si l'on peut dire, par l'enseignement, l'éducation, on peut dire même la propagande. Si on ne lutte pas contre ce type de réactions, elles se produisent, c'est évident.

La société française est tout à fait comparable, sur ce plan, aux autres sociétés européennes, allemande, anglaise, belge, suisse... Les Français sont, me semble-t-il, très xénophobes, mais pas plus racistes que les autres. Pas moins non plus. Il y a une tradition raciste en France, quoi qu'en disent certains de nos dirigeants d'aujourd'hui qui ont mal lu notre histoire. Le problème est de lutter contre.

Même si la crise de l'énergie freine l'expansion et atténue de ce fait le besoin en force de travail étranger, une sensible diminution de la population immigrée est peu prévisible. Ce qui impose une constante prévention des réactions racistes qui se multiplient aujourd'hui en France. C'est là une tâche qui incombe largement à la presse. On recherche et condamne les pourvoyeurs de drogue. Mais pas les journaux qui empoisonnent une opinion terriblement vulnérable à ce type d'incitation. Bien que co-fondateur et adhérent très actif de l'association « France Terre d'Asile », je me reproche de ne pas être un militant antiraciste assez hardi. Et je pense que la plupart de nos confrères négligent terriblement l'arme qu'ils ont en main pour détourner le public de la folie raciste. Quant à ce qu'on est convenu d'appeler les « pouvoirs publics », on est au niveau du scandale...

Nous avons vu ensemble à la télévision un film policier où le criminel était un travailleur espagnol immigré. Je ne dis pas que tous les travailleurs étrangers sont des agneaux, qu'aucun d'eux n'est capable de tuer. Le sociologue, l'observateur, le journaliste relèvent que la situation de l'immigré, coupé de ses valeurs, de ses traditions et de son environnement familial, de tous ces équilibres sociaux et spirituels, le rend théoriquement plus perméable à la criminalité que d'autres. En fait l'observation du policier et du juge ne vérifie pas cette donnée théorique. Les professionnels constatent qu'il y a proportionnellement moins de criminels parmi les immigrés que parmi les Français. Mais les gens qui regardent la télévision sont plus nombreux que ceux qui recherchent les malfaiteurs. Pour eux l'assimilation entre meurtrier et étranger s'est faite et restera. Et leur méfiance, leur haine à l'égard des travailleurs immigrés s'en accroît. Film raciste, dont on retrouvera les effets dans une ratonnade à Grasse ou à Roubaix.

Et que voit-on dans les films policiers américains présentés par notre télévision? La semaine dernière, nous revoyions ce film magnifique qu'est *La Femme à abattre.* Passionnant. Mais qu'observe-t-on? Que tous les criminels sont des gens dont les noms se terminent en « os », en « i » ou en « ski ». Alors que le policier, lui, s'appelle Ferguson, un bon patronyme chrétien, blanc, respectable. Et *Les Incorruptibles?* J'aime beaucoup ces films, je ne peux le cacher. Mais qu'affronte Elliot Ness? Des gens dont les noms se terminent par « os », « i », ou « ski ». Avec une variante juive du type « blum ». Il est vrai que le gangstérisme américain a été et reste très teinté de folklore sicilien. Espérons que dans le film qui sera consacré un jour à l'affaire du Watergate, le président des États-Unis ne sera pas rebaptisé Riccardo Niccione...

Ainsi constate-t-on qu'une énorme production littéraire, théâtrale, cinématographique, destinée aux mass media, et notamment à la télévision, entretient cette psychose du crime de couleur, du crime comme facteur étranger, du meurtre comme produit importé. N'est criminel que le type qui vient de l'extérieur.

– *Ne peut-on voir là une séquelle de la décolonisation?*

Qu'on parle de décolonisation, ou de transcolonisation, ou de libération des peuples, on constate qu'il y a inversion de rapports et que les nations occidentales cessant d'irriguer, de greffer les peuples d'outre-mer en reçoivent maintenant l'irrigation, la greffe. A l'époque coloniale, les Blancs allaient chez les Noirs. Dans la phase de décolonisation, les Noirs viennent chez les Blancs. Nous exportions nos produits finis — hommes compris — et nous importons de la force de travail. Nous étions dans le Tiers Monde, le Tiers Monde est maintenant chez nous — exploité mais présent. Y a-t-il tâche plus pressante pour la gauche française — et plus généralement européenne — que de tirer de cette coexistence de fait les éléments d'une fraternité? Nous en sommes loin!

96. LES DÉCHETS DE LA CIVILISATION INDUSTRIELLE

CLAUDE LÉVI-STRAUSS

TRISTES TROPIQUES,
PLON ÉD., 1955.

Voyages, coffrets magiques aux promesses rêveuses, vous ne livrerez plus vos trésors intacts. Une civilisation proliférante et surexcitée trouble à jamais le silence des mers. Les parfums des tropiques et la fraîcheur des êtres sont viciés par une fermentation aux relents suspects, qui mortifie nos désirs et nous voue à cueillir des souvenirs à demi corrompus.

Aujourd'hui où des îles polynésiennes noyées de béton sont transformées en porte-avions pesamment ancrés au fond des mers du Sud, où l'Asie tout entière prend le visage d'une zone maladive, où les bidonvilles rongent l'Afrique, où l'aviation commerciale et militaire flétrit la candeur de la forêt américaine ou mélanésienne avant même d'en pouvoir détruire la virginité, comment la prétendue évasion du voyage pourrait-elle réussir autre chose que nous confronter aux formes les plus malheureuses de notre existence historique ? Cette grande civilisation occidentale, créatrice des merveilles dont nous jouissons, elle n'a certes pas réussi à les produire sans contrepartie. Comme son œuvre la plus fameuse, pile où s'élaborent des architectures d'une complexité inconnue, l'ordre et l'harmonie de l'Occident exigent l'élimination d'une masse prodigieuse de sous-produits maléfiques dont la terre est aujourd'hui infectée. Ce que d'abord vous nous montrez, voyages, c'est notre ordure lancée au visage de l'humanité.

Je comprends alors la passion, la folie, la duperie des récits de voyage. Ils apportent l'illusion de ce qui n'existe plus et qui devrait être encore, pour que nous échappions à l'accablante évidence que 20 000 ans d'histoire sont joués. Il n'y a plus rien à faire : la civilisation n'est plus cette fleur fragile qu'on préservait, qu'on développait à grand-peine dans quelques coins abrités d'un terroir riche en espèces rustiques, menaçantes sans doute par leur vivacité, mais qui permettaient aussi de varier et de revigorer les semis. L'humanité s'installe dans la monoculture; elle s'apprête à produire la civilisation en masse, comme la betterave. Son ordinaire ne comportera plus que ce plat.

On risquait jadis sa vie dans les Indes ou aux Amériques pour rapporter des biens qui nous paraissent aujourd'hui dérisoires : bois de braise (d'où Brésil) : teinture rouge, ou poivre dont, au temps d'Henri IV, on avait à ce point la folie que la Cour en mettait dans des bonbonnières des grains à croquer. Ces secousses visuelles ou olfactives, cette joyeuse chaleur pour les yeux, cette brûlure exquise pour la langue ajoutaient un nouveau registre au clavier sensoriel d'une civilisation qui ne s'était pas doutée de sa fadeur. Dirons-nous alors que, par un double renversement, nos modernes Marco Polo rapportent de ces mêmes terres, cette fois sous forme de photographies, de livres et de récits, les épices morales dont notre société éprouve un besoin plus aigu en se sentant sombrer dans l'ennui ?

97. ACTION DE L'HOMME SUR LE MILIEU NATUREL

ROGER HEIM

L'ANGOISSE DE L'AN 2000,
ÉDITIONS DE LA FONDATION SINGER-POLIGNAC, 1973.

L'action des organismes sur le milieu à laquelle répond celle du milieu sur d'autres organismes, ou sur les mêmes, constitue l'un des deux aspects essentiels sur lesquels repose la définition propre de l'écologie. De ce premier facteur dépendent les mécanismes les plus efficients qui puissent s'exercer sur la conservation, l'altération ou la disparition des formes vivantes, puisque ces dernières sont liées intimement, dans leur présence, dans leur morphologie même, dans leurs propriétés, à leur habitat, et que tout ce qui touche à celui-ci affecte l'espèce selon une dépendance étroite qu'on traduit communément en citant cette évidence que, pour protéger l'espèce, il suffit de préserver son habitat.

Parmi tous les facteurs de trouble susceptibles de modifier le milieu, ceux qui s'appliquent à l'intervention de l'Homme sont les plus graves, parce que ce dernier, de tous les êtres vivants, peut agir avec le plus de continuité, et surtout avec les moyens les plus variés, les mieux adaptés et les plus puissants, suggérés par son imagination, son intelligence et les forces qu'il a su créer ou libérer à son profit. Le feu, l'outil, l'arme et la Chèvre sont les moyens les plus efficaces et les plus destructeurs que l'Homme, depuis toujours,utilise. Le feu, le plus dévastateur, l'a été par lui soit inconsciemment par idolâtrie primitive, hypnotisme ou sadisme, soit consciemment par besoin, dans le but de réduire le couvert végétal afin d'y installer ses cultures temporaires, chasser la faune sauvage qui trouve son refuge dans la forêt ou la savane, ou faire paître ses troupeaux. L'outil et l'arme ont prolongé en quelque sorte la mobilité exceptionnelle de sa main, conduisant par la hache ou l'engage à abattre des arbres, par la flèche ou le fusil à tuer le gibier. Le raisonnement subtil, instantané ou complexe de l'Homme lui a permis d'inventer constamment des dispositifs destructeurs nouveaux qui lui servent à combattre ses semblables ou à dégrader la nature en l'exploitant sans limite. De celle-ci il s'est révélé le maître. Il l'a modifiée, transformée, domestiquée, bouleversée. Mais son égoïsme forcené le mène à un illogisme dont ses pareils supporteront les conséquences, parce que le plus souvent, face aux ressources naturelles dont il dispose et qu'il croit ou veut se persuader indéfinies, il utilisera celles-ci pour des fins immédiates, sans que ses prévisions s'étendent au-delà des bornes auxquelles s'attache son intérêt personnel et direct. C'est ainsi qu'il a changé constamment le caractère des milieux naturels qui sont à la portée de son intervention, sans se soucier des résultats que de telles perturbations entraînent, et surtout entraîneront à long terme.

Cette influence de l'Homme sur l'environnement que peu à peu il a conquis se résout tout au long de l'histoire de l'humanité par un bilan dont le plateau propre aux altérations irréversibles s'infléchit progressivement. Une accélération destructrice suit et suivra les courbes relatives à l'actuel et prochain accroissement de plus en plus considérable de la population humaine d'une part, à celui de la puissance des moyens nouveaux mis en œuvre par le progrès énorme de la technique d'autre part. Si bien que les pronostics les plus alarmants peuvent être formulés à ce sujet devant l'avenir.

A cette action exercée dans le temps méritent d'être jointes celles qui se manifestent dans l'espace et dont les modalités peuvent être classées, soit du point de vue *géographique*, selon les territoires mêmes, l'orographie, ou la topographie, soit *écologiquement* selon les effets de telles immixtions sur les stations particulières, sur les habitats, sur les groupements végétaux ou les biocénoses animales [1], enfin, du point de vue *systématique* — floristique ou faunistique — sur les espèces ou sur les individus.

Un classement des causes relevées à ce propos permet de séparer l'action directe de l'action indirecte exercées par l'Homme. *Directement*, celui-ci intervient par les prélèvements mêmes, suivant son utilité ou son agrément, qu'il effectue sur le milieu, par les défrichements qu'il réalise grâce à l'outil — la hache ou le « bulldozer » — ou au feu, par les procédés ou les aménagements culturaux dont le drainage, le pacage et les ouvrages

1. Faune équilibrée, dans un milieu donné.

d'art forment autant de sujets. *Indirectement*, l'Homme agit par les introductions d'espèces exotiques, l'utilisation intempestive de produits chimiques — insecticides, herbicides —, par les méfaits que réalisent les animaux domestiques qui sont liés à lui, et avant tout la Chèvre. L'ensemble de ces facteurs, et d'autres encore, produisant sur les équilibres naturels, fragiles et complexes, des altérations aux répercussions en chaîne, généralement imprévues, souvent imprévisibles, fréquemment graves, parfois catastrophiques, il n'est pas exagéré de dire que pratiquement il n'est à peu près aucun milieu, sauf quelques forêts primitives subsistantes, des formations de haute altitude et certains biotopes[1] très spécialisés ou inaccessibles, qui ne porte la marque, souvent essentielle, même exclusive, de l'intervention humaine.

98. DE LA DESTRUCTION DE LA NATURE À L'ALIÉNATION DE L'HOMME

PHILIPPE SAINT-MARC

SOCIALISATION DE LA NATURE, STOCK ÉD., 1973.

Dans notre prétendue société d'abondance progresse, à une vitesse atterrante, un nouvel appauvrissement, celui de notre milieu physique de vie. Le cadre naturel se dégrade si dangereusement que notre société perd, jour après jour, des richesses biologiques, esthétiques et scientifiques essentielles et que, d'ici à la fin du siècle, la vie humaine deviendra impossible dans les zones les plus polluées de la Terre.

Pendant des millénaires, l'homme a concentré ses efforts sur la lutte contre la pauvreté due au niveau de vie; maintenant il découvre la gravité de la pauvreté due au milieu de vie. Cette misère écologique, au moins aussi néfaste au bien-être que la misère économique, bien plus dangereuse pour la survie de l'humanité — on peut échapper à la faim mais non à un empoisonnement général de la planète — aboutit à remettre en cause les buts du développement et non pas seulement la répartition de ses fruits.

Cette néo-paupérisation est particulièrement redoutable, car bien souvent irréversible. A la différence des pénuries de biens matériels, la disparition des richesses immatérielles de la Nature fait un vide qu'il est très long ou même impossible de combler. Après une coupe rase, il faut au moins un siècle pour recréer la beauté d'une forêt. Un paysage détruit par le béton, un lac mort le sont, en général, à jamais. Une espèce animale anéantie ne reparaîtra plus.

« Nous nous battons pour un site » écrivait le poète René Char. « A nos yeux, ce site vaut mieux que notre pain, car il ne peut, lui, être remplacé. »

Beaucoup d'atteintes à la Nature appauvrissent irréparablement le patrimoine de l'humanité.

Il se réduit aussi sans cesse, à mesure que, sous l'effet des pollutions croissantes, des territoires de plus en plus vastes deviennent des déserts biologiques. L'homme se ferme peu à peu la Terre parce qu'il la « nécrose[2] ». Il lui devient un corps étranger : le lac de Zurich est mort; le lac Érié lui-même, un des plus grands lacs américains et l'une des plus vastes réserves d'eau douce du monde, couvrant 25 000 km² — la surface de

1. Milieu biologique bien défini.
2. Nécrose : Transformations de la matière vivante aboutissant à la mort.

la Bretagne — et atteignant 60 mètres de profondeur, est devenu un égout chimique. Ses eaux sont si toxiques qu'y tomber oblige à se faire vacciner contre le tétanos. Deux des rivières qui s'y jettent, la Buffalo River et la Cuyahoga River sont si dangereuses, qu'elles constituent un danger d'incendie.

Même là où subsiste encore la vie, les détériorations initiales sont parfois si profondes qu'elles ont entraîné à leur tour les dégradations en chaîne. Ainsi, sur le lac Léman, la pollution primaire due au déversement des déchets domestiques et industriels a provoqué une pollution secondaire par la prolifération excessive des algues sur ces matières usées, et cette pollution secondaire est maintenant plus importante que la pollution primaire.

La déchéance de la Nature provoque semblable déchéance de l'homme; elle le frappe dans son être, dans son esprit autant que dans son corps; non seulement dans son bonheur mais dans sa personnalité, son équilibre et sa raison. C'est la plus redoutable machine à réduire l'homme. Il s'aliène en vivant dans un monde étranger à la Nature. En la détruisant, il a déclenché un redoutable processus cumulatif d'auto-destruction.

Tout en démolissant son support physique, il tue son individualité.

En mutilant des paysages où la Nature s'associait à la Culture et les monuments aux horizons en un vivant témoignage de l'histoire, il efface son passé et brise le moule de la personnalité nationale, régionale et locale. C'est lui-même qu'il mutile.

Bien plus, dans les troubles psychophysiques sans cesse plus graves qui résultent de cette néo-paupérisation et altèrent sa santé, sa vitalité et même sa raison, comment ne pas voir le signe d'une « aliénation » psychologique plus encore que sociologique ? Meurtrie, brisée, l'enveloppe corporelle laisse l'esprit flotter, divaguer et se perdre.

La privation de Nature fait plus souffrir, le besoin en étant bien plus vital, que la privation du pouvoir économique. L'aliénation écologique est maintenant plus pénible que l'aliénation industrielle.

Le marxisme, curieusement, a méconnu ce problème. Il a combattu pour la hausse du niveau de vie, mais non contre la baisse du milieu de vie.

Il n'a pas vu que cette nouvelle forme de misère portait en elle une révolte — et si l'anéantissement du milieu naturel se poursuit — une révolution contre une civilisation destructrice, pour lui substituer un nouvel humanisme et sauver l'homme en sauvant la Nature.

99. ARTS DYNAMIQUES ET CULTURE

GEORGES DUHAMEL

DÉFENSE DES LETTRES,
MERCURE DE FRANCE ÉD., 1937.

La culture est fondée sur l'intelligence des phénomènes, des ouvrages et des êtres. Un esprit même vif et bien doué demeure toujours capable d'hésitation, de distraction, de stupeur momentanée, d'inhibition passagère. Un esprit même attentif a toujours besoin de revenir sur les données, les éléments, les arguments d'un exposé, d'un problème ou d'une discussion. L'acte de revenir en arrière en vue d'une compréhension meilleure s'appelle très exactement réflexion. L'homme qui lit s'arrête à toute minute et demande à réfléchir, c'est-à-dire qu'il souhaite de revenir sur ses pas, de reprendre un paragraphe et d'en refaire deux, trois, quatre, dix fois la lecture. Cette méthode est incompatible avec les arts dynamiques [1]. Si nous entendons une symphonie dans un concert, si nous assistons à la représentation d'une tragédie, nous ne pouvons pas revenir en arrière. Le livre est là pour nous permettre une réflexion différée mais indispensable. Si l'ouvrage est de qualité, nous demandons à le relire, à revoir de près certains détails, à consulter la partition du musicien. Au concert, au spectacle, nous prenons un plaisir. Avec le livre, nous faisons acte de culture véritable.

Je veux bien reconnaître qu'il est possible, si nous le voulons, de consulter un livre, soit après une audition de radio, soit après une représentation de cinéma. Je ne fonde quand même pas grand espoir sur cette possibilité. Le caractère torrentueux de la radio, son apparence de fleuve, voilà ce qui est tout à fait défavorable à la réflexion, c'est-à-dire à la culture véritable. La radio et le cinéma donnent trop de choses. On n'a jamais envie de contrôler, d'éprouver, de compléter et je dirai de comprendre. On prend ce que l'on prend, au vol et au hasard. Ce que l'on ne prend pas, eh bien! on le laisse. Voilà qui n'est pas une formule de culture (...)

La machine insensible n'arrête pas et ne répète pas. La réflexion semble incompatible avec les nouveaux moyens donnés aux foules pour se faire une âme. Le cinéma et la radio ne répètent pas. Ils marchent, ils coulent, ils se précipitent. Je l'ai dit, ce sont des fleuves. Et que charrient ces fleuves? Un mélange détestable où l'on rencontre souvent le pire et rarement le meilleur sans pouvoir les séparer.

Ici, j'arrive au second point du problème.

Le mot lecture veut dire choix. Lire, c'est élire, c'est-à-dire choisir. La fonction de choix est primordiale entre toutes les fonctions naturelles. Un être vivant est vivant parce qu'il choisit. Entre toutes les choses du monde, il prend celles qui sont convenables à former sa nourriture, c'est-à-dire la substance de sa chair. Quand nous lisons un livre, une revue, un journal, nous choisissons la substance de notre âme. Si nous allons au théâtre ou au concert, nous avons, dans une certaine mesure, choisi, d'abord, sur la foi de certains renseignements. Élection et dilection [2]. Nous choisissons ce que nous aimons.

1. Caractérisés par le mouvement (s'oppose à statique).
2. *Élection* = choix. *Dilection* = amour particulier; tendresse qui résulte d'un choix.

La faculté de choix est souverainement méprisée par les grands distributeurs modernes de vagues nourritures morales : cinéma et radio. Pour attraper une belle image, il nous faut en souffrir des milliers d'autres que je préfère ne pas juger. Pour entendre un bon concert à la radio, il nous faut rencontrer, croiser, supporter mille bruits odieux ou ridicules. Les vrais amateurs de radio, les esprits simples, les gens qui, justement, ont besoin d'une culture, ceux qui commencent de dédaigner le livre pour se contenter du bruit, ceux en somme dont je plaide ici la cause et dont je défends les intérêts, ceux-là n'y regardent pas de si près. Ils ouvrent le robinet et ils boivent, au petit bonheur. Ils absorbent tout, pêle-mêle : la musique de Wagner, le jazz, la conférence politique, la publicité, l'heure sonore, le numéro de music-hall, les parasites et le miaulement des ondes folles.

Je dis ou plutôt je répète qu'un système de culture où la réflexion et le choix sont impossibles est précisément la négation de ce qu'on a, jusqu'ici, nommé la culture.

1 *Résumez cet extrait en 150 mots.* **2** *Ensuite, vous développerez et discuterez cette affirmation de* G. Duhamel : *« Un système de culture où la réflexion et le choix sont impossibles est précisément la négation de ce qu'on a jusqu'ici nommé la culture. » Vous pourrez, en particulier, émettre, en toute liberté, votre opinion sur la valeur éducative des moyens modernes de diffusion. Vous semblent-ils contrarier plutôt que favoriser l'acquisition d'une culture authentique?*

École Nationale des Mines, *1957.*

100. DÉPERSONNALISATION DE L'HOMME

RENÉ DUCHET

BILAN DE LA CIVILISATION TECHNICIENNE,
PRIVAT ÉD., 1955.

Déshabitués du silence, du calme, de la vie intérieure, la plupart des individus finissent par perdre conscience de leur réalité intime et profonde. D'innombrables sollicitations appellent notre attention sur l'extérieur, sur le monde qui nous entoure. Tourbillon incessant de mouvements, de bruits et d'images, désordre de bazar et d'exposition universelle! Les cadres traditionnels sont brisés : le lointain semble aussi près que ce qui est proche, le passé redevient présent et l'éphémère apparaît aussi accentué que le durable. Devant la fréquence et l'intensité des sollicitations extérieures de plus en plus impérieuses et généralement disproportionnées avec leur importance réelle, la faculté de concentration diminue, la vie intime s'amenuise et le monde extérieur lui-même, comme vu à travers un kaléidoscope endiablé, se déforme progressivement. [...]

Il semble que l'individu dépersonnalisé, esclave de ses conquêtes, ne puisse manier que des formules et que son centre de gravité, sa base d'équilibre, lui deviennent extérieurs, il semble qu'il ne puisse plus exister sans les appareils qu'il a multipliés autour de lui et qui conditionnent la plupart de ses activités. On en vient à craindre de rester seul avec ses propres pensées. Un livre? Mais cela demande encore quelque effort! On va au cinéma et, si l'on est trop fatigué, on tourne le bouton de la radio. Il ne faut surtout pas rester seul avec soi-même et seul devant le monde [1]. Il faut se défendre contre le tourment de penser. Pour un pique-nique en pleine nature on transporte un phonographe ou un appareil de radio! On mange, on parle, on voyage et parfois on travaille et on dort avec l'accompagnement de la radio! Et jamais cependant le monde n'a eu davantage besoin de gens qui pensent et qui pensent réellement! [...]

Qui dira l'énorme influence de cette culture de masse [2], l'influence profonde de tous les moyens de publicité et de propagande sur le psychisme de l'individu, sur l'autonomie de sa conscience et de son jugement? Les techniques psychologiques, l'art de façonner artificiellement la pensée humaine, ont atteint un degré inouï. C'est le problème de la sauvegarde de la personne, de son intégrité, c'est le problème même de la liberté de l'esprit qui, non plus seulement sur le plan de la spéculation philosophique [3], mais sur le plan du réel, se pose dans l'immédiat à l'homme d'aujourd'hui. Les progrès des sciences psychologiques, de la psychiatrie [4], de la psychanalyse [5] de la neurologie [6], de la neuro-chirurgie, ont permis la mise au point d'extraordinaires procédés, grâce auxquels il est désormais possible de pénétrer les secrets les plus intimes d'un être humain, avec ou sans son consentement, de le dépouiller de cette souveraineté, de ce contrôle sur lui-même que, jusqu'à présent, il considérait comme inviolable. Que sont les envoûtements [7] de l'ancienne sorcellerie et les cas traditionnels de possession en comparaison des manipulations psychologiques, des techniques de suggestion et d'agitation des masses, des techniques d'obsession et d'avilissement, des procédés de narco-analyse [8] et de psycho-chirurgie [9], qui permettent à l'homme de déposséder son semblable de son esprit, de sa volonté, de sa personnalité? Sans doute les procédés d'effraction violente de la conscience par la narco-analyse ou la psycho-chirurgie ne sont pas encore d'usage courant, mais les techniques de suggestion, qu'il s'agisse de publicité ou de propagande, s'exercent sur nous sans arrêt avec des moyens sans cesse accrus. Offensive de

1. *Pascal* avait noté cette impossibilité, pour l'homme, de rester seul avec soi-même : « Rien n'est si insupportable à l'homme que d'être dans un plein repos, sans passion, sans affaire, sans divertissement, sans application. Il sent alors son néant, son abandon, son insuffisance, sa dépendance, son impuissance, son vide... J'ai découvert que tout le malheur des hommes vient d'une seule chose, qui est de ne savoir demeurer en repos dans une chambre. »
2. Les expressions « époque de masses », « homme masse », « civilisation de masse », « culture de masse », etc, reviennent constamment sous la plume des observateurs du monde contemporain qui constatent tantôt le fait de la *concentration* des hommes (concentration industrielle, concentration urbaine, masses syndicales, masses politiques, masses de consommateurs, de spectateurs, de lecteurs, etc.), tantôt un phénomène d'*uniformisation* des idées, des goûts par les techniques modernes de diffusion de la pensée et des œuvres d'art.
3. *Spéculation philosophique* : réflexion pure, théorique.
4. *Psychiatrie* : partie de la médecine qui s'occupe spécialement des maladies mentales.
5. *Psychanalyse* : méthode d'investigation psychologique ayant pour but de ramener à la conscience claire les sentiments refoulés qui sont à l'origine des névroses et d'amener ainsi leur guérison.
6. *Neurologie* : science qui étudie la formation, la structure, les fonctions et les maladies du système nerveux, et spécialement des nerfs.
7. *Envoûtement* : action magique par laquelle on pratiquait sur l'image d'une personne des blessures ou autres effets nuisibles dont elle devait ressentir le contrecoup.
8. *Narco-analyse* : du grec *narkê* : assoupissement (narcotique). Méthode d'investigation psychologique qui met à profit le sommeil du sujet.
9. *Psycho-chirurgie* : opérations chirurgicales qui affectent les centres nerveux.

tous les instants et en tous lieux contre le libre exercice de notre jugement, et tendant à réduire le psychisme à un ensemble de réflexes conditionnés[1]. Il est difficile de faire que tout aille bien, mais il est possible de répéter que tout va bien suivant des modalités et des fréquences telles que la plupart des individus ne peuvent plus ensuite dire ni penser le contraire.

1 *Résumez en quelques lignes les idées contenues dans ce texte.* **2** *Citez des exemples précis de « sollicitations qui appellent notre attention sur l'extérieur ».* **3** *Expliquez la phrase : « Il semble que l'individu dépersonnalisé, esclave de ses conquêtes, ne puisse manier que des formules et que son centre de gravité, sa base d'équilibre lui deviennent extérieurs, il semble qu'il ne puisse plus exister sans les appareils qu'il a multipliés autour de lui et qui conditionnent la plupart de ses activités. »* **4** *Étudiez la construction : « un livre? mais cela demande encore quelque effort! »*

101. CITÉS NOUVELLES

CHRISTIANE ROCHEFORT

LES PETITS ENFANTS DU SIÈCLE, GRASSET ÉD., 1961.

On arrive à Sarcelles par un pont, et tout à coup, un peu d'en haut, on voit tout. Oh là! Et je croyais que j'habitais dans des blocs! Ça, oui, c'étaient des blocs! Ça c'était de la Cité, de la vraie Cité de l'Avenir! Sur des kilomètres et des kilomètres et des kilomètres, des maisons des maisons des maisons. Pareilles. Alignées. Blanches. Encore des maisons. Maisons maisons maisons maisons maisons maisons maisons maisons maisons maisons. Maisons. Maisons. Et du ciel; une immensité. Du soleil. Du soleil plein les maisons, passant à travers, ressortant de l'autre côté. Des Espaces Verts, énormes, propres, superbes, des tapis, avec sur chacun l'écriteau Respectez et Faites respecter les Pelouses et les Arbres, qui d'ailleurs ici avait l'air de faire plus d'effet que chez nous, les gens eux-mêmes étant sans doute en progrès comme l'architecture.

Les boutiques étaient toutes mises ensemble, au milieu de chaque rectangle de maisons, de façon que chaque bonne femme ait le même nombre de pas à faire pour aller prendre ses nouilles; il y avait même de la justice. Un peu à part étaient posés des beaux chalets entièrement vitrés, on voyait tout l'intérieur en passant. L'un était une bibliothèque, avec des tables et des chaises modernes de toute beauté; on s'asseyait là et tout le monde pouvait vous voir en train de lire; un autre en bois imitant la campagne était marqué : « Maison des Jeunes et de la Culture »; les Jeunes étaient dedans, garçons et filles, on pouvait les voir rire et s'amuser, au grand jour.

Ici, on ne pouvait pas faire le mal; un gosse qui aurait fait l'école buissonnière, on l'aurait repéré immédiatement, seul dehors de cet âge à la mauvaise heure; un voleur se serait vu à des kilomètres, avec son

1. *Réflexes conditionnés :* les réflexes sont des réactions nerveuses inconscientes qui résultent d'impressions extérieures. Les réflexes conditionnés sont provoqués indirectement par une action sur les sens.

butin; un type sale, tout le monde l'aurait envoyé se laver. [...] Ça c'est de l'architecture. Et ce que c'était beau! J'avais jamais vu autant de vitres. J'en avais des éblouissements, et en plus le tournis, à force de prendre la première à droite, la première à gauche, la première à droite, la première à gauche; j'étais dans la rue Paul-Valéry, j'avais pris la rue Mallarmé, j'avais tourné dans Victor-Hugo, et je me retombais dans Valéry et j'arrivais pas à en sortir. [...] On pouvait se promener cent ans sans jamais se croiser, à moins d'avoir pris une boussole et un compas de marine. Mais ici ils n'avaient que des jumelles, j'en vis deux, on voyait l'intérieur des maisons, qui s'observaient d'un bloc à l'autre en train de s'observer à la jumelle. Ça c'est une distraction, et puis ça fait penser.

Encore Verlaine, je l'avais déjà vu celui-là, je me dis que je ferais mieux de foncer droit et j'aboutis sur un grillage. La limite. Il y avait une limite. Je refonçai dans l'autre sens, le chemin devint bourbeux, sale, j'étais dans les chantiers. On ajoutait des maisons, une ou deux douzaines. Là on voyait la carcasse, les grands piliers de béton. Ce qui serait bientôt les belles constructions blanches. [...]

C'était beau. Vert, blanc. Ordonné. On sensait l'organisation. Ils avaient tout fait pour qu'on soit bien, ils s'étaient demandé : qu'est-ce qu'il faut mettre pour qu'ils soient bien? et ils l'avaient mis. Ils avaient même mis de la diversité : quatre grandes tours, pour varier le paysage; ils avaient fait des petites collines, des accidents de terrain, pour que ce ne soit pas monotone; il n'y avait pas deux chalets pareils; ils avaient pensé à tout, pour ainsi dire on voyait leurs pensées, là, posées, avec la bonne volonté, le désir de bien faire, les efforts, le soin, l'application, l'intelligence, jusque dans les plus petits détails. Ils devaient être rudement fiers ceux qui avaient fait ça.

Le matin, tous les hommes sortaient des maisons et s'en allaient à Paris travailler; un peu plus tard c'étaient les enfants qui se transféraient dans l'école, les maisons se vidaient comme des lapins; il ne restait dans la Cité que les femmes, les vieillards et les invalides. [...] Le soir, tous les maris revenaient, rentraient dans les maisons, trouvaient les tables mises, propres, avec de belles assiettes, l'appartement bien briqué, la douce chaleur, et voilà une bonne soirée qui partait, mon Dieu, mon Dieu, c'était la perfection.

102. LE PRIX DES « CHOSES »

CHRISTIANE ROCHEFORT

LES PETITS ENFANTS DU SIÈCLE,
GRASSET ÉD., 1961.

Le vendeur vint reprendre la télé, parce qu'on n'avait pas pu payer les traites. Maman eut beau expliquer que c'est parce que le bébé était mort, et que ce n'était tout de même pas sa faute s'il n'avait pas vécu, et avec la santé qu'elle avait ce n'était déjà pas si drôle, et si en plus elle ne pouvait même pas avoir la télé, le truc fut bel et bien embarqué, et par-dessus le marché quand papa rentra il se mit à gueuler qu'elle se soit laissé faire. [...]

C'était une mauvaise passe. Ils comptaient le moindre sou.

Je sais pas comment tu t'arranges disait le père, je sais vraiment pas comment tu t'arranges, et la mère disait que s'il n'y avait pas le P.M.U. elle s'arrangerait sûrement mieux. Le père disait que le P.M.U. ne coûtait rien l'un dans l'autre avec les gains et les pertes qui s'équilibraient et d'ailleurs il jouait seulement de temps en temps et s'il n'avait pas ce petit plaisir alors qu'est-ce qu'il aurait, la vie n'est pas déjà si drôle. Et moi qu'est-ce que j'ai disait la mère, moi j'ai rien du tout, pas la plus petite distraction dans cette vacherie d'existence toujours à travailler du matin au soir pour que Monsieur trouve tout prêt en rentrant se mettre les pieds sous la table. Merde disait Monsieur c'est bien le moins après avoir fait le con toute la journée à remplir des tubes d'une cochonnerie de moutarde et arriver crevé après une heure et demie de transport si encore il avait une bagnole ça le détendrait un peu. Ah c'est bien le moment de penser à une bagnole, partait la mère, ah c'est bien le moment oui! quand on n'arrive même pas à ravoir la télé et Patrick qui n'a plus de chaussures avec ses pieds qui n'arrêtent pas de grandir. C'est pas de ma faute dit Patrick, Toi tais-toi dit le père ça ne te regarde pas, Mais j'ai mal aux pieds dit Patrick, Tu vas te taire, oui? Le soir on ne savait pas quoi foutre sans télé, toutes les occasions étaient bonnes pour des prises de bec. Le père prolongeait l'apéro, la mère l'engueulait, il répondait que pour ce que c'était marrant de rentrer pour entendre que des récriminations il n'était pas pressé et ça recommençait. Les petits braillaient, on attrapait des baffes perdues. [...]

Nicolas naquit en février, avant sa date. [...]

Grâce à Nicolas on pourrait faire réviser la machine à laver et ça c'était une bonne chose parce qu'autrement les couches, et j'en avais marre des couches, marre, marre, marre. On pourrait ravoir la télé, ce qui m'arrangeait aussi parce que, quand elle était là, on avait bien plus la paix. Après ça, avec de la veine, on pourrait peut-être penser à la bagnole. C'était ça qu'ils visaient maintenant, plutôt que le frigo, la mère aurait voulu un frigo mais le père disait que c'était bien son tour d'avoir du bien-être, pas toujours celui de sa femme, et avec la fatigue pour venir d'une banlieue à une autre il commençait à en avoir plein le dos. La mère pouvait bien aller au marché tous les jours, d'ailleurs c'était moi qui y allais ils n'avaient pas l'air d'y penser. Ils calculèrent tout un soir pour cette histoire de bagnole, s'il y avait moyen, avec les Trente-Trois pour Cent, de l'avoir, en grattant ici et là et compte tenu de la télé en moins et de l'Impôt cédulaire en plus et si la mère pouvait rabioter avec quelques ménages dans les limites du Salaire Unique, l'Assistante avait donné tous les chiffres; ce qui foutait tout par terre c'est si on devait acheter un nouveau lit pour Catherine si Nicolas allait dans le berceau, un lit c'est cher. Ils avaient étalé des papiers sur ma table, me gênant; ils me gâtèrent toute ma soirée, heureusement que ça n'arrivait pas tous les jours.

103. LE « BUSINESSMAN »

JACQUES DOUYAU

LA DÉPÊCHE DU MIDI,
3 SEPTEMBRE 1975.

Nous l'avons vu arriver, avec ses petites moustaches et sa face ronde, pressé, pressant, péremptoire, sautant d'un avion à l'autre, d'une capitale à l'autre, jonglant avec les dividendes et les bilans, absorbant les chaînes d'hôtels et les restaurants, accumulant les milliards. A moins de 40 ans il est en train de bâtir un « empire » à l'américaine.

Un empire, pour quoi faire? Fichtre! Il n'en sait rien! Il n'a pas le temps d'y penser. Il est bien trop occupé à absorber, acheter, additionner, etc. Il n'a pas une minute à lui. Quand on « fait de l'argent », forcément on n'a plus le temps de faire autre chose.

Il n'a donc le temps de s'intéresser à rien : ni à la politique, ni au temps qui passe, ni à la souffrance des hommes, ni à la condition féminine, ni aux espèces en voie de disparition. Pour lui, tout se résume à cette activité vers quoi toute sa volonté est férocement tendue : absorber toujours plus de chaînes d'hôtels, doubler, tous les ans, son chiffre d'affaires.

Il existe, ainsi, des insectes programmés pour une fonction déterminée — fourmis ou termites — qui, dès qu'ils ouvrent l'œil, se mettent au travail et déploient une activité inlassable et aveugle pour accomplir une tâche dont la finalité leur échappe. Ils maçonnent, creusent, combattent, pondent, transportent des charges énormes, sans savoir, au juste, pourquoi. Le termite s'active furieusement dès l'aube, et jusqu'à tard dans la nuit, sans connaître le but de tant d'activité — si ce n'est cette notion tout à fait aberrante de l'augmentation, en quelque sorte mécanique, de son volume d'affaires. Mais au bout de cette dilatation perpétuelle, la même terrible petite question arrive : « Pour quoi faire? »

Qu'est-ce, au juste, que le « businessman »? C'est un aboutissement et un produit, l'homme qui n'a pas le temps, parce que le temps, c'est de l'argent; l'homme saisi par les affaires, incarne dans une sorte de perfection, le résultat de cette modification extraordinaire qui s'est produite, dans l'esprit des hommes, à la fin du Moyen Age.

Le citoyen de la cité médiévale, jusqu'à cette époque, ne concevait pas que ses activités économiques ne relèvent pas d'une appréciation morale : « Au Moyen Age, les intérêts économiques sont impérativement subordonnés à la véritable affaire de la vie, qui est le salut, et les mœurs économiques sont un aspect des mœurs personnelles, que régissent les lois de la moralité. »

C'est à la fin du XVe siècle, avec le développement et l'altération des Guildes, lorsque les Corporations deviennent monopolistes, et quand la concentration des capitaux fait apparaître la notion de profit indéfini, liée à la productivité, que naît l'homme d'affaires, le « Capitaliste », et, avec lui, un nouveau concept du temps.

Le temps, producteur de profit, devient soudain une valeur qu'il ne faut plus gaspiller (les horloges commencent à sonner les quarts et les demies, comme à Nuremberg). Le travail devient une « valeur suprême ». Du même coup, les choses « improductives » deviennent suspectes.

La turbulence et l'agitation perturbent la stabilité de ce qui était la communauté chrétienne, brusquement livrée aux nouveaux mécanismes du marché et à la foire d'empoigne de la concurrence. L'égocentrisme et l'avidité insatiable de ces individualistes sans scrupules, « les hommes d'affaires », imposent les lois de la jungle commerciale. L'argent cesse d'être un serviteur et devient un maître — et quel maître!

L'homme féodal, debout dans sa durée, immobile, était à la recherche de la qualité, qu'il s'agisse du chevalier, de l'artisan ou du vilain. Ils tendaient à un « état » qui se fondait dans une finalité suprême : le salut. Va lui succéder l'homme « affairé », l'homme aux affaires, l'homme pressé, qui s'agite dans la frénésie pour accumuler la quantité, sans autre finalité qu'elle-même, indéfiniment reconduite.

Le « businessman » sautant dans ses avions, harcelant ses employés, s'affairant, du matin au soir, pour augmenter son « empire », est l'aboutissement, cinq cents ans plus tard, de ces marchands saisis par la maladie du profit pour le profit, de l'accumulation pour l'accumulation.

Quand Laurent le Magnifique, l'homme le plus riche du monde en son temps, édifiait des fortunes dans la banque et le commerce des parfums et des épices, c'était pour transformer cet or en beauté. Sa finalité n'était pas la quantité, mais la qualité. Par le mécénat, il transmutait l'argent impur en chefs-d'œuvre. L'or devenait statues de Michel-Ange ou de Cellini, fresques de Cimabue ou de Raphaël, livres rares, poèmes de Poliziano [1]. Mais à quoi sert l'argent que créent et accumulent les businessmen d'aujourd'hui? En quoi annoblit-il la vie des hommes et la leur?

104. L'HOMME CONTEMPORAIN EST INCOHÉRENT

JEAN HAMBURGER

LA PUISSANCE ET LA FRAGILITÉ,
FLAMMARION ÉD., 1972.

Par rapport aux rythmes évolutifs habituels, tels que la paléontologie moderne les suggère, il y a dans le développement de l'homme une étonnante accélération. Il suffit, pour s'en persuader, de se souvenir que la description actuelle de l'évolution des espèces vivantes porte sur environ un milliard d'années, que des escargots et des poissons existaient sans doute sur la terre il y a plus de 400 millions d'années, que l'histoire de l'évolution du cheval s'exprime en dizaines de millions d'années : par rapport à ces durées immenses les quelque 40 000 ans qui nous séparent de l'époque où l'*homo sapiens* se répandit dans le monde apparaissent très courts. Bien plus, les seules 3 000 ou 4 000 dernières années ont suffi pour un étonnant développement de la pensée et des moyens de la communiquer, caractères majeurs de l'homme des temps présents. La machine à fabriquer du nouveau s'est emballée, le développement cérébral de l'homme est devenu tel que la terre entière en est ébranlée. Le rythme normal des conséquences du développement biologique est rompu et cette rupture est la toile de fond de tout ce qui va suivre.

Cette rupture de rythme suffit à suggérer que cette évolution-là diffère, dans son mécanisme, de l'évolution traditionnelle des espèces. Ce n'est

1. Poète et humaniste italien (1454-1494).

plus par mutations et sélection chromosomique que l'homme se transforme. Un nouveau phénomène entre en jeu : dès que le développement de l'esprit atteint le degré critique qui permet la transmission des idées, chaque novation de l'esprit, au lieu de s'éteindre avec la vie brève de l'individu, peut devenir propriété de l'espèce et tremplin pour de nouvelles avances. La transmission intellectuelle du progrès (favorable ou défavorable) double la transmission génétique des mutations définies comme favorables par voie de sélection et, bien entendu, la vitesse de transformation par le premier de ces phénomènes n'a aucune commune mesure avec la lenteur du second. Le symbole le plus frappant de la rapidité du nouveau mécanisme est le développement de l'outil qui prolonge le bras de l'homme : entre l'Australopithèque qui vivait il y a 10 ou 15 millions d'années et l'homme de Cro-Magnon qui vivait il y a 35 000 ans, il y a certainement une différence génétique, que suffit à prouver la différence de capacité crânienne (576 cm³ en moyenne pour le premier, 1 590 cm³ pour le second), mais il n'y a guère de différence intellectuellement fondamentale entre le premier outil de quartz taillé, découvert en Éthiopie et estimé à quelque 2 200 000 années, et les coups de poings de silex du paléolithique moyen, deux millions d'années plus tard, ou même les sagaies en os du magdalénien qui ne date que d'une quinzaine de milliers d'années.

Entre l'homme d'il y a 3 000 ans et l'homme actuel, en revanche, il est vraisemblable qu'aucun changement génétique notable n'est survenu, alors qu'on passe, dans ce temps, de l'invention de la poulie, outil intelligent mais encore primitif, à celle de l'ordinateur, fabriqué par l'homme à l'image plénière de son univers rationnel. Dans le dernier siècle, l'accélération de l'histoire de l'outil est si évidente qu'elle saute aux yeux de chacun.

Or il n'est pas moins évident que par une action en retour, l'outil transforme l'homme, profondément. Transformation physique et psychique. Comme exemple de transformation physique on peut citer l'histoire des records sportifs, résultats d'une compétition internationale, elle-même conséquence d'un rapetissement du monde par les outils de communication et de transport : dans le dernier siècle, et même dans les seules dix dernières années, ont été battus à peu près tous les records de course, de saut, de natation, de lancement du poids ou du javelot. Dans le dernier siècle, les maladies ont changé et, par l'action de l'homme, certaines ont disparu tandis que d'autres se développaient. La durée de la vie humaine et la densité des populations ont subi, comme on l'a dit précédemment dans ce livre, d'étonnantes modifications. L'usage croissant de l'énergie électrique augmente progressivement la température de la surface du globe, qui, s'il n'y est mis bon ordre, tendra en un temps relativement court vers des niveaux incompatibles avec la vie humaine. La pollution atomique accroît le nombre de monstres et toutes les autres formes de pollution du milieu menacent l'équilibre des êtres vivants, et singulièrement de l'organisme humain.

Parallèlement à ces actions en retour des outils de l'homme sur sa constitution physique, se développe une action non moins évidente sur sa constitution psychique. Les possibilités de conditionnement collectif s'accroissent à un rythme prodigieux : cent millions d'hommes tremblent au même instant pour la vie d'un enfant kidnappé; le petit livre de Mao Tsé-Toung a été diffusé à 740 millions d'exemplaires; la Bible, traduite en 1 236 langues, a été tirée en plus d'exemplaires qu'il n'y a d'hommes sur la terre; et combien d'hommes sur la terre ont été conditionnés, par la publicité, à boire un mélange nommé Coca-Cola ou à se raser le matin avec un rasoir Gillette. Les réactions esthétiques de l'homme se transforment par une éducation progressive, de génération en génération : il suffit de quelques années pour qu'un art dit révolutionnaire et moqué devienne traditionnel et capable d'enflammer les foules : qu'on songe, par exemple, à l'école de peinture impressionniste ou à la musique dite de jazz. Le comportement social de l'homme est, lui aussi, profondément modifié par les fruits de la science et de la technique : les moyens de conditionnement collectif permettent à des groupes beaucoup plus importants qu'autrefois d'adopter des attitudes déraisonnables ou inhumaines, je veux dire des attitudes différentes de ce qu'on pourrait prévoir *a priori* comme sommation des attitudes individuelles prises isolément. Enfin et surtout le développement des sciences enrichit et enhardit l'esprit. La logique elle-même évolue. L'outil mathématique et les ordinateurs qui le prolongent agissent sans nul doute sur la qualité du raisonnement humain : nés de l'esprit de rigueur, ils le vivifient à leur tour; les premières années de vie commune de l'homme et de l'ordinateur suggèrent que, dans l'avenir, les fonctions rationnelles de la pensée humaine se trouveront renforcées par cette cohabitation.

Si les caractères physiques et psychiques de l'homme sont ainsi modifiés dans une évolution qui s'accélère, il y a en revanche de grands pans de l'esprit humain qui, eux, restent immuables : les passions élémentaires, l'amour, l'amitié, la haine, la jalousie, le dépit, la générosité, l'égoïsme, la crédulité, le désir du merveilleux, les fous rires et les pleurs, bref tout ce fantastique univers de l'âme sensible, qui définit l'homme autant que sa raison et qui se mêle à celle-ci de façon tellement inextricable qu'on ne l'en peut séparer que par abstraction analytique, tout cela est enraciné dans notre patrimoine héréditaire, et résiste à toutes les métamorphoses internes ou ambiantes. Le drame actuel de l'homme naît sans doute de la coexistence de réactions affectives, toujours aussi primitives et immédiates, et d'une intelligence logique qui se développe, se transforme et s'affermit, sous l'effet de ses propres résultats. L'homme d'aujourd'hui est donc incohérent, il cherche instinctivement à retrouver sa cohérence perdue, il part en quête de systèmes apaisants, il s'inquiète de n'y parvenir qu'en trichant. Voilà peut-être le désarroi fondamental.

105. L'INTOXICATION PAR LES MÉDIAS

JEAN-LOUIS SERVAN-SCHREIBER

LE POUVOIR D'INFORMER,
ROBERT LAFFONT ÉD., 1972.

Un adulte américain écoute son électrophone 60 heures par an, sa radio 800 heures et sa télévision 1 300 heures. D'après ces chiffres fournis par les services marketing de CBS, cet individu est ainsi soumis à l'équivalent de 90 jours et 90 nuits de bruit par an. Trois mois entiers. Car s'il est possible de combiner le temps des repas avec l'observation de l'écran, il faut avoir atteint un degré d'abrutissement encore peu répandu pour écouter simultanément ces trois sources sonores. Comme le sommeil et le travail occupent chacun 120 autres jours de l'année, il ne reste que 35 jours par an, soit 2 heures et demie par jour, où il ne dorme pas, ne travaille pas ou ne soit pas sous tension sonore. Or, il faut bien qu'une partie des transports, de la toilette et des repas se déroule loin d'un haut-parleur. Quelle place reste-t-il donc dans cette vie pour la lecture, la réflexion ou les plaisirs de l'existence? Pas besoin d'attendre la vie en silos pour constater que celle des hommes contemporains a davantage changé en vingt ans sous l'influence de l'électronique que depuis les pharaons.

Aux 90 jours par an dévorés par les médias électroniques, il faut encore en ajouter dix consacrés à la lecture ne serait-ce que d'un journal [1]. L'Américain moyen — à condition qu'il lise peu — passe donc une centaine de jours par an dans la compagnie des médias. Près du tiers de sa vie. [...]

Les premières expériences montrant que la place prise par les médias, surtout à la télévision, fait figure d'une intoxication comparable à la drogue, commencent seulement à être connues. Ainsi, début 1972, un aumônier militaire notait que l'absence d'une télévision qu'ils puissent comprendre a, sur les troupes américaines stationnées en Allemagne, une influence néfaste. « Le soldat et sa femme sont, en effet, obligés de se parler le soir, explique le capitaine Keller, et soudain ils découvrent qu'ils ne s'entendent pas réellement. » Quelques semaines plus tard, on apprenait les résultats d'une expérience plus systématique entreprise par des psychologues de Munich. Ils avaient demandé à 184 téléspectateurs de renoncer pendant un an à regarder la télévision. Au début, ceux-ci sont allés trois fois plus souvent au cinéma, ont doublé le nombre de visites faites à des amis ainsi que leur temps de lecture et de jeux. Mais, très rapidement, l'habitude du tube s'est mise à leur manquer et ils y sont revenus les uns après les autres. Bien que chaque journée sans télévision leur ait été payée, aucun des cobayes n'a tenu plus de cinq mois. Les raisons de ce revirement : les tensions se sont accrues en famille, les disputes et les claques aux enfants ont augmenté, la fréquence des rapports entre conjoints a diminué (mais pas le nombre des infidélités). Tous ces symptômes préoccupants sont rentrés dans l'ordre avec le retour des longues soirées d'hypnose muette. La télévision, suggère un de ces psychologues, masque certains conflits et agit comme une drogue. Il faudra bien sûr, beaucoup plus que ces premières approches pour arriver à des conclusions sur cet effet de manque, mais compte tenu de la surface de vie déjà occupée par le phénomène, il n'y aurait rien d'étonnant à ce que l'habitude en soit devenue difficilement réversible. Sinon pour un individu, du moins pour l'ensemble du corps social.

1. Qui risquent de devoir s'accroître devant la tendance irrépressible des rédacteurs en chef à ajouter constamment des pages. *Le Monde* a presque doublé en dix ans le nombre de ses pages de rédaction passant de 11 à 20. Le lecteur ne peut plus suivre et en conçoit à l'égard du journal un vague ressentiment.

106. FAIM ET POLITIQUE

JOSUÉ DE CASTRO

GÉOPOLITIQUE DE LA FAIM,
ÉDITIONS OUVRIÈRES, 1962.

Certains cherchent à expliquer la décadence de notre civilisation par la diminution progressive du nombre des individus capables de porter sur leurs épaules l'énorme poids de la culture sous lequel ils finissent fatalement par s'effondrer. Mais il en est d'autres qui préfèrent en rechercher la cause dans la dégénérescence biologique et psychologique de l'homme, dans son manque de force et de courage pour regarder en face la réalité sociale. Cette faiblesse et cette crainte sont, en grande partie, des conséquences de la faim ou des menaces de faim auxquelles sont, de nos jours, exposés d'innombrables groupes humains.

De fait, un grand nombre de peuples, soumis à l'action dissolvante de la faim, se soumettent humblement au pouvoir de forces destructrices et antisociales. Nous avons eu l'occasion de montrer plus haut comment la faim a livré le Japon aux griffes du fascisme. Le même mécanisme a fait triompher le nazisme dans la vieille Europe pendant les « années décisives » de son histoire entre 1930 et 1940. Tandis que la faim aiguillonnait les individus et que son spectre menaçant provoquait une panique généralisée, les dompteurs de masses, les hypnotiseurs de foules, comme les a appelés Keyserling [1], eurent beau jeu de les transformer en une pâte malléable, docile à leurs mains de fer. En cette heure grave du monde, certains peuples européens, se sentant trop faibles pour aller de l'avant en traînant derrière eux le poids mort de la culture et comprenant qu'il leur était impossible de se libérer par leur propre force de l'asphyxie morale qui les étreignait, s'abandonnèrent volontairement à la suggestion des gestes dominateurs. Ne sachant que faire de leurs mains, ces pauvres gens, devenus les esclaves de la misère, s'inclinèrent devant le geste impératif et se mirent à répéter le même geste que tout le monde, en signe de renoncement total à leur personnalité. En signe de la perte volontaire de leur liberté, mais en signe également du calme momentané qu'ils avaient acquis, par la fuite devant leur propre responsabilité.

La psychose collective dans laquelle fut alors entraînée l'Europe, et qui représente une crise psychologique superposée à une crise biologique latente, ressemble beaucoup au phénomène observé par Pavlov chez les chiens soumis à des expériences de réflexes conditionnés. Après d'innombrables réflexes de ce genre, la terreur de la faim ou de la souffrance créait chez ces animaux un tel état d'inhibition qu'elle leur faisait oublier tous les réflexes acquis antérieurement. C'est ce qui est arrivé à l'Europe en proie à une grave crise d'anxiété si bien caractérisée par Pierre Janet : « Aujourd'hui, il y a un nombre énorme de déprimés, d'individus qui ne possèdent pas l'énergie suffisante pour s'occuper des affaires publiques parce qu'ils ont peur de l'action sociale. D'où l'extraordinaire besoin qu'ils éprouvent de se sentir orientés et protégés. D'où la séduction qu'exerce sur eux la dictature. »

1. H. KEYSERLING, philosophe allemand (1880-1946).

Lorsque l'Europe se laissa emporter par la vague du fascisme et du nazisme, elle le fit par désir de défendre sa peau. De défendre « sa sale peau », comme dit Curzio Malaparte [1], symbolisant ainsi les instincts végétatifs qui crient haut et fort dans l'animal-homme, surtout l'instinct de la faim. « Jadis, on souffrait, on tuait, on mourait pour sauver son âme. Aujourd'hui, l'homme souffre et fait souffrir, il tue et il meurt, il accomplit des choses magnifiques et des choses horribles uniquement pour sauver sa peau », ajoute Malaparte sur un ton à la fois tragique et burlesque. Et cet amour excessif pour sa peau, ce désir angoissé de satisfaire ses besoins végétatifs proviennent de la souffrance, de la peur et de l'anxiété que fait naître en lui la dure expérience de la faim. Si le monde désire retrouver son panorama moral, s'il veut voir s'accroître le nombre des hommes suffisamment forts pour ne pas se battre uniquement pour leur peau, mais pour maintenir dans le monde les principes démocratiques qui signifient la condition humaine, il devra, avant tout autre chose, éliminer le dégradant stigmate de la faim.

L'instauration d'une économie d'abondance fera faire un grand pas vers la solution non seulement des problèmes qualitatifs, mais encore des problèmes quantitatifs. Non seulement les groupes humains seront plus sains et plus capables mais encore leur importance démographique sera mieux adaptée aux possibilités naturelles et culturelles de chacun d'entre eux. Dans les groupes humains qui paraissent aujourd'hui les plus exposés aux dangers de la surpopulation, les indices excessifs de fécondité, ou, comme dit Vogt [2], l'appétit incontrôlé de la reproduction diminueront aussitôt, et la courbe de leur accroissement démographique tendra vers un état d'équilibre de leurs populations.

Le monde ne trouvera donc pas le chemin de son salut en s'efforçant d'éliminer les excédents de population ou en contrôlant les naissances, comme le prescrivent les néo-malthusiens [3], mais en travaillant à rendre productifs tous les hommes qui vivent à la surface de la terre. Si la faim et la misère existent dans le monde, ce n'est pas parce qu'il y a trop d'hommes, mais bien parce qu'il y a peu d'hommes pour produire et beaucoup d'hommes pour manger. La politique néo-malthusienne d'une économie déshumanisée qui préconise de laisser mourir les faibles et les malades, d'aider les affamés à mourir plus vite, et qui, comme le fait Vogt, en arrive à déconseiller l'assistance médicale et sanitaire aux populations les plus misérables, n'exprime que le sentiment égoïste et mesquin de ceux qui vivent bien et qui se sentent remplis d'horreur par l'inquiétante présence de ceux qui vivent mal. La vérité, c'est que, pour Vogt, le monde doit être considéré comme une réception de gala pour invités de marque, et non comme une fête de la rue où l'on est désespérément serré les uns contre les autres, et où l'on s'expose à l'ennui de recevoir des coups de coude et de se faire marcher sur les pieds. Aussi conseille-t-il d'expulser impitoyablement tous ces importuns, tous ces trouble-fête qui empêchent de vivre de la vie facile du bon vieux temps. Pour

1. Écrivain italien (1898-1957).
2. William Vogt, sociologue américain, auteur de : *Road to survival* (1948), *La Faim du Monde*.
3. Partisans de Malthus, pasteur anglais (1766-1834) qui, dans l'*Essai sur le principe de population*, a exprimé une théorie démographique fondée sur la constatation d'un accroissement beaucoup plus rapide de la population que des subsistances. Il proposait comme remède à cette situation la « contrainte morale », c'est-à-dire la limitation réfléchie des naissances.

sa politique de salut, Vogt n'éprouve aucun scrupule à prescrire les moyens les plus inhumains. Dans sa fureur d'épuration de l'humanité, il en vient à accabler d'invectives les médecins et la médecine moderne qui tentent de sauver des vies en appliquant leurs méthodes préventives et curatives dans les régions les plus arriérées du monde. Et cela, parce que, selon Vogt, ces vies sont indésirables.

Le monde ne se laisse heureusement pas séduire par ces conceptions défaitistes et dissolvantes qui, en dépit de leur apparence scientifique, loin de le conduire sur la voie du salut, l'entraîneraient à la mort, à la révolution, à la guerre... en un mot à la perdition.

Le chemin du salut est encore à la portée des hommes. Nous y accédons par la confiance que nous devons mettre en nos propres forces. « Grande est la science de l'homme, mais plus grand encore est l'homme lui-même », écrit un penseur de nos jours[1], réaffirmant ainsi à la face de ses contemporains la confiance que nous devons conserver dans la grandeur de l'espèce humaine.

ÉPREUVE DE CONTRACTION DE TEXTE. — *Résumez le texte en 400 mots.*

107. DE LA GUERRE PLANÉTAIRE À LA PENSÉE PLANÉTAIRE

DENIS DE ROUGEMONT

LETTRES SUR LA BOMBE ATOMIQUE, GALLIMARD ÉD., 1946.

Le XXe siècle est en train de découvrir ce qu'on savait depuis un certain temps, mais qu'on n'avait pas très bien compris, à savoir que la terre est ronde. D'où il résulte, entre autres conséquences, que si vous tirez devant vous avec une arme assez puissante, vous recevrez le projectile dans le dos au prochain tour. Cette figure signifie quelque chose d'important : c'est que tout le mal que nous faisons à nos voisins nous atteindra bientôt nécessairement, si nos moyens passent à l'échelle planétaire. La flèche servait à la guerre des villages; le fusil à la guerre des provinces; le canon à la guerre des nations et l'avion à la guerre des continents. Voici la bombe, à quoi servira-t-elle? A la guerre planétaire, c'est-à-dire à une guerre qui nous atteint tous et que nous ne faisons donc qu'à nous-mêmes. Les dimensions de la communauté normale, pour une époque donnée, me paraissent pouvoir être mesurées à la portée des armes connues dans cette époque. (Vous avez ici les prémices d'une théorie sociologique flambant neuve.) A l'arme planétaire correspond donc une communauté universelle, qui relègue les nations au rang de simples provinces. [...]

1. EARL PARKER HANSON, *New Worlds Emerging*, New York 1949.

La solidarité pratique des différentes parties du globe est un fait durement établi au niveau de notre existence matérielle. Avant qu'elle puisse devenir un fait de droit, il nous faudra probablement passer par une étape intermédiaire qui est celle du fait psychologique : la formation d'une conscience planétaire. [...]

Forçant à peine, je dirais : c'est d'abord une question de poésie. Est-ce un hasard si, parmi tous nos écrivains, ceux que je vois manifester le sentiment le plus direct et le plus contagieux de la planète sont précisément deux poètes : le Saint-John Perse de l'*Anabase* et de l'*Exil*[1] et Paul Claudel, notre grand écrivain « global [2] »? Dans leur prose et dans leurs longs versets, quel qu'en soit le sujet allégué, nous avons pour la première fois senti, sous le drapé d'un français riche et pur, battre le pouls mesuré de l'Asie, le cœur violent des Amériques.

Et que dire de ce grand joueur de Boule que fut « Saint-Ex [3] », le premier qui me parla de la Planète comme d'un amour et d'une angoisse intime, sinon qu'il fut lui aussi un poète, dans ses actes et par sa vision?

1 *Montrez l'enchaînement des principales idées du texte.* **2** *Commentez le deuxième paragraphe du texte : « La solidarité pratique... conscience planétaire ».* **3** *Relevez les procédés de style utilisés par l'auteur pour mettre en valeur sa pensée.*

108. NÉCESSITÉ D'UNE CONSCIENCE PLANÉTAIRE

RENÉ DUCHET

BILAN DE LA CIVILISATION TECHNICIENNE, PRIVAT ÉD., 1955.

Lucidement ou non, nous aspirons à une culture mondiale, à une conscience planétaire. Dans un monde extraordinairement mouvant et changeant, la photographie, le cinéma, le microfilm, le micro-disque prolongent merveilleusement la mémoire collective et apportent une nouvelle forme d'immortalité. Par le progrès des techniques l'homme est ainsi de plus en plus relié à l'humanité tout entière, à celle d'hier et à celle d'aujourd'hui. Le champ de la connaissance et celui de l'action s'étendent prodigieusement.

L'accroissement de la densité sociale sur une terre dont les dimensions ne changent pas, faisant monter la tension interne, multipliant contacts et relations, créant d'infinies possibilités de confrontation, de dialogues, de participation, multiplie ainsi, par jeu d'inter-réflexion, le pouvoir de réflexion individuelle. A la réflexion proprement dite s'ajoute

1. SAINT-JOHN PERSE, poète français (1887-1976). Prix Nobel de littérature 1960.
2. PAUL CLAUDEL (1868-1955). Diplomate; écrivain catholique. Sa carrière diplomatique le conduit aux États-Unis, en Chine (*Connaissance de l'Est*, 1900), au Brésil, au Japon et à travers l'Europe. Par les thèmes mêmes de son inspiration Claudel est bien un écrivain « du Globe ».
3. SAINT-EXUPÉRY (1900-1944). Pilote de ligne, Saint-Exupéry a survolé en tous sens la Terre qu'il a décrite comme une boule familière.

une sorte de co-réflexion. On comprend réuni ce que l'on ne serait jamais arrivé à comprendre isolé. La conscience individuelle tend ainsi non seulement à s'approfondir mais aussi à s'élargir en conscience universelle, conscience dans laquelle la personne, loin de se dissoudre, se réalise pleinement. La véritable unité ce n'est pas l'uniformité, le nivellement, c'est la complémentarité, l'harmonie vivante des êtres et des fonctions.

Cet approfondissement et cet élargissement de la conscience qu'appelle l'extension de nos pouvoirs et que rend possible notre nouvelle condition, il faut qu'ils se réalisent avant qu'il ne soit trop tard. Il n'est que trop évident que les institutions et les mœurs, les forces spirituelles, la nature et la conscience humaine n'ont pas progressé à la même allure que les techniques! Nous nous sommes laissés prendre de vitesse et nous poursuivons notre route en nous référant à des cartes périmées sur lesquelles les écueils qui nous menacent ne sont pas indiqués. Il est urgent de s'en rendre compte, de mobiliser toutes les ressources intellectuelles et morales, de promouvoir une véritable sagesse et un nouvel art de vivre. Pour équilibrer le progrès technique nous avons besoin de davantage de prudence, de clairvoyance, de maîtrise de nous-même, de force d'âme.

Il faut que nous prenions enfin conscience des problèmes de la solution desquels dépend notre sort et celui de notre espèce. Nous sommes pris dans les formidables transformations en cours. Les bouleversements qui s'annoncent ne s'arrêteront pas au seuil de notre porte. Bien fou celui qui croit pouvoir, dans un monde en constante accélération, continuer à mener sa vie habituelle, dans son petit canton. Le temps ne travaille pas pour nous, chaque jour qui passe augmente les périls.

1 *Quelle est l'idée générale de ce passage? Exprimez-la en une phrase.* **2** *Citez les causes qui, selon l'auteur, contribuent à créer une conscience planétaire.* **3** *Commentez la phrase : « Il n'est que trop évident... que les techniques ».* **4** *Quelles solutions suggère l'auteur pour écarter le danger qui menace le monde?*

109. LA SCIENCE MODERNE ET LE MONDE FUTUR

WERNER HEISENBERG

PHYSIQUE ET PHILOSOPHIE,
ALBIN MICHEL ÉD., 1961.

La tendance générale de la pensée humaine du XIXe siècle a été la confiance croissante dans la méthode scientifique et dans les termes rationnels précis, et a conduit à un scepticisme général vis-à-vis des concepts du langage normal qui ne s'adaptent pas au cadre fermé de la pensée scientifique, par exemple les concepts de religion. La Physique moderne a beaucoup renforcé ce scepticisme; mais en même temps, elle a appliqué ce scepticisme à la surestimation des concepts scientifiques précis, à une vue trop optimiste du progrès en général et, pour finir, au scepticisme lui-même. Le scepticisme envers les concepts scientifiques précis ne signifie pas qu'il doive y avoir une limitation nette à l'application de la pensée rationnelle. Au contraire, on peut dire que la capacité humaine à comprendre peut se trouver, en un certain sens, illimitée. Mais les concepts scientifiques existants ne couvrent jamais qu'une partie très limitée de la réalité; et l'autre partie, celle qui n'a pas encore été comprise, est infinie. Chaque fois que nous allons du connu à l'inconnu, nous pouvons espérer comprendre, mais nous pouvons avoir à apprendre en même temps une nouvelle signification du mot « compréhension ». Nous savons que toute compréhension doit, pour finir, être basée sur le langage normal car ce n'est que là que nous pouvons être sûrs de toucher du doigt la réalité et nous devons donc nous montrer sceptiques envers tout scepticisme vis-à-vis de ce langage normal et de ses concepts essentiels : nous pouvons par conséquent utiliser ses concepts comme ils l'ont toujours été. C'est de cette manière que la physique moderne a peut-être ouvert la porte à un point de vue plus large sur les rapports entre l'esprit humain et la réalité.

C'est sous cet aspect que la science moderne est en train de pénétrer dans d'autres parties du Monde où les traditions culturelles ont été entièrement différentes de celles de la civilisation européenne. Le choc que cause cette nouvelle activité expérimentale et technique doit se faire sentir dans ces régions plus profondément encore qu'en Europe, car les changements dans les conditions de vie qui ont pris deux ou trois siècles pour se réaliser en Europe se produiront là en quelques décades. Il faut s'attendre à ce qu'en beaucoup d'endroits, cette activité nouvelle apparaisse forcément comme un déclin de l'ancienne culture, comme une attitude impitoyable et barbare qui bouleverse le délicat équilibre sur lequel repose le bonheur humain. De telles répercussions sont inévitables et elles doivent être acceptées comme un aspect de notre époque. Mais encore une fois, l'ouverture d'esprit de la Physique moderne peut jusqu'à un certain point aider à concilier les anciennes traditions et les nouveaux courants de pensée. [...]

Enfin, la science moderne pénètre dans les grandes régions du Monde actuel où se sont installées il y a quelques décades de nouvelles doctrines, fondements de nouvelles sociétés puissantes. La science moderne se trouve là en présence non seulement du contenu des doctrines qui remontent aux idées philosophiques de l'Europe du XIXe (Hegel et Marx), mais aussi du phénomène d'une croyance intransigeante. Cette science moderne jouant forcément un grand rôle dans ces pays à cause de ses applications pratiques, il n'est guère possible d'éviter que l'étroitesse des doctrines soit ressentie par ceux qui ont vraiment compris la Physique moderne et sa signification philosophique. Par conséquent, il se peut qu'une interaction entre la science et le courant général de pensée se produise. Il ne faut naturellement pas surestimer l'influence de la science; mais il est possible que l'ouverture d'esprit de la science moderne rende plus facile à des groupes même plus vastes de gens de s'apercevoir que les doctrines ne sont peut-être pas aussi importantes pour la Société qu'on l'avait supposé. De cette manière, l'influence de la science moderne pourrait favoriser une attitude de tolérance et se montrer ainsi utile. [...]

D'après la tradition scientifique du XIXe siècle, on serait naturellement enclin à espérer que toute conviction doit être basée sur l'analyse rationnelle de chaque argument après mûre réflexion; et que l'autre genre de conviction (d'après laquelle une vérité réelle ou apparente est tout simplement prise comme base de vie) ne devrait pas exister. Il est exact qu'une mûre réflexion basée sur des arguments purement rationnels peut nous préserver de bien des erreurs et dangers car elle permet de se réadapter à des situations nouvelles, condition qui peut être nécessaire à la vie. Mais si nous nous rappelons nos expériences en Physique moderne, il est aisé de voir qu'il doit toujours y avoir complémentarité fondamentale entre la réflexion et la décision. Dans les décisions pratiques de la vie, l'on ne pourra presque jamais passer en revue tous les arguments pour ou contre et l'on sera donc toujours obligé d'agir d'après des données insuffisantes. Pour finir, on se décide en mettant de côté tous les arguments — ceux que l'on a compris et d'autres qui pourraient surgir si l'on réfléchissait davantage — et l'on met fin à toute hésitation. La décision sera peut-être le résultat de cette méditation mais elle lui est en même temps complémentaire, elle l'exclut. Les décisions, même les plus importantes, de la vie, comportent forcément toujours cet élément inévitable d'irrationalisme. La décision elle-même est nécessaire puisqu'il faut qu'il y ait quelque chose sur quoi s'appuyer, un principe pour guider nos actions. Si l'on n'adoptait pas cette base ferme, nos propres actions perdraient tout élan. Par conséquent, l'on ne peut éviter qu'une quelconque vérité, réelle ou apparente, forme la base de vie; et il faut savoir reconnaître ce fait pour les groupes de gens qui ont choisi une base différente de la nôtre.

Pour conclure maintenant tout ce que nous avons dit de la science actuelle, nous pouvons peut-être déclarer que la Physique moderne n'est qu'une partie — mais une partie très caractéristique — d'un processus historique général qui tend à une unification et à un élargissement de notre monde actuel. Ce processus tendrait par lui-même à diminuer les tensions culturelles et politiques qui créent le grand danger de notre époque. Mais il s'accompagne d'un autre processus agissant en sens inverse; le fait que de grandes masses populaires prennent conscience de ce processus d'unification conduit à stimuler toutes les forces des communautés culturelles existantes qui tentent d'assurer à leurs valeurs traditionnelles le plus grand rôle possible dans l'état final d'unification. Les tensions en sont accrues et les deux processus en concurrence sont si étroitement liés l'un à l'autre que toute intensification du processus unifiant — par exemple grâce au progrès technique — intensifie aussi la lutte pour l'influence possible dans l'état final et ajoute ainsi à l'instabilité de l'état transitoire. La Physique moderne ne joue peut-être qu'un faible rôle dans ce dangereux processus d'unification; mais elle aide sur deux points très décisifs à guider ce développement vers un genre d'évolution plus calme. Primo, elle montre que l'emploi des armes nucléaires serait désastreux; et secundo, par son ouverture d'esprit envers tous les genres de concepts, elle fait naître l'espoir que, dans l'état final d'unification, de nombreuses traditions culturelles pourraient vivre côte à côte et combiner différentes tentatives humaines en un nouveau genre d'équilibre entre la pensée et l'action, entre l'activité et la méditation.

1 *Distinguez nettement les domaines dans lesquels la pensée scientifique peut apporter son aide à la pensée politique.* **2** *Quel enseignement, dans chacun de ces domaines peut donner la pensée scientifique?* **3** *Montrez que sur ces différents points la pensée scientifique détermine en définitive une attitude de tolérance.* **4** *Résumez ce texte en 400 mots.*

110. LA BASE SCIENTIFIQUE DE LA MORALE HUMAINE

PAUL LANGEVIN
L'ÉVOLUTION HUMAINE, préface.
A. QUILLET ÉD., 1934.

Nous savons que la lutte n'a jamais rien créé et ne sait que détruire. Ce qui permet l'apparition de formes nouvelles et plus hautes de vie, c'est au contraire le processus d'association et d'entraide. C'est par lui que les protozoaires primitifs se sont réunis pour constituer l'être multicellulaire, que les individus ainsi constitués se sont progressivement compliqués par la différenciation d'éléments primitivement identiques, puis, au degré suivant, se sont associés pour constituer les sociétés animales ou humaines avec différenciation et spécialisation croissante pour l'enrichissement et l'aide réciproque. C'est lui qui doit dans l'étape actuelle, aboutir au degré plus élevé encore, au groupement de nations différentes et unies. Il dépend de nous, la science nous l'enseigne, que ce progrès s'accomplisse ou que notre espèce meure.

Le devoir de chacun, individu ou groupe, pour contribuer à cet enrichissement que permet l'entraide, à cette augmentation continue du trésor commun de sagesse et de science, est de travailler à l'œuvre d'association d'une part, et d'autre part, à l'œuvre de différenciation. Double devoir de personnalité pour apporter une contribution à la disposition des autres individus ou des autres groupes et pour profiter aussi de l'apport des autres.

C'est là que me semble être la leçon de la science, la base scientifique de la morale humaine que l'étude de la vie permet de dégager. L'oubli des deux devoirs fait courir deux dangers à la vie collective ou à la vie tout court : le danger d'égoïsme qui compromet la solidarité et le danger de conformisme qui s'oppose au devoir de personnalité. Ni égoïsme ni conformisme. Il me semble qu'on peut trouver là des clartés nécessaires pour résoudre le problème fondamental des sociétés humaines, la recherche d'un équilibre heureux entre les droits de l'individu et ceux de la collectivité.

1 *Après avoir lu attentivement le texte, vous vous efforcerez de dégager les idées essentielles que Paul Langevin expose dans cet extrait de* l'Évolution humaine *(six lignes au maximum) (6 points).* **2** *Expliquez les mots ou expressions (quatre points) :* a) « *Protozoaires primitifs* » — b) « *Différenciation d'éléments primitivement identiques* » — c) « *Base scientifique de la morale humaine* » — d) « *Danger de conformisme* ». **3** *En quoi les 2 notions de « personnalité » et de « solidarité » se complètent-elles? (4 points).* **4** *Qu'est-ce qui caractérise ce texte, du point de vue de sa construction, de son style, du vocabulaire employé (6 points).*

École d'Ingénieurs de Saint-Étienne, *1961.*

111. LA VICTOIRE DE PROMÉTHÉE

P.H. SIMON
LE MONDE, 19 avril 1961.

Quelque idée que l'on se fasse de l'origine et du sens de l'aventure humaine, la conquête de l'espace par astronautique est un triomphe pour l'homme. Ses ambitions les plus démesurées, ses espérances les plus improbables, s'y trouvent dépassées : l'imagination des ingénieurs comme celle des poètes, Vinci comme Dante, Descartes comme Chénier, et les visions de l'Apocalypse comme les anticipations de l'Encyclopédie [1], tout paraît en deçà du fait que l'homme peut désormais quitter sa planète et ira voir un jour prochain ce qui se passe dans les astres. Il faut aujourd'hui que le premier mouvement de la conscience soit, en chaque individu pensant, un sentiment de fierté pour une victoire qui consacre suprêmement la dignité de l'espèce.

Il faut aussi que l'homme du XXe siècle sache, tout investi qu'il soit d'ailleurs de malheurs, de doutes, de soucis et d'angoisses, mesurer sa chance : s'il a plus de cinquante ans d'âge, il aura vu l'avion décoller, franchir l'atmosphère à des vitesses qui ont supprimé les distances terrestres, puis l'astronaute conquérir l'espace cosmique; et bien d'autres merveilles encore : la domestication industrielle de la force électrique, le transfert immédiat de la voix puis des images par les ondes, la fission de l'atome délivrant une énergie inépuisable, sans oublier les découvertes de la chimie, les antibiotiques, les progrès de l'anesthésie, de la chirurgie, de l'hygiène, tout ce qui a contribué à relever de plus de vingt ans la moyenne de la vie humaine. Tout cela s'est passé en quelques décades, mince pellicule de temps sur le volume insondable des siècles. Il a fallu quelque cinq cents milliers d'années à l'humanité pour réaliser obscurément, à travers des catastrophes astrales, la perfection de sa nature pensante : ont suivi deux cents siècles d'histoire, de conquêtes sur les forces du monde, de civilisations construites et détruites, sous un voile d'oubli qui nous laisse apercevoir, tout compte fait, peu de chose. Et voici, dans la durée de trois ou quatre générations, la face de la terre repétrie par l'homme, et les conditions de l'existence humaine, plus profondément transformées que pendant des temps immémoriaux. On ne doit plus parler d'évolution, mais de mutation, ou, comme le biologiste Henri Prat, de « métamorphose explosive ».

Victoire de Prométhée, notre victoire : il est naturel que la foule admire, applaudisse et danse. Et il est juste, je le répète, que l'esprit de l'homme, comme celui de Dieu après la création, se réjouisse de ce qu'il a fait. Mais précisément, l'homme n'est pas Dieu, et il lui est plus facile de prendre à Jupiter son feu que sa sagesse : voilà pourquoi, devant la prouesse de l'astronaute, le recueillement convient aussi, avec une pensée de mesure. Car enfin, quel usage l'homme va-t-il faire de sa nouvelle puissance? Pour

1. L'*Encyclopédie* ou *Dictionnaire raisonné des Sciences, des Arts et des Métiers*, publiée à Paris entre 1751 et 1772 est l'œuvre de Diderot et d'un grand nombre de collaborateurs dont le principal était D'Alembert. L'auteur fait ici allusion à la grande originalité de l'Encyclopédie qui réside dans la place très importante donnée aux connaissances scientifiques et aux réalisations techniques.

le bien ou le mal? Pour la vie ou la mort? Il est acquis désormais qu'un aviateur cosmique pourra transporter n'importe où, qu'un radiotechnicien pourra diriger à distance et faire éclater au point qu'il aura choisi une bombe capable de dévaster une province, d'anéantir un peuple. Si la conséquence pratique tirée immédiatement de l'acquisition de ce pouvoir, n'est pas la mise en place d'institutions internationales qui enchaîneront la volonté des gouvernements et de leurs stratèges, de quels désastres l'avenir n'est-il pas chargé! Or nous ne voyons point que la volonté de puissance, le machiavélisme, le nationalisme passionnel reculent dans la morale des États : ni des plus jeunes qui, devenus pubères, font leur crise d'orgueil; ni des plus anciens, crispés sur le sentiment de leurs droits ou sur la nostalgie de leurs privilèges; ni surtout dans l'empire qui a eu les moyens, l'audace et le courage d'accomplir l'exploit surhumain du viol de l'espace.

1 *Expliquez le titre de ce texte.* **2** *Indiquez le plan du texte. Résumez en quelques lignes chacune des parties.* **3** *Commentez le passage : « Il a fallu 500 milliers d'années... des temps immémoriaux ».* **4** *Expliquez les expressions : « une victoire qui consacre suprêmement la dignité de l'espèce » — « métamorphose explosive ».* **5** *Relevez quelques procédés de style employés par l'auteur pour mettre en valeur l'idée exprimée.*

112. CONNAÎTRE SON PROCHAIN, SE CONNAÎTRE SOI-MÊME

KRISHNAMURTI

CONFÉRENCE PRONONCÉE EN 1944 A OJAI, U.S.A.
JEAN VIGNEAU ÉD., 1947.

Pour aider votre prochain, vous devez vous connaître, car vous êtes le prochain. Nous sommes extérieurement dissemblables, jaunes, noirs, bruns ou blancs, mais nous sommes tous poussés par l'avidité, la peur, la convoitise ou l'ambition; intérieurement nous nous ressemblons beaucoup. Sans connaissance de soi, comment peut-on connaître les besoins des autres? Si vous ne vous comprenez vous-même, vous ne pouvez comprendre un autre, ni le servir; vous agissez dans l'ignorance et créez ainsi de la douleur.

Examinons tout cela. L'industrialisme s'étend rapidement sur le monde, poussé par l'avidité et la guerre. Il peut procurer des emplois, nourrir plus de gens, mais quel est le résultat général? Qu'arrive-t-il à un peuple parvenu à un niveau très haut de technique? Il sera plus riche, il aura plus d'autos, plus d'avions, plus de séances de cinéma, des maisons plus grandes et mieux construites, mais qu'en est-il des individus en tant qu'êtres humains? Ils deviennent toujours plus cruels, ils vivent en automates et sont de moins en moins créateurs. La violence doit se propager et le gouvernement devient alors l'organisation de la violence. L'industrialisme peut amener de meilleures conditions économiques, mais quels épouvantables résultats : taudis, antagonismes entre la classe ouvrière et les autres, entre patrons et esclaves, entre capitalisme et communisme. Il y a là toute une situation chaotique qui va se répandant en différents points du monde. Nous déclarons avec optimisme que le niveau de vie sera relevé, que la pauvreté sera bannie, qu'il y aura du travail, de la dignité, de la liberté et le reste. Mais la division entre riches et pauvres, entre ceux qui exercent le pouvoir et ceux qui le recherchent, cette division et cet incessant conflit continuent. Quelle en sera la fin? Que s'est-il produit en Occident? Des guerres, des révolutions, d'éternelles menaces de destructions, un complet désespoir où l'on ne sait qui aide et qui est aidé, qui sert et qui est servi. Lorsque tout se détruit autour de nous, ceux qui pensent doivent en rechercher les causes profondes, mais peu semblent le faire! L'homme qu'une bombe explosive a chassé de sa maison doit envier l'homme primitif. Vous apportez sûrement la civilisation aux peuples dits arriérés, mais à quel prix! Vous servez, peut-être, mais regardez plutôt ce qui se produit dans votre sillage. Ceux qui comprennent les causes profondes du désastre sont peu nombreux. On ne peut détruire l'industrie, ni supprimer l'avion, mais on peut déraciner les causes qui produisent leur emploi néfaste : les causes de leur effroyable emploi résident en vous. Vous pouvez les déraciner, ce qui est une tâche ardue; mais parce que vous ne voulez pas affronter cette tâche, vous essayez de codifier la guerre; vous établissez des accords, des ligues, une sécurité internationale, mais la cupidité, l'ambition les dominent et les guerres et les catastrophes s'ensuivent inévitablement.

Pour aider votre prochain, vous devez vous connaître; il est, comme vous, le produit du passé. Nous sommes tous reliés les uns aux autres. Si vous êtes intérieurement contaminés par l'ignorance, la mauvaise volonté et la colère, vous propagerez inévitablement votre maladie et vos ténèbres. Si vous êtes intérieurement sains et harmonieux, vous répandrez la lumière et la paix; autrement vous ajouterez au chaos et à la misère.

113. POUR UNE SCIENCE DE L'HOMME

Dr ALEXIS CARREL
L'HOMME CET INCONNU,
PLON ÉD., 1936.

En somme, les sciences de la matière ont fait d'immenses progrès, tandis que celles des êtres vivants restaient dans un état rudimentaire. Le retard de la biologie est attribuable aux conditions de l'existence de nos ancêtres, à la complexité des phénomènes de la vie et à la nature même de notre esprit, qui se complaît dans les constructions mécaniques et les abstractions mathématiques. Les applications des découvertes scientifiques ont transformé notre monde matériel et mental. Ces transformations ont sur nous une influence profonde. Leur effet néfaste vient de ce qu'elles ont été faites sans considération pour nous. C'est cette ignorance de nous-mêmes qui a donné à la mécanique, à la physique et à la chimie le pouvoir de modifier au hasard les formes anciennes de la vie.

L'homme devrait être la mesure de tout. En fait, il est un étranger dans le monde qu'il a créé. Il n'a pas su organiser ce monde pour lui parce qu'il ne possédait pas une connaissance positive de sa propre nature. L'énorme avance prise par les sciences des choses inanimées sur celles des êtres vivants est donc un des événements les plus tragiques de l'histoire de l'humanité. Le milieu construit par notre intelligence et nos inventions n'est ajusté ni à notre taille, ni à notre forme. Il ne nous va pas. Nous y sommes malheureux. Nous y dégénérons moralement et mentalement. Ce sont précisément les groupes et les nations où la civilisation industrielle a atteint son apogée qui s'affaiblissent davantage. Ce sont eux dont le retour à la barbarie est le plus rapide. Ils demeurent sans défense devant le milieu adverse que la science leur a apporté. En vérité, notre civilisation, comme celles qui l'ont précédée, a créé des conditions où, pour des raisons que nous ne connaissons pas exactement, la vie elle-même devient impossible. L'inquiétude et les malheurs des habitants de la Cité nouvelle viennent de leurs institutions politiques, économiques et sociales, mais surtout de leur propre déchéance. Ils sont les victimes du retard des sciences de la vie sur celles de la matière.

Seule une connaissance plus profonde de nous-mêmes peut apporter un remède à ce mal. Grâce à elle, nous verrons par quels mécanismes l'existence moderne affecte notre conscience et notre corps... Elle seule peut nous dévoiler les lois inexorables dans lesquelles sont enfermées nos activités organiques et spirituelles, nous faire distinguer le défendu du permis, nous enseigner que nous ne sommes pas libres de modifier, suivant notre fantaisie, notre milieu et nous-mêmes. En vérité, depuis que les conditions naturelles de l'existence ont été supprimées par la civilisation moderne, la science de l'homme est devenue la plus nécessaire de toutes les sciences.

1 *Quelle est l'idée générale du texte?* **2** *Comment s'explique le retard des sciences de la vie sur celles de la matière?* **3** *Quelle formule d'un philosophe grec reprend Alexis Carrel dans la phrase : « L'homme devrait être la mesure de tout »? Quelle signification a-t-elle?* **4** *Que faut-il entendre par : « Les conditions naturelles de l'existence ont été supprimées par la civilisation moderne »?*

114. LES TROIS FONCTIONS DU LOISIR

JOFFRE DUMAZEDIER
VERS UNE CIVILISATION DU LOISIR ?
SEUIL ÉD., 1962.

Le *délassement* délivre de la fatigue. En ce sens, le loisir est réparateur des détériorations physiques ou nerveuses provoquées par les tensions qui résultent des obligations quotidiennes et particulièrement du travail. Malgré l'allégement des tâches physiques, il est sûr que le rythme de la productivité, la complexité des relations industrielles, la longueur des trajets du lieu de travail au lieu de résidence, dans les grandes villes, accroissent le besoin de repos, de silence, de farniente, de petites occupations sans but. Comme l'a montré le Dr Bize, cette exigence est encore plus forte pour les dirigeants : 85 % des cadres supérieurs de l'industrie se déclarent surmenés [1]. Quelles que soient les catégories de travailleurs, l'étude de la fonction de récupération par le loisir devrait élargir les recherches sur la fatigue et sur la fatigabilité, trop souvent limitées en France aux observations sur le lieu de travail. Une tendance nouvelle se dessine en ce sens sous l'impulsion du docteur Metz. Des travaux médico-sociaux sont entrepris sur les rapports du rythme de travail et du rythme de loisir. Ils exigent et exigeront de plus en plus la collaboration de la psychologie du travail et de la psycho-sociologie du loisir.

La seconde fonction est celle du *divertissement*. Si la fonction précédente délivre surtout de la fatigue, celle-ci délivre surtout de l'ennui. Georges Friedmann a beaucoup insisté sur l'effet néfaste de la monotonie des tâches parcellaires sur la personnalité du travailleur [2]. Henri Lefebvre a esquissé l'analyse des aliénations de l'homme d'aujourd'hui, provoquant un sentiment de privation, et entraînant un besoin de rupture avec l'univers quotidien [3]. Cette rupture peut se traduire par des infractions aux règles juridiques et morales dans tous les domaines, et relève alors d'une pathologie sociale. Elle peut au contraire être un facteur d'équilibre, un moyen de supporter les disciplines et les contraintes nécessaires à la vie sociale. De là cette recherche d'une vie de complément, de compensation ou de fuite par la diversion, l'évasion vers un monde différent, voire contraire, au monde de tous les jours. Elle s'oriente soit vers des activités réelles, à base de changement de lieu, de rythme, de style (voyages, jeux, sports), soit vers des activités fictives à base d'identification et de projection (cinéma, théâtre, roman...) : c'est le recours à la vie imaginaire, à la satisfaction de ce qu'on appelle, depuis Hoffmann et Dostoïewsky, notre double. [...]

Vient enfin la fonction de *développement* de la personnalité. Elle délivre des automatismes de la pensée et de l'action quotidienne. Elle permet une participation sociale plus large, plus libre et une culture désintéressée du corps, de la sensibilité, de la raison, au-delà de la formation pratique et technique. Elle offre des nouvelles possibilités d'intégration

1. Dr Bize et P. Goguelin, *Le surmenage des dirigeants*, Éditions de l'Entreprise moderne.

2. Dans : *Problèmes humains du machinisme industriel — Le travail en miettes — Où va le travail humain* — aux éditions Gallimard.

3. Henri Lefebvre, *Critique de la vie quotidienne*, L'Arche, 1958.

volontaire à la vie des groupements récréatifs, culturels, sociaux. Elle permet de développer librement les aptitudes acquises à l'école, mais sans cesse dépassées par l'évolution continue et complexe de la société. Elle incite à adopter des attitudes actives dans l'emploi des différentes sources d'information traditionnelles ou modernes (presse, film, radio, télévision).

Elle peut créer des formes nouvelles d'apprentissage (learning) volontaire tout au long de la vie. Elle peut produire des conduites novatrices, créatrices. Ainsi, elle peut susciter chez l'individu libéré des obligations professionnelles, des disciplines librement choisies en vue de l'épanouissement complet de la personnalité dans un style de vie personnel et social. Cette fonction est moins fréquente que la précédente, mais son importance pour la culture populaire est capitale.

Ces trois fonctions sont solidaires. Elles sont étroitement unies l'une à l'autre, même lorsqu'elles s'opposent entre elles. En effet, ces fonctions existent à des degrés variables dans toutes les situations, pour tous les êtres. Elles peuvent se succéder ou coexister. Elles se manifestent tour à tour ou simultanément dans une même situation de loisir; elles sont souvent imbriquées l'une dans l'autre au point qu'il est difficile de les distinguer. En réalité, chacune n'est le plus souvent qu'une dominante.

Le loisir est un ensemble d'occupations auxquelles l'individu peut s'adonner de plein gré, soit pour se reposer, soit pour se divertir, soit pour développer son information ou sa formation désintéressée, sa participation sociale volontaire ou sa libre capacité créatrice après s'être dégagé de ses obligations professionnelles, familiales et sociales.

115. LE LOISIR INTÉRIEUR

PAUL VALÉRY

VARIÉTÉ III — LE BILAN DE L'INTELLIGENCE,
GALLIMARD ÉD., 1936.

Notre monde moderne est tout occupé de l'exploitation toujours plus efficace, plus approfondie, des énergies naturelles. Non seulement il les recherche et les dépense, pour satisfaire aux nécessités éternelles de la vie, mais il les prodigue, et il s'excite à les prodiguer au point de créer de toutes pièces des besoins inédits (et même que l'on n'eût jamais imaginés), à partir des moyens de contenter ces besoins qui n'existaient pas. Tout se passe dans notre état de civilisation industrielle comme si, ayant inventé quelque substance, on inventait d'après ses propriétés une maladie qu'elle guérisse, une soif qu'elle puisse apaiser, une douleur qu'elle abolisse. On nous inocule donc, pour des fins d'enrichissement, des goûts et des désirs qui n'ont pas de racines dans notre vie physiologique profonde, mais qui résultent d'excitations psychiques ou sensorielles délibérément infligées. L'homme moderne s'enivre de dissipation. Abus de vitesse, abus de lumière, abus de toniques, de stupéfiants, d'excitants...

Abus de fréquence dans les impressions; abus de diversité; abus de résonance; abus de facilités; abus de merveilles; abus de ces prodigieux moyens de déclenchement, par l'artifice desquels d'immenses effets sont mis sous le doigt d'un enfant. Toute la vie actuelle est inséparable de ces abus. Notre système organique, soumis de plus en plus à des expériences mécaniques, physiques et chimiques toujours nouvelles, se comporte, à l'égard de ces puissances et de ces rythmes qu'on lui inflige, à peu près comme il le fait à l'égard d'une *intoxication insidieuse.* Il s'accommode à son poison, il l'exige bientôt. Il en trouve chaque jour la dose insuffisante.

L'œil, à l'époque de Ronsard, se contentait d'une chandelle, — si ce n'est d'une mèche trempée dans l'huile; les érudits de ce temps-là, qui travaillaient volontiers la nuit, lisaient (et quels grimoires!), écrivaient sans difficulté, à quelque lueur mouvante et misérable. L'œil, aujourd'hui, réclame vingt, cinquante, cent bougies. L'oreille exige toutes les puissances de l'orchestre, tolère les dissonances les plus féroces, s'accoutume au tonnerre des camions, aux sifflements, aux grincements, aux ronflements des machines, et parfois les veut retrouver dans la musique des concerts.

Quant à notre sens le plus central, ce sens intime de la distance entre le désir et la possession de son objet, qui n'est autre que le sens de la durée, ce sentiment du temps, qui se contentait jadis de la vitesse de la course des chevaux, il trouve aujourd'hui que les rapides sont bien lents, et que les messages électriques le font mourir de langueur. Enfin, les événements eux-mêmes sont réclamés comme une nourriture jamais assez relevée. S'il n'y a point, le matin, quelque grand malheur dans le monde, nous sentons un certain vide : « Il n'y a rien, aujourd'hui, dans les journaux! » disons-nous. Nous voilà pris sur le fait, nous sommes tous empoisonnés. Je suis donc fondé à dire qu'il existe pour nous une sorte d'intoxication par l'énergie, comme il y a une intoxication par la hâte, et une autre par la dimension.

Les enfants trouvent qu'un navire n'est jamais assez gros, une voiture ou un avion jamais assez vite, et l'idée de la supériorité absolue de la grandeur quantitative, idée dont la naïveté et la grossièreté sont évidentes (je l'espère), est l'une des plus caractéristiques de l'espèce humaine moderne. Si l'on recherche en quoi la manie de la hâte (par exemple) affecte les vertus de l'esprit, on trouve bien aisément autour de soi et en soi-même tous les risques de l'intoxication dont je parlais.

J'ai signalé, il y a quelque quarante ans, comme un phénomène critique dans l'histoire du monde la disparition de la terre libre, c'est-à-dire l'occupation achevée des territoires par des nations organisées, la suppression des biens qui ne sont à personne. Mais, parallèlement à ce phénomène politique, on constate la disparition du temps libre. L'espace libre et le temps libre ne sont plus que des souvenirs. Le temps libre dont il s'agit n'est pas le loisir, tel qu'on l'entend d'ordinaire. Le loisir apparent existe encore, et même ce loisir apparent se défend et se généralise au moyen de mesures légales et de perfectionnements mécaniques contre la conquête des heures par l'activité. Les journées de travail sont mesurées et ses heures comptées par la loi. Mais je dis que le loisir intérieur, qui est tout autre chose que le loisir chronométrique, se perd. Nous perdons cette paix essentielle des profondeurs de l'être, cette absence sans prix, pendant laquelle les éléments les plus délicats de la vie se rafraîchissent et se réconfortent, pendant laquelle l'être, en quelque sorte, se lave du passé et du futur, de la conscience présente, des obligations suspendues et des attentes embusquées... Point de souci, point de lendemain, point de pression intérieure; mais une sorte de repos dans l'absence, une vacance bienfaisante, qui rend l'esprit à sa liberté propre. Il ne s'occupe alors que de soi-même. Il est délié de ses devoirs envers la connaissance pratique et déchargé du soin des choses prochaines : il peut produire des formations pures comme des cristaux. Mais voici que la rigueur, la tension et la précipitation de notre existence moderne troublent ou dilapident ce précieux repos. Voyez en vous et autour de vous! Les progrès de l'insomnie sont remarquables et suivent exactement tous les autres progrès. Que de personnes dans le monde ne dorment plus que d'un sommeil de synthèse, et se fournissent de néant dans la savante industrie de la chimie organique! Peut-être de nouveaux assemblages de molécules plus ou moins barbituriques nous donneront-ils la méditation que l'existence nous interdit de plus en plus d'obtenir naturellement. La pharmacopée, quelque jour, nous offrira de la profondeur. Mais, en attendant, la fatigue et la confusion mentale sont parfois telles que l'on se prend à regretter naïvement les Tahiti, les paradis de simplicité et de paresse, les vies à forme lente et inexacte que nous n'avons jamais connues.

1 *Résumez en 120 mots cet extrait d'une conférence prononcée par Paul Valéry, en 1935, et recueillie dans* Variété III *sous le titre : « Le bilan de l'intelligence ».* **2** *Pensez-vous que le « loisir intérieur » est un facteur indispensable d'équilibre et une des conditions essentielles de toute pensée créatrice? Quel rôle ce « loisir intérieur » vous semble-t-il pouvoir jouer, en particulier, dans votre future activité d'ingénieur?*

Il est instamment recommandé : *a*) de soigner la présentation : mise en page, écriture, orthographe, accentuation, ponctuation. *b*) d'indiquer le nombre des mots effectivement employés pour le résumé, en se rappelant que *tous* les mots entrent en compte (articles, prépositions, pronoms, etc.).*c*) de ne pas dépasser *800* mots pour l'ensemble de la composition, en visant surtout à la netteté de la pensée et à la qualité du style.

E.N.S.I. Concours Commun, *1961.*

116. NÉCESSITÉ D'UN APPORT HUMANISTE

GEORGES FRIEDMANN

LE TRAVAIL EN MIETTES,
GALLIMARD ÉD., 1956.

Dans les milieux les plus divers, on commence à comprendre que nos contemporains, plongés dans la civilisation technique, ont, plus encore que tous leurs devanciers, besoin d'une éducation qui les fasse bénéficier des plus précieuses valeurs de la culture, des grandes œuvres du patrimoine universel où l'homme a pris toute la mesure de l'homme, où il a fait face, de toute sa taille, aux interrogations, aux espérances, aux drames de sa condition et de son destin. Nous avons dit ailleurs notre conviction que les humanités classiques, si elles veulent être véritablement nourricières, capables de répondre à cette demande pathétique des hommes assaillis de tous côtés par le développement effréné des techniques, doivent être repensées, rénovées dans leurs méthodes et leur esprit comme dans la formation des maîtres qui les dispensent. C'est seulement en s'intégrant hardiment à l'humanisme nouveau, réclamé par notre temps, qu'elles peuvent être sauvées. La tradition des humanités [1], dans la mesure où, se rajeunissant, s'ouvrant à tous, elle fera éclater les cadres périmés de l'enseignement des langues anciennes, conçu et réservé pour les *happy few* [2], peut apporter à l'homme une aide incomparable dans les durs combats qu'il mène et va mener au cours de ce siècle, pour trouver un nouvel équilibre et dominer son milieu. « Si, écrivions-nous en 1950, les futurs médecins, avocats, hommes politiques, magistrats, professeurs, administrateurs ont singulièrement besoin de voir l'enseignement qui leur est dispensé dans les lycées et dans les universités enrichi de social, de concret, d'économie, de sens de l'histoire et de la peine des hommes, voire de technologie, inversement les futurs techniciens, à quelque fonction qu'ils se destinent, à quelque niveau que leur activité pratique les situe, ont besoin, à leur entrée dans la vie, d'un solide apport d'humanisme. »

1 *Essayez de définir : « les humanités classiques » et par comparaison « l'humanisme nouveau » que l'auteur appelle de ses vœux.* **2** *Pourquoi les techniciens ont-ils « besoin à leur entrée dans la vie d'un solide apport humaniste »?* **3** *Qu'entend-on par «civilisation technique »?* **4** *Expliquez le mot « pathétique ».*

117. RÔLE DE L'ÉDUCATION DANS LE MONDE MODERNE

RENÉ DUCHET

BILAN DE LA CIVILISATION TECHNICIENNE,
PRIVAT ÉD., 1955

L'expansion de la civilisation industrielle ne va pas sans le développement de l'enseignement technique. Cela aussi est dans l'ordre des choses. Mais il ne faut pas que la formation professionnelle, même dans ses degrés les plus humbles, se réduise à un simple dressage. Il importe que le travailleur ait sur son métier une vue aussi large et aussi complète que possible, une vue qui lui permette de saisir la signification de sa tâche personnelle, sa place dans la chaîne, de prendre conscience de sa solidarité avec les autres opérateurs. Dans un monde où la technique est en perpétuelle transformation, l'enseignement technique ne doit pas se limiter à une étroite spécialisation. Il doit, grâce à une culture générale de base, donner aux travailleurs le moyen de s'adapter à des conditions nouvelles de travail et aux transferts professionnels résultant des progrès du machinisme et de l'évolution économique. Il doit former des techniciens qui soient en même temps des hommes, c'est-à-dire des individus complets, capables de vivre dans un monde nouveau mais aussi de l'infléchir, de le

1. Voir note 2, page 36. 2. A quelques privilégiés.

transformer suivant leurs véritables besoins et les exigences de leur conscience. N'est-ce pas dire la place que doivent avoir dans l'enseignement technique aussi l'exercice du jugement et de la réflexion, le développement de l'esprit critique, l'éducation du caractère? [...]

Dans un monde où les conditions de travail et certaines formes de vie collective tendent si fréquemment à déshumaniser l'individu, le rôle de l'éducation dans la sauvegarde et l'accomplissement de la personne humaine devient essentiel. Il ne s'agit pas seulement d'inculquer des connaissances, il s'agit surtout d'apprendre à apprendre, d'exercer le jugement, de dissiper les préjugés, de maîtriser les passions, de former le caractère et d'élever la conscience. On ne saurait sans grave danger délaisser la formation affective et morale au profit d'une formation exclusivement intellectuelle. Sollicité par toutes sortes d'appels, toutes sortes d'artifices et de plaisirs, l'homme d'aujourd'hui a besoin, plus que tout autre, de savoir dominer ses émotions et maîtriser ses passions. Le développement du mécanisme et du confort risque de lui faire oublier qu'il ne peut se soustraire à la loi de l'effort sans dégénérer... effort conscient ou inconscient de ses muscles, effort de son intelligence et de sa volonté. Soumis à d'innombrables excitants, à d'incessantes suggestions, il faut qu'il puisse résister à cette soif de sensations que l'on cherche sans cesse à attiser en lui, il faut surtout qu'il soit capable de mettre de l'ordre dans sa vie et de choisir sa route. D'innombrables possibilités que ne connaissaient pas nos pères nous sont offertes. Mais on ne peut tout éprouver ni tout faire. Il faut choisir. [...]

Comment l'importance de l'éducation ne serait-elle pas appelée à grandir encore lorsque le milieu ne cesse de devenir plus complexe, lorsque se multiplient démesurément périls et promesses, lorsque s'accroissent sans cesse les responsabilités qui pèsent sur l'homme? Aider l'homme à prendre une conscience plus lucide et plus profonde de lui-même, former son caractère, l'ouvrir à l'intelligence du monde qui se construit, sont des tâches qui revêtent une portée et une signification nouvelles et qui ne peuvent plus être négligées sans risque de catastrophe cosmique.

1 *Quelles sont les idées essentielles du texte?* **2** *Quelle signification a le mot « éducation »?* **3** *Quels doivent être les buts de l'enseignement technique?*

118. L'INSTRUCTION ET L'ÉDUCATION DE NOTRE TEMPS

GASTON BERGER

LE MONDE EN DEVENIR,
ENCYCLOPÉDIE FRANÇAISE, T. XX, 1959.

... Mais, dira-t-on, comment dispenser la culture alors qu'il y a tant de choses à enseigner et si peu de temps disponible?

Les discussions entre éducateurs tournent vite en bataille pour les horaires. Or la culture exclut toute hâte. Elle exige le loisir.

Le problème n'est pas insoluble. L'école ne peut avoir que deux fins. L'une est de donner à l'enfant les connaissances générales dont il aura certainement à se servir — ce qui est instruction. L'autre est de préparer, chez l'enfant, l'homme futur — ce qui est éducation. Si on se limite, sur le premier point, aux choses vraiment utiles, qui doivent être parfaitement sues, mais qui sont assez peu nombreuses, il restera beaucoup de temps disponible pour faire à fond et à loisir une ou deux études qui donneront aux élèves une véritable culture.

Ce qu'il faut faire, c'est intégrer les connaissances au fur et à mesure que le savoir progresse, au lieu d'allonger les études et de charger les programmes. Chaque être vivant revit l'histoire de son espèce et parcourt les étapes par lesquelles celle-ci est passée, mais il en fait l'expérience dans un raccourci d'une densité extrême.

Ce qu'il faut repousser, c'est l'absurde encombrement où nous pousse le désir de ne rien sacrifier. Ici encore, la leçon de la culture est précieuse : elle nous rappelle que tout est choix et qu'une grande œuvre exige des sacrifices. Il importe relativement peu qu'on se cultive par la physiologie, par la lecture ou par l'histoire. L'essentiel est de faire servir l'enseignement d'une ou deux matières, librement choisies et vraiment aimées, au développement de qualités personnelles et du sens de l'humain.

1 *Distinguez nettement ce que l'auteur entend par* instruction *et par* éducation. **2** *Quelles solutions propose l'auteur pour adapter l'instruction aux nécessités de notre temps?* **3** *Quelles solutions propose-t-il pour l'*éducation? **4** *Expliquez et commentez les phrases suivantes : « Chaque être vivant revit l'histoire de son espèce ...d'une densité extrême. » — « L'essentiel est de faire servir ...du sens de l'humain. »*

119. LA CULTURE DE DEMAIN

GASTON BERGER

LE MONDE EN DEVENIR,
ENCYCLOPÉDIE FRANÇAISE, T. XX, 1959.

Nous devons briser les vieilles routines de l'humanisme classique [1] pour être à sa taille. Et je pense que l'Université doit être un des moteurs du progrès. C'est d'elle que l'anthropologie prospective[2] qui mettra en circulation les nouvelles données modernes du savoir, doit recevoir ses lettres officielles. Je considère comme très important que ce soient des hommes de science qui méditent aujourd'hui sur les fins dernières, qui s'interrogent sur les raisons de vivre, qui proposent de nouvelles définitions de l'homme. Cette situation n'a pu s'établir que grâce au rayonnement de la culture universitaire. Or, les hommes qu'elle a formés, les produits qu'elle a mis en circulation, doivent maintenant revenir en son sein et l'enrichir. Les savants et les chefs d'entreprises doivent proposer à l'Université la nouvelle forme de son ambition : former les hommes de l'avenir. En échange, cette science et ces entreprises recevront une sagesse, une culture qui accroîtront leur vrai pouvoir sur le monde. Le nouvel humanisme [3] ne peut croître que de cette union.

1. Voir note 2, page 36. 2. L'étude de l'homme futur (sur le sens du mot « prospective », voir texte 154). 3. Voir texte 116.

Est progrès ce qui accroît le pouvoir lucide de l'homme, sa maîtrise sur lui-même et sur les lois de la nature, ce qui lui permet de triompher des forces de l'absurde, ce qui suscite son enthousiasme, sa joie de vivre, sa qualité d'être... Je crois que l'Occident doit faire un palier. Il ne s'agit plus maintenant pour les meilleurs esprits de ce temps d'accroître la productivité, de multiplier les biens de consommation, de développer l'information et le confort. Ce stade primaire du progrès va atteindre son seuil, dans une durée très prévisible. Le temps est passé où l'on pouvait parler de l'homme en termes de consommation ou de production, d'électeur ou de prolétaire, de sous-développé ou de ploutocrate. L'humanité a atteint un état complexe supérieur où toutes les données de l'économie, de la culture, de la politique s'interpénètrent. Toutes les courbes se rejoignent et « quelque chose » apparaît à ce point ultime : un certain homme se profile. L'homme du progrès, justement, que la prospective veut définir, qu'elle s'efforce de concevoir totalement avec ses exigences intimes, en opposition à cet homme écartelé, mutilé, spécialisé, que notre époque a installé dans des cases qui se nomment école, usine, magasin, etc. Le progrès c'est quand nous cesserons d'entrer dans l'avenir à reculons, pour le vouloir.

Dans tous les lieux où des hommes responsables ont pris conscience de la relativité de nos connaissances, de la faiblesse de notre style de vie, de la pauvreté de nos ambitions, il existe une classe de civilisés qui a décidé de ne pas assister les bras croisés à la mort des cités. La prospective leur proposera une discipline d'exploration du futur. Une sorte de cartésianisme pour spéculer sur le temps, avec d'infinies précautions certes, de nombreuses réserves, mais une possibilité certaine d'extrapolation, de prévisions, de déterminisme. Et cet élan, ce dynamisme fera partie, un jour, du sens culturel de certains esprits.

La culture n'est pas une fin en soi, c'est un capital qu'il s'agit de mettre en circulation, une expérience de la qualité qui n'a de valeur que si elle vous rend plus libre, plus assuré de vos incertitudes, plus grand pour triompher des erreurs. La culture doit seulement vous préparer au voyage vers tous les « peut-être ». L'art, et spécialement la peinture, m'apparaît comme le film des états d'âme de l'humanité; le livre d'heures de ses angoisses, de ses rêves, de ses erreurs; rien n'est plus prospectif que la confrontation d'un esprit même non préparé avec une œuvre. S'il peut s'établir un dialogue, même subconscient, entre une toile et un cerveau, c'est un voyage dans le temps qui s'opère, une confrontation qui oblige à s'évader hors des limites de l'espace. C'est, en quelque sorte, le premier indice d'un pouvoir sur le temps. La contemplation artistique est un élément de l'éducation telle que je la conçois. C'est même sur un certain plan un exercice intellectuel indispensable à l'équilibre d'un esprit. L'art, qui peut aussi être considéré comme de la culture mise en forme, est un grand catalyseur. L'avenir est en esquisse dans l'intuition des créateurs. Une grande synthèse prospective ne peut négliger le mouvement artistique comme force prophétique, cristallisation des aspirations, nœud des forces conservatrices et dynamiques.

Je rêve de faire asseoir ensemble artistes, ingénieurs, chefs d'entreprises, universitaires, hommes de science pour rechercher un langage commun. Ce serait là un travail éminemment prospectif.

120. L'HUMANISME CLASSIQUE ET LE MONDE MODERNE

P. BOYANCÉ

REVUE DE L'ÉDUCATION NATIONALE, 17 mai 1956.

Il est de fait que l'importance grandissante prise par la science dans notre vie quotidienne porte nombre d'esprits à reprocher à l'humanisme classique[1] de garder une place excessive dans l'enseignement. L'hostilité est tirée moins encore d'un manque de sympathie pour celui-ci — dont à vrai dire chez certains critiques la nature même semble bien mal connue — que de nécessités pratiques considérées comme prédominantes. De telles raisons d'opportunité ne vont pas au fond du problème culturel posé. Elles ne viennent pas de ce qu'il y a de plus élevé et de plus permanent dans la science elle-même, mais seulement du besoin que l'on a d'ingénieurs, et si l'on éprouve le besoin de savants, ce n'est qu'à peine pour faire progresser notre connaissance du monde : c'est surtout pour mettre au service de nos besoins les forces de la nature. L'intérêt témoigné aux progrès prodigieux de la physique atomique, pour certains esprits, serait bien moindre s'il n'y avait la bombe.

Mais ce qui se pose de ce point de vue, c'est moins le problème de l'humanisme classique en particulier que celui de la culture désintéressée. Or, on ne peut manquer de remarquer que de ce point de vue il y a moins antagonisme qu'accord entre la science et l'humanisme. Il semble bien que, quand on sacrifie tout à l'utilité immédiate, c'est en fin de compte les progrès de la science qui finissent par être menacés. On arrive à ces situations paradoxales où l'on manque bien plus de chercheurs que de techniciens. Naturellement, en définitive, c'est l'utilité elle-même qui finirait par être compromise; tant il est vrai que, quelle que soit l'importance soulignée par le marxisme des applications et de la pratique, tout problème humain est en dernier ressort un problème de choix, donc d'esprit. Une civilisation où la technique aurait voulu tout dominer risquerait ainsi d'être fatale à la science et ce qu'il y a de plus pur et de plus fondamental en celle-ci risquerait d'être étouffé.

L'humanisme est-il, devant ce risque, pour la science un allié ou un ennemi? Poser le problème est sans doute le résoudre, comme l'ont résolu dans un passé qui n'est pas si éloigné un Henri Poincaré ou un Tannery[2]. Sans doute on dira qu'il ne s'agit point ici des grands hommes, mais du commun des esprits cultivés. Mais autre n'est pas le cas de ceux-ci et de ceux-là. Sans doute il est désolant de constater que trop de scientifiques n'en ont plus aujourd'hui la même conscience qu'hier. Mais est-il téméraire de dire que l'on a peut-être aujourd'hui moins de vrais savants et plus de manœuvres de la science? Puisqu'on prétend lier progrès de la science et abandon des disciplines humanistes, ne peut-on soutenir que le recul relatif de la science française est peut-être dû moins à ce qu'on fait trop de latin, qu'au fait que nos scientifiques n'en font que de moins en moins? Croire que, quand on aura tué le latin, on aura infusé un sang nouveau à notre physique atomiste est très probablement une sottise, plus digne du philosophe scythe[3] que d'un sage français.

1. Voir note 2, page 36. 2. Mathématicien français (1848-1910). 3. Barbare, sans culture.

Le maintien de l'humanisme est donc peut-être essentiel au maintien de l'esprit scientifique lui-même, et, si cela n'est pas visible dans l'immédiat, peut-être, dans la vue générale des choses [...] en est-il tout autrement? Comment en serait-on surpris, si l'on veut bien se souvenir des conditions spirituelles et intellectuelles dans lesquelles est née la science de l'Occident?

Un élément du débat est assurément la naissance et la floraison chaque jour plus grande de ce que l'on appelle les sciences humaines. Celles-ci, en nous donnant du comportement de l'homme individuel ou social une connaissance rigoureuse et chaque jour enrichie, ne rendent-elles pas inutiles les anticipations brillantes, mais moins fondées en vérité, des œuvres des lettres et des arts? Ne pourrait-on pas dire qu'en intégrant à son objet, en soumettant à ses méthodes l'homme lui-même, la science s'est adjointe tout ce qu'il y avait de plus valable dans l'humanisme? Et qu'il est temps par exemple de remplacer la lecture de Tacite ou de Racine par celle d'un bon manuel de psychologie, au courant des derniers progrès de la psychanalyse et de la psychiatrie?

Mais ce serait faire bon marché de l'essence de l'humanisme qui est de tirer sa formation d'un contact avec des œuvres concrètes, qui sont à la fois art et vérité, passé et présent, universelles par leurs portées, individuelles par leur auteur — un homme singulier entre tous les hommes et par là justement plus proche de nous que les énoncés abstraits des sciences humaines.

1 *Quelle est la position de l'auteur à l'égard du problème étudié ici?* **2** *Relevez les arguments qui soutiennent sa thèse.* **3** *Commentez le passage : « Un élément du débat ...de la psychiatrie ».*

121. NÉCESSITÉ DE L'UNITÉ DE LA CULTURE

JACQUES DE BOURBON-BUSSET

PROSPECTIVE, n° 5, mai 1960.

Une des notions essentielles qui s'imposent, je crois, à la Société scientifique est celle des différences de niveaux.

Entre le savant et le manœuvre, en passant par l'ingénieur et le travailleur scientifique, la communication et même le passage existent mais le décalage risque de s'accroître. Assez curieusement, plus notre civilisation tend à l'uniformité extérieure, à un genre de vie commun, plus les activités de chaque groupe tendent à se différencier, au point qu'il est parfois difficile de comprendre l'objet même de l'étude du voisin. A cet égard, notre société rappelle la tour de Babel.

Dans un même immeuble, au service d'une même administration ou d'une même société, travaillent côte à côte des hommes dont la vision du monde est totalement différente, aussi radicalement différente que celle d'Anaxagore[1] et celle d'Einstein.

1. Philosophe grec du ve siècle av. J.-C., maître de Périclès et de Socrate.

On peut se demander si, à un moment donné, les contrastes entre les jeux d'images, les mythologies personnelles de ces divers groupes, ne provoqueront pas de graves malentendus, d'autant plus que, le plus souvent, les chefs politiques sont et seront, sur ce plan, du côté de la masse.

Ceci fait ressortir l'importance extrême et même vitale de l'enseignement, étant bien entendu qu'il s'agit ici non plus seulement de l'école et de l'université mais aussi de l'enseignement permanent pour adultes dispensé par la radio, le magazine et la télévision.

Une vulgarisation de haute qualité répond donc non seulement au louable souci de diffuser les connaissances et de satisfaire la légitime curiosité des profanes, mais plus encore à l'absolue nécessité de combler le fossé qui sépare de plus en plus ceux qui sont à l'extrême pointe du savoir de la foule des autres.

La cohésion de la société est à ce prix.

D'autre part, la course entre la science et la science-fiction a commencé, course où la science-fiction est battue d'avance. Mais les savants savent très bien que cette accélération des découvertes pose plus de problèmes qu'elle n'en résout. Pendant de longues années encore, il sera interdit aux savants de reprendre souffle sur un palier. La course aux inventions se poursuivra. Et il ne sera donc pas possible de dresser une carte d'ensemble du paysage scientifique, dont les éléments seront en perpétuelle évolution.

Or l'instabilité de la science est une notion qui heurte le sens commun, habitué à considérer la science comme le domaine du positif, du permanent et du certain. On peut donc se demander si les hommes ne se tourneront pas vers d'autres directions, pour assouvir leur désir de sécurité et de certitude. Ils penseront peut-être trouver dans le mystère l'armature qui leur paraîtra manquer à la science.

Ici se pose le problème des formes diverses que prend aujourd'hui le goût du mystère. L'occultisme n'est sûrement pas en régression. Il offre la tentation de l'ésotérisme [1], qui donne aux initiés le sentiment de dominer la foule ignorante et veule. L'ésotérisme est le pendant de la synarchie [2]. Mages et technocrates sont deux types d'hommes qui fleuriront, dont l'orgueil fera des ravages et risquera de disqualifier les modèles dont ils sont la contrefaçon : le poète et le savant.

C'est pourquoi poètes et savants, c'est-à-dire les créateurs qui ne prétendent pas faire le bonheur de l'humanité malgré elle, qui ne lui imposent pas des recettes mais lui proposent leur interprétation du monde, dans ce qu'elle a de personnel, de limité et de contingent [3] ont intérêt à unir leurs efforts, à confronter leurs expériences et à harmoniser leurs attitudes.

Le savant et le poète représentent les deux tendances complémentaires de l'esprit humain. Ils poursuivent tous deux une aventure intérieure, mais leurs certitudes provisoires n'apparaissent ni ne se conservent de la même manière. Il serait vain de définir leur opposition. Si on pouvait en quelques formules résumer l'activité de l'un et de l'autre, cela signifierait qu'il s'agit d'une activité déjà morte. Ce qui est essentiel, c'est la tension, la dialectique [4] entre les deux attitudes.

Et il est possible que le problème majeur que pose l'organisation de notre

1. Doctrines secrètes, dont la connaissance est réservée à un petit nombre d'initiés.
2. Autorité ou gouvernement réservé à un groupe de personnes. 3. Variable, lié à des conditions diverses. 4. Les oppositions bénéfiques.

société soit de rendre cette société habitable à la fois pour le savant et pour le poète.

Le savant et le poète sont d'ailleurs plus proches l'un de l'autre qu'on ne le pense communément. La clarté apparente des théories recouvre l'obscurité des expérimentations, comme la clarté apparente du langage recouvre l'obscurité des impressions. Le savant et le poète : deux hommes qui se débattent, comme nous tous, mais avec une rigueur exemplaire, entre le clair et l'obscur.

1 *Par quels arguments l'auteur justifie-t-il la nécessité d'une forte culture commune?* **2** *Quels dangers peuvent résulter pour la Société d'une trop grande disparité de culture entre ses membres?* **3** *Expliquez et commentez la phrase : « Mages et technocrates sont deux types d'hommes qui fleuriront, dont l'orgueil fera des ravages et risquera de disqualifier les modèles dont ils sont la contrefaçon : le poète et le savant. »* **4** *Quel rôle l'auteur attribue-t-il au poète et au savant dans la Société qui les entoure?*

122. COMMENT EST POSSIBLE UNE RENCONTRE DES CULTURES DIVERSES

PAUL RICŒUR

REVUE ESPRIT,
OCTOBRE 1961.

Comment est possible une rencontre de cultures diverses, entendons : une rencontre qui ne soit pas mortelle pour tous? Il paraît en effet ressortir des réflexions précédentes que les cultures sont incommunicables; et pourtant l'étrangeté de l'homme pour l'homme n'est jamais absolue. L'homme est un étranger pour l'homme certes, mais toujours aussi un semblable. Quand nous débarquons dans un pays tout à fait étranger, comme ce fut le cas pour moi, il y a quelques années, en Chine, nous sentons que malgré le plus grand dépaysement nous ne sommes jamais sortis de l'espèce humaine; mais ce sentiment reste aveugle, il faut l'élever au rang d'un pari et d'une affirmation volontaire de l'identité de l'homme. C'est ce pari raisonnable que tel égyptologue fit jadis quand, découvrant des signes incompréhensibles, il posa en principe que si ces signes étaient de l'homme, ils pouvaient et devaient être traduits [1]. Certes dans une traduction tout ne passe pas, mais toujours quelque chose passe. Il n'y a pas de raison, il n'y a pas de probabilité, qu'un système linguistique soit intraduisible. Croire la traduction possible jusqu'à un certain point, c'est affirmer que l'étranger est un homme, bref, c'est croire que la communication est possible. Ce qu'on vient de dire du langage — des signes — vaut aussi pour les valeurs, les images de base, les symboles qui constituent le fonds culturel d'un peuple. Oui, je crois qu'il est possible de

1. Allusion à Champollion (1790-1832) qui déchiffra, le premier, les hiéroglyphes égyptiens.

comprendre par sympathie et par imagination l'autre que moi, comme je comprends un personnage de roman, de théâtre ou un ami réel mais différent de moi; bien plus, je puis comprendre sans répéter, me représenter sans revivre, me faire autre en restant moi-même. Être homme, c'est être capable de ce transfert dans un autre centre de perspective.

Alors se pose la question de confiance : qu'arrive-t-il à mes valeurs quand je comprends celles des autres peuples? La compréhension est une aventure redoutable où tous les héritages culturels risquent de sombrer dans un syncrétisme[1] vague. Il me semble néanmoins que nous avons donné tout à l'heure les éléments d'une réponse fragile et provisoire : seule une culture vivante, à la fois fidèle à ses origines et en état de créativité sur le plan de l'art, de la littérature, de la philosophie, de la spiritualité, est capable de supporter la rencontre des autres cultures, non seulement de la supporter mais de donner un sens à cette rencontre. Lorsque la rencontre est une confrontation d'impulsions créatrices, une confrontation d'élans, elle est elle-même créatrice. Je crois que, de création à création, il existe une sorte de consonance, en l'absence de tout accord. C'est ainsi que je comprends le très beau théorème de Spinoza : « Plus nous connaissons de choses singulières, plus nous connaissons Dieu ». C'est lorsqu'on est allé jusqu'au fond de la singularité que l'on sent qu'elle consonne avec toute autre, d'une certaine façon qu'on ne peut pas dire, d'une façon qu'on ne peut pas inscrire dans un discours. Je suis convaincu qu'un monde islamique qui se remet en mouvement, un monde hindou dont les vieilles méditations engendreraient une jeune histoire, auraient avec notre civilisation, notre culture européenne, cette proximité spécifique qu'ont entre eux tous les créateurs. Je crois que c'est là que finit le scepticisme. Pour l'Européen en particulier, le problème n'est pas de participer à une sorte de croyance vague qui pourrait être acceptée par tout le monde; sa tâche, c'est Heidegger[2] qui le dit : « Il nous faut nous dépayser dans nos propres origines », c'est-à-dire qu'il nous faut revenir à notre origine grecque, à notre origine hébraïque, à notre origine chrétienne pour être un interlocuteur valable dans le grand débat des cultures; pour avoir en face de soi un autre que soi, il faut avoir un soi.

Rien par conséquent n'est plus éloigné de la solution de notre problème que je ne sais quel syncrétisme vague et inconsistant. Au fond les syncrétismes sont toujours des phénomènes de retombée; ils ne comportent rien de créateur; ce sont de simples précipités historiques. Aux syncrétismes il faut opposer la communication, c'est-à-dire une relation dramatique dans laquelle tour à tour je m'affirme dans mon origine et je me livre à l'imagination d'autrui selon son autre civilisation. La vérité humaine n'est que dans ce procès où les civilisations s'affronteront de plus en plus à partir de ce qui en elles est le plus vivant, le plus créateur. L'histoire des hommes sera de plus en plus une vaste explication où chaque civilisation développera sa perception du monde dans l'affrontement avec toutes les autres. Or, ce procès commence à peine. Il est probablement la grande tâche des générations à venir. Nul ne peut dire ce qu'il adviendra de notre civilisation quand elle aura véritablement rencontré d'autres civilisations autrement que par le choc de la conquête et de la

1. Mélange de croyances différentes. 2. Philosophe allemand (1889-1976).

domination. Mais il faut bien avouer que cette rencontre n'a pas encore eu lieu au niveau d'un véritable dialogue. C'est pourquoi nous sommes dans une sorte d'intermède, d'interrègne, où nous ne pouvons plus pratiquer le dogmatisme de la vérité unique et où nous ne sommes pas encore capables de vaincre le scepticisme dans lequel nous sommes entrés. Nous sommes dans le tunnel, au crépuscule du dogmatisme, au seuil des vrais dialogues. Toutes les philosophies de l'histoire sont à l'intérieur d'un des cycles de civilisation; c'est pourquoi nous n'avons pas de quoi penser la coexistence de ces multiples styles, nous n'avons pas de philosophie de l'histoire pour résoudre les problèmes de coexistence. Si donc nous voyons le problème, nous ne sommes pas en état d'anticiper la totalité humaine, qui sera le fruit de l'histoire même des hommes qui engageront ce redoutable débat.

1 *Comment peut s'établir le contact entre un étranger et la civilisation nouvelle qu'il découvre?* **2** *Quelles réactions suscite chez le « découvreur » la compréhension d'une culture différente de la sienne?* **3** *L'auteur rejette la solution qui serait un syncrétisme, c'est-à-dire une fusion « vague et inconsistante », des différentes cultures. Quelle autre solution propose-t-il?*

123. LA VRAIE JEUNESSE

GEORGES BASTIDE

LES GRANDS THÈMES MORAUX DE LA CIVILISATION OCCIDENTALE, BORDAS ÉD., 1958.

Nous jetterons un regard sans pitié sur tous les gestes de décadence, car il y en a beaucoup autour de nous et en nous. Nous apprendrons à ne pas mesurer notre âge au rythme des pendules ou aux feuillets des calendriers. On peut être jeune à tout âge, on peut être vieux à tous les instants, car c'est en soi qu'on porte l'âge et non dans les cartons poudreux d'une mairie. On est vieux quand on est malade, même à vingt ans, et qu'on regarde en soi et devant soi avec des yeux qui ont peur de voir. On est vieux quand on ne sent plus que le flot lumineux des souvenirs qui vous accablent et quand on s'abandonne au mécanisme automatique des habitudes acceptées. La vieillesse est un esclavage; elle est sujétion sans révolte sous le poids d'un passé qui peut être récent. Le lionceau qu'on met en cage est vieux du jour où il renonce à briser les barreaux.

Si vous m'accordez que ce sont bien là signes de vieillesse morale, vous reconnaîtrez avec moi que c'est là le mal dont l'homme est toujours menacé. Tel homme que je croise se donne un air pensif profondément; je cherche en lui un front sans rides, un sourire sans amertume; j'aimerais même voir des larmes car la jeunesse seule en peut avoir; et je ne trouve rien de tout cela. Sa pensée faussement profonde est stérile : lorsqu'il parle, si ce n'est d'affaires, c'est du regret d'hier ou de l'appréhension de demain. Je sens confusément qu'il m'ignore, qu'il n'a nul besoin de me connaître, c'est-à-dire de me détester ou de m'aimer : les hommes sont pour lui des choses, rien de moins, rien de plus.

Il y en a qui passent pour jeunes aux yeux de tous et même aux leurs. Jeunesse de calendrier! Leur ignorance systématique de ce qui les a précédés leur tient lieu de virginité, comme à des amnésiques. Mais demandez-leur des signes positifs de jeunesse et vous serez édifiés. Quand je leur parle de l'esprit, ils pensent à des vieilles histoires où de pauvres hommes chétifs perdirent leur temps. Eux se disent intelligents parce qu'ils savent manier certains leviers subtils mais efficaces que les physiciens n'ont pas étudiés, avec quoi l'on se met en place et s'élève en s'appuyant sur ceux qui auraient besoin de s'appuyer sur eux. La sève qui bouillonne en eux s'échappe par des exutoires, et quand je leur demande où est leur cœur, ils me montrent leur chronomètre et la poche de leur veston.

Voilà le décadent : on le reconnaît à ce signe qu'il joue au jeune s'il est vieux et qu'il joue au vieux s'il est jeune. Mais d'être un homme, jamais il n'a souci. Et c'est ainsi que tend à s'installer une cité de mort et d'esclavage. Les décadents se laissent emporter par leur précoce sénilité dans la tombe où il n'y aura plus qu'à sceller la lourde dalle. Il prennent goût à l'ombre constante des choses sans vie. La nuit du sépulcre leur plaît parce qu'elle est légère à leurs yeux de vieillards, et les plis du linceul parce qu'ils ne se dérangent pas. De ce tombeau, ils font leur demeure commune, et ils ont baptisé vie leur séjour au tombeau. On n'y voit rien? Qu'importe. Il est si bon de ne rien voir. Leur délicatesse est si grande que pour sauver leur vue ils laisseraient s'éteindre le soleil. Ils aiment tout cela parce que tout cela est tranquille. Ils ont vaguement organisé cette tombe commune, et dans l'ombre et le silence de la mort, ils ne perçoivent même pas l'immense senteur de pourriture qui monte de tous leurs cadavres accumulés.

Et je pense à tous ceux qui vécurent longtemps et qui pourtant moururent jeunes : pour quelque chose qui les dépassait. Ce sont les promoteurs sans équivoque des grandes valeurs de l'esprit. Ceux-là, un Dieu les habite, et c'est Beethoven qui pour des siècles alimente l'humanité de la grave et virile joie pétrie de son amour pour l'homme, sur un clavier que n'entendaient plus ses oreilles, mais qui chantait au profond de son cœur; et c'est Pasteur qu'habite le Dieu de Science, non pas celui de la vaine érudition qui tue, mais celui de la recherche lente, patiente, scrupuleuse et pourtant toute vibrante du même amour pour l'homme et pour la vérité. Et par delà tous ceux qui de près ou de loin leur ressemblent, les grands promoteurs de valeurs que nous avons trouvées à l'origine des grands thèmes moraux de notre civilisation.

1 *Définissez en quelques lignes ce que l'auteur entend par jeunesse et ce qu'il entend par décadence ou vieillesse.* **2** *Quels caractères reconnaît-il à la vieillesse? Quelle est son attitude devant la vie?* **3** *Pourquoi Beethoven, Pasteur et les « grands promoteurs de valeurs » sont-ils jeunes?*

124. LE JEUNE HOMME

FRANÇOIS MAURIAC

LE JEUNE HOMME,
HACHETTE ÉD., 1925.

A ceci, d'abord, nous reconnaîtrons le jeune homme : l'indétermination. Il est une force vierge qu'aucune spécialité ne confisque; il ne renonce à rien encore; toutes les routes l'appellent. Voilà le bref espace de temps où nous ne sommes condamnés à l'immolation d'aucune part de nous-mêmes, où Dieu peut-être consent à nous aimer, bien que nous servions deux maîtres — et ce n'est pas assez dire — d'innombrables maîtres. C'est le temps de la débauche et de la sainteté, le temps de la tristesse et de la joie, de la moquerie et de l'admiration, de l'ambition et du sacrifice, de l'avidité et du renoncement... Ce qui s'appelle un homme fait s'obtient au prix de quelles mutilations!

L'enfant vivait au pays des merveilles, à l'ombre de ses parents, demi-dieux pleins de perfections. Mais voici l'adolescence, et soudain, autour de lui, se rétrécit, s'obscurcit le monde. Plus de demi-dieux : le père se mue en un despote blessant; la mère n'est qu'une pauvre femme. Non plus hors de lui, mais en lui, l'adolescent découvre l'infini : il avait été un petit enfant dans le monde immense; il admire, dans un univers rétréci, son âme démesurée. Il porte en lui le feu, un feu qu'il nourrit de mille lectures et que tout excite. Certes les examens le brident : « On a tant d'examens à passer avant l'âge de vingt ans, dit Sainte-Beuve, que cela coupe la veine. » Mais, enfin muni de diplômes, que fera-t-il?

Il sent en lui sa jeunesse comme un mal, ce mal du siècle qui est, au vrai, le mal de tous les siècles depuis qu'il existe des jeunes hommes et qui souffrent. Non, ce n'est pas un âge « charmant ». Donnons un sens grave, peut-être tragique, au vieux proverbe : « Il faut que jeunesse se passe ». Il faut guérir de sa jeunesse; il faut traverser sans périr ce dangereux passage.

Un jeune homme est une immense force inemployée, de partout contenue, jugulée par les hommes mûrs, les vieillards. Il aspire à dominer, et il est dominé; toutes les places sont prises, toutes les tribunes occupées. Il y a le jeu sans doute, et nous jetons à la jeunesse un ballon pour qu'elle se fatigue. Le jeu n'est d'ailleurs que le simulacre du divertissement essentiel : la guerre.

Il y aura des guerres tant qu'il y aura des jeunes gens. Ces grandes tueries seraient-elles possibles sans leur complicité? D'anciens combattants parlent de leur martyre avec une nostalgie dont nous demeurons confondus. C'est que, dans le temps de la guerre, les vieillards veulent bien que les jeunes hommes soient des chefs. Il est inconcevable, et pourtant vrai, que la plupart des jeunes gens aiment Napoléon autant qu'ils l'admirent : ils se souviennent des généraux imberbes. C'était peut-être l'amour qui jetait les jeunes hommes de la Crète dans la gueule du Minotaure [1]. La jeunesse pardonne à celui qui l'immole, pourvu qu'il la délivre de cette force surabondante et dont elle étouffe, pourvu qu'elle agisse enfin et qu'elle domine.

1. Monstre à tête de taureau que Minos enferma dans le Labyrinthe de Crète. Un tribut de jeunes gens et de jeunes filles lui était dû par Athènes.

Les vieillards mènent le monde, et nous ne saurons jamais ce que serait le gouvernement de la jeunesse. Ce qui s'appelle expérience, qu'est-ce donc? Sommes-nous, par la vie, enrichis ou appauvris? La vie nous mûrira, dit-on. Hélas! Sainte-Beuve a raison d'écrire qu'on durcit à certaines places, qu'on pourrit à d'autres, mais qu'on ne mûrit pas. Écoutons notre Montaigne : « Quant à moy, j'estime que nos âmes sont desnouées à vingt ans ce qu'elles doivent être et qu'elles promettent tout ce qu'elles pourront : jamais âme qui n'ait donné en cet âge-là arrhe bien évidente de sa force, n'en donna depuis la preuve. Les qualités et vertus naturelles produisent dans ce terme-là, ou jamais, ce qu'elles ont de vigoureux et de beau. De toutes les belles actions humaines qui sont venues à ma connaissance, de quelques sortes qu'elles soient, je jurerais en avoir plus grande part à nombrer en celles qui ont été produites, et aux siècles anciens et au nôtre, avant l'âge de trente ans que après... Quant à moy, je tiens pour certain que, depuis cet âge, et mon esprit et mon corps ont plus diminué qu'augmenté, et plus reculé qu'avancé... »

Avancer en âge, c'est s'enrichir d'habitudes, se soumettre aux automatismes profitables; c'est connaître ses limites et s'y résigner. Plus s'amasse notre passé et plus il nous détermine; la part d'invention, la part d'imprévu que notre destinée comporte va se réduisant d'année en année, jusqu'à ce que nous n'ayons plus sous nos pas qu'un trou dans la terre. Qu'attendre d'un homme après cinquante ans? Nous nous y intéressons par politesse et par nécessité, sauf s'il a du génie : le génie, c'est la jeunesse plus forte que le temps, la jeunesse immarcescible [1].

1 *Résumez le texte ci-dessus en cent mots au minimum, cent vingt au maximum.* **2** *« On a tant d'examens à passer avant l'âge de vingt ans que cela coupe la veine. » Expliquez cette phrase et dites si vous partagez le sentiment de Sainte-Beuve.*

E.N.S.I.-B, *1961.*

125. LE MAL DE LA JEUNESSE

MICHEL DE SAINT-PIERRE

LES NOUVEAUX ARISTOCRATES,
CALMANN-LÉVY ÉD., 1960.

Le mal actuel de la jeunesse [2]? Il est fait du sentiment d'être écartelé. Nulle part, nous ne trouvons une voie qui soit clairement tracée. Pour les problèmes en apparence les plus simples : arts, marxisme, patrie, littérature, peine de mort, guerre, barricades, nous assistons chaque jour aux querelles qui divisent les gens d'âge mûr. C'est un vrai jeu de massacre! Et lorsqu'on laisse un peu de temps pour réfléchir, nous avons conscience d'être installés sur du néant, assis entre deux chaises : entre un marxisme que nos familles prétendent rejeter à notre place, avec horreur, sans l'avoir approfondi et le régime bourgeois qui déjà n'existe plus.

1. Que rien ne peut détruire.
2. C'est un des jeunes héros du roman qui essaie de se définir lui-même.

En sorte qu'il ne nous reste rien, vraiment plus rien à quoi nous raccrocher. L'idéal chrétien est la seule maîtresse branche que nous ayons jamais eue à portée de la main, nous autres jeunes gens de bons collèges. Mais sous sa forme actuelle, le christianisme est suspect à nos yeux, faible, objet de vos controverses, démodé, vermoulu. Et nous ne pensons pas que la jeunesse communiste soit plus heureuse que nous face aux horreurs du régime soviétique, à ses contradictions et palinodies [1] flagrantes.

Oui, les jeunes d'aujourd'hui sont disponibles, vous entendez bien, disponibles. Vous les trouvez cyniques et vous leur reprochez de ne pas savoir où ils vont. A qui la faute? Ils vous paraissent dangereux; que serait-ce donc si vous connaissiez réellement le potentiel de la délinquance juvénile!...

Les jeunes ne savent plus à quoi vouer leur force, parce que jamais vous ne leur avez appris à s'en servir. Ils sont rongés par leur propre vide, par le doute et par leur solitude. Encore une fois, à qui la faute?

Nous aurions pu aimer de véritables maîtres et les suivre, mais à présent il est trop tard! Vous n'avez encore rien vu!

Si nous faisons le mal, n'ayant pas autre chose à faire, la raison en est que le mal est plus immédiatement efficace que le bien. Et si vraiment vous avez besoin de punir quelqu'un, de trouver un coupable à tout prix, ce n'est pas la jeunesse qu'il faut juger.

1 *En quoi consiste le mal de la jeunesse?* **2** *Quelles sont les causes du mal de la jeunesse selon l'auteur de ces lignes (supposées écrites par un collégien de 18 ans)?* **3** *Expliquez et commentez les phrases suivantes : « Le mal de la jeunesse est fait du sentiment d'être écartelé. » — « Nous avons conscience d'être installés sur du néant, assis entre deux chaises. » — « Les jeunes d'aujourd'hui sont disponibles » — « Le mal est plus immédiatement efficace que le bien. »*

126. LES INCERTITUDES DE LA JEUNESSE

SIMONE DE BEAUVOIR

MÉMOIRES D'UNE JEUNE FILLE RANGÉE,
GALLIMARD ÉD., 1958.

Pourtant, j'aimais la vie, passionnément. Il suffisait de peu de chose pour me rendre confiance en elle, en moi : une lettre d'un de mes élèves de Berck, le sourire d'une apprentie de Belleville, les confidences d'une camarade, un regard, un remerciement, un mot tendre. Dès que je me sentais utile ou aimée, l'horizon s'éclairait et à nouveau je me faisais des promesses : « Être aimée, être admirée, être nécessaire; être quelqu'un. » J'étais de plus en plus sûre d'avoir quelque chose à dire : je le dirais.

Le jour où j'eus dix-neuf ans, j'écrivis un long dialogue où alternaient deux voix qui étaient toutes les deux les miennes : l'une disait la vanité

1. Variations, volte-face doctrinales.

de toutes choses et le dégoût et la fatigue; l'autre affirmait qu'il est beau d'exister, même stérilement. D'un jour à l'autre, d'une heure à l'autre, je passais de l'abattement à l'orgueil. Mais pendant tout l'automne et tout l'hiver, ce qui domina en moi ce fut l'angoisse de me retrouver un jour « vaincue par la vie ».

Ces oscillations, ces doutes m'affolaient; l'ennui m'étouffait et j'avais le cœur à vif. Quand je me jetais dans le malheur, c'était avec toute la violence de ma jeunesse, de ma santé, et la douleur morale pouvait me ravager avec autant de sauvagerie qu'une souffrance physique. Je marchais dans Paris, abattant les kilomètres, promenant sur des décors inconnus un regard brouillé par les pleurs. L'estomac creusé par la marche, j'entrais dans une pâtisserie, je mangeais une brioche et je me récitais ironiquement le mot de Heine : « Quelles que soient les larmes qu'on pleure, on finit toujours par se moucher... »

J'aimais sentir la brûlure de mes yeux. Mais par moments toutes mes armes me tombaient des mains. Je me réfugiais dans les bas-côtés d'une église pour pouvoir pleurer en paix; je restais prostrée, la tête dans mes mains, suffoquée par d'âcres ténèbres.

127. UN MONDE A PART

JEAN ONIMUS

LES JEUNES D'AUJOURD'HUI, ÉDITIONS DU CENTURION.

Il existe actuellement dans la société des pays hautement industrialisés une civilisation dans la civilisation, une culture dans la culture : c'est le monde de la jeunesse. Le phénomène est constant quelles que soient les structures sociales et économiques : dans les nations de l'Ouest comme dans celles de l'Est, la jeunesse est partout consciente de son unité et de sa différence par rapport aux adultes. Il s'agit là d'un phénomène particulier à notre temps : jadis les jeunes ne formaient pas un ensemble cohérent dans la société. Ils étaient très vite intégrés dans les habitudes et les conventions de la classe, de la caste, de la profession de leurs parents. Une filière toute prête les attendait : il leur suffisait de regarder devant eux pour voir une route toute tracée. De nos jours, ils regardent plus volontiers autour d'eux et voient leurs égaux en âge affrontés aux mêmes obstacles, en proie aux mêmes désarrois, saisis souvent des mêmes angoisses. D'où cet instinct grégaire qui les pousse à se rassembler, à unir leurs faiblesses afin de peser un peu plus lourd dans l'existence et de se sentir moins vulnérables.

Il se crée ainsi à côté de la société adulte un ensemble cohérent et même puissant — parce que la jeunesse est en expansion et parce qu'elle se prolonge désormais jusqu'aux environs de la trentaine —, un ensemble où le sociologue reconnaît tous les caractères d'une civilisation complète : mêmes divertissements, mêmes goûts esthétiques, même type de langage, mêmes idoles, mêmes conduites, mêmes toilettes, mêmes genres de lectures, etc. Et, chose vraiment singulière, les différences sont minimes, que l'on franchisse l'Atlantique ou le rideau de fer. Le commerce et l'industrie ont d'ailleurs exploité cette situation et en ont aggravé les conséquences en inondant la jeunesse de produits (costumes, films, disques, illustrés, etc.) qu'elle désire et qu'elle consomme. C'est un domaine où la production est éminemment rentable : n'oublions pas qu'en France les jeunes de moins de 20 ans représentent le tiers de la population.

Le second caractère de ce groupe sociologique, outre son unité, est son extrême « immaturité ». Ceux qui lui donnent le ton ont à peine vingt ans. C'est dans les cercles de décagénaires (les teen-agers) que se créent et se lancent les modes, les danses et les chansons. Jamais on n'avait vu des chanteurs si précoces, des modes si puériles, des divertissements si enfantins avoir une pareille audience. De cette immaturité résultent trois conséquences importantes.

Des conduites qui s'inspirent des besoins d'un âge préadolescent sont nécessairement régressives; elles sont scandaleuses et inintelligibles pour les adultes. Des chansons ineptes qui ont en fait l'allure et la consistance de mélopées primitives, des danses disgracieuses qui sont des récréations de grands gosses, une sentimentalité agressivement érotisée qui est la marque d'une puberté naissante, tout cela déconcerte à juste titre les aînés. On dirait que la jeunesse ramène notre civilisation à la culture des primitifs, voire à la « sauvagerie »; elle retrouve des mentalités que nous pensions définitivement dépassées; elle perd son temps à des divertissements qui nous semblent être le comble de la niaiserie, etc.

L'immaturité de cette culture doit être comprise non comme une révolte contre la société, mais comme une récréation. Ces jeunes ne régressent pas : ils s'amusent. L'école est finie... alors on commence à vivre! La vie adulte n'est pas prise à partie. Sauf dans des cas exceptionnels, on ne saurait parler d'une révolte. Simplement on s'accorde un sursis avant d'être sérieux comme tout le monde. D'où le caractère extrêmement poétique de cette culture : chants, danses, musique aident à créer un monde propice à l'imagination et à la sensibilité où l' « être intérieur » puisse vibrer, prendre conscience de soi et s'épanouir. Il faut rappeler ici aux adultes qui ne s'en rendent plus compte, le caractère cruellement prosaïque de la vie moderne, l'ennui qu'elle sécrète, sa monotonie, son impersonnalité, disons même son austérité. Avant d'entrer dans ce cloître, la jeunesse tente désespérément ou étourdiment de prolonger son enfance. Nous lui offrons un univers totalement privé de poésie et à cet âge-là on ne peut se passer de cette « vitamine ».

Et voici notre troisième conséquence : plus la jeunesse est « enfantine », plus le fossé qui la sépare des adultes s'approfondit. Non pas révolte, avons-nous dit. Mais totale méconnaissance réciproque. Il faut insister sur cette grave situation d'une jeunesse grégaire isolée dans un monde qui ne la comprend pas, qui se méfie d'elle (ou l'exploite effrontément) et la tient à l'écart. Quels seraient donc ses contacts avec les adultes? Avec les parents? Mais nous savons tous que les parents sont trop occupés, débordés par les nécessités de la vie active. Et puis l'accélération même de l'évolution qui séparait déjà autrefois les générations accroît encore de nos jours les malentendus. Il n'y a plus guère désormais de rencontre possible entre les fils et les pères. Ils n'ont plus d'activités communes, de goûts convergents; c'est à peine s'ils se connaissent, comment pourraient-ils agir l'un sur l'autre et se découvrir l'un l'autre? Faut-il alors compter sur les maîtres? Mais nous savons ici que l'école est plus loin que jamais de la vie, qu'elle n'embraye pas sur le réel, et que d'ailleurs les maîtres encombrés d'élèves ne sauraient avoir avec les jeunes d'authentiques contacts. Les voilà donc rejetés vers leurs camarades, obligés de demander à d'autres ce que naguère leur donnaient les adultes : des modèles sociaux, une table de valeurs, des raisons de vivre. Ce sont désormais les adolescents qui sont entièrement chargés de la formation des adolescents; s'il y a un endroit où il reste dans notre société un vestige de ce qu'on appelait jadis l'éducation, il faut le chercher dans les cercles, les groupements, les syndicats et associations où les jeunes apprennent, sans intervention de leurs aînés, les principes et les pièges de la vie en société.

Il faut insister sur cette solitude morale des jeunes gens, sur cette abdication — ou cette éclipse — de leurs guides naturels. Incompris, mal jugés, mal aimés, ils se rétractent d'autant plus qu'ils rencontrent moins de sympathies. Et la distance s'élargit encore : ils dérivent loin, toujours plus loin, inquiets de se sentir différents, désireux, au fond, de s'adapter, affectant un ton de rudesse, mais tout pleins parfois de nostalgies et de tendresses frustrées.

1 *Résumez le texte ci-dessus en 35 lignes de 10 à 12 mots chacune et donnez-lui un titre.*
2 *Quelles réflexions personnelles vous suggère l'ensemble du texte ou tel jugement de M. Jean Onimus qui aura particulièrement retenu votre attention?*

128. CONFLIT DE GÉNÉRATIONS

JEAN D'ORMESSON

AU PLAISIR DE DIEU,
GALLIMARD ÉD., 1974.

La vie sentimentale d'Alain nous était un mystère. Il nous semblait parfois qu'il n'en avait pas. [...]

On aurait plutôt dit que, chez lui, tout, jusqu'à l'amour et au désir, prenait des allures théoriques. Assez bizarrement, malgré sa barbe et ses cheveux longs, qui étaient sans doute autant de revanches, l'idée de nature s'était affaiblie chez lui, comme chez beaucoup de garçons de son âge, en même temps que l'idée de culture. [...]

Rien ne s'imposait plus à lui avec une évidence irréfutable. Tout était objet d'expérience, de discussion et, sinon d'incertitude car il était assez catégorique et souvent presque tranchant, du moins d'imprévisibilité. Longtemps, nos idées et nos réactions avaient été prévisibles jusqu'à l'écœurement. Les siennes avaient cessé de l'être. Tout avait toujours été pour nous, dans l'univers clos où nous vivions, entouré de barrières et de garde-fous. Rien n'était jamais pour lui impossible, ni interdit, ni sacré.

Peut-être était-ce surtout cette idée de sacré qui nous séparait d'Alain. Nous avions été baignés de sacré comme dans une huile permanente et sainte, comme dans le seul air respirable. Le sacré s'étendait à tout, depuis les heures de repas et les lettres du 1er janvier à des tantes inconnues jusqu'au mystère de l'Immaculée Conception et au respect pour les morts. [...]

Les choses n'étaient plus ce qu'elles étaient. Elles étaient travaillées du dedans, elles se séparaient d'elles-mêmes, elles rompaient les amarres qui les fixaient à l'ordre et elles allaient flotter en pleine mer, ballottées par les vagues du doute et de la contestation, rongées par un sel destructeur du sacré. Il y avait une autre formule que nous serinions aux enfants depuis leurs jours les plus tendres et qui traduisait assez bien notre soumission au sacré : *ce sont des choses qui se font.* Notre vie était toute pleine de choses qui se faisaient. Mourir pour sa foi ou pour la patrie était une chose qui se faisait. Baiser la main des dames aussi, et l'anneau des évêques. Le courage, l'élégance, la droiture, une forme d'aveuglement et peut-être d'hypocrisie étaient des choses qui se faisaient. Pour Alain, au contraire, les choses ne se faisaient plus : on les changeait. [...]

Bornés, stupides, enfoncés dans le passé comme dans une glu protectrice, nous détestions le changement. Alain ne vivait que pour voir changer la vie. Pour voir changer les hommes, l'histoire, la musique des choses, l'air du temps. L'avenir, pour lui, avait cessé à jamais d'être ce qu'il était, ce qu'il avait toujours été. Il n'était plus la suite et la projection du passé, quelque chose de toujours compromis et d'indéfiniment hypothéqué. Il était quelque chose de radicalement nouveau. [...]

Quand je parlais avec Alain, pour qui j'avais beaucoup d'affection et qui me supportait, je crois, assez bien malgré mon tempérament libéral-réactionnaire, et que je me souvenais de notre grand-père, la symétrie me frappait entre le vieillard et son arrière-petit-fils. Ils s'opposaient si parfaitement qu'ils finissaient par se ressembler. La même intransigeance, la même conviction d'avoir raison, la même foi dans la foi ou dans l'absence de foi, le même mépris des sceptiques, des libéraux ou des agnostiques. Mon grand-père descendait de Bossuet, mais Alain descendait d'Hegel. Il y avait des nuances, bien sûr, mais aucun ne se reconnaissait en Montaigne, en Voltaire, en Renan, en Anatole France, en André Gide. Quand un imprudent se réclamait devant eux de la diversité bien française des familles spirituelles et de la liberté, ils se mettaient à rire et ils haussaient les épaules. [...]

« Et le prolétariat ? » me disait Alain. Les enfants de huit ans qui poussaient des wagons dans les mines du pays de Galles pesaient assez lourd sur l'univers d'Alain. Qu'est-ce que je pouvais répondre ? Que j'approuvais l'esclavage, l'exploitation, la misère des uns qui faisait les loisirs et la prospérité des autres ? Souvent, en parlant avec mon neveu, ce qui m'arrivait assez souvent, il parvenait à me convaincre — et c'était un succès pour lui et un échec pour moi — de l'inutilité des dialogues. Nous poursuivions chacun notre route en nous contentant de nous croiser et de nous saluer au passage. Il me disait que le passé était injuste et je lui disais que Staline l'avait été tout autant. Il me disait que Staline, en vérité, était encore l'un des nôtres et que le monde à construire serait plus juste et plus beau. Je lui disais que c'était une drôle d'idée de construire un monde juste et beau à coups de drogue et d'otages, de violence et de bombes. Il me disait que cette violence dont nous avions plein la bouche n'était qu'une contre-violence et que la vraie violence, c'était notre ordre arbitraire, la répression camouflée sous la police et la justice, l'ignominie des prisons, des casernes, des usines, des écoles, des commissariats et des tribunaux. Je lui disais que son avenir n'était qu'un rêve à l'avant-goût un peu amer. Il me répondait que mon passé, hélas! n'avait rien eu d'un rêve et que l'avenir n'avait pas commencé.

129. VIEILLESSE ET SOCIÉTÉ

S. DE BEAUVOIR

LA VIEILLESSE,
GALLIMARD ÉD., 1970

Qu'y a-t-il d'inéluctable dans le déclin des individus? Dans quelle mesure la société en est-elle responsable?

On l'a vu : l'âge où commence la déchéance sénile a toujours dépendu de la classe à laquelle on appartient. Aujourd'hui, un mineur est à 50 ans un homme fini tandis que parmi les privilégiés beaucoup portent allégrement leurs 80 ans. Amorcé plus tôt, le déclin du travailleur sera aussi beaucoup plus rapide. Pendant ses années de « survie », son corps délabré sera en proie aux maladies, aux infirmités. Tandis qu'un vieillard qui a eu la chance de ménager sa santé peut la conserver à peu près intacte jusqu'à sa mort.

Vieillis, les exploités sont condamnés sinon à la misère, du moins à une grande pauvreté, à des logements incommodes, à la solitude, ce qui entraîne chez eux un sentiment de déchéance et une anxiété généralisée. Ils sombrent dans une hébétude qui se répercute dans l'organisme; même les maladies mentales qui les affectent sont en grande partie le produit du système.

S'il conserve de la santé et de la lucidité, le retraité n'en est pas moins la proie de ce terrible fléau : l'ennui. Privé de sa prise sur le monde, il est incapable d'en retrouver une parce qu'en dehors de son travail ses loisirs étaient aliénés. L'ouvrier manuel ne réussit même pas à tuer le temps. Son oisiveté morose aboutit à une apathie qui compromet ce qui lui reste d'équilibre physique et moral.

Le dommage qu'il a subi au cours de son existence est plus radical encore. Si le retraité est désespéré par le non-sens de sa vie présente, c'est que, de tout temps, le sens de son existence lui a été volé. Une loi, aussi implacable que la *loi d'airain*, lui a permis seulement de reproduire sa vie et lui a refusé la possibilité d'en inventer des justifications. Quand il échappe aux contraintes de sa profession, il n'aperçoit plus autour de lui qu'un désert; il ne lui a pas été donné de s'engager dans des projets qui auraient peuplé le monde de buts, de valeurs, de raisons d'être.

C'est là le crime de notre société. Sa « politique de la vieillesse » est scandaleuse. Mais plus scandaleux encore est le traitement qu'elle inflige à la majorité des hommes au temps de leur jeunesse et de leur maturité. Elle préfabrique la condition mutilée et misérable qui est leur lot dans leur dernier âge. C'est par sa faute que la déchéance sénile commence prématurément, qu'elle est rapide, physiquement douloureuse, moralement affreuse parce qu'ils l'abordent les mains vides. Des individus exploités, aliénés, quand leur force les quitte, deviennent fatalement des « rebuts », des « déchets ».

C'est pourquoi tous les remèdes qu'on propose pour pallier la détresse des vieillards sont si dérisoires : aucun d'eux ne saurait réparer la systématique destruction dont des hommes ont été victimes pendant toute leur existence. Même si on les soigne, on ne leur rendra pas la santé. Si on leur bâtit des résidences décentes, on ne leur inventera pas la culture, les intérêts, les responsabilités qui donneraient un sens à leur vie. Je ne dis pas qu'il soit tout à fait vain d'améliorer, au présent, leur condition; mais cela n'apporte aucune solution au véritable problème du dernier âge : que devrait être une société pour que dans sa vieillesse un homme demeure un homme?

La réponse est simple : il faudrait qu'il ait toujours été traité en homme. Par le sort qu'elle assigne à ses membres inactifs, la société se démasque; elle les a toujours considérés comme du matériel. Elle avoue que, pour elle, seul le profit compte et que son « humanisme » est de pure façade. Au XIXe siècle, les classes dominantes assimilaient explicitement le prolétariat à la barbarie. Les luttes ouvrières ont réussi à l'intégrer à l'humanité. Mais seulement en tant qu'il est productif. Les travailleurs vieillis, la société s'en détourne comme d'une espèce étrangère.

Voilà pourquoi on ensevelit la question dans un silence concerté. La vieillesse dénonce l'échec de toute notre civilisation. C'est l'homme tout entier qu'il faut refaire, toutes les relations entre les hommes qu'il faut recréer si on veut que la condition du vieillard soit acceptable. Un homme ne devrait pas aborder la fin de sa vie les mains vides et solitaire. Si la culture n'était pas un savoir inerte, acquis une fois pour toutes puis oublié, si elle était pratique et vivante, si par elle l'individu avait sur son environnement une prise qui s'accomplirait et se renouvellerait au cours des années, à tout âge il serait un citoyen actif, utile. S'il n'était pas atomisé dès l'enfance, clos et isolé parmi d'autres atomes, s'il participait à une vie collective, aussi quotidienne et essentielle que sa propre vie, il ne connaîtrait jamais l'exil. Nulle part, en aucun temps, de telles conditions n'ont été réalisées. Les pays socialistes, s'ils s'en approchent un peu plus que les pays capitalistes, en sont encore bien éloignés.

1 *Résumez ce texte en une quinzaine de lignes en distinguant nettement les différents éclairages projetés sur l'idée maîtresse.* **2** *Quelle est, aux yeux de S. de Beauvoir, la cause profonde du « problème du dernier âge »? Répondez en 4 ou 5 lignes au maximum.* **3** *« Si la culture n'était pas un savoir inerte, acquis une fois pour toutes puis oublié, si elle était pratique et vivante... » Donnez une explication aussi précise que possible de ce membre de phrase.* **4** *Ce texte tente de répondre, par une synthèse rapide, à la double question : « Qu'y a-t-il d'inéluctable dans le déclin des individus? Dans quelle mesure la société en est-elle responsable? » Acceptez-vous la réponse de S. de Beauvoir? Quel que soit votre avis, présentez des arguments personnels, ordonnés avec rigueur.*

Sujet donné au B.T.S.

130. LETTRE A UNE ÉLÈVE

SIMONE WEIL

LA CONDITION OUVRIÈRE — ESPOIR,
GALLIMARD ÉD., 1951.

Votre lettre m'a effrayée. Si vous persistez à avoir pour principal objectif de connaître toutes les sensations possibles — car, comme état d'esprit passager, c'est normal à votre âge — vous n'irez pas loin. J'aimais bien mieux quand vous disiez aspirer à prendre contact avec la vie réelle. Vous croyez peut-être que c'est la même chose; en fait, c'est juste le contraire. Il y a des gens qui n'ont vécu que de sensations et pour les sensations; André Gide en est un exemple. Ils sont en réalité les dupes de la vie, et, comme ils le sentent confusément, ils tombent toujours dans une profonde tristesse où il ne leur reste d'autre ressource que de s'étourdir en se mentant misérablement à eux-mêmes. Car la réalité de la vie, ce n'est pas la sensation, c'est l'activité — j'entends l'activité et dans la pensée et dans l'action. Ceux qui vivent de sensations ne sont, matériellement et moralement, que des parasites par rapport aux hommes travailleurs et créateurs, qui seuls sont des hommes. J'ajoute que ces derniers, qui ne recherchent pas les sensations, en reçoivent néanmoins de bien plus vives, plus profondes, moins artificielles et plus vraies que ceux qui les recherchent. Enfin la recherche de la sensation implique un égoïsme qui me fait horreur, en ce qui me concerne. Elle n'empêche évidemment pas d'aimer, mais elle amène à considérer les êtres aimés comme de simples occasions de jouir ou de souffrir, et à oublier complètement qu'ils existent par eux-mêmes. On vit au milieu de fantômes. On rêve au lieu de vivre.

En ce qui concerne l'amour, je n'ai pas de conseils à vous donner, mais au moins des avertissements. L'amour est quelque chose de grave où l'on risque souvent d'engager à jamais et sa propre vie et celle d'un autre être humain. On le risque même toujours, à moins que l'un des deux ne fasse de l'autre son jouet; mais en ce dernier cas, qui est fort fréquent, l'amour est quelque chose d'odieux. Voyez-vous, l'essentiel de l'amour, cela consiste en somme en ceci qu'un être humain se trouve avoir un besoin vital d'un autre être, besoin réciproque ou non, durable ou non, selon les cas. Dès lors le problème est de concilier un pareil besoin avec la liberté, et les hommes se sont débattus dans ce problème depuis des temps immémoriaux. C'est pourquoi l'idée de rechercher l'amour pour voir ce que c'est, pour mettre un peu d'animation dans une vie trop morne, me paraît dangereuse et surtout puérile. Je peux vous dire que quand j'avais votre âge, et plus tard aussi, et que la pensée de chercher à connaître l'amour m'est venue, je l'ai écartée en me disant qu'il valait mieux pour moi ne pas risquer d'engager toute ma vie dans un sens impossible à prévoir avant d'avoir atteint un degré de maturité qui me permette de savoir au juste ce que je demande en général à la vie, ce que j'attends d'elle. Je ne vous donne pas cela comme un exemple; chaque vie se déroule selon ses propres lois. Mais vous pouvez y trouver matière à réflexion. J'ajoute que l'amour me paraît comporter un risque plus effrayant encore que celui d'engager plus aveuglément sa propre existence; c'est le risque de devenir l'arbitre d'une autre existence humaine, au cas où on est profondément aimé. Ma conclusion (que je vous donne seulement à titre d'indication) n'est pas qu'il faut fuir l'amour, mais qu'il ne faut pas le rechercher, et surtout quand on est très jeune. Il vaut bien mieux alors ne pas le rencontrer, je crois.

Il me semble que vous devriez pouvoir réagir contre l'ambiance. Vous avez le royaume illimité des livres; c'est loin d'être tout, mais c'est beaucoup, surtout à titre de préparation à une vie plus concrète. Je voudrais aussi vous voir vous intéresser à votre travail de classe, où vous pouvez apprendre beaucoup plus que vous ne croyez. D'abord à travailler : tant qu'on est incapable de travail suivi, on n'est bon à rien dans aucun domaine. Et puis vous former l'esprit. Je ne vous recommence pas l'éloge de la géométrie. Quant à la physique, vous ai-je suggéré l'exercice suivant? C'est de faire la critique de votre manuel et de votre cours en essayant de discerner ce qui est bien raisonné de ce qui ne l'est pas. Vous trouverez ainsi une quantité surprenante de faux raisonnements. Tout en s'amusant à ce jeu, extrêmement instructif, la leçon se fixe souvent dans la mémoire sans qu'on y pense. Pour l'histoire et la géographie, vous n'avez guère à ce sujet que des choses fausses à force d'être schématiques; mais si vous les apprenez bien, vous vous donnerez une base solide pour acquérir ensuite par vous-même des notions réelles sur la société humaine dans le temps et dans l'espace, chose indispensable à quiconque se préoccupe de la question sociale. Je ne parle pas du français, je suis sûre que votre style se forme...

Je crois que vous avez un caractère qui vous condamne à souffrir beaucoup toute votre vie. J'en suis même sûre. Vous avez trop d'ardeur et trop d'impétuosité pour pouvoir jamais vous adapter à la vie sociale de notre époque. Vous n'êtes pas seule ainsi. Mais souffrir, cela n'a pas d'importance, d'autant que vous éprouverez aussi de vives joies. Ce qui importe, c'est de ne pas rater sa vie. Or pour ça, il faut se discipliner.

Je regrette beaucoup que vous ne puissiez pas faire de sport : c'est cela qu'il vous faudrait. Faites encore un effort pour persuader vos parents. J'espère, au moins, que les vagabondages joyeux à travers les montagnes ne vous sont pas interdits. Saluez vos montagnes pour moi.

Je me suis aperçue, à l'usine, combien il est paralysant et humiliant de manquer de vigueur, d'adresse, de sûreté dans le coup d'œil. A cet égard, rien ne peut suppléer, malheureusement pour moi, à ce qu'on n'a pas acquis avant vingt ans. Je ne saurais trop vous recommander d'exercer le plus que vous pouvez vos muscles, vos mains, vos yeux. Sans un pareil exercice, on se sent singulièrement incomplet.

131. LA NOTION DE CLASSE

RAYMOND ARON

LA LUTTE DES CLASSES,
GALLIMARD ÉD., 1964.

Les sociétés occidentales, en particulier européennes, sont à la fois obsédées par la notion de classe et incapables de la définir. Les barrières dans nos sociétés ne sont pas légales, on passe d'une classe à une autre sans avoir à franchir d'obstacles juridiques. Le fils d'un ouvrier peut légalement étudier dans une université et devenir président de la République. D'un autre côté, les distinctions à l'intérieur d'une société complexe sont multiples. Les groupes diffèrent par les conditions économico-sociales des individus, par le statut de prestige. La condition économico-sociale est le résultat d'une pluralité de critères, rapport à la propriété, genre de travail, revenu, niveau d'éducation. Le statut de prestige n'est pas nécessairement univoque : selon les groupes de la société française, les officiers seront situés plus ou moins haut. Toute hiérarchie unique de prestige aura un caractère artificiel. Ces faits fondamentaux étant donnés, nous rencontrons deux sortes d'idéologies.

Selon la première, la vérité des sociétés occidentales, c'est l'absence de distinction légale, fondamentale entre les groupes, à la différence de ce qui existait sous l'ancien régime. Sans doute, dira-t-on, les individus n'ont ni les mêmes revenus, ni les mêmes façons de vivre, ni la même place dans la hiérarchie sociale. Il y a, effectivement, de multiples inégalités entre les membres d'une collectivité complexe, mais si la hiérarchie des revenus est nette, celle du prestige est équivoque, on s'élève ou descend facilement d'un niveau à un autre.

La deuxième idéologie, à la suite de Marx, met l'accent sur la contradiction entre l'égalité juridique et l'inégalité, sociale et économique. Au lieu de dire que l'essence des sociétés occidentales modernes, c'est que les classes y soient mal délimitées, on dira que le phénomène essentiel est la différence entre les façons de vivre et penser, aussi grande ou plus grande que dans les sociétés du passé. Ouvriers et bourgeois, vivant de manière autre, ont conscience, chaque groupe, de son unité propre en même temps que de son altérité par rapport à l'autre et, par suite, entrent spontanément en conflit.

132. AU LYCÉE PARKER

ANGELA DAVIS

AUTOBIOGRAPHIE,
ALBIN MICHEL ÉD., 1975.

Il y a quelques années, les Noirs qui visitaient Birmingham [1] n'avaient le choix qu'entre trois cartes postales s'ils voulaient emporter un souvenir du quartier Noir de la ville. L'église baptiste de la 16e Rue, le lycée Parker et l'entreprise de pompes funèbres de A. G. Gaston. Sans doute, les blancs qui avaient pris les photographies et les avaient retouchées en rouge et jaune vifs, avaient-ils décidé que nos vies pouvaient se résumer à une église, une école et une maison de pompes funèbres. A notre naissance, nous avions droit à la religion et à une pincée d'instruction. Puis il ne nous restait plus qu'à mourir.

Ils essayaient de faire prendre cette pincée d'instruction pour l'institution éducative la plus impressionnante des alentours. Sur la photo de la carte postale, Parker, plus blanc que s'il avait été blanchi la veille, avait un air flambant neuf, et l'herbe qu'on avait peinte devant était d'un vert vif comme si la poussière s'était refusée à y abandonner fût-ce un seul grain. Au-dessus de la photo s'inscrivaient, en caractères gras et noirs, les mots suivants : « Le lycée A. H. Parker, le plus grand lycée du monde réservé aux élèves de couleur », comme s'il eût été normal que les touristes affluent de toutes les régions du globe pour jeter un coup d'œil sur cette merveille.

Il est possible qu'en soi, cette assertion fût véridique. Je ne pense pas qu'il se trouva jamais quelqu'un pour faire les recherches qui l'auraient confirmée ou contredite. Mais quel que fût le degré de vérité qu'elle contenait, cette affirmation reposait lourdement sur la condition lamentable du peuple Noir. Si Parker était « le plus grand lycée du monde réservé aux élèves de couleur », c'est parce qu'il n'y avait pas un seul lycée à Harlem, et que l'éducation de la jeunesse Noire d'Afrique du Sud ne mérite pas la moindre considération. Du temps où ma mère était en âge d'aller au lycée, « le plus grand lycée du monde » s'appelait l'école professionnelle et c'était le seul lycée pour Noirs à des centaines de kilomètres alentour. Elle habitait alors Sylacauga, une bourgade qui se trouvait à plus de soixante-quinze kilomètres de la ville. Son seul espoir de dépasser le certificat d'études, c'était de quitter sa famille et de s'installer à Birmingham.

Mes amis et moi-même n'étions pas follement impatients d'entrer au lycée. Quand on avait passé les examens de l'école primaire Carrie A. Tuggle, on entrait à l'annexe de Parker, qui se trouvait à quelques rues du bâtiment principal. C'était un ensemble de huttes en bois, battues par les vents, qui n'étaient pas très différentes de ce que nous venions de quitter.

En arrivant le premier jour, nous découvrîmes que l'intérieur de ces constructions était encore plus délabré que l'extérieur. Des planchers de bois brut, de vieux murs couverts de graffiti que personne n'avait pris

1. Aux États-Unis.

la peine d'effacer. Nous comprîmes qu'au changement de saison, il faudrait que nous nous contentions du vieux poêle archaïque et pansu qui occupait le coin de chaque maison — nous les appelions la cabane I, la cabane II, etc.

Rares étaient les cours qui me stimulaient. Biologie, chimie et mathématiques étaient les matières qui m'intéressaient le plus. Nos cours d'histoire étaient une farce, une farce due moins à l'insuffisance des professeurs qu'à celle des livres scolaires choisis par le ministère de l'Éducation. Dans notre livre d'histoire de l'Amérique, je découvris que la Guerre de Sécession était une « guerre pour l'indépendance du Sud », et que le peuple Noir préférait de beaucoup être esclave que libéré. Après tout, ajoutaient les livres, la preuve que nos ancêtres acceptaient joyeusement leurs plaies, c'était qu'ils chantaient et dansaient le samedi soir. A l'école primaire, on nous avait déjà appris que la plupart des chansons d'esclaves avaient un sens qu'eux seuls comprenaient. « Swing low, sweet chariot », par exemple, faisait aussi allusion à un voyage vers la liberté *dans cette vie*. Mais au lycée, nos livres ne nous disaient rien de cela. Quant aux professeurs, ou bien ils étaient trop occupés à tenir les classes en ordre, ou bien ils n'étaient pas aussi soucieux de nous présenter une image fidèle de l'histoire Noire que l'étaient nos professeurs de l'école primaire.

La violence intériorisée, qui avait une telle part dans notre vie scolaire à Tuggle, se développa tellement à Parker qu'elle tourna au fratricide. Pas un jour ne passait sans une bagarre, dans la cour ou à l'extérieur. Et, par un beau jour balayé par le vent, là, juste au milieu de la cour, un élève parvint à tuer à coups de couteau un de nos camarades.

Nous paraissions pris dans un tourbillon de violence et de sang dont personne ne parvenait à se dégager.

Vers l'époque où j'entrais au lycée, le mouvement des droits civils commença à tirer quelques Noirs d'Alabama du sommeil profond et agité où ils se trouvaient. Mais, à en juger par l'inaction qui régnait à Parker, on n'aurait jamais cru que Rosa Parks venait de refuser, le 4 décembre 1955 à Montgomery, de retourner à l'arrière d'un bus, ni que Martin Luther King, à quelques centaines de kilomètres de là, menait à grande échelle le boycott des bus, ni même qu'un mouvement contre les bus était censé démarrer à Birmingham.

Nous étions pourtant quelques-uns à nous sentir concernés par le boycott. A plusieurs reprises, bien que rarement, un petit groupe de camarades dont je faisais partie décida de s'asseoir à l'avant du bus par mesure de solidarité avec nos sœurs et nos frères. Inévitablement, il s'ensuivit un concours de cris entre nous et le conducteur du bus. Les Noirs qui se trouvaient dans la voiture étaient obligés de prendre parti. Comme il n'y avait pas de mouvement large et organisé à ce moment-là dans Birmingham, certains d'entre eux étaient effrayés par notre audace et nous imploraient de faire ce que disait l'homme blanc.

133. NOUS, LES NOIRS...

MARTIN LUTHER KING
PRIX NOBEL DE LA PAIX 1964

LA FORCE D'AIMER,
CASTERMAN ÉD., 1964.

Nous, les Noirs, avons longtemps rêvé de liberté, mais nous restons enfermés dans une prison accablante de ségrégation et de discrimination. Devons-nous réagir avec amertume et cynisme ? Certainement pas, car cela détruirait et empoisonnerait notre personnalité. Devons-nous, en concluant que la ségrégation est dans la volonté divine, nous résigner à l'oppression ? Sûrement pas! car ce serait blasphémer en attribuant à Dieu ce qui vient du démon. Coopérer passivement à un système injuste rend l'opprimé aussi mauvais que l'oppresseur. Notre démarche la plus fructueuse est de nous tenir fermes dans une courageuse détermination, d'aller de l'avant sans violence par-dessus les obstacles et les déboires, d'accepter les déceptions et de nous accrocher à l'espoir. Notre refus décidé de nous laisser arrêter nous ouvrira finalement les portes du succès. Encore dans les prisons de la ségrégation, nous devons demander : « Comment pouvons-nous transformer cet obstacle en un point de départ ? » En reconnaissant la nécessité de souffrir pour une juste cause, nous pouvons peut-être donner à notre humanité sa pleine stature. Pour nous préserver de l'amertume, nous devons voir dans les épreuves de cette génération, l'occasion qui nous est offerte de transfigurer à la fois nous-mêmes et la société américaine. Notre souffrance présente et notre lutte non violente pour la liberté peuvent fort bien offrir à la civilisation occidentale le genre de dynamisme spirituel dont elle a si désespérément besoin pour survivre.

Sans doute, il en est parmi nous qui mourront avant que soit atteint le port de la liberté mais nous devons continuer à naviguer sur notre itinéraire. Nous devons accepter une déception limitée, mais ne perdre jamais notre espoir illimité. Dans cette voie, seulement, nous vivrons sans les fatigues de l'amertume et l'épuisement de la rancune.

Ce fut là le secret de la survie de nos ancêtres esclaves. L'esclavage était une affaire vile et inhumaine. Les esclaves enlevés d'Afrique furent coupés de leurs liens familiaux et enchaînés aux bateaux comme des animaux. Rien n'est plus tragique que d'être arraché à sa famille, à son langage, à ses racines. Dans de nombreux cas, les maris furent séparés de leurs femmes et les enfants de leurs parents. Quand les femmes étaient forcées à satisfaire aux pulsions biologiques de leurs maîtres blancs, les maris esclaves étaient incapables d'intervenir. Mais, en dépit de cruautés inexprimables, nos ancêtres ont survécu. Lorsqu'un nouveau matin ne leur offrait de nouveau que les mêmes longues rangées de coton, la même chaleur accablante et le même fouet du surveillant, ces hommes braves et ces femmes courageuses rêvaient d'un jour plus lumineux. Ils n'avaient d'autre alternative que d'accepter le fait de l'esclavage, mais ils se cramponnaient avec ténacité à l'espoir de la liberté. Dans une situation en apparence sans issue, ils gravèrent dans leurs âmes un optimisme créateur qui les fortifia. Leur vitalité inépuisable transforma les ténèbres de la frustration en lumière d'espérance... [...]

Naguère enfant sans ressources, le Noir a maintenant grandi aux plans politique, culturel et économique. Beaucoup de Blancs craignent une revanche. Le Noir doit leur montrer qu'ils n'ont rien à craindre, parce qu'il pardonne et veut oublier le passé. Le Noir doit convaincre le Blanc qu'il cherche la justice à la fois pour lui-même et pour l'homme blanc. Un mouvement de masse pratiquant l'amour et la non-violence et faisant preuve de sa force dans la discipline devrait convaincre la communauté blanche que si un tel mouvement existe pour conquérir le pouvoir, il s'en servira de façon constructive et non pas vengeresse.

134. LA CULTURE ET LE COMBAT POUR L'INDÉPENDANCE

AMILCAR CABRAL

COURRIER DE L'UNESCO, NOVEMBRE 1973.

A certaines exceptions près, le temps de la colonisation ne fut pas suffisant pour permettre, tout au moins en Afrique, une destruction ou une dépréciation significative des éléments essentiels de la culture et des traditions du peuple colonisé. L'expérience coloniale de la domination impérialiste en Afrique révèle que (le génocide, la ségrégation raciale et l' « apartheid » exceptés) la seule solution prétendûment positive trouvée par la puissance coloniale pour nier la résistance culturelle du peuple colonisé est « l'assimilation ». Mais l'échec total de la politique d' « assimilation progressive » des populations natives est la preuve évidente aussi bien de la fausseté de cette théorie que de la capacité de résistance des peuples dominés [1].

D'autre part, même dans les colonies de peuplement, où l'écrasante majorité de la population reste composée d'autochtones, l'aire d'occupation coloniale, et particulièrement d'occupation culturelle, est en général réduite à des zones côtières et à quelques zones restreintes à l'intérieur. L'influence de la culture de la puissance coloniale est presque nulle au-delà des limites de la capitale et d'autres centres urbains. Elle n'est ressentie de façon significative que dans la verticale de la pyramide sociale coloniale — celle que créa le colonialiste lui-même — et s'exerce spécialement sur ce que l'on peut appeler la « petite bourgeoisie autochtone » et sur un nombre très réduit de travailleurs des centres urbains.

L'on constate donc que les grandes masses rurales, de même qu'une fraction importante de la population urbaine, soit au total plus de 99 % de la population indigène, demeurent à l'écart, ou presque, de toute influence culturelle de la puissance coloniale.

1. Le pourcentage maximum d'assimilés est de 0,3 % de la population totale en Guinée-Bissau, après 500 ans de présence civilisatrice et 50 ans de « paix coloniale ».

Ce qui précède implique que, non seulement pour les masses populaires du pays dominé, mais aussi pour les classes dominantes autochtones (chefs traditionnels, familles nobles, autorités religieuses) il n'y a pas, en général, destruction ou dépréciation significative de la culture et des traditions.

Réprimée, persécutée, humiliée, trahie par un certain nombre de catégories sociales compromises avec l'étranger, réfugiée dans les villages, dans les forêts et dans l'esprit des victimes de la domination, la culture survit à toutes les tempêtes, pour reprendre, grâce aux luttes de libération, toute sa faculté d'épanouissement.

Voilà pourquoi le problème d'un « retour aux sources » ou d'une « renaissance culturelle » ne se pose pas ni ne saurait se poser pour les masses populaires : car elles sont porteuses de culture, elles sont la source de la culture et, en même temps, la seule entité vraiment capable de préserver et de créer la culture, *de faire l'histoire*.

Pour une appréciation correcte du vrai rôle de la culture dans le développement du mouvement de libération, il faut donc, au moins en Afrique, faire la distinction entre la situation des masses populaires, qui préservent leur culture, et celle des catégories sociales plus ou moins assimilées, déracinées, et culturellement aliénées.

Les élites coloniales autochtones, forgées par le processus de colonisation, même si elles sont porteuses d'un certain nombre d'éléments culturels propres à la société autochtone, vivent matériellement et spirituellement la culture de l'étranger colonialiste, auquel elles cherchent à s'identifier progressivement, et dans le comportement social et dans l'appréciation même des valeurs culturelles indigènes.

A travers deux ou trois générations au moins de colonisés, il se forme une couche sociale constituée de fonctionnaires d'État et d'employés des diverses branches de l'économie (notamment du commerce) ainsi que de membres des professions libérales et de quelques propriétaires urbains et agricoles.

Cette petite bourgeoisie autochtone, forgée par la domination étrangère et indispensable au système d'exploitation coloniale, se situe entre les masses populaires travailleuses de la campagne et des centres urbains, et la minorité de représentants locaux de la classe dominante étrangère.

Bien qu'elle puisse avoir des rapports plus ou moins développés avec les masses populaires ou avec les chefs traditionnels, elle aspire en général à un train de vie semblable, sinon identique, à celui de la minorité étrangère; simultanément, alors qu'elle limite ses rapports avec les masses, elle essaie de s'intégrer à cette minorité, bien souvent au détriment des liens familiaux ou ethniques et toujours aux dépens des individus.

Mais elle n'arrive pas, quelles que soient les exceptions apparentes, à franchir les barrières imposées par le système : elle est prisonnière des contradictions de la réalité culturelle et sociale où elle vit, car elle ne peut pas fuir, dans la paix coloniale, sa condition de classe marginale ou « marginalisée ». Cette « marginalité » constitue, aussi bien sur place qu'au sein des diasporas implantées dans la métropole colonialiste, le drame socioculturel des élites coloniales ou de la petite bourgeoisie indigène, vécu plus ou moins intensément selon les circonstances matérielles et le niveau d'acculturation, mais toujours sur le plan individuel, non collectif.

C'est dans le cadre de ce drame quotidien, sur la toile de fond de la confrontation généralement violente entre les masses populaires et la classe coloniale dominante, que surgit et se développe chez la petite bourgeoisie indigène un sentiment d'amertume ou un complexe de frustration et, parallèlement, un besoin pressant, dont elle prend peu à peu conscience, de contester sa marginalité et de se découvrir une identité. Elle se tourne donc vers l'autre pôle du conflit socioculturel au sein duquel elle vit : les masses populaires natives.

D'où le « retour aux sources » qui semble d'autant plus impérieux que l'isolement de la petite bourgeoisie (ou des élites natives) est grand, et que son sentiment ou son complexe de frustration est aigu, comme c'est le cas pour les diasporas africaines implantées dans les métropoles colonialistes ou racistes.

Ce n'est donc pas par hasard que des théories ou des « mouvements », tels que le panafricanisme et la négritude (deux expressions pertinentes fondées principalement sur le postulat de l'identité culturelle de tous les Africains noirs) furent conçus hors de l'Afrique noire. Plus récemment, la revendication par les Noirs américains, d'une identité africaine, est une autre manifestation, peut-être désespérée, de ce besoin de « retour aux sources », quoique nettement influencée par une réalité nouvelle : la conquête de l'indépendance politique par la grande majorité des peuples africains.

Mais le « retour aux sources » n'est, ni ne peut être en lui-même un acte de lutte contre la domination étrangère (colonialiste ou raciste) et il ne signifie pas non plus nécessairement un retour aux traditions. C'est la négation, par la petite bourgeoisie indigène, de la prétendue suprématie de la culture de la puissance dominatrice sur celle du peuple dominé avec lequel elle a besoin de s'identifier. Le « retour aux sources » n'est donc pas une démarche volontaire, mais la seule réponse viable à la contradiction irréductible qui oppose la société colonisée à la puissance coloniale, les masses populaires exploitées à la classe étrangère exploitante.

Lorsque le « retour aux sources » dépasse le cadre individuel pour s'exprimer à travers des « groupes » ou des « mouvements », cette contradiction se transforme en conflit (voilé ou ouvert), prélude du mouvement de pré-indépendance ou de lutte pour la libération du joug étranger.

135. IL FAUT RESTAURER L'HOMME

ANTOINE DE SAINT-EXUPÉRY

PILOTE DE GUERRE,
GALLIMARD ÉD., 1943.

Une civilisation, comme une religion, s'accuse elle-même si elle se plaint de la mollesse des fidèles. Elle se doit de les exalter. De même si elle se plaint de la haine des infidèles. Elle se doit de les convertir. Or la mienne qui, autrefois, a fait ses preuves, qui a enflammé ses apôtres, brisé les violents, libéré des peuples d'esclaves, n'a plus su, aujourd'hui, ni exalter, ni convertir. Si je désire dégager la racine des causes diverses de ma défaite, si j'ai l'ambition de revivre, il me faut retrouver d'abord le ferment que j'ai perdu.

Car il est d'une civilisation comme il en est du blé. Le blé nourrit l'homme, mais l'homme à son tour sauve le blé dont il engrange la semence. La réserve de graines est respectée, de génération de blé en génération de blé, comme un héritage.

Il ne me suffit pas de connaître quel blé je désire pour qu'il lève. Si je veux sauver un type d'homme — et son pouvoir — je dois sauver aussi les principes qui le fondent.

Or, si j'ai conservé l'image de la civilisation que je revendique comme mienne, j'ai perdu les règles qui la transportaient. Je découvre ce soir que les mots dont j'usais ne touchaient plus l'essentiel. Je prêchais ainsi la Démocratie, sans soupçonner que j'énonçais par là, sur les qualités et le sort de l'homme, non plus un ensemble de règles, mais un ensemble de souhaits. Je souhaitais les hommes fraternels, libres et heureux. Bien sûr. Qui n'est d'accord? Je savais exposer « comment » doit être l'homme, et non « qui » il doit être.

Je parlais, sans préciser les mots, de la communauté des hommes. Comme si le climat auquel je faisais allusion n'était pas fruit d'une architecture particulière. Il me semblait évoquer une évidence naturelle. Il n'est point d'évidence naturelle. Une troupe fasciste, un marché d'esclaves sont, eux aussi, des communautés d'hommes.

Cette communauté des hommes, je ne l'habitais plus en architecte. Je bénéficiais de sa paix, de sa tolérance, de son bien-être. Je ne savais rien d'elle, sinon que j'y logeais. J'y logeais en sacristain, ou en chaisière. Donc en parasite. Donc en vaincu.

Ainsi sont les passagers du navire. Ils usent du navire sans rien lui donner. A l'abri de salons, qu'ils croient cadre absolu, ils poursuivent leurs jeux. Ils ignorent le travail des maîtres-couples, sous la pesée éternelle de la mer. De quel droit se plaindront-ils, si la tempête démantibule leur navire?

Si les individus se sont abâtardis, si j'ai été vaincu, de quoi me plaindrais-je?

Il est une commune mesure aux qualités que je souhaite aux hommes de ma civilisation. Il est une clef de voûte à la communauté particulière qu'ils doivent fonder. Il est un principe dont tout est sorti autrefois, racines, tronc, branches et fruits. Quel est-il? Il était graine puissante dans le terreau des hommes. Il peut seul me faire vainqueur [...]

Et voici qu'il me semble parvenir au terme d'un long pèlerinage. Je ne découvre rien, mais, comme au sortir du sommeil, je revois simplement ce que je ne regardais plus.

Ma civilisation repose sur le culte de l'Homme au travers des individus. Elle a cherché, des siècles durant, à montrer l'Homme, comme elle eût enseigné à distinguer une cathédrale au travers des pierres. Elle a prêché cet Homme qui dominait l'individu.

Car l'Homme de ma civilisation ne se définit pas à partir des hommes. Ce sont les hommes qui se définissent par lui. Il est en lui, comme en tout être, quelque chose que n'expliquent pas les matériaux qui le composent. Une cathédrale est bien autre chose qu'une somme de pierres. Elle est géométrie et architecture. Ce ne sont pas les pierres qui la définissent, c'est elle qui enrichit les pierres de sa propre signification. Ces pierres sont ennoblies d'être pierres d'une cathédrale. Les pierres les plus diverses servent son unité. La cathédrale absorbe jusqu'aux gargouilles les plus grimaçantes dans son cantique.

Mais peu à peu, j'ai oublié ma vérité. J'ai cru que l'Homme résumait les hommes, comme la Pierre résume les pierres. J'ai confondu cathédrale et somme de pierres et, peu à peu, l'héritage s'est évanoui. Il faut restaurer l'Homme. C'est lui l'essence de ma culture. C'est lui la clef de ma Communauté. C'est lui le principe de ma victoire.

1 *Quelles causes profondes l'auteur attribue-t-il à la défaite française?* **2** *Pour mieux préciser sa pensée, l'auteur a recours à des comparaisons imagées : le blé, le navire, la cathédrale. Expliquez et commentez ces images.* **3** *Expliquez le sens de la phrase : « L'Homme de ma civilisation ne se définit pas à partir des hommes. Ce sont les hommes qui se définissent par lui ».* **4** *Quel est le sens de la pensée exprimée dans le titre qui est aussi la conclusion du texte : « Il faut restaurer l'Homme »?*

136. L'HUMILIATION

THIERRY MAULNIER
VIOLENCE ET CONSCIENCE,
GALLIMARD ÉD., 1945.

Il y a dans l'humiliation une force cachée qui peut courir longtemps, souterrainement, dans le silence de l'histoire, mais qui surgit tôt ou tard au grand jour, avec une violence torrentielle. Toute société qui inflige à des hommes l'humiliation accumule dans ses fondations l'explosif sous l'effet duquel elle volera un jour en éclats. Qu'on ne s'étonne pas alors si la révolte est furieuse et sanglante; car le ressentiment qui se donne cours ainsi a été longuement accumulé dans les âmes, il a grandi avec la conscience que les humiliés prenaient de leur humiliation, il a engendré non pas seulement une détermination plus forte que le péril et la mort, mais quelque chose de positivement insensé, qui ne s'assouvira que dans des gestes aveugles et dévastateurs.

La société qui inflige à des hommes l'humiliation crée ainsi entre ces hommes et elle-même quelque chose de proprement inexpiable, qui la fait doublement criminelle, d'abord par l'humiliation qu'elle inflige, ensuite par les redoutables excès dont elle a mis le germe dans les âmes humiliées et dont mille vies innocentes, mille produits précieux et raffinés de la civilisation peuvent subir l'orage mortel.

Au-dessous d'apparences heureuses et prospères de terribles fruits peuvent ainsi mûrir dans les ténèbres et le silence, et le jour vient où, aux fécondes possibilités ouvertes aux constructeurs d'un ordre plus digne de l'homme, se mêle un poison sans pardon, un atroce héritage du passé qui se refait. Mais qui saurait mesurer les effets de cette force impure et sauvage, que la honte subie dans l'impuissance a accumulée dans quelques cœurs?

Archimède cherchait un levier qui soulèverait le monde : l'humiliation est ce levier.

1 *Quelle est l'idée générale de ce texte?* **2** *Relevez les images que l'auteur utilise pour mieux exprimer sa pensée.* **3** *Expliquez la phrase : « La société qui inflige à des hommes ...orage mortel. »* **4** *Pouvez-vous citer des exemples de soulèvements sanglants dont la violence peut s'expliquer par l'humiliation subie par les opprimés?*

137. VOUS AUREZ TOUJOURS DES PAUVRES PARMI VOUS [1]

PIERRE CHOUARD

PROSPECTIVE, nº 5, MAI 1960.

Il est clair que la Société scientifique aura de moins en moins de manœuvres, de bergers, de porteurs d'eau, de tous ces petits métiers dont vivaient autrefois les rêveurs, les simples d'esprit, les faibles de toutes sortes. Et pourtant, à moins de pratiquer une eugénique [2], d'application fort délicate et qui resterait partiellement inefficace, la survie généralisée de tous ceux qui naissent conduit fatalement à l'accroissement des inadaptés de toutes sortes. On l'a souligné à propos des maladies mentales : l'émotion provoquée par le sentiment de sa propre inadaptation aux exigences de la société est un facteur puissant de révélation de psychoses qui, jadis, étaient compatibles, à l'état fruste, avec une forme de société capable d'occuper les plus infimes de ses membres.

Un aspect complémentaire est l'accroissement du nombre des vieillards, sans qu'il soit possible de leur conserver complètement l'activité physique ou intellectuelle. De là résulte une charge sociale de plus en plus écrasante, et la présence parmi nous d'une multitude de détresses individuelles.

Il serait facile, et sans doute nécessaire, de réfléchir davantage à cet angle de vue dans la perspective du monde de demain; il est faux que ce monde puisse être un monde de joie généralisée à tous les hommes sans exception. L'antique parole : « Vous aurez toujours des pauvres parmi vous », demeure terriblement vraie; ce sont les formes de la pauvreté qui changent, mais la misère mentale, la maladie, le désespoir, la vieillesse, accompagnés de tout un cortège de souffrances, ne cessent et ne cesseront

1. Évangile, Matthieu, ch. 26, versets 10 à 12. 2. Ici, sélection.

de nous entourer. Et sans doute faudrait-il rappeler combien les excès d'un certain dirigisme, pourtant nécessaire par ailleurs, ont conduit à la croissance d'autres formes de misères telles que les déportations et les exils.

Malgré les progrès techniques, malgré la Sécurité Sociale, malgré la normalisation des rapports entre les hommes, et peut-être même à cause de ces progrès, il semble bien que renaisse toujours la nécessité de donner, individuellement, un peu de son cœur à tant d'individus en détresse, et que l'amour tout simple, le don de soi, demeurent une nécessité capitale hors de laquelle le monde scientifique conduirait à une caricature d'humanité.

1 *Résumez en quelques lignes la pensée de l'auteur.* **2** *Pourquoi le problème des inadaptés se pose-t-il avec plus d'acuité dans la Société scientifique que dans les Sociétés du passé?* **3** *Montrez quelles nouvelles formes de misère peuvent être provoquées par les nécessités mêmes du progrès technique.*

138. L'ART D'ÊTRE HEUREUX

ALAIN

PROPOS SUR LE BONHEUR,
GALLIMARD ÉD., 1928.

On devrait bien enseigner aux enfants l'art d'être heureux. Non pas l'art d'être heureux quand le malheur vous tombe sur la tête; je laisse cela aux stoïciens [1]; mais l'art d'être heureux quand les circonstances sont passables et que toute l'amertume de la vie se réduit à de petits ennuis et à de petits malaises.

La première règle serait de ne jamais parler aux autres de ses propres malheurs, présents ou passés. On devrait tenir pour une impolitesse de décrire aux autres un mal de tête, une nausée, une aigreur, une colique, quand même ce serait en termes choisis. De même pour les injustices et pour les mécomptes. Il faudrait expliquer aux enfants et aux jeunes gens, aux hommes aussi, quelque chose qu'ils oublient trop, il me semble, c'est que les plaintes sur soi ne peuvent qu'attrister les autres, c'est-à-dire en fin de compte leur déplaire, même s'ils cherchent de telles confidences, même s'ils semblent se plaire à consoler. Car la tristesse est comme un poison; on peut l'aimer, mais non s'en trouver bien; et c'est toujours le plus profond sentiment qui a raison à la fin. Chacun cherche à vivre, et non à mourir; et cherche ceux qui vivent, j'entends ceux qui se disent contents, qui se montrent contents. Quelle chose merveilleuse serait la société des hommes, si chacun mettait de son bois au feu, au lieu de pleurnicher sur des cendres!

Remarquez que ces règles furent celles de la société polie; et il est vrai qu'on s'y ennuyait, faute de parler librement. Notre bourgeoisie a su rendre aux propos de société tout le franc-parler qu'il y faut; et c'est très bien. Ce n'est pourtant pas une raison pour que chacun apporte

1. Les stoïciens considéraient que le sage doit être indifférent à la souffrance comme au plaisir.

ses misères au tas; ce ne serait qu'un ennui plus noir. Et c'est une raison pour élargir la société au-delà de la famille; car, dans le cercle de famille, souvent, par trop d'abandon, par trop de confiance, on vient à se plaindre de petites choses auxquelles on ne penserait même pas si l'on avait un peu le souci de plaire. Le plaisir d'intriguer autour des puissances vient sans doute de ce que l'on oublie alors, par nécessité, mille petits malheurs dont le récit serait ennuyeux. L'intrigant se donne, comme on dit, de la peine, et cette peine tourne à plaisir, comme celle du musicien, comme celle du peintre; mais l'intrigant est premièrement délivré de toutes les petites peines qu'il n'a point l'occasion ni le temps de raconter. Le principe est celui-ci : si tu ne parles pas de tes peines, j'entends de tes petites peines, tu n'y penseras pas longtemps.

Dans cet art d'être heureux auquel je pense, je mettrais aussi d'utiles conseils sur le bon usage du mauvais temps. Au moment où j'écris, la pluie tombe; les tuiles sonnent; mille petites rigoles bavardent; l'air est lavé et comme filtré; les nuées ressemblent à des haillons magnifiques. Il faut apprendre à saisir ces beautés-là. « Mais, dit l'un, la pluie gâte les moissons. » Et l'autre : « La boue salit tout. » Et un troisième : « Il est si bon de s'asseoir dans l'herbe. » C'est entendu; on le sait; vos plaintes n'y retranchent rien, et je reçois une pluie de plaintes qui me poursuit dans la maison. Eh bien, c'est surtout en temps de pluie que l'on veut des visages gais. Donc, bonne figure à mauvais temps.

139. ÉVOLUTION DE LA FAMILLE

A. JEANNIÈRE

ENCYCLOPAEDIA UNIVERSALIS,
VOL. 6 - ART. « FAMILLE ».

Jadis la grande famille hiérarchisée était le modèle et la norme. Sous l'autorité de son chef, ordinairement l'ancêtre, elle rassemblait les fils mariés, leurs femmes et leurs enfants; l'accent était mis sur les liens de la lignée, la transmission des biens et des traditions; les valeurs étaient donc celles du passé. [...]

Dans la société économique actuelle, de nombreux facteurs contribuent à transformer totalement la fonction de la famille, ce qui ne peut aller sans en modifier le sens.

Le monde du travail n'est plus à l'échelle d'une famille, même élargie. Celle-ci n'est déjà plus unité de production; bien plus, les équipements collectifs commencent à rendre *aléatoire* son analyse comme unité de consommation. Cet effritement du rôle économique de la famille entre en interaction avec les transformations sociales pour rendre vaines les justifications classiques de la propriété familiale et pour *relativiser le rôle culturel du cercle familial.*

Le tissu urbain se généralise. Jadis, la ville imitait la campagne et s'organisait en quartiers strictement délimités où étaient privilégiées les relations de voisinage. Aujourd'hui, la campagne imite la ville. Le réseau de relations s'élargit et se diversifie bien au-delà du voisinage. Alors que la grande famille était jadis l'ultime refuge, un certain nombre de sécurités sont aujourd'hui assurées collectivement, sans qu'intervienne un lien affectif. Un réseau diversifié de communications permet à des organismes spécialisés (hôpitaux, asiles de vieillards, crèches, écoles maternelles...) de prendre le relais de la famille. L'importance de la collectivité globale dans laquelle s'insère le foyer en transforme les fonctions.

Le rôle de la femme, en particulier, s'en trouve profondément modifié. Toute sa vie s'inscrivait dans la double dépendance de la nature et de l'homme. La dépendance par rapport à la nature était inscrite dans la fonction reproductrice. De la soumission au père, la femme passait à l'obéissance due au mari; elle demeurait perpétuellement mineure et les soucis du foyer remplissaient sa vie. Actuellement, les progrès biologiques et techniques lui donnent un large temps libre qui ne peut rester vide. L'espérance de vie s'ouvre pour elle au-delà de la ménopause; auparavant, la maîtrise des conditions de la génération et la régulation des naissances lui permettent d'envisager la réalisation des projets personnels. La technique, d'autre part, entrant au foyer avec de nombreux équipements ménagers, supprime l'usine de transformation miniature qu'était jadis la cuisine et rend moins onéreux l'entretien d'une maison; enfin, dans le foyer même, pénètre le monde entier par la radio et la télévision.

La famille devient mobile, de la mobilité qui caractérise la nouvelle société industrielle dans son ensemble, qu'il s'agisse de l'homme ou des usines, des institutions. Mobilité géographique : la famille, libérée de l'enracinement local, cesse de découvrir des vertus humanisantes à l'appartenance stricte au cercle clos des traditions de la tribu. Mobilité professionnelle : de nombreux secteurs industriels et même agricoles imposent de multiples recyclages qui forcent le couple à se tourner vers l'avenir, et non plus à *valoriser l'expérience acquise.* Mobilité sociale enfin : la qualité des relations, l'ampleur des responsabilités dépendent de plus en plus de la valeur personnelle et de la formation reçue; les classes sociales sont de plus en plus perméables, même si l'origine familiale peut encore constituer un handicap. [...]

La famille de demain ne peut être ni définie, ni décrite. On ne peut que tracer quelques coordonnées du champ où elle est tout entière à construire. On sait seulement qu'elle sera moins large et plus fragile, indéfiniment variée dans ses nuances psychologiques et ses rôles affectifs et sociaux, plus tournée vers l'épanouissement de ses membres et vers l'avenir, débarrassée des *déterminismes* qui la condamnaient à perpétuer le passé et faisaient d'elle une « cellule sociale ».

1 ***Résumez ce texte en une vingtaine de lignes (maximum).*** **2** ***Expliquez les mots et expressions suivants (en italique dans le texte) : aléatoire; relativiser le rôle culturel du cercle familial; valoriser l'expérience acquise; déterminismes.*** **3** ***En tenant compte des facteurs d'évolution étudiés par l'auteur de ce texte, et en prenant en considération, éventuellement, d'autres facteurs possibles que vous préciserez, vous direz quelle image vous vous faites du rôle de la famille dans la société moderne. (Deux pages maximum.)***

140. LE FÉMINISME

PASCAL LAINÉ
LA FEMME ET SES IMAGES,
STOCK ÉD., 1974.

Au début du siècle, les bien connues « suffragettes » manifestaient dans les rues de Londres ou Paris pour revendiquer auprès des hommes la reconnaissance de leurs droits. En la circonstance, le mâle se voyait confirmé dans son essentielle prérogative, dans son privilège d'accorder ou de refuser, d'être encore le *sujet* qui décide.

Il y a, entre le suffragisme et le féminisme moderne, toute la distance qui sépare la revendication de la volonté de révolution. La première s'inscrit dans un rapport de forces où la femme *demande*, où l'homme dispose. Prenant à son tour la forme d'une demande, le suffragisme reproduit, et ainsi confirme, la forme même de ce rapport.

Le féminisme refuse de rien demander, pour cette raison justement. Mais alors, ce que la femme obtiendra, elle ne l'obtiendra pas de l'homme, mais malgré lui. Bien plus, même si l'homme *consentait* à se dépouiller lui-même des attributs exclusifs du pouvoir et de la liberté, la femme ne pourrait pas accepter de recevoir *de lui* le produit de ce partage.

On comprend mieux alors le caractère foncièrement « agressif » du féminisme contemporain, et le refus proclamé par les militantes de toute espèce de compromission avec le mâle, au moins dans l'état actuel des rapports entre les sexes.

Ce radicalisme de principe, souvent exprimé de façon maladroite, hyperbolique, est parfois interprété — par les femmes elles-mêmes — comme une provocation systématique et gratuite. [...]

Cependant la contestation féministe peut être dès maintenant résumée en quelques objectifs précis et concrets : l'indépendance économique, l'abolition du travail servile familial (ou du moins son partage équitable entre les sexes), la maternité volontaire.

Privilège ou sujétion, selon qu'elle est délibérée ou seulement subie, la maternité s'avère la raison permanente de l'inégalité entre les sexes, et ainsi la pierre d'achoppement de toute véritable « libération » des femmes.

On sait à quelles résistances s'opposent aujourd'hui les revendications des femmes pour la contraception et l'avortement libres : ce qui est pour le moins paradoxal, puisque l'avortement et la contraception sont pratiqués massivement dans notre pays depuis près de deux siècles. [...]

Il ne saurait donc être question d'instaurer ce qui existe déjà; et une libéralisation totale du droit en la matière n'aurait sans doute aucune incidence démographique.

Ce qui est en cause, ce n'est pas le simple fait de la contraception, mais plutôt sa finalité. La régulation des naissances ne procède plus d'un dessein d'ordre économique. Il ne s'agit plus, par exemple, de limiter le nombre des héritiers éventuels d'un patrimoine. C'est la femme elle-même qui demande à choisir le nombre de ses maternités, manifestant son autonomie eu égard aux intérêts de l' « espèce » ou de la société, de la famille. [...]

Or, c'est cela que la morale dominante ne saurait tolérer (et non la contraception ni même l'avortement, dont elle s'accommode fort bien depuis longtemps), car cette première et fondamentale liberté de la femme commande toutes les autres. Si la maternité, même contrôlée, n'est plus un processus « naturel » (qu'on porte en soi, mais relativement étranger à soi), si elle devient l'effet d'une délibération et d'une décision, plus rien ne distingue absolument la femme de l'homme; et, comme l'homme, elle devient le sujet de sa sexualité. L'enfant n'est plus ce risque permanent qui la lie à l' « espèce », et en tout cas au mâle. Il devient au contraire l'expression de son vouloir propre.

141. LES CONTRAINTES DE LA CONDITION FÉMININE

ANDRÉE CHAZALETTE

LA FEMME DANS LA VIE SOCIALE ET POLITIQUE, PERSPECTIVES SOCIALISTES (REVUE DU P.S.U.), DÉCEMBRE 1962.

L'idéal de la femme au foyer a perdu de son universalité, il a cédé du terrain devant l'évolution de la famille vers le couple, il n'en a pas pour autant disparu. Et si, en dehors de certains milieux de droite, il ne s'affirme plus aussi nettement, il reste sous-jacent et c'est lui qui guide en partie l'éducation des filles tout comme le choix d'innombrables femmes. Le mariage reste le but de la plupart des filles, il arrive que certaines d'entre elles choisissent un métier ou des études dans le but essentiel de trouver plus facilement un mari. Le mythe du prince charmant n'a pas fini de faire rêver. « La femme est faite pour avoir des enfants », n'est-ce pas une solide réalité qui guide, consciemment ou non, bien des choix? Pour beaucoup la femme n'a de sens que par son mari et ses enfants. Les « célibataires », plus heureuses que les « vieilles filles » du siècle dernier, se sentent pourtant frustrées par cette vision des choses encore si répandue.

Le développement de la mode, l'extension des magazines féminins ont par ailleurs accentué et universalisé l'image de la femme dont le but est de plaire, allant jusqu'à sacrifier pour cela aux plaisirs de la table, afin d'être fidèle à la silhouette élégante qu'on lui propose chaque saison. Un art de la séduction, l'emploi d'innombrables artifices, sont proposés à toutes celles qui veulent réussir.

La jeune femme d'aujourd'hui au carrefour des routes se voit imposer en surimpression, pourrait-on dire, toutes ces exigences. Elle se veut libre, indépendante, s'affirmant par son travail, son activité, l'égale de l'homme. Elle se veut aussi femme soignée, élégante et désirable. En même temps elle souhaite une vie au service de son mari et de ses enfants.

Partagée entre tous ces appels, que va-t-elle faire?

Il est des femmes qui, par suite de leur éducation ou d'une influence très marquée, optent pour l'une ou l'autre de ces directions.

Mais ce ne sont pas celles-là, semble-t-il, qui marquent notre époque, mais bien plutôt toutes celles qui ne veulent rien « laisser tomber », celles qui veulent assumer toutes les possibilités; être épouses et mères, mais aussi s'affirmer elles-mêmes, soit qu'elles aient une activité sociale, culturelle ou politique. [...]

Sollicitée par des exigences nombreuses, mal préparée, la jeune femme va le plus souvent laisser le temps, les circonstances la guider.

Sans enfants, elle a peu de problèmes, sauf si, célibataire, elle n'arrive pas, malgré une vie relativement facile, à trouver un équilibre affectif; mariée, elle continue le travail qu'elle avait commencé jeune fille, plus ou moins intéressant ou difficile, selon les études qu'elle a pu faire et la branche d'activité. Le ménage de deux personnes ne pèse pas trop lourdement, son mari l'aide un peu, elle consacre une partie de l'argent qu'elle gagne à l'équipement du logement ou au logement lui-même; les dépenses courantes faites, une autre part lui permet de s'habiller coquettement. Elle continue avec son mari de sortir, de faire du sport, de participer à un certain nombre d'activités.

La venue de l'enfant pose des problèmes et perturbe ce premier équilibre. La jeune femme a quelquefois peur de ce changement, elle a sous les yeux l'exemple de tant de jeunes mères dont elle redoute le sort, qu'elle repousse le plus possible l'arrivée du bébé et parfois le refuse. Après un premier enfant, quelquefois avec un temps d'arrêt, la jeune femme reprend son travail, elle trouve quelquefois une crèche, le plus souvent une gardienne pour le bébé. Une part importante du salaire passe alors à payer les frais.

Avec deux et à plus forte raison avec plusieurs enfants, la plupart des femmes s'arrêtent de travailler, car le prix de la garde d'enfants, joint à la perte du salaire unique, ne lui laissent, si elle n'a pas une qualification professionnelle importante, qu'un bénéfice infime.

La femme qui reste à la maison peut assurer à ses enfants l'attention et la présence qui leur sont nécessaires. Elle a la possibilité de jouer pleinement son rôle d'éducatrice. Elle a le temps de penser au meilleur équilibre de chacun, aussi bien mari qu'enfant. Nous devrions, à vrai dire, ajouter, théoriquement. Car, en fait, la femme qui reste au foyer et dont le mari n'a pas un gros salaire se trouve obligée, pour pourvoir aux besoins de tous, de faire une tâche énorme. Il faut tirer parti de tout le mieux possible, coudre, tricoter, cuisiner longuement. Les heures passées aux travaux matériels s'allongent au détriment parfois de la tâche d'éducatrice. Soixante-dix à quatre-vingts heures de travail sont le sort de bien des jeunes mamans. Le danger est alors grand de se limiter au foyer, les innombrables occupations enlèvent peu à peu le désir de lire, de s'informer, voire de sortir. [...]

Pour toutes celles qui, parce qu'elles ne peuvent faire autrement ou parce qu'elles sont mieux payées ou plus intéressées par leur travail, décident de continuer, c'est une vie différente, plus variée. Le travail professionnel amène parfois à des contacts, des possibilités d'ouverture plus grandes. L'intérêt même de quelques métiers apporte un équilibre réel, mais c'est pour la plupart une vie difficile et fatigante. Les heures de ménage s'ajoutent au temps du travail professionnel et des transports et laissent très peu de loisirs pour pouvoir reprendre souffle, être « présente » aux enfants, réfléchir, lire...

Arriver à tenir partout, être une maman et une épouse attentive, tenir sa maison, faire correctement son métier, continuer à être soignée... qui ne voit l'immensité de sa tâche et les difficultés auxquelles la femme est en butte pour tout assumer? Elle se sent bien souvent écartelée entre des exigences qu'elle n'arrive pas à combler faute de temps, faute de possibilités de tous ordres.

142 PORTRAIT DES FRANÇAIS

JULES ROMAINS
LES HOMMES DE BONNE VOLONTÉ,
FLAMMARION ÉD., 1932-1947.

Un peuple de paysans, grands amateurs séculaires de petits lopins — chaque pays ayant sa façon de les tailler et de les enclore, pieusement conservée depuis le temps des tribus; grands connaisseurs en matière de bornage, grands disputeurs en matière de partages. Ayant intérêt à bien connaître la coutume, et fort stricts à l'observer. Très préparés à entendre la loi, à chausser des besicles pour la lire, et à trouver qu'après le cou d'une vache ce qui se caresse le mieux c'est le dos d'un code. Comme ils aimaient les partages exacts, tendant à les faire justes. Et pour être plus assurés de les faire justes, tendant à les faire égaux. Détestant le privilège, la part du lion, le droit d'aînesse; en général tous les droits obscurs, dont l'origine se perd dans la nuit des temps, et qu'une bonne discussion autour d'une table ne peut plus justifier; y compris le droit de commander aux autres, celui de prélever la dîme sur leurs récoltes, et de vivre de leur travail. Un peuple de propriétaires, de juristes, d'héritiers égaux, d'hommes libres. Un peuple qui avait fait les communes, mais qui entendait ne mettre que le moins de choses possible en commun.

C'étaient des hommes qui avaient le goût de travailler dans leur domaine et à leur compte; prenant plaisir à voir naître sous leur outil, grandir et s'achever toute la besogne; préférant le petit gain qu'on se taille soi-même et où il n'y a sûrement point de dupes, au salaire que l'on reçoit aveuglément et qui enveloppe des tromperies. Hommes à toutes mains. Bricoleurs depuis l'âge des cavernes. Il leur avait fallu pourtant accepter l'âge des usines. Ils ne s'y étaient pliés qu'à contre cœur. Personne n'avait mis moins d'entrain à former les longs troupeaux qui montent le matin et redescendent le soir la même rue de faubourg. Le travail, oui, puisqu'il le faut bien, et même seize heures par jour quand la moisson le demande; mais pas l'usine. Et pareillement la guerre puisque parfois il le faut, dit-on; mais pas la caserne. Sous le prolétaire, il y avait toujours un propriétaire écorché; sous le soldat, un réfractaire empoigné par les gendarmes, et furieux.

Ils avaient fait la grande Révolution, non pour fonder quelque vague monde nouveau, plein sans doute de mauvaises surprises, mais pour réparer de traînantes injustices, en finir d'un seul coup avec des torts très anciens, et faire que toutes choses pussent librement se discuter autour d'une table. Ils n'avaient rien contre le roi, et ne l'auraient ni chassé, ni tué, s'il avait consenti à devenir, comme le voulait la raison, le gardien de la loi et le patron des hommes libres. Ils avaient fait encore quelques autres petites révolutions, un peu par nervosité peut-être, et pour assouvir de temps en temps un certain goût du grabuge que la grande leur avait laissé; mais point tellement pour tout de nouveau jeter par terre; plutôt pour protester contre des violations de contrat et rétablir l'ordre à leur façon. Bien au fond, ils n'étaient ni conservateurs, ni révolutionnaires. Car d'un côté ils manquaient de respect pour la coutume dès qu'ils n'en voyaient plus la raison; et de l'autre, ils n'étaient pas portés à croire que ce qu'on n'a jamais essayé vaut sûrement mieux que ce qu'on connaît. Ils n'enduraient pas l'anarchie, lui préférant à tout prendre un excès d'ordre, quitte à corriger l'excès à la première occasion. Ils n'avaient pas la religion de l'ordre, mais ils l'aimaient dans la mesure où il peut se justifier.

Quand l'âge des usines avait eu l'air de vouloir s'installer pour longtemps, ceux qu'on appelait maintenant les prolétaires s'étaient aperçus qu'ils avaient fait un marché de dupes, en descendant de leurs villages dans leurs villes; que la grande révolution n'avait pas prévu leur cas; qu'ils avaient retrouvé en peu de temps de nouveaux maîtres et de nouveaux abus à la place des anciens dont leurs pères s'étaient débarrassés; et comme ils ne pouvaient pas remonter dans leurs villages où personne ne les connaissait plus, ils avaient parlé, comme ceux des autres pays, de faire une nouvelle révolution, qu'ils nommaient la révolution sociale. Mais cette fois pas plus que la précédente ils n'avaient envie de se jeter les yeux fermés dans les bras d'un monde nouveau. Ils voulaient surtout redresser les torts; supprimer la part du lion et le droit d'aînesse, redevenir des héritiers égaux; refaire une peau toute neuve au propriétaire écorché qui n'avait pas fini de mourir sous le prolétaire.

***

Aussi fallait-il toujours se méfier quand on se mêlait d'écrire ou de juger ce peuple, ou d'énoncer des pronostics sur son avenir. Une bonne précaution, avant de parler à son sujet, c'était de se munir de quelques formules contradictoires. Quand les contradictions se rapportaient au passé, on avait pris l'habitude de les trouver toutes naturelles; ou même on ne les apercevait plus. On ne s'étonnait plus, par exemple, que cette nation de paysans, où les hommes courtauds des montagnes avaient laissé tant de leur sang, fût aussi la nation des grands seigneurs, et celle qui avait inventé pour le petit nombre l'existence la plus ornée et la plus fine; ni que le peuple du chacun chez soi eût poussé à leur suprême perfection l'art de vivre en société, l'esprit de conversation, et jusqu'aux formes de la politesse commune. On ne s'étonnait plus que ces terriens et petits bourgeois économes, fort suspects d'avarice, eussent approuvé et alimenté depuis le Moyen Age tant d'entreprises de pure magnificence, et que leur pays en restait semé de villes monumentales et d'une myriade d'édifices somptueux, dont quelques douzaines eussent suffi à la prodigalité de bien d'autres. On ne s'étonnait plus que ces grands douteurs et amateurs de gauloiseries eussent fait les cathédrales et les Croisades; ni que ces casaniers et jouisseurs circonspects eussent consenti à tant de guerres lointaines pour les beaux yeux d'un roi ou d'un empereur; ni que ces promoteurs du patriotisme, du « Vive la Nation! » et de la manie de Monsieur Chauvin [1], se fussent proclamés presque dans les mêmes temps les soldats de la Paix universelle et les champions de la République internationale; ni que ces gens fort occupés et satisfaits d'eux-mêmes, et fort peu soucieux de l'étranger, se fussent mis tant de fois en chemin pour porter à l'Europe un évangile.

143. L'UNITÉ FRANÇAISE ET LES « MINORITÉS NATIONALES »

ROBERT LAFONT

LE NOUVEL OBSERVATEUR, OCTOBRE 1975.

A quoi rêve-t-on en France, en réponse aux aspirations de ce qu'on est maintenant convenu d'appeler les « minorités nationales »?

On rêve par exemple qu'il n'y a pas dans l'hexagone d'autre langue que la française. En voyant renaître les langues régionales, on affirme véhémentement qu'elles ne sont que des patois inadaptés à la civilisation moderne. C'est faux. On se rassure ainsi en ignorant que toute langue peut devenir véhicule de cette civilisation — et en droit (l'U.N.E.S.C.O. se porte garante de ce droit) et en fait, comme on le voit un peu partout en France même. On oublie que l'état dialectal est, à l'origine, l'état naturel de toute langue, qu'il fut l'état naturel du français que la longue histoire culturelle et administrative de la France a corrigé. Toutes les langues minoritaires peuvent être codifiées sans difficultés insurmontables.

On rêve encore d'un espace français qui serait une unité parfaite, réalisée selon un projet ancien et qui ne pouvait pas ne pas être un espace bien équilibré, intérieurement, par l'effacement des féodalités. On ironise donc sur ce que serait le destin d'une petite Bretagne et d'une minuscule Corse séparées. On oublie qu'il y a, dans le monde, bien des pays qui, pour être très petits, ne s'en portent pas plus mal s'ils adaptent leur politique à leurs moyens. On oublie que la construction européenne, tout comme la soumission de la politique de la France à des intérêts capitalistes, qui débordent largement son territoire, a fait depuis quelque temps bon marché (européen ou international) de la perfection hexagonale. Pendant qu'on traite l'autonomiste de sacrilège ou d'attardé, l'homme d'affaires constate que les frontières nationales ont tendance à s'effacer et les régions à se développer différemment. L'automobiliste le constate aussi : en voyant ce qui se passe chez lui, il comprend ce qui se passe en France et hors de France.

1. Soldat dans les armées de la Révolution et de l'Empire; son nom employé comme adjectif sert à qualifier un patriotisme fanatique et ombrageux.

On rêve que les palliatifs proposés par l'État (plans économiques, redécoupages départementaux, déconcentration administrative) vont résoudre les disparités régionales. Quelques réformes sont nécessaires, tout le monde en convient : on va y penser, on y pensait déjà. Mais quels sont ces fous qui parlent de situation coloniale à l'intérieur du territoire métropolitain? Pendant ce temps, le colonialisme interne se développe et ceux qui vivent durement en font tous les jours l'expérience. Envol des ressources naturelles, exil de la jeunesse, transformation, par les trusts du tourisme, des paysages en valeurs marchandes, condamnation des agriculteurs autochtones par l'installation du capitalisme agraire venu d'ailleurs.

On rêve que l'histoire continue à se faire dans cette France rêvée qui serait une unité parfaite. On oublie qu'il y a, dans les régions, les souvenirs particuliers d'une existence culturelle et parfois politique qui ne correspondent pas exactement avec la ligne dominante de l'histoire de France, que le phénomène universel de décolonisation les revivifie et que cette renaissance fait partie de l'histoire mondiale actuelle. On oublie qu'à l'intérieur même de l'histoire globale de la France la nécessité commence à s'imposer de nouvelles conceptions, que la France est déjà archaïque en refusant de s'ouvrir, de tenir compte de sa diversité.

D'oubli en oubli, on en arrive à l'absurdité sanglante, au piège de l'histoire où tout le monde est pris. Désormais rien n'est plus comme avant. Est-ce le simple enchaînement de la violence ou est-ce une lutte de libération qui commence?

144. AUTONOMIE FÉDÉRALE POUR LA BRETAGNE

MORVAN LEBESQUE

COMMENT PEUT-ON ÊTRE BRETON?
SEUIL ÉD., 1970.

Quand l'État censure et ruine la Bretagne, il suscite des Bretons qui pensent une Bretagne-État : même retranchement réactionnaire, même réflexion arrêtée avant terme. Mais posons franchement le problème breton : aussitôt, nous entrons dans une nouvelle dimension de pensée qui, reconnaissant les différences, éclaire les ressemblances et nous en pénètre : accepté Breton, me voici vraiment le frère du Lorrain ou du Corse également acceptés. Mille liens nous unissent, nous partageons la même évolution. Les Basques, les Bretons, les Catalans, les Occitans se réunissent, se concertent, échangent leurs produits culturels, revendiquent en congrès les mêmes droits; est-ce donc pour se quitter dès qu'ils les auront obtenus? Réclamer le séparatisme, c'est retourner au passé : non pas au « Moyen Age » comme le prétendent les sots, mais à l'ère étatiste des nations claquemurées qui lui succéda et coagula sa fluidité; c'est tromper la nouvelle histoire avec l'ancienne, ignorer l'âge des cultures, renouer mentalement avec l'état de siège. Solidaire des rois qui ont colonisé mon pays ou des « républicains » bourgeois qui ont assassiné sa culture, jamais. Mais de Proudhon, mais de Jaurès, oui, certes, profondément, passionnément! Quant aux Français, je n'ai même pas à leur être solidaire : je suis eux, je suis vous. Sans vous, mon combat breton n'a pas de sens.

Centralisme, séparatisme, deux étapes à franchir. Il y a mieux à faire, ou plutôt, il y a à faire plus grand.

Faire quoi, au juste? Reconnaître la personnalité bretonne à égale distance du colonialisme étatique et du refus séparatiste. Les extrémistes ricaneront; mais à notre époque de démesures futiles, l'excès devient médiocre et la mesure, révolutionnaire. Il est donc mesuré et révolutionnaire de préconiser pour la Bretagne et les autres ethnies françaises l'autonomie fédérale, c'est-à-dire la solution démocratique toujours repoussée et désormais évidente. L'État conserve ses privilèges d'État. Il demeure le maître des lois nationales, des grands desseins d'ensemble auxquels nous participons enfin directement; mais dans chaque unité fédérale, une Assemblée prend librement les décisions qui la concernent spécifiquement. [...]

Comptons aussi que des Bretons se rapatrieraient — des cadres bretons, exilés, étudient déjà les conditions d'un retour —, retrouvant à domicile le goût de l'effort. Les nombreux Bretons qui réussissent à l'étranger ne prouvent-ils pas que la misère et l' « inefficacité » bretonnes sont une pure question de statut? Que la Bretagne œuvre enfin sur son territoire avec ses énergies libérées et un intérêt bien concrétisé, plus de *déperdition :* une entreprise sans exemple s'accomplit, dans ses conditions propres, progrès et fins visibles; comment la France n'en profiterait-elle pas? Français non-bretons, votre intérêt est-il, à l'ouest de votre pays, un désert ou une terre au travail? Techniciens, économistes, syndicalistes, sociologues, ne gagneriez-vous rien à cette expérience? Intellectuels, artistes, n'apprendriez-vous rien d'une culture renaissante qui s'ajoute à la vôtre? Et même simples touristes : au lieu du décor balnéaire qu'on vous offre, ne vous séduirait-il pas davantage, ce pays différent et si proche qui retrouverait sa vérité? [...]

Dans la structure fédérale, des Bretons continueront de vivre ailleurs qu'en Bretagne et n'en seront pas moins bretons. Des non-Bretons vivront en Bretagne et parmi eux, comme aujourd'hui, il s'en trouvera de plus consciemment bretons que les Bretons eux-mêmes. Je souhaite en Bretagne beaucoup d' « étrangers », pour employer un mot qui pour moi n'a pas de sens; je souhaite des Juifs, des Arabes, des Noirs, et nous ne logerons pas, nous, les travailleurs immigrants dans des bidonvilles [1]; ma patrie qui a résisté à quatre siècles de colonialisme n'a pas peur de devenir une terre d'accueil, elle ne craint que la désertion. Mais il est vrai qu'elle ne tolérera plus le seul *étranger* véritable, le colon. On ne choisira plus la Bretagne pour stériliser son sol ou sous-payer sa main-d'œuvre. Il y aura comme aujourd'hui des fonctionnaires et des techniciens non-bretons en Bretagne, mais ils devront se justifier devant elle et non plus devant les irresponsables parisiens. Ils n'exploiteront plus son peuple et n'assassineront plus sa culture.

1. La Bretagne d'avant l'annexion était un des États d'Europe qui possédaient la plus nombreuse colonie étrangère, Juifs, Italiens, etc.

145. LE SENTIMENT DE L'UNITÉ HUMAINE

KRISHNAMURTI

CONFÉRENCE PRONONCÉE EN 1944 A OJAI, U.S.A.
JEAN VIGNEAU ÉD., 1947.

Périodiquement, un groupe de gens en exploite un autre, et cette exploitation provoque une crise violente. Cela est arrivé de tous temps : une race domine une autre, l'exploite, la massacre, pour être à son tour opprimée, dépouillée, réduite à la misère. Quelle solution à cela ? Peut-on y remédier par une législation extérieure, une organisation extérieure, une éducation extérieure, ou par la compréhension des causes intérieures et contradictoires qui sont la source du chaos et de la misère ? Vous ne pouvez saisir le sens de ce qui est intérieur sans avoir compris ce qui est extérieur. Si vous essayez simplement de réduire la race qui exploite et opprime l'autre, vous devenez à votre tour l'exploiteur, le tyran. En adoptant de mauvaises méthodes pour une juste fin, la fin se trouve transformée par les moyens. Tant que nous ne comprenons pas cela profondément, d'une manière durable, le simple fait de réformer le mal par de mauvaises méthodes ne produit qu'un autre mal; ainsi cette réforme en nécessite une autre. De cela nous croyons en voir l'évidence et, pourtant, nous nous laissons persuader du contraire, par crainte, par la propagande, ou par autre chose : ce qui indique que nous ne comprenons pas la vérité. Si tel est l'individu, ainsi est la nation, l'État. Or, vous n'êtes pas capable de transformer votre prochain, mais vous pouvez être certain de votre propre changement. On peut empêcher par des méthodes violentes, par des sanctions économiques, et ainsi de suite, qu'un pays en exploite un autre. Mais quelle garantie y a-t-il que cette nation, qui met un terme à la cruauté d'une autre ne sera pas, à son tour, tyrannique et inhumaine ? Il n'y a aucune sorte de garantie. Bien au contraire, en s'opposant au mal par de mauvais moyens, la nation, l'individu, deviennent cela même qu'ils combattent. Vous pouvez édifier la structure d'une excellente législation destinée à contrôler et à réprimer, mais s'il n'y a pas de bonne volonté et d'amour fraternel, le conflit intérieur et la pauvreté font explosion et produisent le chaos. Aucune législation n'empêchera l'Occident d'exploiter l'Orient, ou peut-être l'Orient d'exploiter l'Occident à son tour; mais aussi longtemps que, individuellement ou par groupe, nous nous identifierons à telle ou telle race, pays ou religion, il y aura la guerre, l'exploitation, l'oppression, la famine. Tant que vous admettrez la division et la longue liste de divisions absurdes comme celle qui fait dire, par exemple : l'Américain, l'Anglais, l'Allemand, l'Hindou, etc. ; tant que vous ne prendrez pas conscience de l'unité des hommes et des rapports qui les lient, il n'y aura que massacres et douleur. Un peuple guidé, contenu uniquement par des lois, est une fleur artificielle, belle à voir, mais vide à l'intérieur.

Vous répondrez sans doute que le monde n'attendra pas l'éveil individuel, ou l'éveil de quelques-uns, pour changer son cours. Oui, il poursuivra sa route aveugle et prévue. Mais il s'éveillera grâce à chaque individu qui pourra s'affranchir de l'état d'esclavage dû à la division, à l'attachement au monde, à l'ambition personnelle, au désir de puissance. Par sa compréhension et sa compassion, la brutalité et l'ignorance pourront prendre fin. Ce n'est qu'en son éveil que réside l'espoir.

146. RÉFLEXIONS SUR LA VIOLENCE

JEAN ONIMUS

LA VIOLENCE DANS LE MONDE ACTUEL,
DESCLÉE DE BROUWER ÉD., 1968.

La violence porte un défi à la civilisation. L'une élève l'homme au-dessus de l'état de nature, l'autre le fait régresser au niveau de l'instinct; l'une s'efforce d'organiser rationnellement les relations internationales, économiques, sociales, l'autre fait appel à la force brutale; l'une libère, l'autre aliène.

La violence est un objet de scandale à notre époque, au moment où notre maîtrise sur les phénomènes, où les progrès de la lucidité et de la science, où la conscience des valeurs et le respect de la vie paraissaient s'affirmer dans tous les domaines. Sa présence nous rejette vers un passé que nous pensions définitivement forclos, elle fait de nous des survivants d'un autre âge.

C'est, paradoxalement, au cours des trente dernières années que la violence s'est déchaînée sous des formes particulièrement odieuses, atteignant un degré de cynisme et de raffinement dignes des âges les plus cruels de l'Histoire. Tortures, génocides scientifiquement organisés, persécutions de toute espèce, déplacements forcés et massifs de populations, écrasement par les puissants de peuples ou d'hommes sans défense, réveils du terrorisme sous ses formes les plus inhumaines, enfin menace atomique et tout ce qu'on appelle l'équilibre de la terreur : la violence monte comme une marée à l'horizon de l'avenir, elle fait peser sur l'euphorie du progrès l'angoisse de la régression, voire d'une destruction totale. Bien mieux, les techniques elles-mêmes en se développant ont fait apparaître des formes nouvelles de brutalités physiques et morales : viol des consciences, lavage des cerveaux, manipulation des esprits, pressions de toutes sortes qui constituent une gigantesque entreprise d'aliénation et de profanation des libertés. Quand on songe aux tensions politiques, économiques, raciales, sociales qui s'exaspèrent sur une planète désormais consciente d'elle-même et pour ainsi dire rétrécie par cette conscience même, quand on considère d'autre part la variété et la puissance des moyens de conquête et de coercition dont la science a doté les hommes, on se demande avec angoisse si le cercle de la violence n'est pas définitivement clos et si le recours à la conscience universelle sera jamais capable de le briser.

Ces violences chaudes, brutales, évidentes ne sont pas les seules. Plus dangereuses, car moins visibles, sont les entreprises sournoises de dressage et de conditionnement qui, sous des apparences de douceur et en jouant habilement avec les motivations, tendent à enfermer les gens dans d'invisibles réseaux. L'individu, non averti, déconcerté par la complexité des situations, accablé par les sollicitations, attaqué simultanément dans ce qu'il a de plus bas et de plus élevé, dans son idéalisme comme dans ses instincts, n'est plus qu'un jouet passif d'autant plus brimé qu'il se croit plus libre. Cette forme intériorisée de la violence n'est presque pas sensible; elle aliène bien plus profondément puisqu'elle surprend les consciences hors de leurs gardes et s'empare de leur bonne volonté. Il faut pour se prémunir contre elle une extrême vigilance et une sorte de défiance permanente qui ne sauraient être le fait de la plupart. Là réside sans doute pour le proche avenir la plus inquiétante menace : contre les manifestations ouvertes de la violence la réaction s'impose d'elle-même, mais la violence feutrée s'installe avec la connivence de ses victimes : on ne la décèle qu'aux avantages qu'elle apporte à ceux qui s'en servent.

Si l'on veut que l'humanisme — avec son vocabulaire apparemment désuet (liberté, justice, esprit critique, respect de l'homme, engagement volontaire, sens des responsabilités, etc.) — cesse d'être une illusion, voire un paravent et, pour certains, le plus subtil moyen d'avilissement à des fins intéressées, il faut que les hommes prennent une claire et pleine conscience des agressions dont eux-mêmes ou leur semblables, fussent-ils dans un autre hémisphère, sont chaque jour les victimes. Le remède aux violences quelles qu'elles soient ne peut être que dans la protestation indignée, l'action persévérante, la résistance passive ou active, le refus courageux et, s'il le faut, la révolte. Mais la révolte — qui est la plus élémentaire manifestation de la conscience — suppose que l'on soit averti et que l'on se sente responsable : c'est par un progrès de l'information, c'est en forçant les yeux à s'ouvrir et à regarder, c'est en secouant les indifférents ou les résignés, en éveillant chez tous la conscience du péril, que l'on a quelque chance de faire reculer ou même échouer les entreprises d'asservissement. Celles-ci ne peuvent être retenues que par la vigilance de tous, la réprobation unanime et l'action collectivement organisée. Cet appel à la conscience universelle, c'est la lourde tâche mais le devoir absolu des gens informés de la faire entendre. Sur eux pèse une responsabilité primordiale. Au moment où des valeurs fondamentales que la civilisation a eu tant de peine à instaurer au long des siècles sont en péril, ceux qui savent n'ont pas le droit de se taire. La civilisation humaine ne peut être sauvée que par la volonté humaine, mais cette volonté a d'abord besoin d'être éclairée. A la violence il n'y a qu'un antidote et ce n'est pas la violence antagoniste — ce remède désespéré — c'est l'intelligence, la parfaite compréhension des situations, des risques encourus et des remèdes rationnels ou raisonnables. Nous croyons pour notre part à la victoire finale de l'intelligence sur la brute — fût-elle savante — qui sommeille en nous. Il ne faut pas se lasser d'avertir, de sensibiliser, de nourrir les intelligences. C'est à ce prix que le cancer de la violence desserrera son emprise et c'est dans l'espoir de contribuer si peu que ce soit à cette délivrance que nous publions ce livre.

1 ***Résumez en 25 lignes de 10 à 12 mots chacune le texte ci-dessus.*** **2** ***L'auteur écrit : « Si l'on veut que l'humanisme — avec son vocabulaire désuet — ... cesse d'être une illusion... » Qu'évoque pour vous le mot HUMANISME?***

147. LE TEMPS DE LA VIOLENCE

JEAN D'ORMESSON

AU PLAISIR DE DIEU,
GALLIMARD ÉD., 1974.

Je passai à l'écouter la nuit la plus stupéfiante de ma vie. La tête me tournait un peu. Je devais faire un effort pour me convaincre que le jeune homme en face de moi était le petit-fils et l'arrière-petit-fils de tant d'hommes d'ordre et de tradition. Un monstre, un saint, un fou, un cynique, un meneur d'hommes à la façon de ces héros qu'il méprisait si profondément, il m'apparaissait successivement sous tous ces traits contradictoires. Il parlait avec un enthousiasme glacial qui me faisait peur. Ce garçon de vingt ans traitait d'égal à égal avec les chefs d'État. [...] Les opérations de redistribution de vivres, de marchandises et d'argent auxquelles il se livrait depuis quelques semaines n'étaient qu'une mince préface à un plan infiniment plus ambitieux qui reposait, avec beaucoup d'intelligence, sur l'exploitation des vertus nouvelles nées du libéralisme et de la démocratie : la solidarité, l'horreur de la violence et de la cruauté, la sentimentalité collective indéfiniment multipliée par le développement des moyens de communication. L'idée de génie était qu'après deux mille ans d'humanisme, de bouddhisme, de christianisme, après un siècle d'idéal socialiste, les liens entre les hommes s'étaient tellement resserrés qu'il n'était plus nécessaire de frapper ceux-là mêmes sur qui on voulait agir : il suffisait de s'attaquer au premier venu. Les chevaliers, jadis, s'efforçaient de s'emparer du roi, de Richard Cœur de Lion ou de Jean le Bon. Plus tard, des bandits à la mentalité de petits-bourgeois enlevaient les enfants de Lindbergh ou d'un grand industriel, la femme d'un milliardaire. Puisque la famille et la patrie s'effaçaient au profit d'une collectivité beaucoup plus large, ces manœuvres d'artisans étaient frappées de désuétude. On pouvait voir plus grand : dans ce fameux monde unifié et rétréci, il suffisait de menacer n'importe qui pour obtenir n'importe quoi. La presse, la radio, la télévision, sur lesquelles aucun gouvernement, au moins occidental, n'était plus capable d'agir, se précipiteraient d'elles-mêmes pour remplacer très avantageusement les ridicules lettres de chantage des romans d'aventures d'un autre temps, rédigées avec des lettres découpées dans le journal. Il n'était naturellement plus question de limiter ses ambitions à des rançons en argent. Il était possible de tout obtenir, et dans tous les domaines, en menaçant de mort ou de tortures une demi-douzaine d'orphelines pauvres, enlevées sans trop de peine à la porte de l'école, ou un chanteur de charme aux dix millions de fanatiques. L'important était que tout se sache. Et, bien entendu, tout se saurait.

J'écoutais ces divagations avec l'horreur que vous devinez. Je me disais que, oui, mon neveu était fou. Je le regardais, il souriait. Il parlait si posément, avec tant de calme et de force, que j'hésitais encore à me prononcer : on aurait pu penser qu'il débitait un cours d'économie politique ou de sociologie contemporaine. Il marchait de long en large, sans jamais cesser de parler. Les surréalistes bêtifiaient en réclamant à cor et à cri une révolution qu'ils ne faisaient jamais et en proclamant, sans s'y risquer, que l'acte surréaliste le plus simple consistait à descendre dans la rue et à tirer dans la foule. Tout le monde trouvait ça épatant. Il n'y avait rien de plus élémentaire que de mettre ensemble ces deux propositions et à passer enfin du stade des mots qui déshonorait la littérature au stade de l'exécution : il fallait tuer une douzaine ou peut-être une centaine de personnes, un millier tout au plus, ou deux mille, pour faire plier les gouvernements. Est-ce que ce n'était pas une goutte d'eau au regard des victimes innombrables du capitalisme et de la réaction ? Beaucoup moins qu'une année de dégâts inutiles sur les autoroutes de la bourgeoisie. Et puis, de toute façon, on ne fait pas d'omelette sans casser des œufs ni de révolution en gants blancs. [...]

— Il riait. — Quand une forêt prendra feu, et ce ne sera pas toujours nous, quand une école sera détruite en cendres, ou un hôpital ou un grand magasin, on finira par voir notre main partout. Nous n'aurons même plus besoin de mettre nos menaces à exécution. Nous dirons seulement : Attention !... en agitant le petit doigt. Et toute cette pourriture qui n'en finit pas de crever se dissoudra d'elle-même. Remarque que nous gagnons sur tous les tableaux. Imagine, par impossible, une formidable offensive contre nous : de la police partout, une surveillance de tous les instants, un flic derrière chaque arbre, à la sortie de chaque école, à tous les guichets d'aéroports, dans tous les coins des forêts, l'armée sur pied de guerre et des camions de troupes dans les villes... Tu vois d'ici l'atmosphère, la fureur des gens, l'aigreur des journaux... Ce qu'il y a de prodigieux, c'est que, luttant contre l'ignominie de la démocratie libérale, ce n'est pas seulement l'affaiblissement de l'adversaire qui nous procure la victoire : c'est son durcissement. Nous voulons l'obliger à démasquer son visage de violence. Comment ? Par la violence. Rien de plus contagieux que la violence. Elle s'attrape comme le typhus et elle se renforce sur l'obstacle. Nous serons à la fois la violence et l'obstacle et nous nous renforcerons à notre tour sur ce qui nous sera opposé. Nous pillerons les banques, nous ferons sauter les théâtres, nous donnerons notre vie en échange des hôtels de luxe et des beaux quartiers, nous ferons régner la terreur. Alors, dans l'effondrement de l'État ou sous sa dictature militaire, l'existence deviendra impossible. Qu'est-ce que nous cherchons d'autre ? Nous ne voulons pas de l'argent, ni des réformes, ni un changement de guignols : nous voulons mettre par terre ce qui existe. Inutile de s'affoler pour des fariboles de valeurs, pour des idéalismes de façade. Pour le moment : détruire. Ce n'est pas tellement difficile.

148. LE TERRORISME HUMANISTE

JACQUES ELLUL

TERRORISME ET VIOLENCE PSYCHOLOGIQUE,
« LA VIOLENCE DANS LE MONDE ACTUEL »
DESCLÉE DE BROUWER ÉD., 1968.

Voici la forme de terreur la plus moderne, celle du terrorisme sans violence, du terrorisme feutré, bienveillant, et que je suis obligé d'appeler le terrorisme humaniste.

C'est le système des relations humaines et publiques qui est une application technique d'un certain nombre de procédés psychologiques. Ici, le terrorisme remplace la violence par la compréhension et l'autorité externe pesant sur l'individu par la douceur, mais une douceur inflexible.

Les relations humaines établies entre les patrons et les ouvriers, les relations établies entre les firmes et les clients, entre le professeur et les étudiants, qu'est-ce que cela veut dire? Cela veut dire que l'on ne va jamais employer de méthodes autoritaires, qu'on ne fera jamais d'observations, qu'on ne prendra jamais de sanctions, qu'on ne se mettra jamais en colère, que, d'ailleurs, on n'exigera rien.

Le patron n'exigera assurément rien de ses employés. Il n'y a pas de charte obligatoire d'un travail fixé d'avance, tout doit se passer dans une relation humaine.

Le professeur n'infligera pas de sanction, de punition, il n'exigera même pas, dans une classe, des devoirs remis à l'heure; non, on fait appel au fait que l'employé, que l'enfant, sont responsables. Ils sont majeurs. Il faut les traiter comme des adultes. Par conséquent, on ne leur impose rien. Les prendre en tutelle de la façon dont nous traitons habituellement nos enfants, nos subordonnés, c'est inacceptable.

Mais en même temps qu'il s'agit de traiter l'autre en être responsable, il s'agit aussi de se rendre compte que les relations humaines n'ont rien de spontané. Il s'agit d'une technique extrêmement précise et destinée à atteindre des résultats.

Finalement, l'objectif à atteindre est connu d'avance. Il est connu du professeur. Il va de soi que l'enfant n'est obligé à rien, mais quand même, c'est bien telle chose qu'il doit finir par apprendre, qu'il doit finir par savoir, qu'il doit finir par faire. Il faut que, au bout de ses recherches libres, l'élève ait trouvé ceci, pas autre chose, mais qui était bien connu par le professeur à l'avance.

Il faut, dans le climat des relations humaines, que l'ouvrier élève son rendement. Car si on établit des relations humaines, si on établit un climat humaniste, c'est parce qu'on a maintenant trouvé, grâce à des études de psycho-sociologie, que le rendement était meilleur quand l'ouvrier était traité comme une personne digne, responsable, etc. : il travaille mieux, il ne revendique pas, il ne râle pas, il ne perd pas son temps à dire : « si c'était organisé autrement, cela irait mieux ». Justement parce qu'il est responsable de son affaire, il aura un rendement meilleur.

On a alors une sorte d'opérateur-technicien qui sait comment manipuler un groupe. Seulement, la manipulation repose sur le sourire, sur la main tendue, sur un climat personnalisé, sur un climat de détente, sur l'inexistence de l'obligation.

Mais ce n'est pas un jeu. Ce n'est pas non plus un faux-semblant. Il n'y a rien de plus sérieux, je crois, dans notre société.

Le sociologue américain Spectorsky décrivait, il y a quelques années, dans un article intitulé *Les Suburbanites* [1] la situation qui était ainsi créée aux États-Unis. Le cadre moyen ou supérieur, dans un grand nombre de firmes américaines, peut partir quand il veut. Il n'y a pas d'horaire strict. Il appelle son patron par son prénom. Il a des conversations très amicales avec ce patron, et celui-ci s'inquiète toujours des nouvelles de sa famille. D'ailleurs le patron est très renseigné sur tous les détails de la vie de chacun des ouvriers.

Mais l'employé ne sait jamais, du fait même qu'il n'a pas de devoirs, s'il a réellement fait tout ce qu'il avait à faire, si son travail était vraiment satisfaisant.

Et voici qu'au moment de partir chez lui, à l'heure où, normalement, les bureaux ferment, l'un de ces employés est appelé chez le patron. On prend un whisky, au cours d'une conversation amicale (on sera en retard à la maison, mais cela ne fait rien). Et puis le patron indique incidemment qu'on a, en ce moment, de très grosses surcharges, un travail très difficile, une affaire très compliquée. Et il dit : « Évidemment, moi qui suis le patron, je vais être obligé, certainement, d'y passer mon week-end. » Alors, le suburbanite, qui a compris, répond : « Je suis là », et il fera deux ou trois heures de travail supplémentaire. Bien entendu, c'est un travail absolument volontaire, libre, qu'il a choisi pour faire plaisir à un patron si amical. Mais, comme il n'y a pas de remarques désagréables, s'il s'en va, s'il refuse de faire ce travail, il n'y aura pas de sanction. Tout est remis à la conscience de cet individu. Mais une conscience que l'on a excitée, une conscience que l'on a sans cesse affinée. Et l'on a mis au point une sorte de mécanisme créateur de mauvaise conscience.

L'employé, dans le système des relations humaines, n'est jamais en règle. Alors il fera du zèle, c'est forcé. Cela correspond un peu à certaines théologies qui, précisément, montrant que l'homme n'est jamais en règle, conduisent l'homme à faire de plus en plus de zèle. C'est exactement le même mécanisme.

Et puis, un jour — pourquoi? on ne le sait pas — il sera invité chez son patron, à déjeuner ou à dîner. Et, à la fin d'un excellent repas, il apprendra qu'il est licencié. On ne lui dit d'ailleurs pas pourquoi. Il ne le saura jamais.

C'est un système d'une efficacité extraordinaire. J'ai eu le témoignage de licenciements de ce genre, non pas parce qu'il fallait faire des compressions de personnel, mais simplement parce que pour maintenir la bonne émulation entre les cadres de la firme, il fallait en renvoyer un; il fallait en renvoyer un pour que les autres continuent à vivre dans cette espèce de tension, dans cette espèce de crainte qui les amène à faire plus que n'importe quel règlement ne les amènerait à faire.

Voilà ce que j'appelle le terrorisme à sa pointe extrême. Nous sommes ici en présence du viol de l'individu sans violence, mais, au contraire, dans un climat d'humanité. Je crois que ce système des relations humaines

1. Ils sont appelés ainsi parce qu'il s'agit habituellement d'habitants des faubourgs.

peut être considéré comme le terrorisme le plus profond, car, finalement, il s'agit d'obtenir la libre acceptation par l'individu, d'une situation objective de contrainte.

Lorsqu'on nous contraint, nous réagissons, bien sûr. Lorsque nous sommes en présence d'un tyran, ou d'un patron, ou d'un professeur qui exerce son autorité, il est normal de refuser et de réagir. Or, là nous sommes en présence d'un mécanisme qui nous conduit à accepter librement cette contrainte qui existe, qui n'est pas du tout supprimée. Il s'agit d'accepter cette aliénation objective dans laquelle nous nous trouvons. Et le jeu de la liberté bien conditionnée fait faire à l'individu juste ce qui est utile. Si l'individu se révolte, il ne peut le faire qu'avec mauvaise conscience, puisqu'il n'a en face de lui que le sourire, et non pas la mauvaise volonté, non pas la violence, non pas la méchanceté.

Il est évident que, dans une classe moderne, où le professeur est « le grand copain », un élève qui reste l'élève traditionnel, qui fait des taches, qui envoie des objets au plafond, etc., c'est un inadapté. En effet, ce qu'on attend de lui n'est plus du tout l'obéissance à un programme arbitraire, ni l'expression de la volonté oppressante d'un autre homme, mais c'est l'obéissance à une sorte de fatalité à laquelle il n'échappe pas. Une fatalité raisonnable. Et l'on s'évertue à lui faire comprendre que cette fatalité est raisonnable. Une fatalité qui implique du même coup mon bonheur, celui du groupe dans lequel je suis et celui de la société.

A ce moment, évidemment, je ne puis que me soumettre à une telle fatalité. D'autant plus que cette soumission va être l'expression de ma liberté, cela va de soi. Comment pourrais-je être autrement qu'un homme libre lorsque j'accepte de participer à ce jeu qui va faire que tout le monde va être heureux dans ce groupe?

Celui qui ne se soumettrait pas acquiert mauvaise conscience, mais acquiert en plus la conviction, non seulement qu'il est out-law, qu'il est en dehors de l'affaire, mais qu'il n'est justement pas libre en ne se soumettant pas; c'est lui qui est déterminé, c'est lui qui est conditionné en ne se soumettant pas.

Ce mouvement, qui est celui de l'humanisme scientifique moderne, est, je crois, l'extrême pointe du terrorisme dans la mesure où, justement, il n'est pas exprimé, où il est complètement intériorisé.

1 ***Résumez le texte ci-dessus en 30 lignes de 10 à 12 mots chacune.*** **2** ***Dans un développement composé, exposez les réflexions que sa lecture vous suggère.***

149. L'ENFER DE LA DÉFONCE

HERVÉ CHABALIER

LE NOUVEL OBSERVATEUR,
MARS 1975.

Un pauvre mec de la défonce, Alain, comme dit l'assistante sociale qui s'occupe de lui. Un modèle parfait de ces jeunes de banlieue, de ces loulous, du *Lumpen* [1] qui ont rencontré la drogue dans les années 1970 et se sont jetés dedans furieusement.

Le malheur, dès la naissance ou presque. Une mère coiffeuse, un père guinéen qui abandonne le foyer pour se lancer dans la politique chez lui, à Conakry. Des divergences avec Sékou Touré, la prison, puis le poteau d'exécution... Un « teint basané », des cheveux crépus, les seuls souvenirs que lui a laissés son père, Alain les porte sur lui. Un métis, un métèque, un déraciné. Ce n'est pas un hasard si, parmi les quatre morts du XIIIe arrondissement, on compte deux jeunes immigrés. A six ans, premier drame, dans la cour de récréation de l'école des Jonquières : trois gamins qui l'entourent, lui crachent dessus, l'insultent : *Sale bicot.* Classique. *J'ai explosé. Pour la première fois, je me suis battu. Depuis je n'ai pas arrêté.* A onze ans, la première bande, celle de son quartier. Un ramassis de gamins qui traînent la savate dans la rue, fument de moins en moins en cachette, sifflent les filles : *Ma mère n'avait pas le temps. Elle est coiffeuse. Il ne faut pas l'accabler.*

A douze ans, les premiers chapardages et les combines : *On connaissait trois sœurs dont les parents avaient une boulangerie qui marchait très bien. On les faisait casquer. Elles devaient piquer dans la caisse du magasin. On flirtait avec pour le standing, tu vois.* Les bagarres aussi, avec chaînes de vélo et boulons, contre ceux des Batignolles. A treize ans, tentative de suicide avec des barbituriques trouvés dans la pharmacie de sa grand-mère à Saint-Ouen. Une mémé gâteau qui se bourre de psychotropes [2] pour dormir, pour se réveiller, pour tout. Une femme qui passera tous ses caprices à Alain et, plus tard, à Philippe, son frère cadet.

L'année suivante, Alain quitte la bande des Jonquières. Il continue à aller en classe, épisodiquement. Il obtiendra quand même le B.E.P.C. Mais, déjà, la grande aventure a commencé. L'appel du Quartier Latin. Cet endroit mythique dont la presse parle, où déambulent ces types extravagants avec leurs cheveux longs et leur guitare. Un coin pour les jeunes. A La Courneuve, pour la fête de « l'Huma » — *C'était pour écouter les Who, la politique c'est bidon, un truc pour occuper le peuple* —, il a rencontré deux jeunes bourgeois qui vivent au Quartier. Une base de départ... Un soir, chez des copains, premier rendez-vous avec la drogue. *Un mec m'a tendu une cigarette, que les autres se passaient de bouche en bouche. J'avais entendu parler du haschisch. Il y avait Jimi Hendrix. Je me suis allongé, je me suis senti à l'aise, dégagé, je ne sais plus, c'est inexplicable.*

Au Quartier, il vit comme les paumés... Les étudiants ont déguerpi devant l'invasion des loubards. La journée commence le soir vers dix-

1. Lumpen-prolétariat : de l'allemand Lump : gueux, désigne la partie la plus misérable du prolétariat dénuée de toute conscience politique. 2. Médicaments stimulants ou calmants.

huit heures. Une longue marche de la fontaine Saint-Michel à la rue Saint-André-des-Arts, de la Huchette à Saint-Séverin. Avec des haltes, toujours les mêmes, dans les cafés « sympas » : le Bistrot 27, le Who's, le Polly Magoo, le Cloître, le Narval, la Rotonde. Autant de maillons où l'on peut trouver le *dealer* qui vend du *shit*, le consommateur qui cherche de « la merde », l'univers des petits trafiquants. Au petit matin, défoncé, ou ivre, Alain regagne une chambre d'hôtel où s'entassent déjà sept, huit, dix copains.

Pour survivre, pour acheter le sandwich tunisien, payer la chambre et surtout le « H », il faut se débrouiller. Au début, Alain se contente de faire la manche, de mendier un ticket de métro qu'il revend aux *connards qui font la queue devant le guichet de la station Saint-Michel, pressés de sauter dans le métro pour aller faire dodo.* Ensuite, viennent les embrouilles, l'arnaque.

Alain connaît place de l'Odéon un vendeur qui *a de tout.* Alors, il fait l'intermédiaire, prend les commandes des « junkies », des « tripeurs [1] », des « fumeurs » et garde une commission au passage. De quoi s'offrir une chambre pour lui tout seul, de quoi abriter sa nouvelle copine. *Elle « tripait », moi non. Un jour elle me dit :* « On « tripe » ce soir. » *J'ai dit oui, question d'honneur, tu vois. Elle m'a dit :* « Qu'est-ce que j'achète : des doubles Sunshine, des monstres verts, des coniques, des buvards, des microns [2]... ? » *J'ai répondu :* « Des doubles. »

Premier acide, premier voyage : *Il faisait noir, tu comprends, sur l'électro, il y avait les Pink Floyd. Je ne sentais plus rien. J'ai posé mes mains sur le radiateur électrique pour sentir la chaleur. Je ne sentais plus mon corps. Quand tu as « tripé », tu n'as plus la même conception de la vie. Dans la rue, les gens normaux ont l'air de larves, toi tu es Superman.*

Alain a quitté le Quartier. *Ça devenait bidon.* Il est reparti vers son XVIIe, pas celui des cabinets d'avocats, l'autre. La bande de Guy-Moquet l'a accepté. Un honneur. [...] Cette bande, l'une des plus dures de la Région parisienne, a longtemps considéré les drogués comme des lavettes. Mais, depuis deux ans, elle s'adonne aux drogues dures : *Je m'étais toujours dit, le « fixe », tu n'y toucheras jamais. Un jour ça s'est présenté. Un mec m'a shooté. C'était mieux que l'acide, incomparablement mieux. Après, tu as le plaisir de te shooter toi-même, de te préparer la cuillère. La première fois, c'était de l'Op. (opium), ensuite tout : la morphine, la poudre (héroïne) mais pas la cocaïne. J'ai un livre qui s'appelle « Histoire de la drogue »; quand j'ai lu « cocaïne », j'ai flippé. Je peux pas t'expliquer. Mais ce que je préfère, c'est le « speed », avec la « perf », tu as un flash superbe, je l'aime beaucoup.*

Les premiers temps, à Guy-Moquet, Alain travaillait un peu : manutentionnaire à la gare de Paris-Nord, peintre intérimaire, coursier. Très vite, il n'a plus eu le courage de se lever le matin. Les vendeurs de « cheval [3] » qui fournissaient la bande sont tombés, les uns après les autres. L'héroïne, plus rare, coûtait très cher. Pour remplacer, il se défonce en reniflant du trichloréthylène (détachant en vente libre dans les drogueries à cette époque), en confectionnant des cocktails de barbituriques, de somnifères, d'amphétamines. Pour acheter de l'héroïne, il fait les premiers

1. Ceux qui prennent de « l'acide », du L.S.D. 2. Différentes qualités d'acides. 3. Héroïne.

« casses », son cran d'arrêt dans la poche, cambriole des appartements et revend les chaînes stéréo, les cassettes, les montres, les bijoux. Entre deux shoots, il traîne, répétant l'éternelle même phrase : *J'ai un... à un bon prix, ça t'intéresse?* Maintenant Alain est bien accroché. L'intoxication devient physiologique, le manque affreusement pénible. C'est le début de l'enfer.

150. QUE PENSER DES COMMUNAUTÉS?

JEAN DUVIGNAUD

LA PLANÈTE DES JEUNES, STOCK ÉD., 1975.

Un aspect du désir de départ est la volonté d'instituer une communauté. Là, il faut s'entendre. Non pas des communautés comme furent celles de « hippies », voici quelques années, ou comme on en rencontre encore çà et là, mais des communautés électives. Ce qui attire ici, c'est la possibilité de se livrer à une activité « valable » (c'est le mot qui revient toujours) « sans perdre sa personnalité » (comme dans le travail industriel) et sans être forcé de se mutiler (comme dans les communautés « hippies » où il faut partager les femmes et les femmes les hommes, « c'est assommant »). En fait, il s'agit de groupes organisés, de micro-organismes cohérents, mais reposant sur la seule affectivité ou le seul désir des participants — ce qui est très comparable à la secte puritaine d'antan (religion en moins). [...]

Sans doute les communautés exercent-elles une moindre fascination que sur les aînés de 1965. Mais ont-elles jamais exercé sur les jeunes Français une séduction réelle? « Les hippies, je les ai vus aux Baléares, dit Jean, instituteur titulaire de 23 ans (Ouest), ce sont des fils à papa, ils ont leur compte en banque et ils jouent à être crasseux. Je parle des Américains, pas des nôtres; ceux-là, je ne sais pas comment ils se débrouillent, mais il y en a peu. » Et qui ajoute : « C'est de vrais riches qui font les faux pauvres, quand il y en a tant de vrais. » Une travailleuse sociale de 20 ans, qui est allée en vacances au Maroc, assure avoir « parlé avec des gens du pays, tous très ennemis des hippies qui s'installent à faire des sacs en cuir et des babioles qu'ils vendent, et l'un d'eux qui avait adopté dix-sept chiens, quand il a reçu le chèque de papa d'Amérique, il est parti avec tous les chiens, en avion, en Californie ».

On pense à d'autres genres de communautés, comme celles de l'Ardèche ou de la Lozère : de jeunes couples venus du Nord et de la ville s'y sont installés en groupe, comme instituteurs, bûcherons, potiers. Ils ont tenté de reconstituer un artisanat local, réalisant un vieux rêve de l'époque de Pétain. A cette communauté musicale qui s'est maintenue quelque temps près de Château-Renault dans l'Indre-et-Loire, à celles qui tentent çà et là, mais surtout dans le Midi, de revivifier des villages morts et de se lancer dans la culture — dans l'hostilité des ruraux. Nous sommes très éloignés de la réalité décrite par Edgar Morin dans *Le Journal de*

Californie et par Anne Lombard dans *Le Mouvement hippie aux États-Unis!*

On peut trouver un désir de créer des groupes sociaux nouveaux et librement consentis, mais autour d'une activité économique non industrielle dans cet élan très limité aujourd'hui vers la communauté, communauté plus organique que celle des hippies. Nous retrouverons cet élan quand nous parlerons des « niches » dont la recherche paraît hanter le subconscient de la plupart des jeunes : préserver des sanctuaires au moment où l'urbanisme détruit les villes, constituer des ensembles organisés et qui articulent sans la détruire la vie de couple et de famille, c'est un idéal assez original.

Ce qu'on rencontre plus nettement encore, c'est une véritable variation saisonnière des attitudes : certains jeunes pratiquent un double genre de vie, l'hiver, voué au travail individuel et à la chambre miteuse, souvent l'abstinence sexuelle; l'été, dans le Midi ou le Centre, à la vie intense de regroupements où se composent des couples pour quelques mois autour du noyau de quelques couples initiateurs. Phénomène plus général qu'on ne le penserait : à Paris, une cinquantaine de filles et de garçons assurent pratiquement cette variation saisonnière. Une étudiante des Beaux-Arts parle de son « troupeau de chèvres qu'une paysanne entretient et qu'elle attend avec impatience de retrouver, mais il lui faut un métier pour être quitte avec sa famille, alors, elle divise sa vie en deux ». Une travailleuse sociale (20 ans, Centre) parle de « gagner de l'argent quand il le faut et de tout dépenser au soleil pour vivre ensemble ». « Ensemble » qui implique le couple et non la communauté sexuelle. Pour vingt d'entre eux (étudiants à Paris I), l'on retrouve un bout de terre familiale abandonné (car l'on est d'origine rurale récente) où l'on invite les amis, et qu'on défriche. Pour d'autres, il s'agit d'une grange, d'une vieille masure dont on répare le toit. Près de Montpellier, des groupes ouvrent durant l'été des restaurants en commun. Le bricolage traditionnel des Français change de point d'application.

Une jeune fille de 20 ans, Lucie (Paris), parle de ces « nuits qu'on passe à dormir dans la grange avec les animaux et qui permettent de vivre ensuite à Paris, et on se baigne tout nus dans le ruisseau le matin, on mange ce qu'on grille ». Il faut rappeler aussi que l'alimentation diététique accompagne parfois la vie en groupe, chez les filles surtout, qui optent pour le « macrobiotique », tandis que les garçons renoncent à l'alcool et se contentent de grillades « plus naturelles ». On pratique aussi fréquemment le yoga, et tous ensemble sous la conduite d'un initié. Entre cette communication intense des individus et l'ingestion commune de nourriture rituelle, la relation est précise : la nourriture macrobiotique, les grillades « naturelles », le yoga ramènent au corps ce qui paraît s'être égaré dans le dédale d'une intellectualité trop abstraite.

Elle établit aussi un régime de privation, voire de frustration, qui est d'autant mieux accepté qu'il est assumé en commun, sous le regard de tous, et cette privation volontaire accentue (comme le montre la mystique du désert arabe ou les communautés religieuses du Moyen Age) la cohésion du groupe. La vie des sectes de jeunes paraît, en France du moins, reposer sur un genre d'hygiène et d'ascétisme qui les oppose et les différencie des adultes « rabelaisiens » et de leur « bonne chère ». Une contre-société se construit moins avec des idées qu'avec des régimes et la frustration de ce que consomme en surabondance le plus grand nombre.

Une troisième voie affecte les jeunes qui cherchent à tirer de la société telle qu'elle est une plus grande intensité d'expérience et même de liberté, cela sans bouleverser la trame de la vie collective instituée.

Ainsi, ces instituteurs du Nord de la France, tous camarades de promotion, de régiment ou d'école, et mariés, se sont fait nommer dans le même canton pour vivre ensemble et chercher à « être comme ils ont envie d'être en se foutant du reste ». Un journaliste stagiaire de l'Ouest ne montre aucune sympathie pour les « trucs gauchistes », mais se sent attiré vers des formes exaltantes de vie collective : « Pas celle des communautés et tous ces machins qui sont un ratage complet, mais un groupe où il y ait un leader qui vous donne un idéal ou un travail commun, une équipe. » Il pense qu'il faut « un projet en commun pour s'arracher à toutes les petites vies de chacun, quelque chose à quoi on puisse se sacrifier. C'est scout ? C'est autre chose. Il est possible qu'il y ait dans la société d'aujourd'hui deux ou trois trucs qui ne soient pas encore utilisés, des trucs auxquels personne ne pense encore et qu'on peut réveiller ainsi. Comme ça, on prend appui sur la société et on en tire une sorte de liberté ».

151. LA VIE SIMPLE

ALFRED SAUVY

CROISSANCE ZÉRO, CALMANN-LÉVY ÉD., 1973.

« Je conseille une monnaie de plomb et une existence rustique. »

C'est ainsi qu'Alain terminait son ouvrage peu connu *Propos d'économique*.

Laissons de côté la monnaie de plomb ou transmettons-en l'idée au Fonds monétaire international qui ne semble pas y avoir pensé, pour nous attacher au concept de vie rustique, si séduisant qu'il s'est, un moment, traduit dans notre ameublement avec des infortunes diverses.

La critique de la société de consommation s'est faite, nous l'avons vu, par deux voies bien différentes. Aux alarmes lancées par les écologistes ont répondu ou correspondu les manifestations de refus de la cage d'écureuil. Entre les deux, si l'on peut dire, des avis autorisés se sont prononcés pour un retour à une vie « végétale », cette fois respecté.

Cette idée ne date pas du XXe siècle. Elle correspond au mythe de l'éternel retour, peut-être aussi au souci d'une certaine pureté. Que nous ayons fréquenté ces hommes ou non, nous avons tous en nous du Rousseau, du Virgile, sinon du Théocrite et, par moments même, un peu de Diogène, du moins tel que nous le présentent deux épisodes classiques de sa vie. Lisant *la Mort du loup* de Vigny, nous nous mettons résolument du côté du loup.

Sans participer tout à fait du même sentiment, les aspirations d'Owen, de Fourier séduisent ceux qui n'ont pas été happés par la société de consommation. Faut-il ajouter que Méline [1] n'a fait que suivre un sentiment resté vivace pendant tout le XIXe siècle du moins chez les pourvus ? Méline était réactionnaire, tandis que Fourier est considéré comme pro-

1. Jules Méline, homme politique français (1838-1925), auteur de *Le retour à la terre* et *Le salut par la terre*, ministre de l'agriculture (1883-1885 et 1915-1916) a défendu une politique protectionniste. Il apparaît comme un défenseur du malthusianisme économique.

gressiste. Les petits hauts fourneaux de campagne de la Chine répondaient à la même tendance.

Bref, ce courant de pensée est très large, dans le temps et l'espace. Que faut-il en penser, non sur le plan éthique qui laisse à chacun tant d'aisance, mais sur le plan économique?

Simplicité

Nous voilà donc, enfants prodigues, près de notre mère, acceptant délibérément de sacrifier hochets, gadgets et supplice de Tantale.

Nous voulons ne plus être difficiles. Seulement, sans bien nous en apercevoir, nous considérons presque comme « naturel » le maintien d'un certain nombre de services assurés par la société de consommation et sa haute technique.

Notre santé, nous n'y pensons guère... tant qu'elle est bonne. Mais si quelque chose se détraque, chez nous ou dans notre famille, nous entendons trouver tout l'appareil médical, l'arme au pied et, au besoin, bistouri en main pour nous prodiguer les secours les plus étendus des dernières techniques.

Ne tenant pas à ce que nos enfants deviennent des enfants des bois, nous désirons qu'ils reçoivent une instruction au moins égale à la nôtre, en fait supérieure, car, en vingt-cinq ans, la connaissance a fait du chemin. Nous aimons beaucoup et admirons les bougies le soir, à condition toutefois qu'elles reçoivent le discret renfort de lampes électriques. Le feu de bois, c'est un régal, surtout s'il ne faut pas aller scier des bûches et si un généreux chauffage central assure l'ambiance.

Et puis, après tout, il faut manger.

Bref, l'idée séduisante de retour à l'état naturel, à une vie végétale ne dure guère qu'un été et d'une façon très relative. Virgile s'extasiait devant les gémissements des bœufs, mais avait des esclaves pour traire ses vaches. Rousseau fut fort aise de trouver une assistance publique pour élever ses enfants. Quant à Diogène, il devait bien produire quelque chose ou vivre du travail des autres.

Aucune des communautés rurales constituées depuis vingt-cinq ans dans l'enthousiasme de cette retrempe et du refus de la vie corrompue n'a résisté longtemps à l'épreuve économique. Nous pouvons, au hasard de courses dans les Causses ou les Pyrénées, rencontrer encore aujourd'hui bien des bergers, mais, parmi eux, l'urbain retiré et philosophe est extrêmement rare. Tout cela est déplaisant, car notre rêve est secoué par un ignoble réalisme.

Communes et hippies

Les hippies nous ont donné une leçon de vie, en prouvant, si l'on peut dire, l'immobilité par l'arrêt. Cette attitude est trop fréquente pour être considérée avec mépris, tant elle constitue une terrible critique, à l'égard de notre société.

Seulement, ces hommes n'existent que par la société qu'ils maudissent. A New York, dit-on, certains travaillent seulement un jour sur dix, à laver les carreaux; les 40 dollars gagnés leur permettent, assure-t-on, de vivre, drogue comprise. Cela resterait à prouver. Mais, même une fois la preuve faite, nous pourrions simplement en conclure que la société est suffisamment riche pour assurer la vie d'un certain nombre d'improductifs. Car, en laissant même de côté les soins médicaux, la mendicité, quelques secours inévitables, même avant la période de vieillesse, il faut pour que certains puissent vivre en lavant, de temps en temps, des carreaux, une société hautement productive, disposant de larges réserves. Nous le savions déjà avant l'existence des hippies, dont la seule nouveauté est leur origine sociale et leur âge.

La façon dont vivent les « communes » demande elle aussi quelque attention. Si elles exercent des professions normales, en quelque sorte, peut-être trouvent-elles quelque avantage à la vie en commun; nous ne jugeons pas les autres aspects, ni les chances de durée.

Mais ce n'est pas l'idéal souhaité. Dans l'admirable *Journal de Californie*, dont le style, tout au moins, répond à l'idéal de simplicité, E. Morin nous parle d'une commune vivant en marge de la société; marginalisme intérieur, bien entendu. Une femme de cette communauté est divorcée et reçoit une pension de son mari; bien opportune est l'acceptation, par lui, de la société de consommation; il doit « fonctionner » dans quelque bagne bureaucratique industriel. Les membres se proposent aussi de recourir au travail artisanal, lequel recueille évidemment toutes les sympathies du lecteur. Seulement, il s'agit très probablement non de plomberie ou serrurerie mais de quelque substitut de Vallauris. Cela implique qu'il y ait, dans la société, un nombre suffisant de ménages gagnant 20 000 dollars par an, pour disposer de ce superflu, qui crée parfois des amateurs d'art. Tout cela s'harmonise alors très bien.

Bien entendu, ajoute l'auteur, ces personnes ont une voiture, car l'on n'imagine pas de vivre en Californie sans voiture. Observation fort juste, mais qui suppose l'existence de pompistes, de quelque General Motors, de discussions à Téhéran ou ailleurs avec les pays producteurs de pétrole, etc.

Très séduisant est l'antimatérialisme, dans le bain de la société de consommation. Il est heureusement avec l'enfer des accommodements. Plus d'un jeune révolté aux États-Unis réalise le compromis nécessaire en se servant d'une voiture apparemment vieille et suffisamment cabossée. Peut-être y a-t-il même des spécialistes pour faire cette transformation. Le vêtement subit des avatars analogues.

Certes, les sincères, les désintéressés ne manquent pas. Sans doute aussi, un grand nombre d'entre eux résisteraient-ils à l'épreuve comme saint Jérôme. Les plus dignes sont évidemment sans affectation, sans éloquence.

Les observations précédentes ne signifient pas que l'ensemble de la société ne puisse vivre sur des bases beaucoup plus modestes que les actuelles. Mais elles conduisent à se défier des mirages de cette vie simple et notamment de son autonomie. Entre l'animal sauvage et l'animal domestique il y a des intermédiaires qui vivent en marge mais aux dépens de l'activité humaine.

1 ***Résumez en 20 à 25 lignes le texte ci-dessus.*** **2** ***Vous exposerez dans un développement composé les réflexions que ce texte vous suggère.***

152. IL N'EST PAS DE DESTIN QUI NE SE SURMONTE PAR LE MÉPRIS

ALBERT CAMUS

LE MYTHE DE SISYPHE,
GALLIMARD ÉD., 1943.

Les mythes [1] sont faits pour que l'imagination les anime. Pour celui-ci [2] on voit seulement tout l'effort d'un corps tendu pour soulever l'énorme pierre, la rouler, et l'aider à gravir une pente cent fois recommencée; on voit le visage crispé, la joue collée contre la pierre, le secours d'une épaule qui reçoit la masse couverte de glaise, d'un pied qui la cale, la reprise à bout de bras, la sûreté tout humaine de deux mains pleines de terre. Tout au bout de ce long effort mesuré par l'espace sans ciel et le temps sans profondeur, le but est atteint. Sisyphe regarde alors la pierre dévaler en quelques instants vers ce monde inférieur d'où il faudra la remonter vers les sommets. Il redescend dans la plaine.

C'est pendant ce retour, cette pause, que Sisyphe m'intéresse. Un visage qui peine si près des pierres est déjà une pierre lui-même! Je vois cet homme redescendre d'un pas lourd mais égal vers le tourment dont il ne connaîtra pas la fin. Cette heure qui est comme une respiration et qui revient aussi sûrement que le malheur, cette heure est celle de la conscience. A chacun de ces instants, où il quitte les sommets et s'enfonce peu à peu vers les tanières des dieux, il est supérieur à son destin. Il est plus fort que son rocher.

Si ce mythe est tragique, c'est que son héros est conscient. Où serait en effet sa peine, si à chaque pas l'espoir de réussir le soutenait? L'ouvrier d'aujourd'hui travaille, tous les jours de sa vie, aux mêmes tâches et ce destin n'est pas moins absurde. Mais il n'est tragique qu'aux rares moments où il devient conscient. Sisyphe, prolétaire des dieux, impuissant et révolté, connaît toute l'étendue de sa misérable condition : c'est à elle qu'il pense pendant sa descente. La clairvoyance qui devait faire son tourment consomme du même coup sa victoire. Il n'est pas de destin qui ne se surmonte par le mépris...

Toute la joie silencieuse de Sisyphe est là. Son destin lui appartient. Son rocher est sa chose. De même, l'homme absurde, quand il contemple son tourment, fait taire toutes les idoles. Dans l'univers soudain rendu à son silence, les mille petites voix émerveillées de la terre s'élèvent. Appels inconscients et secrets, invitations de tous les visages, ils sont l'envers nécessaire et le prix de la victoire. Il n'y a pas de soleil sans ombre, et il faut connaître la nuit. L'homme absurde dit oui et son effort n'aura plus de cesse. S'il y a un destin personnel, il n'y a point de destinée supérieure ou du moins il n'en est qu'une dont il juge qu'elle est fatale et méprisable. Pour le reste, il se sait le maître de ses jours. A cet instant subtil où l'homme se retourne sur sa vie, Sisyphe, revenant vers son rocher, contemple cette suite d'actions sans lien qui devient son destin, créé par lui, uni sous le regard de sa mémoire et bientôt scellé par sa mort. Ainsi, persuadé de l'origine tout humaine de tout ce qui est humain,

1. Voir note 1 page 111. 2. Le mythe de Sisyphe.

aveugle qui désire voir et qui sait que la nuit n'a pas de fin, il est toujours en marche. Le rocher roule encore.

Je laisse Sisyphe au bas de la montagne! On retrouve toujours son fardeau. Mais Sisyphe enseigne la fidélité supérieure qui nie les dieux et soulève les rochers. Lui aussi juge que tout est bien. Cet univers désormais sans maître ne lui paraît ni stérile ni futile. Chacun des grains de cette pierre, chaque éclat minéral de cette montagne pleine de nuit, à lui seul forme un monde. La lutte elle-même vers les sommets suffit à remplir un cœur d'homme. Il faut imaginer Sisyphe heureux.

1 *Qui était Sisyphe? Montrez en quoi le mythe de Sisyphe symbolise le destin de l'homme.* **2** *Commentez avec précision le passage : « C'est pendant ce retour... qui ne se surmonte par le mépris ».* **3** *En quoi consiste la* « victoire » *de Sisyphe? Quelle est la raison de sa* « joie silencieuse »*? Quelle est cette* « fidélité supérieure » *que Sisyphe nous enseigne?* **4** *Commentez la phrase suivante : « La lutte elle-même vers les sommets suffit à remplir un cœur d'homme ».*

153. L'HOMME, MAÎTRE DE LA NATURE ET DE LA VIE

JEAN FRÉVILLE
L'ÉPOUVANTAIL MALTHUSIEN,
ÉD. SOCIALES, 1956.

Impuissant à satisfaire les besoins du plus grand nombre et impuissant aussi à utiliser la totalité de ses moyens de production, le capitalisme est devenu, autant par ses contradictions que par ses carences, le principal obstacle à l'édification d'une société rationnelle, rendue possible et nécessaire par l'évolution de l'histoire et les conquêtes de la science.

Au seuil de l'âge atomique, générateur d'abondance, quel anachronisme que cette économie fondée sur la rareté, plongée dans l'anarchie, acculée à la destruction des marchandises ou à la sous-production dans un monde qui souffre de la disette et manque du nécessaire! Régime où la course au profit et les conflits économiques conduisent à la guerre, où l'on se plaint tantôt d'un excès de produits, tantôt d'un excès de population, et parfois en même temps des deux, où l'on anéantit les richesses et les hommes parce qu'il existe d'une part des marchandises en surnombre et de l'autre des hommes qui ont faim...

Détruire les produits, amputer la population pour l'adapter à une économie étriquée, étranglée, rétrécie... Ne vaudrait-il pas mieux adapter l'économie aux besoins accrus d'une population croissante?

Le malthusianisme [1] démographique étouffe la vie. Le malthusianisme économique étouffe les forces productives. L'un et l'autre étouffent l'homme.

Maintien du plus grand nombre dans la misère pour assurer l'opulence de quelques-uns, réclament les idéologues des oligarchies [2]. Non, répondent les peuples, accession des masses aux richesses créées par le travail des masses!

1. Voir note 3, page 220. 2. Petits groupes qui détiennent le pouvoir.

Cependant, les apôtres de la famine et de la destruction se refusent à voir les vastes perspectives qu'élargit sans cesse le progrès. La vie n'aurait triomphé de la nature et reculé les frontières de la mort que pour se condamner elle-même à mort...

La poussée démographique qui caractérise le XXe siècle et sur laquelle les néo-malthusiens fondent leurs calculs angoissés, tient à deux causes principales : l'extrême misère d'une part, les progrès de la médecine et de l'hygiène de l'autre.

Ce n'est pas le nombre qui provoque la misère, mais la misère qui produit le nombre. Les populations les moins bien nourries prolifèrent le plus. Les Romains désignaient du nom de prolétaires (*proles*, lignée) les citoyens de la sixième et dernière classe du peuple, exempts d'impôts du fait de leur pauvreté, et qui n'étaient utiles à la République que par les enfants qu'ils engendraient. Cette conséquence physiologique de la sous-alimentation, un dicton brésilien la rappelle : « La table du pauvre est maigre, mais le lit de la misère est fécond. »

Dans les pays sous-développés, les progrès de la médecine — on fabrique, exporte et vend plus aisément des produits pharmaceutiques que des machines — ont devancé le progrès économique et social. D'où un déséquilibre, un goulot d'étranglement, une phase critique, mais transitoire, qui prendra fin avec le changement des structures sociales, le libre essor des forces productives, l'élévation du niveau de la vie, la diffusion des connaissances et du bien-être. Les soins de la santé et du corps, qui ont provoqué la baisse de la mortalité, agiront avec un certain retard, mais dans le même sens, sur une natalité exubérante.

S'intéresser au sort des populations, ce n'est pas les blâmer, les persécuter, les combattre, accepter ou souhaiter le dépérissement, la ruine, la disparition du plus grand nombre, comme l'ont fait Malthus et ses continuateurs. C'est s'attaquer aux fléaux et aux iniquités, extirper les souffrances, multiplier les richesses. C'est travailler au bien-être des individus, au développement pacifique des nations.

Tout nous annonce que le travail et le génie humains, qui ont remporté tant de victoires, accompli tant de prodiges, construit tant de machines étonnantes et merveilleuses, élevé tant de monuments impérissables, sauront édifier un avenir à leur mesure, une société libérée de la servitude, de la guerre et de la faim, à travers lesquelles la vie a dû si longtemps se frayer un chemin hasardeux.

1 *Quels reproches l'auteur adresse-t-il à l'économie capitaliste?* **2** *Quelles sont les causes, selon lui, du malthusianisme démographique et du malthusianisme économique?* **3** *Quelles explications donne-t-il de la poussée démographique qui caractérise le XXe siècle? Ne pouvez-vous découvrir d'autres causes?* **4** *Quelles objections pouvez-vous présenter aux principales affirmations soutenues par l'auteur?*

Ville de Sucy-en-Brie (Val de Marne).

perspectives nouvelles

Toutes les époques ont eu l'impression de traverser une crise, de vivre un changement d'âge, de s'engager dans une voie nouvelle. Toutes ont éprouvé le besoin de faire le point, de présenter le bilan de l'immense entreprise qu'est l'aventure humaine.

Mais, « faire le point », ainsi que le fait remarquer Gaston Berger, « c'est savoir qu'on n'est pas arrivé. C'est seulement chercher, avant d'entreprendre une nouvelle étape, à recueillir et à mettre en ordre les informations dont on peut disposer ».

Notre époque fait donc, à son tour, le bilan de la gestion qui lui a été confiée par les siècles précédents avant de décider par quels chemins nouveaux elle marchera vers son destin.

Mais l'examen même de son propre passé — un véritable examen de conscience par certains côtés — lui révèle que la marche en avant a pris depuis quelques décennies des caractères nouveaux : d'une part l'accélération des processus d'enchaînement des phénomènes qui bouleversent notre monde, d'autre part l'universalisation de ces phénomènes dont les mouvements affectent désormais tous les cantons du globe.

154. RÉFLEXIONS SUR L'ATTITUDE PROSPECTIVE

JACQUES DE BOURBON-BUSSET

LA SOCIÉTÉ DE DEMAIN,
REVUE LA TABLE RONDE, N° 117, OCTOBRE 1962.

La prospective est une prévision qui a des caractères particuliers. Elle doit être à la fois lointaine, globale et désintéressée. Ces caractères sont tous trois indispensables, mais aucun n'est suffisant.

Lointaine. Il faut pouvoir dépasser le cadre de quinze ans, qui est l'horizon de la prévision habituelle. La difficulté est que le temps n'est pas homogène. Les années n'ont pas la même valeur quand elles se placent dans vingt ans, ou dans cinq ans, ou dans dix ans...

Une autre difficulté de cette prévision à long terme c'est qu'il faut que nous réfléchissions à ce qui se passera dans vingt ans, ou dans trente ans, avec un outillage mental qui est celui que nous avons reçu nous-mêmes il y a vingt ans ou quelquefois quarante ans.

La prospective doit aussi être globale, et donc éviter les cloisonnements. Il est plus facile de faire une prévision globale qu'une prospective globale. Quand on fait de la prévision à court terme, on peut faire l'inventaire des différents secteurs, tandis que, quand il s'agit de prospective, il est tentant de se limiter à quelques secteurs où la prospective paraît plus aisée. C'est pour cela d'ailleurs qu'on a pu dire que dans certains cas il est plus facile de faire de la prévision à très long terme qu'à court terme.

Un gros danger est d'attacher une importance privilégiée à certains secteurs dont l'évolution à long terme est plus facilement prévisible que d'autres. Un exemple. Actuellement, il est sans doute plus facile de faire de la prospective sur l'astronautique que sur certaines autres disciplines scientifiques comme la biologie ou la biochimie.

Comment faire l'inventaire complet, le dénombrement à la Descartes de toutes les branches pour avoir un tableau véritablement complet, une sorte de panorama de l'esprit? Il est nécessaire de faire au départ une analyse extrêmement poussée et très attentive, aussi exhaustive que possible, du présent, afin de ne négliger aucun des éléments, aucun des facteurs porteurs d'avenir, aucun germe d'avenir.

En effet, un des risques de la prospective est de se livrer à une pure et simple extrapolation sur des bases actuelles elles-mêmes imprécises, et somme toute de construire un édifice sur du sable. En matière de statistique, cela peut arriver. On peut très bien partir sur une base statistique qui soit fragile, et l'extrapoler à vingt ans.

Cet inventaire très précis du présent, ou plus exactement du passé récent, est d'autant plus important que l'histoire nous démontre, très souvent, qu'à une époque donnée, les facteurs porteurs de l'avenir passent inaperçus, alors qu'au contraire les contemporains attachent une importance extrême à des phénomènes qui n'ont pas d'avenir.

Cette analyse globale devrait étudier de très près les « jointures », les zones frontières. Les sciences qui se développent portent toutes des doubles noms : optique électronique, biochimie, etc.

Il faut tâcher de défricher les terres encore vierges. C'est là, par priorité, qu'apparaîtront les vrais phénomènes nouveaux.

Pour avoir une vue d'ensemble, une vue globale, il faut se placer à un point de vue qui le permet. La question du nombre des idées (Einstein disait qu'il n'avait jamais eu qu'une ou deux idées dans sa vie) compte moins que le point de vue où l'on se place pour les guetter, les faire naître, les développer.

Dans un paysage de montagne, la vue qu'on a du sommet n'est pas l'addition de vues fragmentaires obtenues de différents points de vue découverts au cours de l'ascension. La vue du sommet est autre chose. La juxtaposition des points de vue particuliers ne donne pas la vue synthétique. C'est pourquoi il semble important que la prospective se place d'un point de vue tout à fait désintéressé, tout à fait détaché des points de vue particuliers, et surtout — c'est le plus difficile — du point de vue personnel.

Un grand danger, c'est un certain égocentrisme intellectuel, un certain arrivisme intellectuel qui fait qu'on tend à nourrir les idées qui peuvent nous servir, non pas matériellement mais pour notre carrière, pour nos relations avec des personnes dont l'appui nous est utile, pour obtenir des avantages, des distinctions ou même simplement une audience auprès des milieux à la mode; bref, toutes sortes d'arrière-pensées s'insinuent dans l'esprit et nuisent à la liberté de son effort.

Il faut savoir remettre en question sa propre pensée, ainsi que les méthodes par lesquelles on est arrivé à certains résultats provisoires. Il faut prendre ses distances vis-à-vis de soi-même, éviter la complaisance.

155. LE TRAVAIL DANS LE MONDE DE DEMAIN

GEORGES FRIEDMANN
LA SOCIÉTÉ DE DEMAIN,
REVUE LA TABLE RONDE, N° 117, OCTOBRE 1962.

L'organisation scientifique apparaît donc, aujourd'hui, comme un fait de civilisation qu'il ne s'agit ni d'incriminer ni d'exalter, mais de reconnaître dans sa nécessité historique et sociale, dans ses liens avec d'autres faits de civilisation inséparables des sociétés industrielles évoluées.

Ainsi s'observent partout les bornes mises à la spontanéité des exécutants qui forment l'immense majorité des salariés dans l'ensemble de la population active. Pour eux, il est peu d'espoir qu'ils puissent, dans les limites de leur travail, trouver un champ où exercer leur indépendance d'esprit, peu de chances de le contrôler, de l'organiser à leur guise, d'y exprimer en quelque mesure leur personnalité. Il leur est devenu quelque chose d'étranger et par rapport à quoi ils sont « aliénés ».

L'aliénation du travail est incluse dans l'essence même des sociétés industrielles et le nombre des petits producteurs autonomes, susceptibles de prendre des initiatives, ne cesse de diminuer. Les salariés reçoivent des ordres, dont l'élaboration s'est faite à leur insu et auxquels ils doivent obéir strictement, quel que soit le secteur de leur activité : administration, commerce et même, de plus en plus, agriculture aussi bien qu'industrie.

L'« enrégimentation » semble donc être le destin de l'industrie moderne, commandée par son efficacité et sa productivité. L'organisation scientifique du travail porte en elle cette contrainte. La rigoureuse séparation des tâches de gestion (au sens large du terme) et d'exécution dans une entreprise complexe est en fait, de quelque nom qu'on l'appelle, une dichotomie [1] entraînant, parmi ses premières conséquences, la non-coopération. [...]

Une première tendance, qui nous semble ressortir de beaucoup de faits et d'observations, est le déclin, aussi bien dans la conscience du groupe ouvrier que dans celle des autres catégories sociales de la population, de l'opposition entre les travaux manuels et le reste des activités de travail.

Cette opposition a été longtemps accompagnée, dans les sociétés aristocratiques, d'un mépris de toutes les activités de travail, agricoles, industrielles, commerciales et de ceux qui les accomplissaient, relégués aux plus bas degrés de l'échelle sociale, esclaves ou affranchis, puis serfs, gens d'échoppe, de boutique et de glèbe. Au fur et à mesure que croissait l'importance prise dans la société par la bourgeoisie, le discrédit du travail a perdu de son extension et s'est réduit aux travaux manuels. Mais parallèlement, réagissant contre le mépris des classes bourgeoises, naissait et s'affirmait avec vigueur une valorisation du travail manuel où se mêlent la fierté d'œuvrer et de créer de ses mains, le sentiment de la puissance collective de ceux qui, travaillant de leurs mains, sont alors les seuls producteurs des biens sans lesquels il n'est pas de vie sociale, la valeur du travail en tant que formation morale et instrument de culture...

La disparition progressive des tâches manuelles d'exécution, la diminution du nombre des « ouvriers » conformes au modèle antérieurement valorisé ou dévalorisé (selon les milieux), l'entremêlement, aux tâches manuelles subsistantes, des tâches « intellectualisées », sont autant de faits qui transforment les conditions du travail.

Bien que notre siècle ait apporté au groupe ouvrier de substantielles améliorations matérielles, la reconnaissance de son importance dans la société et une apparente intégration, l'aliénation entretenue dans l'entreprise au cours de l'étape actuelle de l'industrialisation a marqué non seulement l'ouvrier, en tant qu'individu, mais aussi son milieu tout entier.

Aussi beaucoup d'observateurs et d'écrivains ouvriers ont-ils récemment parlé d'une tristesse ouvrière, que ne peuvent vraiment guérir une active participation politique ou syndicale, ni des projets d'évasion vers le petit commerce ou le petit emploi tertiaire.

Mais un tableau trop sombre devrait être corrigé par d'autres traits : il ne tient pas compte, par exemple, des tendances à de nouvelles formes d'intégration des travailleurs dans les industries évoluant vers l'automatisme. Alors que la période des machines-outils individuelles et du classique travail à la chaîne avait multiplié, dans les ateliers, non des équipes mais des additions ou collections de travailleurs atomisés usinant chacun une pièce ou exécutant une brève série d'opérations stéréotypées, les ateliers comprenant des ensembles automatiques voient apparaître des équipes structurées, assemblage de spécialistes qui doivent concourir simultanément à une même tâche et ne ressemblent donc plus aux collections d'ouvriers sur machine individuelle. Il est possible que ces nouvelles structures s'affirment assez pour neutraliser, au moins chez certains, la « tristesse ouvrière » et amorcer une véritable intégration à l'entreprise.

1. Proprement, un sectionnement en deux.

En revanche, tant que le système de la dichotomie demeurera dominant, tant qu'il minera, à la base, les efforts orientés vers la participation, l'intégration du groupe ouvrier à la société sera illusoire. Car l'ouvrier se définit (et se sépare) par sa contestation de la place qui lui est faite à l'usine et dans la société, en raison du genre de travail (manuel) qu'il accomplit. Mais il se définit et se sépare aussi par la conscience quotidienne de son insertion aux plus bas degrés de l'exécution dans le système contraignant de l'O.S.T. [1] Il s'ensuit que même dans l'étape nouvelle où les ouvriers sont progressivement libérés des tâches manuelles, même dans l'usine de l'avenir où celles-ci seraient toutes éliminées par l'automatisme, la condition ouvrière des exécutants, chargés de nouvelles tâches, ne serait pas supprimée. Seul le rapprochement du milieu ouvrier et du milieu de décision porte en lui des chances sérieuses de dépasser la condition ouvrière qui nous paraît demeurer un fait universel.

Les sociétés aristocratiques et féodales avaient jadis adapté leur système pédagogique à l'*homme exempt de travail*, c'est-à-dire aux groupes sociaux déchargés des tâches manuelles et, en général, du travail productif abandonné aux classes inférieures. Les sociétés bourgeoises, à partir de l'ère des révolutions industrielles, ont tendu et tendent encore à élaborer un réseau d'institutions scolaires au service de l'*homme au travail*, de la profession, du métier, d'une spécialisation de plus en plus scientifiquement fondée et techniquement développée. Ce courant est loin d'avoir épuisé son élan et perdu sa légitimité : mais aujourd'hui, il faut sans plus tarder que l'Enseignement rénove hardiment ses méthodes et ses programmes, en fonction des besoins de l'*homme d'après le travail*.

L'observation des sociétés industrielles, la prévision de leurs probables développements conduisent donc à proclamer la nécessité d'une mobilisation des ressources publiques et des initiatives privées en faveur d'un immense effort d'enseignement et de promotion : seul moyen de dépasser les vices actuels de l'organisation dichotomique, d'assurer la participation réelle du plus grand nombre à la vie économique, de détecter et d'utiliser les capacités aujourd'hui déplorablement gaspillées, d'humaniser, autant que faire se peut dans la civilisation technicienne, la vie de travail et la vie hors travail...

1. Organisation scientifique du travail.

156. POUR OU CONTRE L'AMÉRICANISATION

JEAN-JACQUES SERVAN-SCHREIBER

LE DÉFI AMÉRICAIN,
DENOËL ÉD., 1967.

Plusieurs économistes raisonnables se demandent si, finalement, devant l'impressionnante avance prise par l'industrie américaine dans les secteurs clés, la voie la plus rapide du développement pour les Européens n'est pas de laisser le soin aux managers américains de gérer l'essentiel de nos industries. C'est d'ailleurs vers quoi l'Europe s'oriente depuis plusieurs années, et l'on ne voit guère de symptômes sérieux de changement de cap. N'est-ce pas, économiquement parlant, la meilleure solution, la plus simple au fond ?

On ne saurait prétendre apporter une réponse scientifique à cette interrogation. Il n'est même pas impossible que le retard pris par l'Europe, dans l'invention comme dans la gestion, soit tel qu'un effort réel vers l'autonomie ne fasse, pour un temps, que l'aggraver.

A court terme, la dépendance est bénéfique. L'investissement américain, qui est actuellement le facteur essentiel de domination, constitue aussi le véhicule principal de la pénétration du progrès technique dans nos économies.

Directement, il introduit chez nous des techniques de fabrication et des procédés de gestion que nous ne connaissions pas. Indirectement il contraint les producteurs européens à un effort de rationalisation et de progrès qu'ils n'auraient pas consenti s'ils n'avaient pas été placés sous la pression de cette concurrence. L'effet économique immédiat de l'investissement américain est positif.

Si nous continuons à admettre, sous la forme actuelle, l'afflux des investissements américains, nos pays européens ne manqueront pas de participer aux bénéfices que les investisseurs étrangers tirent de leur productivité plus élevée. Et ce phénomène tend à se diffuser dans toute l'économie, favorisant ainsi l'élévation du niveau de vie.

Un autre élément milite en faveur d'une attitude libérale à l'égard des investissements américains. Quelle que soit la portée du mouvement de rationalisation qui est actuellement en cours dans l'industrie européenne, il est vraisemblable que celle-ci ne parviendra pas avant longtemps, sauf dans quelques secteurs, à offrir aux salariés des rémunérations comparables à celles que proposent les firmes américaines. Nous ne devons pas oublier que si l'industrie européenne demeure compétitive avec celle des États-Unis, dans plusieurs secteurs, c'est grâce à un niveau de salaires deux fois moins élevé, dans bien des cas, en Europe qu'aux États-Unis.

Mais, à long terme, il n'en va plus de même. La question de savoir si les Européens n'auraient pas finalement intérêt à confier une part croissante de leur développement industriel aux États-Unis revient à se demander s'il est plus fécond d'être salarié ou d'être chef d'entreprise. A l'échelle des nations en tout cas, et étant donné la situation de l'Europe, on peut formuler sans ambiguïté la réponse à cette question. L'analyse économique nous montre que l'investissement étranger comporte, en matière de développement national, d'étroites limites qui sont inscrites dans le processus même de la création industrielle.

L'investisseur américain ne transfère en Europe que la fabrication de produits qui ont déjà été éprouvés sur son marché national. Dans ces conditions, en confiant aux Américains un rôle prépondérant dans le développement des nouvelles productions industrielles, nous nous condamnerions à demeurer, secteur par secteur, en retard d'une ou plusieurs étapes dans la course au progrès.

L'expérience montre, sans exception, que l'inventeur d'un produit ou d'un procédé nouveau, dans l'économie moderne dont le caractère essentiel est un rythme d'innovation accéléré, se trouve en situation de force par rapport à ses concurrents. Lorsqu'il accepte de partager avec eux le fruit d'une découverte, il le fait en exerçant un véritable effet de domination qui s'exprime par le montant élevé des redevances qu'il exige naturellement en contrepartie.

Il existe, notamment, pour les grandes entreprises, une corrélation directe entre la rentabilité générale de l'entreprise et le niveau de la recherche avancée. Ce lien montre que l'innovation constitue pour l'entreprise moderne la principale source nette de profits.

L'intervention à doses de plus en plus massives des investissements américains dans les secteurs de pointe a, pour l'Europe, l'avantage, à court terme, de la dispenser d'efforts de recherche très coûteux; mais, à plus long terme, elle prive l'économie européenne des possibilités d'expansion rapide qui existent seulement dans les secteurs de pointe. Elle aboutit à réduire de plus en plus la rentabilité des entreprises proprement européennes. Elle les contraint à verser des sommes croissantes au titre de brevets et licences. A ces sorties de fonds, de type néo-colonialiste, s'ajoutent celles qui correspondent aux dividendes rapatriés aux États-Unis. Ces dividendes sont, d'ores et déjà, plus importants que les sorties de fonds en provenance des U.S.A. qui servent à financer les nouveaux investissements américains. C'est l'une des raisons pour lesquelles nous assistons à un phénomène de boule de neige, qui a peu de chances de se freiner lui-même.

157. LE MONDE AU-DELA DE 1980

JEAN-JACQUES SERVAN-SCHREIBER

LE DÉFI AMÉRICAIN,
DENOËL ÉD., 1967.

A aucune autre période de l'histoire, nos modes de vie, nos systèmes d'organisation, notre société tout entière n'ont été aussi complètement soumis aux changements. En outre, le rythme de changement, selon les indications que nous enregistrons, ne fera que s'accroître dans les douze prochaines années.

Les trois facteurs les plus importants qui domineront notre environnement social en 1980 sont :

- l'urbanisation générale, ou quasi générale;
- l'automation généralisée de l'industrie;
- la révolution dans l'information.

Ces trois facteurs, pris ensemble, doivent déterminer une nouvelle organisation sociale. L'urbanisation, l'automation, et les communications, ont évidemment des effets séparés, mais la plupart de leurs effets réagiront les uns sur les autres. Nous devons donc les considérer comme des forces convergentes qui vont forger une nouvelle société, celle de l'accomplissement de la deuxième révolution industrielle.

La première révolution industrielle est encore récente. Elle a moins d'un siècle. Ce fut la révolution mécanique qui a transformé l'Amérique du Nord et l'Europe. Les voies ferrées ont ouvert nos continents. Les usines et les villes ont entraîné d'immenses changements sociaux. L'impact sur notre vie de la production de masse, de la technique du moteur à combustion, a été radical et il continue de se développer. La vie agricole traditionnelle s'éteint peu à peu. Les automobiles individuelles ont changé le visage de la société, notre mode de vie, nos modes d'éducation. Notre société d'aujourd'hui, essentiellement urbaine et industrielle, a bien des problèmes, souvent très graves, à résoudre, mais elle a aussi devant elle un horizon incomparable.

En examinant cet horizon, celui de 1980, nous voyons un développement continu de la densité et de la croissance des villes qui devrait aller jusqu'à l'urbanisation à peu près complète du monde industriel.

Les fruits que l'homme urbanisé recueille sont considérables. La recherche du pouvoir d'achat est le facteur déterminant qui entraîne une population sans cesse croissante vers les villes. Mais les habitants de ces nouvelles villes ont forcément des exigences techniques et intellectuelles de plus en plus précises et délicates. Le résultat est une demande impérative pour un meilleur système d'éducation générale.

Aussi vite que se développent nos villes, aux États-Unis, et presque dans la même mesure en Europe occidentale, d'autres villes sur d'autres continents se développeront plus vite encore. Les courbes que l'on peut dessiner du rythme d'urbanisation dans les nations sous-développées, en voie de développement, d'Afrique, d'Asie et d'Amérique du Sud, indiquent jusqu'à la fin de ce siècle un taux d'accroissement de la population urbaine impressionnant. Et cet accroissement s'accompagnera d'une demande criante pour des progrès dans l'éducation. Chaque élévation dans le niveau d'éducation se transformant généralement en pouvoir d'achat plus élevé.

Les investissements en éducation, déjà lourds dans les budgets de ces pays, vont continuer de s'accroître d'une manière géométrique posant ainsi toutes sortes de problèmes qui ne pourront pas être résolus sans une aide de notre part d'une tout autre ampleur. Ce serait impraticable sans l'invention de nouveaux systèmes d'éducation. Ce besoin-là sera sans doute le plus urgent de tous.

L'un des facteurs les plus importants aux États-Unis, pour le dernier tiers de ce siècle, sera la diminution progressive de la durée du travail. L'automation industrielle va réduire de plus en plus le nombre d'heures que chaque travailleur de l'industrie effectuera.

Pendant les cinquante dernières années, nous avons diminué de moitié la moyenne de la semaine de travail, par les progrès de la mécanisation. Aujourd'hui le travailleur de l'industrie, quand il entre dans le secteur de production, est un peu plus âgé, et un peu mieux équipé. Une fois qu'il y est, il travaille un moins grand nombre d'heures, il a davantage de congés. Et il prend sa retraite plus jeune. Les conséquences de ces nouveautés avant, pendant, et après la vie professionnelle, pèsent directement sur nos structures d'éducation.

Les hommes ont déjà un peu plus de temps pour faire les choses qu'ils ont envie de faire. Comme leur envie reflète, dans une large mesure, la forme initiale de leur éducation, les loisirs plus nombreux vont imposer des responsabilités encore plus grandes à notre système d'éducation. Par ailleurs, le progrès technologique va accroître les possibilités de chacun de mieux utiliser son temps de loisirs. Les progrès dans les communications électroniques peuvent permettre de stimuler, plus que concurrencer, les formes classiques de distraction et de culture. La technologie et le raffinement de la production ne devraient pas cesser d'élargir nos possibilités de choix.

Une plus grande urbanisation de la population, les conséquences accrues de l'automation industrielle, et les changements de notre système d'éducation sont les trois facteurs liés qui nous amènent à l'instrument nouveau dont nous commençons seulement à concevoir les usages : l'ordinateur.

La technologie de l'ordinateur, et des « systèmes d'information » qui en découlent, sera le facteur dominant de l'environnement de 1980. Actuellement nous en découvrons presque chaque jour de nouvelles dimensions, de nouvelles potentialités.

L'imagination, l'inspiration, l'intuition, la création d'idées, qui sont le propre de l'esprit, auront désormais comme partenaires la mémoire et la capacité de calculs qui sont le propre de l'ordinateur. Cette nouvelle association créera une dimension intellectuelle inconnue qui forgera un univers différent.

Il y aura, bien avant 1980, un nombre croissant d'années de notre vie consacrées à une amélioration permanente de notre équipement intellectuel — progrès qui, à son tour, entraînera un rythme plus rapide d'innovation technologique, et de transformation sociale.

Mais tout ne sera ni simple ni facile. L'un des grands problèmes qui nous est posé par cette nouvelle percée technologique, est le fossé qui se creuse, de plus en plus, entre l'industrie américaine d'une part, le reste du monde de l'autre. Ceci ne posera pas seulement des problèmes mais pourrait mener à des catastrophes.

Ce qui arrive c'est que nous sommes en train de comprimer l'espace et le temps dans des proportions qui n'étaient guère concevables il y a encore dix ans. Et plus encore que l'espace et le temps, nous sommes en train de découvrir la capacité de densifier l'expérience humaine, à travers la centralisation de l'information et la communication instantanée. C'est un monde nouveau qui s'ouvre, avec tous les aléas de l'aventure.

158. L'INQUIÉTUDE DE NOS SOCIÉTÉS DEVANT L'AVENIR

LOUIS LEPRINCE-RINGUET

SCIENCE ET BONHEUR DES HOMMES,
FLAMMARION ÉD., 1973.

Nos sociétés ont pris un très large et profond virage. Le ciel, limpide ou presque, s'est troublé; nous voyageons dans une atmosphère lourde, inquiétante; nous percevons des dangers un peu partout et nous sommes incapables de les définir, d'en cerner les contours avec certitude. Nous sommes les passagers d'un avion incertain de son point d'arrivée, hésitant sur sa direction et pourtant volant au maximum de sa vitesse dans un milieu encrassé; sans percevoir les balises fixes qui le rassureraient.

Depuis quelques années, une inquiétude d'un modèle nouveau, inhabituel, plane sur notre humanité; l'accélération du progrès matériel ne peut continuer indéfiniment, nous sommes entraînés dans un univers mouvant sans pouvoir en échapper, mais sans savoir où nous conduit l'existence à laquelle nous sommes assujettis. Ne courons-nous pas à une catastrophe, à un suicide collectif ? La prétendue civilisation n'est-elle pas en fin de compte le départ d'une dégénérescence ?

Nous nous posons ces questions avec une âpreté croissante. Il s'agit d'une véritable angoisse planétaire. Il y a seulement trois ou quatre ans, les scientifiques et les ingénieurs français, revenant dans leur pays après un stage passé aux U.S.A., s'étonnaient de voir les Américains, ceux des usines et pas seulement les étudiants, commencer à douter de leur credo industriel, mettre en question la foi en l'*american way of life*, eux les soldats les plus solides du développement technologique toujours poussé au maximum.

Ce qui n'était qu'un léger doute au début est devenu, trois ans plus tard, une obsession pour quantité de cadres des grandes nations. Est-elle justifiée ? La Terre est limitée, ses ressources ne sont pas indéfinies, il faut la respecter, ne pas la souiller : produire pour produire apparaît maintenant comme une attitude scandaleuse.

Alors, que faire ? Dans notre monde, menacé par les bombes H qui peuvent en quelques instants détruire la majeure partie de l'humanité, menacé par l'asphyxie d'une croissance excessive mais aussi menacé dans ses dimensions humaines par les énormes cités où la vie devient grégaire, par le caractère implacable et impersonnel des grands ordinateurs qui semblent déshumaniser la réflexion et la prise de décision, déséquilibré dans sa culture par la spécialisation qui s'installe en reine dans nos entreprises, dans ce monde inquiétant, comment nous orienter? Pourrons-nous y vivre? Nous sera-t-il possible de penser par nous-mêmes, d'éviter les matraquages qui polarisent notre esprit? De quel degré de liberté disposerons-nous? Finalement pourrons-nous y trouver le bonheur? Quel peut être ce bonheur? Comment le définir, l'approcher? Peut-on vivre dans l'instabilité, dans le mouvement? Comment réagir — ou plutôt comment agir? — pour se préparer une existence individuelle et collective qui soit pour chacun de nous une promesse d'épanouissement?

159. LE LOISIR, CLEF D'UN NOUVEAU MONDE

JOFFRE DUMAZEDIER

VERS UNE CIVILISATION DU LOISIR,
SEUIL ÉD., 1962.

Ainsi, depuis cent ans, le loisir est né, a grandi, s'est valorisé. Il est en pleine expansion. Quand la misère, la maladie, l'ignorance limitent sa pratique, il est présent comme un besoin impérieux, une valeur latente en tous milieux, surtout dans les jeunes générations. Dans les sociétés industrialisées, phénomène de classe au XIXe siècle, il tend à devenir un phénomène de masse au XXe siècle.

Il n'est pas un produit secondaire mais central de la civilisation actuelle. Avec l'accroissement du revenu individuel, l'augmentation du temps libre constitue peut-être la perspective fondamentale pour la majorité des hommes. Le travail n'est pas vécu comme une fin, mais comme un moyen.

Cependant, les nations modernes n'ont pas encore pris conscience du problème général du loisir. Les loisirs sont encore vécus par morceaux sous la forme d'activités diverses qui empêchent d'analyser leur interdépendance et d'aménager leur équilibre dans un style de vie. Tour à tour le loisir est vacances ou travaux volontaires, farniente ou sport, plaisirs gastronomiques ou divertissements musicaux, jeux d'amour ou de hasard, lecture du journal ou étude d'un chef-d'œuvre, bavardage ou cercle culturel, violon d'Ingres ou animation d'une société, etc... Pourtant, toutes ces activités de loisir sont circonscrites dans le même temps libre, elles n'ont aucun caractère de nécessité ni d'obligation. Elles ne visent pas à rapporter de l'argent, elles sont en marge des devoirs familiaux, sociaux, politiques ou religieux. Elles sont désintéressées. Elles peuvent se compléter, s'équilibrer, se substituer les unes aux autres selon les normes personnelles et collectives. Elles sont entreprises librement pour apporter une satisfaction à leurs auteurs. Elles ont le plus souvent leurs propres fins en elles-mêmes. [...]

Le temps libre est le temps privilégié de toutes les formes de déchéance ou d'épanouissement humain.

Sous ces formes multiples, le loisir se dresse comme un défi à toutes les morales utilitaires, à toutes les philosophies communautaires, tous les tabous, hérités d'une civilisation traditionnelle dominée par la misère, l'ignorance, la peur et les rites contraignants du groupe. Elle les oblige à réajuster l'application de leurs principes. Il y a cent cinquante ans, on a dit : « Le bonheur est une idée neuve en Europe ». Aujourd'hui, on pourrait répéter cette affirmation. Cette recherche d'une nouvelle joie de vivre, cette nouvelle « rage de vivre » n'est pas seulement celle d'une nouvelle vague, mais d'une nouvelle civilisation. Elle est profondément enracinée dans les conquêtes de l'ère du machinisme tout en s'opposant à toutes les contraintes physiques et morales nées de cette dernière. Les activités du loisir constituent son terrain privilégié de réalisation et les valeurs du loisir sont une de ses composantes les plus répandues et les plus séduisantes.

La plupart des systèmes d'explication de notre temps nés du siècle dernier sont désarmés devant l'ensemble des phénomènes en expansion qu'il recouvre. Beaucoup de philosophes du travail étudient encore le loisir comme un appendice complémentaire ou compensateur du travail. La plupart des spécialistes de la consommation le considèrent comme un élément du poste « divers » qui complète les postes de l'alimentation, du vêtement, du logement, de la santé. La quasi totalité des spécialistes de la famille prononce à peine son nom. L'organisation des loisirs ne figure dans aucune des analyses actuelles des fonctions de la famille. Lorsque les jeunes affirment leurs aspirations confuses mais puissantes dans des activités de bandes ou dans des actes destructeurs ou délinquants, dont 99 % se font pendant le temps libre, ces phénomènes sont seulement analysés en terme de droit violé, d'éducation imparfaite, d'aspiration à une nouvelle communauté ou de mystique qui se cherche... presque jamais à la lumière des nouveaux besoins d'une civilisation qui valorise l'âge privilégié du loisir : la jeunesse, et qui n'a pas encore trouvé ni sa morale, ni sa philosophie, ni son droit. Aucun auteur français n'a esquissé jusqu'à ce jour la moindre analyse comparable à celle que Daniel Bell[1] a esquissée sur la « délinquance musculaire » dans *La fin des idéologies.*

Lorsque l'absentéisme aux réunions syndicales ou politiques est constaté, il n'est pas mis en rapport avec les activités du soir ou du dimanche et des vacances qui les remplacent. Il est analysé seulement en fonction de la crise des idéologies politiques ou syndicales. Le contenu et la forme de la participation politique dans une civilisation du loisir restent en dehors du champ de l'étude. Lorsque les sociologues de la religion analysent la croissance des réjouissances et la décroissance du cérémonial des fêtes, c'est principalement en fonction d'une traditionnelle idéologie communautaire. Enfin, la crise de la culture, le divorce de l'art et du public, les équivoques de la culture populaire sont critiqués le plus souvent du point de vue d'une philosophie intellectualiste ou sensualiste de la culture et d'une philosophie démocratique ou aristocratique de l'ère des masses, mais presque jamais en fonction du contenu possible des libres activités de repos, de divertissement ou de développement où peut *réellement* s'incarner pour la masse des travailleurs l'effort culturel.

Presque tous les réformateurs de l'éducation nationale traitent des besoins nouveaux de l'agriculture, du commerce et de l'industrie, cher-

1. Sociologue industriel américain contemporain.

chent à compenser les méfaits de la spécialisation par la culture générale, mais dans la plupart des cas, la préparation des enfants à l'équilibre des fonctions du loisir dans le monde de demain occupe une place mineure, pour ne pas dire inexistante. Tous ces réformateurs ne pensent que par addition ou soustraction par rapport à un système dont la structure générale en France n'a guère varié depuis Napoléon et Jules Ferry. Bref, nous avons tous tendance à mesurer les faits nouveaux avec un mètre anachronique.

Pourtant le loisir a déjà actuellement la force d'un fait autonome. Il doit être considéré d'abord en lui-même, avec sa propre dynamique, ensuite dans les rapports réciproques d'égal à égal avec le travail, la famille, la politique, la religion, la culture. Tous les systèmes qui se rattachent à ces grandes données de la civilisation doivent s'élargir pour comprendre l'ensemble des caractéristiques et des facteurs d'une civilisation du loisir. Le loisir traduit un faisceau d'aspirations de l'homme à la recherche d'un nouveau bonheur, en rapport avec un nouveau devoir, une nouvelle morale, une nouvelle politique, une nouvelle culture. Une mutation humaniste est amorcée. Elle sera peut-être encore plus fondamentale que celle de la Renaissance. Elle a progressé lentement, presque imperceptiblement, « sur des pattes de colombes » depuis la seconde moitié du XXe siècle quand pour la première fois les syndicats ouvriers réclamèrent non seulement une augmentation du salaire, mais aussi la diminution des heures de travail. Elle est la suite logique de la révolution démocratique et industrielle du siècle dernier. Elle est une des composantes majeures du « test géant aux résultats incertains » qui constitue l'application à l'échelle de l'Humanité des inventions prométhéennes de l'Homme.

* Épreuve de contraction de texte : *Condensez le texte en 400 mots.*

160. LA LITTÉRATURE DANS LA SOCIÉTÉ DE DEMAIN

JACQUES DE BOURBON-BUSSET
LA SOCIÉTÉ DE DEMAIN,
REVUE LA TABLE RONDE, N° 117, OCTOBRE 1962.

Le roman du XIXe s'est efforcé de dépeindre, aussi fidèlement que possible, la situation de la société. Les grands romans de Dickens, de Tolstoï ou de Balzac sont en quelque sorte des tranches de vie. Ils reflètent l'état de la société telle qu'elle existait, et il ne vient pas à l'idée des auteurs de ces grandes œuvres que cette société se transformera, dans les vingt années qui suivent la publication de leurs œuvres, d'une façon fondamentale.

Or, ici, intervient un phénomène tout à fait nouveau qui a, sur l'évolution de la littérature, une influence essentielle. C'est que l'écrivain, et plus spécialement le romancier, n'est plus le seul désormais à peindre la société. Il se heurte, désormais, à la concurrence toujours plus forte des spécialistes en sciences sociales. Le bond en avant de ces nouvelles disciplines, qui n'existaient pour ainsi dire pas il y a une cinquantaine d'années, est en effet un des traits marquants de notre époque. La sociologie, la démographie, la statistique, l'économie politique connaissent actuellement un énorme développement, et l'on peut dire que la connaissance que nous avons de la société où nous vivons est devenue infiniment plus précise et, dans une certaine mesure, revêt quelquefois le caractère d'une science.

Dès lors, si l'on veut se faire une idée exacte de la condition par exemple de la classe ouvrière dans tel pays européen, il est évident qu'on en trouvera une image plus juste en consultant certains ouvrages de sociologues, ou d'économistes, qu'en lisant un roman qui s'efforcerait, d'une manière vivante et fidèle, de retracer la vie de la classe ouvrière dans un pays quelconque.

Les écrivains sont d'ailleurs très conscients de cet état de choses. Et nous constatons un malaise dans la littérature mondiale qui vient précisément de la prise de conscience très nette de cette concurrence, en quelque sorte déloyale, faite par les spécialistes des sciences sociales à l'égard des romanciers...

Dans le monde standardisé et conditionné d'aujourd'hui, et de demain, l'écrivain introduit ainsi le scandale nécessaire d'une vision personnelle. Lire c'est acquérir des idées, des images, des sentiments qu'on n'a pas eu l'occasion ou le temps d'avoir soi-même. C'est, en quelque sorte, faire l'économie de l'expérience qui eût été nécessaire pour acquérir ces richesses.

L'écrivain est non pas celui qui pense ou sent pour autrui, ce qui n'aurait aucun sens, l'écrivain est l'homme qui éveille, déclenche l'attention du lecteur.

Dans le monde dissocié, éparpillé où nous vivons, cette fonction de l'écrivain est essentielle. L'écrivain oblige son lecteur à porter son attention sur le monde et sur sa destinée. En faisant son examen de conscience, il incite le lecteur à faire le sien.

Or, nous nous heurtons ici à une difficulté qui vient des moyens d'expression modernes. L'extraordinaire perfectionnement de ces moyens peut apparaître comme une merveilleuse occasion de favoriser le dialogue entre le créateur et le public, entre le producteur et le consommateur. Et il en est ainsi très souvent.

Jamais Shakespeare ou Homère n'ont eu autant de lecteurs que depuis le livre de poche. Jamais Mozart ou Wagner n'ont eu autant d'auditeurs que depuis le microsillon.

On peut donc noter une considérable augmentation du niveau d'absorption du matériel culturel. Jamais on n'était arrivé à donner à des peuples entiers la connaissance d'œuvres qui étaient jusqu'à maintenant réservées à une rare élite.

Il y a donc là un progrès considérable et qu'il n'est pas question une minute de sous-estimer.

Le problème qui doit nous arrêter est le suivant : est-ce que les facilités de la transmission, de la communication n'altèrent pas, dans une certaine mesure, la signification du message?

Ce que tous pensent d'une œuvre donnée finit par corrompre, dans une certaine mesure, ce que j'en pense moi-même. Je ne suis plus complètement libre de mon jugement. Entre l'œuvre et moi s'interpose, comme un écran, la masse des réactions instinctives et souvent informulées de tous ceux qui ont accès à l'œuvre. Mallarmé à la Sorbonne n'est plus notre Mallarmé. Il faut ajouter que le danger des moyens d'expression modernes est aussi d'encourager dans une certaine mesure la facilité. Il y a moins d'effort à faire pour assister à un spectacle de la télévision que pour lire un livre. La lecture demande un effort personnel, une activité intellectuelle que la radio et la télévision réclament beaucoup moins. Celles-ci contribuent également à faire naître une interprétation quelque peu déformée et simplifiée de l'œuvre originelle, et donc à rendre le véritable dialogue, celui qui est enrichissant, plus difficile.

Le vrai dialogue, en effet, n'est pas le dialogue qui s'établit au niveau d'un langage facile, du seul langage commun qui existe dans notre société de spécialistes, celui qui est employé dans la grande presse et qui a tendance à niveler, à ramener à la facilité ce qui est obscur et difficile. Le vrai dialogue suppose, au contraire, un corps à corps entre le créateur et le public. Il faut que l'œuvre d'art agisse comme un stimulant et, si possible, comme un tonique. Il faut qu'elle provoque, et elle provoquera d'autant plus qu'elle apparaîtra plus irréductible au langage commun.

Cette incitation à la réflexion ne peut provenir, je le pense, que d'œuvres qui ont un cachet personnel très accentué. Et c'est pourquoi à mesure que le monde standardisé et conformiste se développe (et c'est une nécessité à laquelle nous pouvons difficilement échapper), on demandera à l'œuvre d'art d'apporter un témoignage d'autant plus subjectif et plus personnel. Pour tout dire, je crois que dans tous les arts nous assisterons bientôt à l'explosion d'un nouveau romantisme, et d'un nouveau triomphe de la subjectivité.

Bien sûr, ce nouveau romantisme devra emprunter à la science un peu de son caractère rigoureux. Il ne pourra pas se permettre certaines complaisances de style, certaines facilités de rhétorique qui sont démodées. Mais un romantisme contenu, faisant un usage abondant de l'ellipse ou de la litote, n'en reste pas moins un romantisme dans la mesure où il est centré essentiellement sur l'affirmation de l'individu, sur un certain lyrisme.

Et je crois que cette orientation de l'art, et en particulier de la littérature, permettra à l'homme de demain de se rééquilibrer dans une société dont le danger ne vient nullement de la science et de la technique, qui sont tout à fait inoffensives, mais plutôt de la difficulté de se construire en tant qu'homme.

L'excès de la spécialisation dans tous les domaines finit en effet par nous décentrer. Les moments dans une journée où nous pouvons avoir une vision globale de nous-mêmes sont exceptionnels.

C'est le rôle de l'art, c'est le rôle de la littérature, c'est le rôle de la poésie de permettre à l'homme, à certains moments, même peu nombreux, de refaire son unité et de se constituer une vision totale dans laquelle il se trouve placé.

161. L'ART DANS LA SOCIÉTÉ DE DEMAIN

GASTON DIEHL

LA SOCIÉTÉ DE DEMAIN,
REVUE LA TABLE RONDE, N° 117, OCTOBRE 1962.

S'il a fallu deux ou trois décades pour que l'art moderne, selon l'heureuse expression de Fernand Léger, descende dans la rue, pavoise nos murs de ses affiches ou de ses enseignes et transfigure nos vitrines, on peut conclure qu'il lui reste peu de chemin à parcourir pour s'y trouver complètement mêlé. Le monde des formes qui nous entourent n'a-t-il pas radicalement changé au cours de ces dernières années, du stylo au fauteuil, de la cafetière à l'auto, de la boutique à l'aérogare?

Si les audaces architecturales de Brasilia provoquent quelque émoi parmi les esprits trop attachés aux traditions périmées, elles font davantage pâlir d'envie bien d'autres capitales. S'il se trouve encore des conseillers municipaux en France pour crier au scandale devant une sculpture contemporaine, la majorité des fidèles s'associe maintenant avec enthousiasme à la construction des églises nouvelles.

Le prétendu divorce entre l'art et le public est en voie de rapide régression et ce dernier accepte un peu plus chaque jour ce qu'il refusait la veille, comme en témoigne l'orientation de plus en plus accentuée de la décoration des intérieurs ou de l'aménagement des façades de magasins.

Ce que les fondateurs du « Bauhaus » avaient prévu et s'efforçaient d'inculquer à leurs élèves en 1920 [1], est en train de s'appliquer progressivement : cette adaptation fonctionnelle de tous les éléments à un commun dénominateur, cette intégration de tous les modes de la création artistique à une même forme d'expression. Une unité de conception préside maintenant à la réalisation de tous les grands ensembles d'architecture ou d'urbanisme. D'importantes firmes commerciales n'hésitent pas à se référer aussi à des principes semblables, désirant soumettre à une même inspiration esthétique leurs usines, leurs produits fabriqués, leur matériel de propagande comme leur papier à lettre.

Ainsi, s'ajoutant à l'exceptionnel phénomène d'expansion des activités artistiques que nous avons annoncé précédemment, on verra sans doute bientôt l'art pénétrer profondément dans les branches les plus diverses, les secteurs les plus éloignés de son habituel champ de développement.

***

Par le jeu des relations chaque fois plus étroites et plus rapides entre les continents, et peut-être les autres mondes, l'art sous ses différentes formes tend chaque jour davantage à se manifester comme le seul langage international. A ceux qui le voient déjà à présent sclérosé par une menaçante uniformité d'expression, redisons qu'il restera toujours assez de particularismes psychologiques pour que chacun puisse lui donner un ton ou un tour suffisamment individualisé.

Une authentique œuvre de création, quelles que soient ses apparences

1. **École d'architecture et d'arts appliqués, créée à Weimar au lendemain de la Première Guerre mondiale, qui fut à l'origine des recherches sur l'esthétique industrielle.**

abstraites ou semi-figuratives, demeure fatalement enracinée dans l'homme, intimement liée à ses propres réactions. C'est pourquoi dans l'accélération prochaine du cycle des échanges humains elle doit jouer, croyons-nous, un rôle capital.

A une ère de civilisation plus intellectualisée correspond pour l'art un élargissement de ses fonctions à la fois comme révélateur des richesses intuitives de l'esprit et comme exutoire des forces primaires instinctives. Il devient, de ce fait, dans l'étude des rapports humains, un des moyens essentiels d'approche, de connaissance, un des meilleurs facteurs aussi de compréhension entre les pays ou les races.

Si nous ajoutons que l'on fera certainement de plus en plus appel à ses services sur le plan de l'éducation puisque l'on admet aujourd'hui que l'art est un des moyens les mieux appropriés d'éveiller et de sonder la sensibilité de l'enfant, nous pouvons, sans vaine euphorie, conclure à un avenir fort prometteur.

Dans cette accession à un nouvel ordre des valeurs qui paraît sans conteste réservée à l'art de notre temps et à celui de demain, il est évident que l'importance et la dignité de l'artiste s'en trouveront d'autant renforcées, ce qui n'est finalement qu'une juste compensation de tous les sacrifices supportés par nombre d'entre eux au début du siècle.

162. LE DRAME DE LA LITTÉRATURE D'AUJOURD'HUI

PIERRE DE BOISDEFFRE

UNE HISTOIRE VIVANTE DE LA LITTÉRATURE D'AUJOURD'HUI,
LE LIVRE CONTEMPORAIN, 1969.

Fier d'avoir éteint au ciel « des étoiles qu'on ne rallumera plus » (Dieu, le Progrès, l'Histoire, la Science), coupé de la réalité sociale, l'homme de lettres chemine entre les ruines du passé et celles qu'il annonce. Le dos tourné à la vie, il contemple avec amertume ce « fumier de siècles, duquel s'élève à chaque instant la buée des regrets, des remords, des doutes, et des vapeurs des gloires qui se dissipent et des grandeurs qui se détendent » [1]. Au monde qu'il méprise, il oppose alors des œuvres étranges, formes vides, idées sans visage, qui prolifèrent en mythes obscurs et composent de fatidiques ballets de signes. Si l'antithéâtre, la poésie informelle, le roman sans sujet et sans personnages ne sont que des recherches de laboratoire où l'on tente une nouvelle approche de l'homme, on ne peut que les encourager. Encore faut-il que le chercheur ne prenne pas son rébus pour une œuvre aussitôt citée en exemple à la postérité. La question à poser est celle-ci : cet effort pourra-t-il ouvrir aux hommes une nouvelle voie de communication ou ne manifeste-t-elle au contraire que l'impuissance de l'artiste à sortir de son Moi ? Car l'exemple des solitaires inspirés — Lautréamont, Rimbaud, Kafka, Joyce... — a tourné plus d'une tête, et l'on a vu plus d'un fol prendre sa singularité pour la marque du génie...

1. Valéry.

Parce qu'ils se placent à l'avant-garde de la littérature et parce qu'ils se sont délivrés de la préoccupation du sujet, les poètes nous invitent à une réflexion sur les *fins* du langage. Il serait tentant de croire qu'il existe une relation de cause à effet entre l'abolition de toutes les contraintes et la prolifération d'œuvres informes et ésotériques qui ne répondent guère au beau nom d'art. Mais cette relation est secondaire : s'il y eut des contraintes fécondes, c'est qu'elles étaient elles-mêmes l'expression d'un monde ordonné, harmonieux et stable. Le drame de la littérature d'aujourd'hui n'est pas différent de celui du monde qu'elle reflète. Entre une civilisation à son apogée, le territoire qu'elle baigne et la morale qu'elle anime, il y a plus que des correspondances : au vrai, *il s'agit d'une seule et même chose.* Cela fut vrai pour l'Europe médiévale, où la scolastique interprétait Aristote dans l'esprit de l'Évangile, comme pour l'Europe des lumières, remuée par l'esprit de libre examen. Cela sera peut-être vrai encore pour le monde communiste lorsque le réalisme socialiste aura dépassé une scolastique étouffante et cessé de confondre culture et esprit de parti. En attendant cette *Welt-literatur* dont rêvait Goethe, nous voici dans une phase « alexandrine » qui correspond à la vieillesse inquiète de l'Occident faustien. Nous sommes encore loin de l'agonie. Mais cette perpétuelle mise en accusation de l'homme et du monde pourrait, si l'on n'y prend garde, finir par stériliser la littérature.

163. L'ENGAGEMENT POLITIQUE

ROGER GARAUDY

PAROLE D'HOMME,
ROBERT LAFFONT ÉD., 1975.

Faisant la relève des religions et de leurs théocraties, la politique est la prise en charge par l'homme de l'ensemble des rapports humains. L'illusion d'un plan providentiel qui aurait fixé à l'avance un but aux sociétés étant dissipée, les hommes prennent en main leur propre destin. Ils ont désormais la certitude que la création est inachevée et qu'ils ont la charge de la poursuivre.

L'engagement politique n'est donc pas un luxe, ni même un choix que je pourrais faire ou ne pas faire : à moins de faire sécession à l'égard des autres, de m'enfoncer dans un individualisme qui me conduit à l'égoïsme et à l'impuissance, je suis « embarqué » : la politique, que je le veuille ou non, est une dimension de ma vie. Il n'y a aucun sens à dire : je ne fais pas de politique. Je suis pris dans un réseau social qui conditionne mes pensées, mes actions, mes sentiments, tous les aspects de ma vie présente : mon travail comme mes loisirs, ma famille comme mon logement, toutes mes possibilités de vivre d'une vie humaine ou inhumaine. Ce courant de vie sociale, qui vient de plus loin que moi, qui va plus loin que moi, me porte et me submerge. Si je crois m'abstenir, cela signifie que je me laisse emporter et que je contribue à laisser emporter les autres; ma prétendue indifférence équivaut à un choix précis, celui du maintien du cours régnant, avec son ordre ou ses désordres.

C'est donc une tâche irrécusable d'essayer de prendre conscience des poussées de l'histoire, de les capter, de les juger pour décider soit de les seconder, soit de leur opposer résistance et, dans les deux cas, de coordonner mes efforts avec ceux des autres pour rendre efficace notre coopération ou notre résistance.

Il est vain et malfaisant de tenter de se décharger de cette responsabilité inéluctable sur une quelconque instance extérieure. Personne ne peut décider à notre place. Un choix est à faire, avec un inévitable risque, un choix personnel, et aucune impersonnelle « science » ne peut prendre le relais des anciennes « révélations ».

La tentative d'Auguste Comte est significative : la prétention de trouver dans « la science » les fins que donnaient autrefois les religions est nécessairement conservatrice. Car un avenir déterminé « scientifiquement » est, par définition, lié au présent et au passé par des chaînes causales. Il est extrapolation, plus ou moins subtile, de ce présent et de ce passé, comme en témoigne aujourd'hui la « futurologie » positiviste de l'école américaine (notamment d'Herman Kahn).

La décision d'éliminer l'utopie, c'est-à-dire tout projet d'avenir en rupture avec le présent et le passé, conduit inévitablement au conservatisme. Soit sous la forme de la prétendue « science politique » ou de la « politologie », avec leurs postulats cachés qui les condamnent, sous prétexte de science, à une apologétique masquée de l'ordre établi, soit sous la forme d'un « socialisme scientifique » mal compris (c'est-à-dire prétendant être « scientifique » non seulement dans ses moyens — ce qui est parfaitement légitime — mais dans ses fins). Car dire qu'une politique est « scientifique » c'est postuler que l'avenir peut se déduire de quelque manière de l'ordre présent : logiquement, causalement ou dialectiquement (par une négation réglée de l'ordre présent). Dans toutes ces variantes l'on élimine le moment de la rupture, de la transcendance, c'est-à-dire le moment spécifiquement humain de la création historique.

L'essentiel est de ne pas confondre l'utopie abstraite (c'est-à-dire détachée des conditions de sa réalisation possible, et comme telle, irréalisable, illusoire) et l'utopie concrète, c'est-à-dire un projet qualitativement nouveau, l'anticipation créatrice d'un modèle d'avenir capable de surmonter les contradictions présentes, et à partir duquel l'on va susciter les moyens de le réaliser. (C'est à une anticipation normative de ce genre que l'on a procédé pour le projet « Apollo ». Le but étant fixé : aller sur la lune, l'on dégage les problèmes à résoudre pour l'atteindre et l'on met en œuvre les moyens pour y parvenir.) Dans cette voie notre action d'aujourd'hui est déterminée par le projet d'avenir au lieu que l'image de l'avenir soit déduite on extrapolée à partir des conditions déjà existantes aujourd'hui.

Si le premier devoir que nous impose la politique est cet effort créateur, imaginatif, pour concevoir les fins globales de la société et pour les concevoir autrement qu'à l'image et à la ressemblance du passé et du présent en se contentant de rechercher des moyens pour satisfaire demain nos besoins d'aujourd'hui, le deuxième devoir qu'elle nous impose est de faire émerger ce choix des fins nouvelles, ces besoins nouveaux de l'ensemble des participants d'une société.

ROGER GARAUDY

PAROLE D'HOMME,
ROBERT LAFFONT ÉD., 1975.

Le mot d'ordre « conseils ouvriers, puis autogestion » se heurte à la double opposition du patronat et des politiciens professionnels.

D'abord parce qu'il repose sur ce principe que le bon fonctionnement de l'entreprise exige la participation de tout le personnel :
– à tous les niveaux de la hiérarchie patronale, du directeur à l'O.S.;
– à tous les niveaux de la hiérarchie syndicale, la lutte ne peut être menée par les seules minorités syndiquées (et moins encore par leurs représentants) mais par l'ensemble des salariés.

En outre, le conseil des travailleurs met en cause, en son principe même, toute l'idéologie traditionnelle des rapports entre la propriété et le pouvoir. Jusqu'ici le pouvoir capitaliste, dans l'entreprise, tenait sa légitimité, à l'origine, de la propriété personnelle du patron, puis à une étape nouvelle de l'extension de l'entreprise, des actionnaires, représentés (là sur le modèle parlementaire) par le conseil d'administration. Le pouvoir du P.-D.G. puisait dans cette « élection », sa légitimité. A une étape nouvelle de l'extension de l'entreprise, l'immense majorité des actionnaires, ne participant pas aux assemblées, déléguait et aliénait son pouvoir aux maîtres des grandes firmes, qui, dès lors, menaient le jeu, et procédaient à une véritable « cooptation » entre quelques technocrates. [...]

De même les syndicats avaient eu tendance à prendre, eux aussi, la structure parlementaire, avec ses délégations et ses aliénations de pouvoirs, à amenuiser ainsi l'initiative propre de la base et à ne considérer comme valables et raisonnables que les propositions élaborées dans les bureaux des directions syndicales ou politiques.

De là, d'ailleurs, le nombre croissant de « grèves sauvages » (non déclenchées par les dirigeants responsables) et menées, avec plus ou moins de bonheur, par des travailleurs de base, le plus souvent non syndiqués et d'un très jeune âge. [...]

L'autogestion ne saurait être confondue avec le coopératisme proudhonien d'abord parce qu'elle n'est pas seulement une forme nouvelle d'organisation et de direction de l'entreprise. Car la *gestion*, qu'elle soit *auto*gestion par les travailleurs eux-mêmes, ou *hétéro*gestion (par un patron ou une direction générale capitaliste, ou par une direction étatique centralisée, comme dans le modèle soviétique) ne porte que sur les *moyens*.

L'autogestion des moyens n'a son plein sens que dans une société fondée sur l'*autodétermination des fins*.

Le problème politique fondamental, c'est de faire émerger le choix des fins de la société globale à *partir de la base*, et non pas « d'en haut », au nom d'un savoir absolu prétendant se fonder soit sur une révélation religieuse, soit sur une raison éternelle, soit sur une « science » apportée « du dehors » à la base.

Cette réserve faite sur le mot, l'autogestion c'est l'ensemble des méthodes visant à stimuler l'initiative créatrice des masses.

Elle ne se limite pas aux structures de l'entreprise et du pouvoir.

Elle s'étend à tous les niveaux de l'activité sociale.

– *Au niveau de la production*, des entreprises et des unités de travail de tous ordres, par les *conseils ouvriers*, auxquels tous les travailleurs participent, sans déléguer leur pouvoir et aliéner leur pensée personnelle, par l'autodétermination des fins et l'autogestion des moyens;

– *Au niveau de la consommation*, par la multiplication de *communautés de base*, c'est-à-dire d'organismes qui ne soient ni étatiques ni privés, mais gérés par les usagers eux-mêmes, qu'il s'agisse, par exemple, de contrôle des prix sur un marché, d'organisation des transports en commun, de mutuelles pour la gestion des grands ensembles et la lutte contre la spéculation immobilière, ou de contrôle de tout autre domaine de la consommation ou des services;

– *Au niveau de la culture*, en encourageant la formation de *centres d'initiative* et de création, qui ne soient, là encore, ni étatiques ni privés, mais créés et gérés par les usagers eux-mêmes dans tous les domaines de l'animation : écoles et universités, sociétés sportives ou organisations de vacances, ateliers d'art ou de danse, chorales ou orchestres, maisons de la jeunesse ou de la culture sous toutes leurs formes.

A ces trois niveaux :

a. de la production avec les conseils ouvriers;
b. de la consommation avec les communautés de base;
c. de la culture avec les centres d'initiative et de création peut s'élaborer *par en bas* une nouvelle manière de vivre individuellement et de s'organiser socialement.

165. LE CONSOMMATEUR ET LA POLITIQUE

MICHEL ROCARD
LE NOUVEL OBSERVATEUR,
20 JUILLET 1975.

[...] Depuis une dizaine d'années, un nouvel avatar de l'homme social s'est imposé à nous : nous étions déjà travailleurs, citoyens, locataires ou parents d'élèves; nous voici devenus consommateurs. Et, ce qui est nouveau, reconnus comme tels.

Cette apparition est liée — qui s'en étonnera ? — à la transformation qualitative (et non plus seulement quantitative) du système capitaliste de distribution. La distribution de masse dans les super ou hypermarchés, dont la finalité première est d'assurer la rentabilité du capital qui y est investi (et non pas d'offrir un moyen de gagner sa vie, comme c'était le cas du commerce traditionnel), a entraîné un bouleversement dans les comportements des acheteurs, bientôt transformés en consommateurs, avec ce que cela suppose d'incitation insidieuse, de passivité et d'échelle de valeurs sociales.

Le consommateur n'est plus aujourd'hui qu'un rouage dans ce système économique dont la machinerie compliquée ne parvient plus à masquer que, de la production à la consommation, son but est unique : réaliser le maximum de profits.

Voilà désormais le consommateur traqué, harassé, piégé par toutes les techniques — études de marché, enquêtes de motivations, sondages — utilisées non pas pour connaître les besoins réels des consommateurs mais pour découvrir comment lui vendre, comment lui faire acheter tel ou tel produit. Publicitaires et spécialistes de *marketing* deviennent les rabatteurs de ce safari d'un type nouveau.

L'emballement de la machine, la surchauffe que produisent parfois des explosions comme celle de mai 68 — procès public, radical et joyeux de la « société de consommation » — ont contraint les pouvoirs publics à prendre quelques mesures ponctuelles. La hausse du prix de l'énergie et des matières premières peut provoquer une prise de conscience parallèle, et la lutte contre le gaspillage doit inciter à accélérer le rythme production — distribution — consommation. Que l'on nous comprenne bien : il ne s'agit pas de prêcher une forme d'austérité qui viendrait s'exercer au détriment de ceux qui sont déjà les laissés-pour-compte d'une abondance plus répandue que par le passé, mais de souligner la nécessité d'une remise en question du modèle actuel de consommation fondé sur le superflu au détriment du nécessaire, sur l'éphémère au détriment du durable, sur l'individuel plus que sur le collectif. [...]

La fameuse définition du président Kennedy : *Le consommateur, nous tous par excellence*, doit voler en éclats et chacun doit prendre conscience de ce que, dans un processus économique ayant le profit pour seule fin, le consommateur se trouve tout aussi nécessairement opposé au producteur et au distributeur que le salarié à l'employeur. Et c'est, dès lors, toute une remise en question de l'action du mouvement consommateur qui s'impose. [...]

Ce n'est pas nous qui cherchons à mélanger, comme l'on dit, la politique et le yaourt. C'est un fait qui est en train de s'imposer petit à petit : les conditions de fabrication, de distribution, de choix, de qualité, de diversité des yaourts qui nous sont proposés sont des questions politiques. Et le consommateur est en train de devenir, à son tour, une force politique. [...]

La vocation politique d'un tel mouvement devient donc le refus de subir un processus économique imposé et la volonté de peser sur la détermination des choix et des décisions importantes. A terme, ce mouvement va devenir une des composantes de la vie politique du pays, non pas tant en siégeant à tel comité ou à tel conseil qu'en étant à même de peser réellement sur les décisions.

166. AUTOGESTION DE LA VIE QUOTIDIENNE

PIERRE VIANSSON-PONTÉ

LE MONDE, 19 SEPTEMBRE 1975.

Au sein de la collectivité nationale, l'aventure individuelle se déroule dans des limites si étroites, à un rythme si rapide, qu'à peine trouve-t-on, comme on dit, le temps de vivre et que l'on étouffe dans l'espace minuscule imparti pour se mouvoir.

Le logement étroit et clos, au sein de la fourmilière ou dans une solitude factice. Courir vers les transports, sur les routes ou les rails, plus vite, toujours plus vite. L'école, la caserne, le travail, la paperasserie. Votre carte, votre numéro, votre tour, votre réclamation, votre adresse, votre âge, votre métier? — la maladie, la retraite. Roulez lentement, faites vérifier votre vue, ne buvez pas, priorité à droite, traversez dans les clous, couloir de gauche, guichet nº 8, remplissez le formulaire, deux photos et un timbre contravention, prochaine fois ferez attention, escalier mécanique, gestes mécaniques, pensées mécaniques. La fatigue et la nervosité, l'indifférence et la brutalité, l'ennui et la colère, la violence et sa fille, la peur. Et les vains objets, les loisirs idiots, les fausses idées, les voyages aveugles qui dévorent la vie. L'insignifiance et la sottise, l'aliénation et l'oppression, la pollution et la contrainte. Surtout, partout, pour tous, l'argent, cette obsession.

Les « riches », ce sont ceux qui peuvent faire des choix et qui ont un peu plus d'espace, quelques dizaines de mètres carrés de plus pour habiter, quelques hectares pour se protéger. Aux « pauvres », tout est menace : précarité de l'emploi, médiocrité des ressources, frustration et inégalité, ignorance et arbitraire. Mais la plupart, bon gré, mal gré, entrent pour leur vie entière dans des tiroirs où ils seront répertoriés, étiquetés, numérotés de toutes les façons imaginables. Pas question d'en sortir, défense de bouger. Obéir, travailler, consommer, à crédit s'il le faut. A vingt ans, achetez le logement que vous paierez jusqu'à la retraite, si tout va bien. La voiture, la télé, le tiercé pour rêver. Le week-end et les vacances pour s'évader, mais tous ensemble et au pas. [...]

Le pire est qu'au fond personne ne décide. Au procès, le banc des accusés est désespérément vide et le procureur ne peut requérir que contre des fantômes qu'il appelle « société » ou « civilisation ». Certes, les exclus, les pauvres seront plus ballottés et maltraités que les favorisés, les privilégiés qui peuvent acheter une petite part de liberté ou d'illusion de liberté. Mais nul ne sait qui exerce l'immense pouvoir de structurer l'espace, qui régit le partage et l'usage du temps, qui impose cette uniformité. [...]

Propos amers et tableau apocalyptique? Sans doute ce constat et bon nombre de ces formules sont inspirés des travaux d'un de ces groupes d'étude [1], clubs de pensée et centres de réflexion dont le foisonnement et le dynamisme disent assez l'inadéquation des organisations patentées et des institutions reconnues. [...]

Son « projet » en matière d'espace et de temps, c'est *l'autogestion de la*

1. *Échange et projets*, animé par Jacques Delors.

vie quotidienne. Le terme d'autogestion n'est pas encore usé, mais il a déjà beaucoup servi et surtout on l'utilise à tort et à travers. Pourtant, s'il est un domaine où il revêt un sens bien précis et se révèle d'application concrète, c'est bien celui-là.

Il résume ses propositions ainsi : *Ces gens qui se groupent çà et là pour défendre dans leur milieu de travail, dans leur ville, dans leur lycée, dans leur communauté rurale, tels intérêts collectifs ou telles idées générales sont autant d'inventeurs de l'autogestion. Ils portent l'espoir de la société d'échapper à l'absurde gestion dont elle est menacée.* Et d'énumérer une foule d'exemples pratiques. En voici quelques-uns.

Des habitants d'une ville en rapide développement — en l'espèce, celle de Juvisy dans la banlieue parisienne — s'organisent pour mettre en discussion le Plan d'occupation des sols (P.O.S.) avant que l'administration n'ait établi et publié le sien. Exposition, débats interquartiers, réunions publiques, contre-projets, tout s'envisage, se dit et se montre. Aucun aspect de la gestion — équipements, rénovation, circulation et stationnement, etc. — n'est laissé dans l'ombre. Il faudra bien tenir compte de ces avis.

Dans le Maine-et-Loire, une association met sur pied des groupes de formation permanente reposant sur le principe de la pédagogie mutuelle. La participation est soutenue, les résultats surprenants. Même principe dans une autre région pour une association de culture populaire qui suscite la création de foyers de jeunes travailleurs où l'initiative, la discussion, l'effort d'organisation sont le fait des jeunes eux-mêmes.

A Rodez, un groupe lance une enquête sur les difficultés de remboursement par la Sécurité Sociale, le coût de la médecine libérale, les problèmes de l'hospitalisation, des soins à domicile, le tiers payant, etc. Des idées intéressantes et avancées surgissent : la maison médicale de quartier, la diffusion d'un savoir médical élémentaire, etc.

Et ainsi de suite. Ici, ce seront des clubs de consommateurs à l'ambition modeste mais précise : apprendre aux ménagères à tenir tête à leur boucher, obtenir la dénonciation d'un accord des boulangers de la ville interdisant le portage du pain dans les zones d'habitation sans commerce, tenter des expériences communautaires de toutes sortes. Là, des mouvements spontanés, des groupements d'usagers, de citoyens, de travailleurs réveillent les municipalités, les administrations, les comités d'entreprise, s'essaient à des actions sociales, culturelles, de défense contre la pollution et les nuisances, d'animation par des fêtes de quartier ou de localité. Ailleurs la vulgarisation agricole, l'exploitation en commun, l'utilisation collective de gros matériels de culture, l'examen du fonctionnement des S.A.F.E.R. et des coopératives sont entrepris par des réseaux de cultivateurs, souvent aussi par des femmes de jeunes paysans, en marge de toute organisation officielle. Les exemples peuvent être multipliés à l'infini.

Il faut substituer à l'idée fixe de promotion individuelle celle d'une promotion collective... Il faut aussi que soit remis en cause le pouvoir de tous ceux, experts, technocrates, savants, spécialistes, etc., qui prétendent ou qui admettent savoir pour les autres ce qu'ils sont, ce qui leur faut, ce qu'ils peuvent. Et de suggérer, entre autres innovations, d'accorder aux animateurs culturels bénévoles des « crédits d'heures » analogues à ceux dont bénéficient dans les entreprises les délégués du personnel; de faire connaître systématiquement les expériences d'autogestion par la télévision;

d'ouvrir la rue et les lieux publics aux manifestations culturelles spontanées.

Les objections, bien sûr, viennent en foule à l'esprit. Les uns redouteront le désordre, l'anarchie, l'égoïsme de clocher. Les autres soutiendront qu'il vaudrait mieux commencer par exiger des institutions, des organisations, des instances normales qu'elles remplissent leurs tâches et aussi des élus, des fonctionnaires, des responsables à tous les échelons qu'ils fassent leur métier. Et puis, cette « autogestion de la vie quotidienne » ne risque-t-elle pas de resserrer et d'alourdir encore un peu plus le carcan qui déjà nous étrangle?

Il reste que le débat est ouvert et qu'il a le mérite d'explorer une autre voie que l'attente désespérée d'on ne sait trop quelle révolution sans cesse ajournée ou la résignation docile à la loi d'airain qui, de plus en plus strictement, règle notre temps et limite notre espace.

167. LES AGRICULTEURS CONSERVERONT LEURS FERMES

FRANÇOIS DE CLOSETS

LE BONHEUR EN PLUS,
DENOËL ÉD., 1974.

Le fermier, responsable de son exploitation, était attaché à son travail en dépit de conditions matérielles et sociales souvent très rudes. Matériellement, il fallait lui donner l'assistance technique nécessaire pour améliorer la productivité de son entreprise. Socialement, il fallait regrouper les exploitations trop petites et trop dispersées, libérer l'exploitant des servitudes du fermage et du métayage, créer des structures coopératives efficaces, etc. Mais le contenu du travail devait être respecté. La résistance des paysans en prouve toute la valeur humaine. L'agriculteur menacé sait qu'en devenant ouvrier, il perdra le métier et le cadre de vie qu'il aime.

Au contraire le développement d'exploitations industrielles entraînerait une dégradation du travail agricole. Elle transformerait des exploitants, aujourd'hui libres et indépendants, en ouvriers et techniciens salariés. Cette transformation se traduirait sans doute par une élévation du niveau de vie, et la jouissance d'avantages sociaux encore inconnus dans le monde rural. Mais sur le plan du travail, elle rapprocherait le paysan de l'ouvrier d'usine. La même volonté de rationalisation conduirait à la spécialisation, la perte de l'initiative et des responsabilités, l'absence de signification des tâches, etc.

Dès l'instant qu'un premier exode rural a permis de faire naître des exploitations familiales viables sur le plan économique, faut-il, pour améliorer encore les rendements, briser ces structures d'équilibre pour l'individu et la société? N'est-il pas plus sage de les préserver face aux avantages illusoires de l'industrialisation?

La résistance des paysans et de sa nature a stoppé la marche à l'industrialisation. D'une part l'agriculteur n'a pas joué le jeu. Au lieu de décrocher comme paraissait l'y inviter le jeu économique, il s'est accroché.

Les petits ont lâché, mais les mieux armés ont tenu. Ils se sont modernisés, se sont agrandis, ils ont fait naître des exploitations viables.

Dans le même temps, le capital a découvert les aléas et les servitudes de la production agricole. Habitué à la rationalité de la production industrielle, il n'a pu s'adapter aux exigences de l'agriculture. Pour l'exploitant individuel, salaires et revenus du capital fixe sont pratiquement confondus. En cas de crise, il suffit que la valeur des produits assure la subsistance de la famille et le renouvellement du cycle de production. Il n'en va pas de même pour l'entreprise industrielle qui doit payer ses salariés, acheter semences, engrais, matériel, etc., et réaliser des profits. Le capitaliste s'habitue beaucoup plus difficilement que le paysan à ne pas réaliser de bénéfices. Or la différence de productivité entre les deux types d'exploitations n'est pas telle qu'elle puisse assurer aux gros le profit, aux moyens la survie. Seuls subsistent ceux qui peuvent, éventuellement, se passer de bénéfices. Bref, la terre n'est pas une bonne affaire, au sens capitaliste du terme. Grâce lui en soit rendue. Les agriculteurs conserveront leurs fermes.

168. LES FRANÇAIS ONT DROIT A LA DIFFÉRENCE

F. BERTRAND FESSARD DE FOUCAULT
LE MONDE, 27 AOUT 1975.

Les prises de conscience de certains Bretons, Basques, Catalans et d'autres demain, si minoritaires soient-ils dans leur propre village, sont une « chance » pour la France, ils l'obligent à s'interroger — enfin — sur la nature de son État et de sa nationalité.

Notre régionalisation se fait sur un modèle aussi jacobin — c'est-à-dire uniforme — que l'organisation départementale par la Constituante. Modèle jacobin en ce que les organismes administratifs locaux, leurs compétences et leur aire d'autorité sont partout les mêmes d'un bout à l'autre du territoire national. Pourquoi ne pas comprendre aujourd'hui que des parties de l'Hexagone tiennent de par leur passé, de par leur potentiel économique original, à s'administrer en vaste région : la Bretagne par exemple, la Normandie (haute- et basse-) peut-être, tandis que d'autres se contenteraient de structures simplement départementales ou bidépartementales : l'Alsace, la Savoie, que d'autres encore ne ressentent leur homogénéité et leur communion d'intérêts et de problèmes à résoudre qu'au sein d'entités encore plus exiguës : le Pays basque par exemple, bien plus restreint que l'actuel département des Pyrénées-Atlantiques.

Ce pluralisme territorial se doublerait d'une semblable souplesse dans la définition des compétences. Certaines parts de notre territoire veulent bien reconnaître leur personnalité pour des raisons quasi « nationales » : la Corse, la Bretagne, le Pays basque. Les compétences transférées par l'État à ces Français seront donc fort étendues. D'autres régions, telles l'Auvergne, l'Aquitaine, ont davantage que des cultures à promouvoir, une économie à défendre, des investissements à attirer, une population à fixer; elles auront des compétences surtout économiques; d'autres encore, telles l'Alsace, la Lorraine, veulent pouvoir traiter directement et dans des domaines précis (migrations journalières, harmonisation des investissements de chaque côté de la frontière franco-allemande) avec les régions germaniques mitoyennes : elles auront délégation pour ce faire. Et les Parisiens décideraient enfin de leur urbanisme et de leurs transports en commun.

Sans doute ce pluralisme compliquerait-il l'enseignement des organigrammes. Sans doute ces chartes, dont la précision situerait à proportion les responsabilités dévolues aux communautés territoriales, seraient-elles chacune d'un modèle différent. Mais l'administration réelle n'en souffrirait pas, elle se décongestionnerait, deviendrait d'arbitrage, d'incitation, de conseil « technique »; elle ne serait plus gérante. L'échelon central se consacrerait à ce qu'il est seul à pouvoir entreprendre et sauvegarder, c'est-à-dire le national, c'est-à-dire précisément ce que les collectivités territoriales par nature ne peuvent faire elles-mêmes à moins d'admettre le monstrueux abus de la partie stipulant pour le tout. Abus précisément reproché à Paris stipulant pour des provinces si diverses. [...]

La solidarité et la communauté de destin seraient fortement marquées par l'exercice des compétences que précisément les citoyens expérimenteraient qu'ils ne peuvent les exercer au seul échelon de leur communauté locale. D'ailleurs notre Constitution, implicitement, prévoit cette novation de l'État et sa plus grande décentralisation possible, et cette unité nationale dont le ciment serait le consentement, et non plus la contrainte et la routine. [...]

L'État retrouverait sa vocation première : maintenir, en les « entourant », l'unité des divers peuples et terroirs de France. A lui alors d'imposer, entre les collectivités de tailles et de ressorts si différents, les solidarités financières, les causes communes qui sont l'intérêt de tous. [...] Éduqués à la gestion de leurs affaires territoriales, les Français s'orienteraient naturellement — sans contrainte législative illusoire, sans freins syndicaux rétrogrades — vers des modèles d'autogestion analogues dans leurs autres communautés que sont l' « ensemble résidentiel », l'entreprise, le circuit local de la consommation et de la vente.

Pour que les citoyens ne s'absorbent pas dans ces gestions quotidiennes — qui sont cependant la seule chance collective d'échapper au gouvernement par ordinateur, sondages d'opinion et contrainte publicitaire qui nous menace —, pour conduire les Français à voir loin et grand, il est clair que l'unité nationale, dépouillée de ses vestiges autoritaires, n'a d'autre fondement que l'indépendance, déjà reconnue dans la conduite des affaires locales. L'indépendance nationale doit être — dans cette France réorganisée, rendue à chacun des Français — le leitmotiv du discours politique, de la formation civique, de la décision économique, de l'organisation sociale. C'est cette indépendance qui justifie seule l'unité nationale et l'existence de l'État. Ne pouvant défendre cette indépendance pour lui seul, ou pour son seul terroir, le citoyen ne peut croire en la France que si celle-ci est la réalité première, la fin ultime de tout geste, de toute action, de toute ambition politiques.

On en est loin aujourd'hui. Et ce n'est pas une coïncidence si l'idée régionale — surtout sensible dans les périphéries de notre Hexagone — fleurit dans le même temps qu'on nous éduque par tous moyens et tous les raisonnements à l'atlantisme et à l'européisme, qu'on nous prêche donc la mort de la France. L'« imagination au pouvoir » — si elle refuse, comme aujourd'hui, le souhaitable et même l'utopie, si elle n'entend pas que sa responsabilité est de rendre possible ce que souhaitent les citoyens — sera bientôt le miroir aux alouettes. Le « soutien de l'activité économique » suppose la mobilisation des cœurs et des esprits, leur consentement à l'État et à la politique. Ce consentement, les minoritaires, les plastiqueurs, les clandestins du désespoir — qui n'ont plus que ce langage — nous en indiquent la voie.

169. UNE HYGIÈNE POUR LES MÉDIAS

JEAN-LOUIS SERVAN-SCHREIBER

LE POUVOIR D'INFORMER, ROBERT LAFFONT ÉD., 1972.

Pour ne pas devenir idiot il faudra apprendre à pratiquer avec les médias un code du savoir-vivre qu'il sera plus utile d'inculquer aux enfants que le baisemain et la formule de politesse qui doit conclure une lettre à un sous-préfet. En s'organisant, on peut espérer tirer de la marée d'information beaucoup de satisfactions pour l'esprit sans risquer la noyade. Il faut avant tout apprendre à briser les habitudes. Rien n'est plus envahissant que ces routines quotidiennes qui s'accumulent comme des sédiments. Chacun de nous lit ainsi nombre de journaux et publications dont certains seulement sont vraiment nécessaires. Il serait de bonne hygiène d'en interrompre, par principe, la lecture chaque année pendant un mois (par exemple au moment du renouvellement de l'abonnement) et de ne renouer que si l'on constate après quatre semaines que l'on est vraiment moins heureux sans la lecture du *Moniteur de la machine-outil*. De même, il sera de plus en plus nécessaire de rompre physiquement avec la radio et la télévision pour conserver sa propre identité. Les façons de le faire varient à l'infini, depuis la possibilité de choisir un disque de silence dans le juke-box (observez alors la réprobation ou l'égarement des autres consommateurs du café à qui vous venez ainsi d'arracher la tétine de leur cerveau) jusqu'au vœu religieux des sectes Amish qui se sont totalement isolées de toute mécanique postérieure à la charrue. Déjà le Club Méditerranée l'a compris qui interdit les transistors et bannit la télévision et les journaux de ses villages. Un ami journaliste américain, Jesse Birnhaum, séjournant au club de Tahiti pendant la visite de Nixon en Chine, ne supportait pas cet isolement et cherchait une source d'information comme un whisky pendant la Prohibition. Il a mis trois jours à découvrir le chef du village tapi dans sa paillote qui écoutait sa radio à ondes courtes en catimini, comme les Européens pendant l'Occupation fermaient les rideaux avant de mettre en sourdine la B.B.C.

De plus en plus des lieux de séjour et d'évasion seront ainsi volontairement coupés des médias. C'est déjà le cas des hôtels de certains parcs nationaux américains. Il viendra un jour où l'on proposera des croisières sans information et où il faudra payer un léger supplément pour que sa chambre d'hôtel ne soit pas équipée de télévision. Autant il faut une volonté peu commune pour ne pas tourner un bouton familier à l'heure des informations quotidiennes, autant cette routine est facile à interrompre si l'on se place dans un environnement inhabituel. D'où l'avantage des vacances dans un pays étranger où même si l'on disposait d'une radio et d'une télévision il serait impossible de comprendre ce qu'elles diffusent. Mais le plus important est d'essayer, au retour, de résister à la reprise des habitudes audio-visuelles, essayer de ne regarder ou d'écouter que ce qui semble présenter un intérêt décelable. Peut-être la soumission se rétablira-t-elle complètement au bout de deux mois, mais si l'on ajoute ceux-ci à celui des vacances lointaines, cela représente déjà un quart de l'année où l'on aura secoué le joug.

Pour ne pas devenir idiot, il est essentiel de développer le réflexe sain de sa propre volonté qui vous fait interrompre sur-le-champ une expérience insatisfaisante. Vous vous apercevez que le livre que vous avez en main est moyen ou médiocre. Ne perdez pas votre temps qui est pour vous bien plus précieux que ces pages. Arrêtez de le lire et, même, jetez-le à la corbeille à papier (oui, sacrilège), car la plupart des bibliothèques ne sont que des cimetières sans Toussaint. Pourquoi faire semblant que vous y reviendrez un jour si vous le trouvez inintéressant? En le jetant vous vous prouvez à vous-même que vous avez le courage de vos opinions. De même ne restez pas une minute de trop dans un cinéma où le film, comme trop souvent, se révèle lamentable. Coupez net l'émission de télévision dont le titre vous a attiré mais dont le contenu vous déçoit. Respectez, plus que tout, votre temps, vos heures de réflexion et de vie, prenez-les en main et n'en abandonnez aux médias que ce que vous jugez utile ou franchement agréable. Quand vous vous saurez capable d'éteindre à volonté votre télévision, vous n'aurez plus de complexe de culpabilité à essayer quinze minutes d'un film dont, *a priori*, vous ne savez rien. Et si vous avez peur de rester une heure, imprévue, seul en face de vous-même à méditer, ou à parler avec votre conjoint, gardez toujours un livre à portée de la main. Il vous permettra lui aussi d'échapper à vous-même, mais par le haut.

PIERRE-P. GRASSÉ

TOI, CE PETIT DIEU
ESSAI SUR L'HISTOIRE NATURELLE DE L'HOMME,
ALBIN MICHEL ÉD., 1971.

Le XXe siècle a été le siècle de la physique, le XXIe sera celui de la biologie. C'est alors que l'Homme courra un immense danger. Les biologistes devront être mis sous contrôle, si lourdes de conséquences seront leurs découvertes. Dès maintenant, leur responsabilité est engagée. Toute application de la biologie peut être dangereuse. Tant que la science ne se mêle pas de modifier l'Homme dans son corps et dans son cerveau, les maux dont il souffre, y compris la guerre, sont curables. Mais si elle s'avise de le changer, elle risque de le mutiler sans retour. [...]

La science ne serait pas la science si elle s'émouvait au spectacle de l'humanité; sa sérénité est sa raison d'être. Mais le savant doit, lui, rester un homme et songer aux conséquences de ses découvertes sur le destin de son prochain. Qu'il n'oublie pas que l'Homme de chair et d'os est bien autre chose qu'une marionnette dont une machine tire les ficelles. Notre prochain pense, aime, hait; il est traversé par des désirs, des passions; il s'émeut au vu de la nature, il vibre devant le beau, frissonne devant l'infini, s'inquiète sur son devenir et redoute la mort.

La science n'a guère de prise sur tout cela, sinon en bouleversant l'équilibre organique de l'individu. Elle que rien ne touche, que rien n'ébranle, ne suffit pas à assurer le bonheur de l'Homme, il s'en faut de beaucoup.

On présume que la béatitude pour l'animal est d'assouvir ses instincts. Mais n'est-ce point là une interprétation anthropomorphique [1]? Ce que nous appelons bonheur et qui exige la possession de la conscience, peut-il exister chez l'animal? C'est douteux. La satisfaction de ses besoins le met dans un état d'équilibre physiologique dont la perception et les conséquences affectives (si elles existent) nous sont inconnues. L'Homme, pour atteindre le bonheur, exige davantage; à la santé corporelle, à la satisfaction des besoins fonctionnels s'ajoute l'équilibre affectif, lié étroitement aux rapports avec ses semblables. [...]

Dans les dernières pages de cet essai, ne craignons pas d'évoquer une fois encore la complexité de l'Homme. Le cliché de « l'Homme double » est bien usé, bien insuffisant. A l'Homme animal est lié l'Homme raisonnant et libre, mais il existe en nous un troisième personnage, l'Homme irrationnel, l'Homme affectif. C'est lui qui intervient de telle sorte que notre conduite ne puise pas sa motivation dans la seule raison; il obéit à des sentiments qui tiennent à notre moi en tant que construction unique, originale et c'est encore par lui que nous agissons, poussés par le désir de posséder, de jouir, de détruire, par l'envie, la haine, l'agressivité, l'admiration, l'amour, la fraternité, mobiles hors du rationnel.

Le sentiment l'emporte sur la raison. Est-ce un bien, est-ce un mal?

1. Anthropomorphique : qui a tendance à attribuer à l'animal les sentiments, les passions, les traits de l'homme.

Si l'on se souvient que l'Homme, dès le départ de sa lignée, s'est éloigné de l'animal par la raison et par le cœur, on inclinera à penser que le grand déterminateur de notre conduite est bien le sentiment, car seul il la rend profondément et justement humaine.

Que deviendraient l'altruisme, les préceptes moraux si l'Homme affectif mourait en nous? On ose à peine y penser.

Comment ne pas s'inquiéter de la pression qui s'exerce avec une force croissante sur l'humanité pour la ramener à l'animalité dont elle a mis tant de millénaires à se dégager? Elle est d'autant plus violente que le progrès scientifique et la technique qu'il perfectionne se développent davantage. Il semble, et nous l'écrivons sans vouloir le croire, que la science en s'amplifiant délivre l'Homme de ses soucis matériels, mais tue en lui le transcendant. Elle ne possède dans son officine aucune thériaque [1] pour satisfaire les besoins affectifs et moraux, aussi réels et aussi impérieux que la faim et la soif.

La cécité de la science (et notre société est de plus en plus fondée sur l'apport scientifique) à l'égard de l'Homme irrationnel est probablement la grande cause et la cause grandissante du malaise de l'Homme moderne.

1 *Résumez le texte en indiquant clairement le raisonnement suivi par l'auteur. (25 lignes maximum.)* **2** *Expliquez les expressions : « sa sérénité est sa raison d'être »; « l'équilibre affectif, lié étroitement aux rapports avec ses semblables »; « notre moi en tant que construction unique, originale ».* **3** *« Nous agissons, poussés par le désir de posséder, de jouir, hors du rationnel. Le sentiment l'emporte sur la raison. Est-ce un bien, est-ce un mal? » Comment répondez-vous à la question posée par l'auteur? En une ou, au maximum, deux pages, illustrez et justifiez votre réponse.*

Sujet donné au B.T.S.

171. RÉHABILITATION DE LA QUALITÉ

GEORGES ELGOZY

LES DAMNÉS DE L'OPULENCE, CALMANN-LÉVY ÉD., 1970.

Tôt ou tard, tard le plus souvent, l'homme découvre que la course à la possession lui procure des joies moins hautes et moins durables que l'exercice du corps et de l'esprit. A chaque citoyen d'une société de consommation, importe moins le taux d'expansion que la qualité du développement. Il ne faut pas confondre plus et mieux, avoir et être, maximum et optimum.

L'État — ou à défaut la technocratie — devrait orienter les lignes de force du progrès selon la qualité de la vie, selon « l'aménité de l'environnement humain », comme dit Bertrand de Jouvenel. Le luxe, qui se défi-

1. Thériaque : médicament, élixir.

nissait naguère par des choses ou par des services — automobile, ascenseur, chauffage central — s'exprime aujourd'hui par des concepts : « temps, espace, culture ».

Au « Comment produire ? » devrait faire place le « Que produire ? »; au fétichisme de la quantité, la réhabilitation de la qualité. L'État proposerait alors aux citoyens ce qui est le plus propice à l'épanouissement de leur personnalité, plutôt que d'exciter leur frénésie consommatrice à coups de retombées de prestige ou d'armement.

Si, aux États-Unis, la recherche du mieux-être semble compatible avec la conquête de l'espace ou avec un gaspillage militariste, toute autre puissance se ruinerait, qui se paierait le luxe de jouer sur ces deux tableaux.

Avant la fin du siècle, les équipements collectifs — formation, santé, urbanisme — influeront sur la condition du travailleur, plus que le montant de son salaire. Cette tendance ne peut que s'accuser dans l'avenir.

Si « la force des choses tend toujours à détruire l'égalité », comme le prévoyait Rousseau, c'est à la force des hommes de tendre à la restaurer.

Tout progrès en matière d'enseignement ou de culture a pour effet de neutraliser maintes injustices créées par la société de consommation. Par sa recherche d'équilibre et d'harmonie, l'individu refuse la rupture sociale qui résulte d'une foi exclusive en la machine. Croît l'arrogance d'un esclave, serait-il mécanique, en fonction de la veulerie ou de l'incompétence de son maître.

Aux mots de passe des sociétés industrielles — niveau de vie, productivité, consommation — succèdent déjà les mots de ralliement des nouvelles sociétés : mode de vie, éducation permanente, aménité.

Pour compenser la prolifération des objets, l'État devra s'évertuer à améliorer les services collectifs et à exercer les facultés supérieures des citoyens. Il préparera une mutation dans la hiérarchie des fins : au quantitatif et au matérialisme succéderont le qualitatif et la spiritualité.

Dans une civilisation post-industrielle, où le bien-être collectif aura été dépassé, des activités désintéressées seront créées pour contrebalancer la raréfaction des activités rémunérées. L'individu flânera en quête de gratuité, sans plus se soucier d'efficacité à tout prix.

La technologie est un missile pacifique que les sociétés téléguideraient dans la direction de leur choix, pour peu qu'elles en prissent la détermination. L'homme ne distingue son destin d'homme que dans la mesure où il s'élève sur une spirale ascendante de compréhension.

Pour les technocrates, l'accroissement du Produit national brut est le premier des postulats : pour les citoyens, c'est une meilleure répartition de ce P.N.B. qui prévaut. Et davantage encore leur importe la nature des biens et services qui composent cette abstraction.

Il n'est jamais inutile de rappeler qu'un partage trop inéquitable du Produit national brut entrave sa progression; que la prospérité du plus grand nombre — mieux que celle de quelques-uns — fait tourner à plein régime le moteur de l'expansion.

Comme le grain fait le poulet, l'homme est ce qu'il consomme : un drogué s'il se drogue, un croyant s'il pratique, un anthropophage s'il aime charnellement son prochain. Il devient bête à force de faire la bête.

A l'ère de la consommation, les consommateurs consomment : ce sont les carburateurs plus ou moins déréglés d'une société abusivement réglée. Ils finissent par se dévorer eux-mêmes sans plus se soucier de soi que des autres. L'abondance matérielle ne favorise guère l'accomplissement de la personnalité. Efficace mais sans finalité humaine, l'économie marchande se sert ainsi des hommes plus souvent qu'elle ne les sert.

« On ne comprend absolument rien à la civilisation moderne, dit Bernanos, si l'on n'admet pas d'abord qu'elle est une conspiration universelle contre toute espèce de vie intérieure. »

Trop acharné à inventer dans les sciences, les techniques, les arts, l'individu s'éloigne de la science, de la technique, de l'art d'être heureux. Le bonheur n'est pas l'un des articles de consommation courante, ni la somme desdits articles : c'est un idéal. Comme la paix, le bonheur échappe à ceux qui s'échinent à le pourchasser. Bonheur et paix sont les deux choses, selon saint Matthieu, qui « seront données comme par surcroît ».

Neuve en Europe, l'idée du bonheur; trop neuve, comme une camisole qui gêne aux entournures.

Aucune science n'a encore mis au point une machine à persuader les citoyens de leur joie de vivre dans les conditions où ils vivent. La philosophie en garde le secret, malgré l'indiscrétion des philosophes. Et les euphorisants prescrits par la Faculté administrent plus de béatitude à ceux qui les fabriquent qu'à ceux qui les absorbent.

1 *Résumez en 15 lignes de 10 à 12 mots chacune le texte ci-dessus et donnez-lui un titre.*
2 *Après avoir affirmé qu'« il ne faut pas confondre plus et mieux, avoir et être, maximum et optimum », Georges Elgozy ajoute : « Avant la fin du siècle, les équipements collectifs — formation, santé, urbanisme — influeront sur la condition du travailleur, plus que le montant de son salaire. Cette tendance ne peut que s'accuser dans l'avenir. » Que veut-il dire exactement et quelle est votre opinion personnelle?*

Sujet donné au B.T.S.

172. SCIENCE CONTRE VALEUR

FRANÇOIS DE CLOSETS
LE BONHEUR EN PLUS,
DENOËL ÉD., 1974.

La science s'attaque à toutes les vérités, à toutes les valeurs, à toutes les vertus, à tous les tabous et ces assauts, loin d'aller en diminuant, ne font que commencer. Entre la connaissance et les croyances se développe un « conflit de catégories » qui va se radicalisant.

La querelle de l'avortement fournit un excellent exemple de ce divorce. De quoi s'agit-il? L'Homme a posé au départ, en réponse à une exigence intérieure, qu'il possède une identité particulière qui le distingue absolument du règne animal. Appelons âme, conscience ou esprit ce principe proprement humain. Peu importe. Nous ressentons, comme une exigence de notre culture, sinon de notre nature, le besoin d'une barrière nette entre les catégories du conscient et du non conscient. Ainsi seulement pouvons-nous organiser le monde. Nous nous autorisons à tuer la vie animale, non la vie humaine. Mais toute cette belle construction s'effondre si elle ne se retrouve pas dans la réalité. S'il existe des êtres intermédiaires.

Or la science constate que la nature ne connaît pas cette distinction. Préhistoriquement tous les intermédiaires se sont succédé entre l'animal et l'homme, pathologiquement tous les états existent de la démence totale ou du coma profond à la pleine conscience, embryologiquement toutes les étapes de l'évolution sont parcourues par l'individu. Les catégories bien délimitées de conscient et de non conscient ont été inventées par l'esprit humain en dehors de toute réalité. [...]

Convention encore que ces catégories du vivant et du mort. Nous avons besoin qu'elles soient nettement tranchées, alors qu'elles ne sont que les deux pôles d'un processus progressif qui se déroule sans solution de continuité. Demain, le développement des fonctions assistées permettra de maintenir en survie un très grand nombre d'êtres dont nul ne pourra plus dire s'ils sont vivants ou morts. La question se pose dans la plupart des hôpitaux. Elle a pris une importance particulière avec les prises d'organes aux fins de transplantations. Les médecins voudraient bien que la nature leur fixe des limites. Malheureusement elle ne le fait pas. Un jour, ils débranchent les appareils de survie. C'est tout.

Convention aussi que les catégories morales de bien et de mal. Jamais les sciences de l'homme n'en ont trouvé la moindre trace « naturelle ». [...]

Que devient la permanence des institutions morales quand le bien et le mal s'expliquent par le jeu du conscient et de l'inconscient? [...]

Les parents ne savent plus éduquer leurs enfants, les époux ne sont plus sûrs de leurs rapports. Chacun sait que les choses ne sont pas si simples et que les belles certitudes morales n'ont plus cours.

Quant à la religion, la suprême consolation, elle est chaque jour malmenée par l'esprit scientifique. Oh! les savants n'ont point prouvé que Dieu n'existe pas. La question ne sera d'ailleurs pas posée, car telle est la convention sur laquelle s'est établie la coexistence entre la connaissance et la foi. Mais la science, poursuivant son chemin, piétine allègrement les pelouses de la religion.

C'est en effet une chose de croire en Dieu, et c'en est une autre de s'appuyer sur une religion. Cette dernière, surtout quand il s'agit de la religion chrétienne, implique un lien privilégié entre la création, la créature et le créateur. L'existence de Dieu n'est guère consolatrice, c'est sa présence dans le monde qui apporte le réconfort. En cela les religions chrétiennes faisaient merveille. Elles prenaient en compte le fidèle de la naissance à la mort, elles proposaient une réponse à chacune de ses interrogations. Croire, c'était vivre dans la certitude, c'était s'en remettre à l'Église.

La science détruit progressivement cette assistance religieuse. Elle explique le monde et l'homme avec des lois qui ont l'indifférence des équations. Elle ne laisse nulle place à une intervention divine, elle dénonce l'arbitraire de toute morale révélée. Bref, elle ne tue pas Dieu, elle le chasse du monde. Il n'intervient pas dans la grande machine de la nature, il n'intervient pas dans l'histoire humaine — il est tant d'autres histoires dans l'univers —, il n'est pas intervenu pour créer l'homme, et pas davantage pour créer la vie, ni même la Terre. Là où pourrait agir la main de Dieu, la science découvre toujours un phénomène naturel. Il reste évidemment la Création, avec un grand C. Là, du moins, peut-on placer sans crainte le Créateur. Voire! La moitié des astronomes pensent que l'univers pulse éternellement entre des phases de contractions et d'expansion, sans avoir jamais eu de commencement. En définitive le problème de la Genèse pourrait bien n'être comme les autres qu'une création de l'esprit humain, sans aucune correspondance dans la réalité objective.

Ainsi il ne reste plus de la religion qu'un déisme nébuleux, la croyance en un principe suprême qui ne manifeste en rien son existence, son dessein ou sa volonté. La divinité est une absence, et la foi religieuse un manque au cœur de l'homme. Cette croyance n'a rien à redouter de la critique rationnelle ou de la connaissance objective, mais elle ne présente plus aucune différence sociologique avec l'agnosticisme. Car c'est la religion et non la foi qui fournit l'assistance religieuse. La religion morte, l'individu doit se débrouiller tout seul. Avec ou sans jugement dernier.

173. SCIENCE ET RELIGION

LOUIS LEPRINCE-RINGUET

SCIENCE ET BONHEUR DES HOMMES, FLAMMARION ÉD., 1973.

L'entrée dans un univers religieux correspond à l'être dans sa totalité et non pas à sa part scientifique. Si un regard, une correspondance intuitive entre deux êtres, un sentiment d'attirance, d'amour ne relèvent pas de la connaissance scientifique, si un engagement s'effectue par toutes les fibres de l'être, s'il peut y avoir autant de réalité, autant de certitude dans une intimité entre personnes humaines que dans le résultat d'une expérience de physique, il apparaît pourtant que la présence du pôle scientifique, le noyau dur, rend difficile l'entrée dans un univers de foi. C'est pour cela que tant d'hommes de science restent en dehors. Les objections se présentent à chaque porte, c'est de l'intérieur que la vision s'éclaire.

La vision chrétienne du monde vue de l'intérieur est magnifique. Elle donne à tous les actes de notre vie un sens et une profondeur, permet à tous les moments de l'existence d'acquérir une valeur de dépassement. Elle nous place au milieu de l'humanité en relation avec tous les hommes, nos frères, et le moindre d'entre nous, le plus humble, le plus défavorisé en apparence, sait qu'il porte en lui un potentiel immense de rayonnement.

Les chrétiens, qui ont déjà vécu dans leur enfance une expérience religieuse, bien avant d'être touchés par le champ de l'activité scientifique, bien avant d'acquérir la mentalité correspondante, conservent en général leur foi et même la développent et l'enrichissent par la pratique de la science. Mais ils deviennent beaucoup plus exigeants. L'esprit d'accueil sera pour eux un prolongement très naturel de leur attitude de chrétien à l'égard du prochain et de l'évolution du monde. Mais la remise en question, fondement de la science, les orientera vers une attitude religieuse très éloignée d'une obéissance aveugle et d'une sorte de fidélité spirituelle s'apparentant trop souvent à un fidéisme paresseux.

Ainsi, pour un scientifique, il est difficile d'admettre que la Vérité ait été communiquée au monde une fois pour toutes à un certain moment de son histoire dans un lieu déterminé, car chacun de nous œuvre pour une meilleure compréhension du monde et cherche à contribuer à une approche de la Vérité. Car chacun pense que l'immense travail de connaissance qui s'accomplit est bénéfique dans la recherche de la Vérité. L'homme de science chrétien est assuré que pour lui la Vérité est vers l'avant et non à l'arrière. Le Christ n'est pas seulement pour lui l'homme historique de l'Evangile, mais il nous accompagne dans notre mouvement, il est présent au milieu de nous, il nous aide dans nos efforts, il continuera à être présent pour animer la recherche de l'avenir. La Vérité est asymptotique, la grande lumière étant loin, très loin en avant de notre humanité.

Une structure trop rigide, trop définie et formelle de la religion n'est pas acceptable. D'ailleurs, on voit bien actuellement que les anciennes structures très parfaites, et compliquées ne résistent pas aux changements d'écologie, d'environnement intellectuel et matériel. Le scientifique comprendra fort bien l'ambiance de recherche, de participation personnelle à l'évolution d'un corps de doctrine qui ne devrait pas rester figé, pas davantage qu'un corps vivant.

174. NOTRE SORT EST ENTRE NOS MAINS

ARNOLD J. TOYNBEE

GUERRE ET CIVILISATION,
GALLIMARD ÉD., 1953.

Comme d'autres maux, la guerre a une façon insidieuse de n'apparaître pas intolérable jusqu'au moment où elle a si bien pris à la gorge ceux qui s'y adonnent qu'ils ne peuvent plus échapper à son étreinte quand celle-ci est manifestement devenue mortelle. Au début du développement d'une civilisation, les souffrances et les destructions que les guerres occasionnent peuvent paraître largement compensées par les bénéfices résultant de l'acquisition de richesse et de puissance, ainsi que de la culture des « vertus militaires »; dans cette phase de l'Histoire, les États ont souvent pu se livrer à la guerre entre eux avec une sorte d'impunité, même pour le vaincu. La guerre ne commence à révéler sa malfaisance que lorsque la société qui s'y livre a commencé à accroître son aptitude économique à exploiter la nature physique et son aptitude politique à organiser la « puissance démographique », mais dès que c'est le cas, le dieu de la guerre auquel cette société en croissance est depuis longtemps vouée se révèle un Moloch [1] qui dévore une part toujours plus grande des fruits multipliés de l'industrie et de l'intelligence de l'homme en prélevant un tribut toujours plus considérable de vies et de bonheur. Lorsque l'accroissement d'efficacité de la société devient tel qu'elle parvienne à mobiliser une proportion mortelle de ses ressources et de ses énergies pour un usage militaire, la guerre devient un cancer qui emportera sa victime, à moins que celle-ci ne puisse l'extirper et le rejeter loin d'elle, car ses tissus malsains ont maintenant appris à croître plus rapidement que les tissus sains dont ils se nourrissent.

1. Divinité qui, d'après l'Ancien Testament, dévorait les enfants.

Autrefois, lorsque ce point dangereux de l'histoire des relations entre la guerre et la civilisation était atteint et reconnu, on a parfois fait de sérieux efforts en vue de se débarrasser de la guerre à temps pour sauver la société. Ces efforts pouvaient s'orienter dans l'une ou l'autre de deux directions différentes. Le salut ne peut évidemment être cherché que dans le jeu des consciences des individus, mais ceux-ci ont le choix entre s'efforcer d'atteindre leur but par l'action directe en tant que personnes privées, et tenter de l'atteindre par l'action indirecte en tant que citoyens. Le refus personnel de se prêter en aucune façon à aucune guerre faite dans un but et dans des circonstances quelconques par l'État dont on relève est un moyen d'attaque contre l'institution de la guerre qui a de quoi séduire une nature ardente et prête au sacrifice. Par comparaison, l'autre stratégie de paix, qui cherche à décider et à habituer les gouvernements à se grouper pour résister en commun à l'agression lorsqu'elle se produit et s'efforce de lui ôter par avance tous ses attraits, peut paraître un moyen détourné et dépourvu d'héroïsme d'aborder le problème. Cependant l'expérience à ce jour démontre incontestablement... que c'est la seconde de ces deux pénibles voies qui ouvre les plus belles perspectives.

L'écueil le plus évident qui se dresse sur la route du pacifisme, c'est que les pacifistes sont obligés de se dire que si leur action était efficace, son premier effet serait de mettre les États dans lesquels le pacifisme serait une force politique appréciable à la merci de ceux dans lesquels il serait impuissant, ce qui reviendrait à permettre aux gouvernements les moins scrupuleux des puissances militaires les plus aveugles de se rendre d'emblée maîtres du monde. Considérer cet avenir et se soumettre à ses conséquences immédiates présuppose une prévoyance active et un héroïsme passif qui ont été l'apanage de saints, mais non de l'humanité ordinaire prise en masse. Sans doute, les peuples se sont à maintes reprises soumis *en masse* à la douleur et au chagrin d'être opprimés par des vainqueurs plus brutaux et plus barbares que leurs victimes. En 1940, le monde fut à deux doigts de se soumettre ainsi à la domination d'une Allemagne dirigée par les nazis et inspirée par l'esprit satanique de Hitler; mais il nous suffit de nous rappeler l'état d'esprit régnant en France et en Grande-Bretagne pendant la période « d'apaisement », puis en France à l'époque de Vichy, pour comprendre que, parmi les mobiles qui peuvent inspirer un refus en masse de résister à l'agression militaire par la force des armes, l'horreur généreuse du saint contre le péché de guerre risque d'être beaucoup moins puissante que l'aversion naturelle qu'éprouve le mortel ordinaire contre l'obligation de payer le terrible tribut de sang et de larmes que prélève la guerre.

C'est le consentement à payer ce prix qui est à la base des prétendues « vertus militaires » sans lesquelles la guerre ne pourrait avoir lieu et faute desquelles cette institution néfaste n'aurait assurément jamais bénéficié comme jusqu'à tout dernièrement de l'indulgence de l'opinion et du sentiment publics de la majorité dans des sociétés civilisées. Ce terme traditionnel « vertus militaires » est évidemment trompeur puisque toutes les vertus déployées dans la guerre trouvent également un champ d'action illimité dans d'autres formes de rencontres et de relations humaines tandis que, par ailleurs, la présence de ces vertus chez des soldats s'est malheureusement souvent révélée compatible avec la cruauté, la rapacité et une foule d'autres vices. Dans un concours de vertu entre un guerrier employant la violence et le saint qui y renonce, le saint remporterait aujourd'hui une victoire morale qui porterait demain des fruits concrets. Mais, malheureusement, les héros du drame qui oppose le pacifisme et la guerre ne sont pas un guerrier et un saint tous deux revêtus de la même armure de vertu, ce sont le guerrier qui, vertueux ou non, a le courage de risquer sa vie et son intégrité, et le mortel ordinaire qui recule devant la peine et le danger. Or, ainsi que nous l'avons découvert pour nous-mêmes en 1939 et en 1940, il vaudrait mieux que le personnage pusillanime qui est poussé à se dérober devant la guerre, non par l'horreur de commettre un péché, mais par l'infirmité commune de la nature humaine, s'efforce au moins de s'élever jusqu'au niveau du guerrier s'il sait que l'attitude du saint lui est interdite. [...]

Ce qu'exige manifestement la situation, c'est une association volontaire des peuples pacifiques du monde, avec une force et une cohésion suffisantes pour être inattaquables par quiconque rejetterait ou romprait leur pacte de sécurité collective. Cette puissance mondiale gardienne de la paix ne doit pas seulement posséder une force assez prépondérante pour que toute attaque dirigée contre elle soit vouée à l'échec, elle doit aussi être assez juste et sage dans l'emploi de sa puissance pour éviter la provocation de quiconque désirerait sérieusement défier son autorité.

Pour être immense, cette tâche n'excède pas nos forces. Les succès obtenus autrefois par l'Humanité en groupant dans une union volontaire des États précédemment souverains et indépendants, garantissent que nous possédons l'expérience et la technique nécessaires pour réaliser la grande œuvre de construction politique qui est maintenant exigée de nous. Nous le pouvons, si nous le voulons. Notre sort est entre nos mains.

1 *Dégagez les principales idées du texte et montrez leur enchaînement.* **2** *Résumez ce texte en quelques lignes.* **3** *Quelles raisons font que la guerre est acceptée dans les sociétés primitives? Dans la société de nos jours?* **4** *Quelle solution propose l'auteur pour éliminer les risques de guerre?*

175. NOUS AVONS A PROMOUVOIR UN NOUVEL ART DE VIVRE

RENÉ DUCHET

BILAN DE LA CIVILISATION TECHNICIENNE,
PRIVAT ÉD., 1955.

Il ne s'agit plus maintenant de périls lointains. La dégradation de la Terre, sa contamination par les résidus atomiques, la destruction du sol, la pollution des eaux et de l'atmosphère, la mécanisation de l'existence, le déracinement et la déshumanisation de l'homme sont des faits actuels qui non seulement n'ont aucune chance de se résorber d'eux-mêmes mais qui, chaque jour, ne cessent d'empirer. Les terribles pouvoirs que la science a mis entre nos mains débiles risquent à chaque instant d'éclater et nul ne peut dire si, dans quelques mois, les petits villages et les grandes capitales du monde existeront encore, aucun homme ne peut savoir si, dans six mois, lui-même, et ses enfants auxquels il a prodigué tant de soins, survivront. Il ne s'agit plus de menaces à longue échéance : même à l'échelle d'une vie humaine, les délais à envisager sont courts! Nous ne sommes plus sur un palier et nous ne pouvons plus douter que si nous ne faisons pas l'effort nécessaire pour maîtriser le cours des événements, notre civilisation ne se précipite vers la crise finale. [...]

Le salut n'est possible que si nous comprenons l'étendue des périls, que si nous réalisons l'absolue nécessité de ne plus laisser la nef voguer au gré des flots, mais de refaire le point et de reprendre le gouvernail d'une main ferme. Nous ne pouvons plus nous en remettre aux réactions et aux gestes habituels... ni aux courants aveugles. Il importe que nous connaissions les nouveaux pays qui s'ouvrent devant nous, les marées qui déferlent le long de leurs côtes, leurs vallées, leurs abîmes, leurs marécages et leurs sommets. Nous avons à découvrir sous son véritable jour le milieu qui nous entoure, à prendre conscience de ses transformations, des mouvements qui l'animent, des effets sur notre être physique et sur notre psychisme, des conditions de vie et de travail, des activités et des rythmes qu'il nous impose. Nous avons à prendre conscience de nos relations essentielles avec le milieu technique que nous avons créé et de nos rapports, à travers les nouvelles structures ou en dehors d'elles, avec la nature. De cette prise de conscience dépend d'abord notre destin.

Les anathèmes contre la science et la technique ne servent à rien et ce serait folie que de prétendre établir, dans le domaine des sciences physiques, une sorte de moratoire [1] des inventions et des recherches, afin de permettre aux sciences sociales et à la morale de rattraper leur retard. Ce n'est pas la science et la machine qui doivent être mises en accusation, c'est la maladresse et l'insuffisance des efforts de l'homme pour se mettre au niveau de ses prodigieuses découvertes. Les perspectives de catastrophes ne doivent pas nous cacher les immenses espoirs que l'ère technicienne porte avec elle et les magnifiques possibilités qui s'offrent à nous.

Un monde nouveau est en train de se créer. Gardons plus que jamais les yeux clairs. Sachons observer ce qui se passe autour de nous et découvrir les vastes espaces qui s'étendent au-delà des horizons familiers. Nous verrons alors apparaître les lignes essentielles, les structures fondamentales, les solidarités nouvelles. Nous sentirons battre les rythmes de la civilisation qui se lève et nous verrons se dessiner les routes qui nous sauveront de l'abîme. Nous discernerons le sens profond de l'âge de la technique. Nous comprendrons que les institutions et les structures nouvelles doivent être axées sur l'homme et sur les valeurs humaines, et s'accorder aux rythmes biologiques et à notre besoin de dépassement. Nous pouvons retrouver les contacts essentiels avec la nature, et le travail lui-même peut redevenir, comme le demandait Simone Weil [2], un contact avec le monde. Il dépend de nous de dominer et d'humaniser la technique et de mettre le mécanisme au service de la liberté. A nos nouveaux pouvoirs doivent correspondre des responsabilités et une discipline nouvelles, un supplément de conscience et de force morale. Aucun progrès matériel n'est valable si un progrès spirituel ne lui donne un sens. Nous ne sommes pas nécessairement condamnés à la civilisation des robots,

1. Suspension, arrêt. 2. Voir BIOGRAPHIES, p. 350.

ni voués à la catastrophe. Une aube nouvelle se lève. La vie quotidienne ne peut rester immuable sous un soleil qui éclaire un monde en pleine métamorphose... Nous avons à promouvoir un nouvel art de vivre.

1 *Relevez les idées principales contenues dans ce texte et montrez leur enchaînement.* **2** *Par quels arguments l'auteur souligne-t-il l'imminence des dangers qui menacent notre civilisation?* **3** *Quels moyens de salut indique-t-il?* **4** *Commentez les phrases suivantes : « Aucun progrès matériel n'est valable si un progrès spirituel ne lui donne un sens. » — « Nous avons à promouvoir un nouvel art de vivre. »*

176. LA RUSE DE L'HOMME

ALAIN

VIGILES DE L'ESPRIT,
GALLIMARD ÉD., 1942.

La route en lacets qui monte. Belle image du progrès, qui est de Renan, et que Romain Rolland a recueillie. Mais pourtant elle ne me semble pas bonne; elle date d'un temps où l'intelligence, en beaucoup, avait pris le parti d'attendre, par trop contempler. Ce que je vois de faux, en cette image, c'est cette route tracée d'avance et qui monte toujours : cela veut dire que l'empire des sots et des violents nous pousse encore vers une plus grande perfection, quelles que soient les apparences; et qu'en bref l'humanité marche à son destin par tous moyens, et souvent fouettée et humiliée, mais avançant toujours. Le bon et le méchant, le sage et le fou poussent dans le même sens, qu'ils le veuillent ou non, qu'ils le sachent ou non. Je reconnais ici le grand jeu des dieux supérieurs, qui font que tout serve leurs desseins. Mais grand merci. Je n'aimerais point cette mécanique, si j'y croyais. Tolstoï aime aussi à se connaître lui-même comme un faible atome en de grands tourbillons. Et Pangloss [1], avant ceux-là, louait la Providence, de ce qu'elle fait sortir un petit bien de tant de maux. Pour moi, je ne puis croire à un progrès fatal; je ne m'y fierais point. Je vois l'homme nu et seul sur sa planète voyageuse, et faisant son destin à chaque moment; mauvais destin s'il s'abandonne; bon destin aussitôt, dès que l'homme se reprend.

Suivant Comte [2] en cela, je chercherais une meilleure image de nos luttes, de nos fautes, et de nos victoires. Si vous avez quelquefois observé une barque de pêche, quand elle navigue contre le vent, ses détours, ses ruses, son chemin brisé, vous savez assez bien ce que c'est que vouloir. Car cet océan ne nous veut rien, ni mal ni bien; il n'est ni ennemi ni secourable. Tous les hommes morts, et toute vie éteinte, il s'agiterait encore; et ce vent, de même, soufflerait selon le soleil; forces impitoyables et irréprochables; la vague suit le vent et la lune, selon le poids et la mobilité de l'eau; ce vent mesure le froid et le chaud. Danse et course selon des lois

1. Personnage du *Candide* de Voltaire. 2. Voir note 2, page 49.

invariables. Et pareillement la planche s'élève et s'abaisse selon la densité, d'après cette invariable loi que chaque goutte d'eau est portée par les autres. Et si je tends une voile au vent, le vent la repousse selon l'angle; et si je tiens une planche en travers du flot, le flot la pousse aussi, comme le flot s'ouvre au tranchant de la quille et résiste sur son travers. D'après quoi, tout cela observé, l'homme se risque, oriente sa voile par le mât, les vergues et les cordages, appuie son gouvernail au flot courant, gagne un peu de chemin par sa marche oblique, vire et recommence. Avançant contre le vent par la force même du vent.

Quand j'étais petit, et avant que j'eusse vu la mer, je croyais que les barques allaient toujours où le vent les poussait. Aussi, lorsque je vis comment l'homme de barre en usait avec les lois invariables et bridait le vent, je ne pris point coutume pour raison; il fallut comprendre. Le vrai dieu m'apparut, et je le nommai volonté. En même temps se montra la puissance et le véritable usage de l'intelligence subordonnée. La rame, le moulin, la pioche, le levier, l'arc, la fronde, tous les outils et toutes les machines me ramenaient là; je voyais les idées à l'œuvre, et la nature aveugle gouvernée par le dompteur de chevaux. C'est pourquoi je n'attends rien de ces grandes forces, aussi bien humaines, sur lesquelles danse notre barque. Il s'agit premièrement de vouloir contre les forces; et deuxièmement il faut observer comment elles poussent, et selon quelles invariables lois. Plus je les sens aveugles et sans dessein aucun, mieux je m'y appuie; fortes, infatigables, bien plus puissantes que moi, elles ne me porteront que mieux là où je veux aller. Si je vire mal, c'est ma faute. La moindre erreur se paye; et par oubli seulement de vouloir, me voilà épave pour un moment; mais le moindre savoir joint à l'invincible obstination me donne aussitôt puissance. Ce monstre tueur d'hommes, je ne l'appelle ni dieu ni diable : je veux seulement lui passer la bride.

1 *Résumez en 100 mots le texte ci-dessus*. (Il est conseillé de ne pas consacrer plus de 45 minutes à cette épreuve de résumé.) **2** *Après avoir médité sur ce texte d'Alain, vous essaierez, en évoquant la destinée des héros de* La condition humaine, *de porter un jugement personnel sur cette affirmation de Romain Rolland : « Les hommes ont inventé* le destin *afin de lui attribuer les désordres de l'univers qu'ils ont pour devoir de gouverner. »*

Il est instamment recommandé aux candidats : *a) de soigner la présentation : mise en page, écriture, orthographe, accentuation, ponctuation; b) d'indiquer le nombre des mots qu'ils auront effectivement employés pour leur résumé, en se rappelant que tous les mots entrent en compte (articles, prépositions, pronoms, etc.); c) de ne pas dépasser 800 mots pour l'ensemble de la composition, en visant surtout à la netteté de la pensée et à la qualité du style.*

Écoles des Mines, Concours commun, *1962*.

177. NOUS VIVONS UN CHANGEMENT D'AGE

TEILHARD DE CHARDIN

LE PHÉNOMÈNE HUMAIN,
SEUIL ÉD., 1959.

A toutes les époques, l'Homme a cru qu'il se trouvait à un « tournant de l'Histoire ». Et, jusqu'à un certain point, pris sur une spire montante, il ne se trompait pas. Mais il est des moments où cette impression de transformation se fait plus forte, — et devient particulièrement justifiée. Et nous n'exagérons certainement pas l'importance de nos existences contemporaines en estimant que sur elles un virage profond du Monde s'opère au point de les broyer.

Quand ce virage a-t-il commencé? Impossible, bien entendu, de le définir au juste. Comme un grand navire, la masse humaine ne modifie que graduellement sa course : si bien qu'il nous est loisible de suivre très bas — jusqu'à la Renaissance au moins — les premiers frémissements indiquant le changement de route. Une chose est claire, du moins. C'est que, à la fin du XVIIIe siècle, le coup de barre était franchement donné en Occident. Et depuis lors, malgré notre obstination parfois à nous prétendre les mêmes, c'est dans un nouveau monde que nous sommes entrés.

Changements économiques, d'abord. Si évoluée fût-elle, notre civilisation, il y a deux cents ans seulement, était toujours, fondamentalement, modelée sur le sol et sur le partage du sol. Le type du « bien », le *nucleus* [1] de la famille, le prototype de l'État (et même de l'Univers!) c'était encore, comme aux premiers temps de la Société, le champ cultivé, la base territoriale. Or petit à petit, en ces derniers temps, par suite de la « dynamisation » de l'argent, la propriété s'est évaporée en chose fluide et impersonnelle, si mouvante que la fortune des nations elles-mêmes n'a déjà presque plus rien de commun avec leurs frontières.

Changements industriels, ensuite. Jusqu'au XVIIIe siècle et malgré beaucoup de perfectionnements apportés, toujours une seule énergie chimique connue, le Feu; — et toujours une seule énergie mécanique utilisée : les muscles, multipliés à la machine, des humains et des animaux. Mais depuis lors!...

Changements sociaux, enfin. L'éveil des masses...

Rien qu'à observer ces signes extérieurs, comment ne pas soupçonner que le grand désarroi, où, depuis l'orage de la Révolution française, nous vivons dans l'Ouest, a une cause plus profonde et plus noble que les difficultés d'un monde à la recherche de quelque ancien équilibre perdu. Un naufrage? Ah! que non pas! Mais la grande houle d'une mer inconnue où nous ne faisons qu'entrer, au sortir du cap qui nous abritait. Ainsi que me le disait un jour Henri Breuil [2], avec sa brusque intuition coutumière, ce qui nous agite en ce moment, intellectuellement, politiquement, spirituellement même, est bien simple : « Nous venons seulement de lâcher les dernières amarres qui nous retenaient encore au Néolithique [3]. » Formule paradoxale, mais lumineuse. Plus j'ai réfléchi depuis à cette parole, plus j'ai cru voir que Breuil avait raison.

1. Noyau. 2. Henri Breuil (abbé), archéologue français. Se consacra aux recherches préhistoriques et en particulier à l'art pariétal. 3. Voir note 1, page 48.

Nous passons, en ce moment même, par un changement d'Age.

Age de l'Industrie. Age du Pétrole, de l'Électricité et de l'Atome. Age de la Machine. Age des grandes collectivités et de la Science... L'avenir décidera du meilleur nom pour qualifier cette ère où nous entrons. Le terme importe peu. Ce qui compte, en revanche, c'est le fait de pouvoir nous dire qu'au prix de ce que nous endurons, un pas de plus, un pas décisif de la Vie, est en train de se faire en nous et autour de nous. Après la longue maturation poursuivie sous la fixité apparente des siècles agricoles, l'heure a fini par arriver, marquée pour les affres inévitables d'un autre changement d'état. Il y a eu des premiers Hommes pour voir nos origines. Il y en aura pour assister aux grandes scènes de la Fin. La chance, et l'honneur, de nos brèves existences à nous-mêmes, c'est de coïncider avec une mue de la Noosphère...

En ces zones confuses et tendues où le Présent se mêle au Futur, dans un Monde en ébullition, nous voici face à face avec toute la grandeur, une grandeur jamais atteinte, du Phénomène humain. Ici ou nulle part, maintenant ou jamais, dans ce maximum et à cette proximité, nous pouvons espérer, mieux qu'aucun des esprits qui nous ont devancés, mesurer l'importance et apprécier le sens de l'Hominisation. Regardons bien, et tâchons de comprendre. Et pour cela, essayons, quittant la surface, de déchiffrer la forme particulière d'Esprit naissant au sein de la Terre Moderne.

Terre fumante d'usines. Terre trépidante d'affaires. Terre vibrante de cent radiations nouvelles. Ce grand organisme ne vit en définitive que pour et par une âme nouvelle. Sous le changement d'Age, un changement de Pensée. Or, où chercher, où placer cette altération rénovatrice et subtile, qui, sans modifier appréciablement nos corps, a fait de nous des êtres nouveaux? — Nulle part ailleurs que dans une intuition nouvelle, modifiant dans sa totalité, la physionomie de l'Univers où nous nous mouvions; — dans un éveil, autrement dit.

Ce qui, en l'espace de quatre ou cinq générations, nous a faits, quoi qu'on dise, si différents de nos aïeux, — si ambitieux —, si anxieux aussi, ce n'est pas simplement, à coup sûr, d'avoir découvert et maîtrisé d'autres forces de la Nature. Tout à fait au fond, si je ne me trompe, c'est d'avoir pris conscience du mouvement qui nous entraîne, — et par là de nous être aperçu des redoutables problèmes posés par l'exercice réfléchi de l'Effort humain.

1 *Sur quelles observations l'auteur s'appuie-t-il pour affirmer que nous vivons un changement d'âge?* **2** *Expliquez et commentez la phrase suivante : « Après la longue maturation... d'un autre changement d'état. »* **3** *En quoi consiste le changement de pensée qui accompagne le changement d'âge?*

178. L'IDÉE D'HUMANITÉ

TEILHARD DE CHARDIN

LE PHÉNOMÈNE HUMAIN, SEUIL ÉD., 1959.

Humanité. Telle est la première figure sous laquelle, à l'instant même où il s'éveillait à l'idée de Progrès, l'Homme moderne dut chercher à concilier, avec les perspectives de sa mort individuelle inévitable, les espérances d'avenir illimité dont il ne pouvait plus se passer. Humanité : entité d'abord vague, éprouvée plus que raisonnée, où un sens obscur de permanente croissance s'alliait avec un besoin d'universelle fraternité. Humanité : objet d'une foi souvent naïve, mais dont la magie, plus forte que toutes vicissitudes et toutes critiques, continue à agir avec la même force de séduction aussi bien sur l'âme des masses actuelles que sur les cerveaux de l' « intelligenzia ». Qu'on participe à son culte, ou qu'on le ridiculise, qui peut, encore aujourd'hui, échapper à la hantise, ou même à l'emprise de l'idée d'Humanité?

Au regard des « prophètes » du XVIIIe siècle [1], le monde ne présentait en réalité qu'un ensemble de liaisons confuses et lâches. Et il fallait vraiment la divination d'un croyant pour sentir battre le cœur de cette sorte d'embryon. Or, après moins de deux cents ans, nous voici, presque sans nous en rendre compte, engagés dans la réalité, au moins matérielle, de ce que nos pères attendaient. Autour de nous, en l'espace de quelques générations, toutes sortes de liens économiques et culturels se sont noués, qui vont se multipliant en progression géométrique. Maintenant, en plus du pain qui symbolisait, dans sa simplicité, la nourriture d'un Néolithique [2], tout homme exige, chaque jour, sa ration de fer, de cuivre et de coton, — sa ration d'électricité, de pétrole et de radium, — sa ration de découvertes, de cinéma et de nouvelles internationales. Ce n'est plus un simple champ, si grand soit-il, — c'est la Terre entière qui est requise pour alimenter chacun d'entre nous. Si les mots ont un sens, n'est-ce pas comme un grand corps qui est en train de naître, — avec ses membres, son système nerveux, ses centres percepteurs, sa mémoire, — le corps même de la grande Chose qui devait venir pour combler les aspirations suscitées en l'être réfléchi par la conscience, fraîche acquise, qu'il était solidaire et responsable d'un Tout en évolution?

En fait, par la logique même de notre effort pour coordonner et organiser les grandes lignes du Monde, c'est bien à des perspectives rappelant l'intuition initiale des premiers philanthropes que, par l'élimination des hérésies individualiste et raciste, notre pensée se trouve ramenée. Pas d'avenir évolutif à attendre pour l'homme en dehors de son association avec tous les autres hommes. Les rêveurs d'hier l'avaient entrevu. Et, en un sens, nous voyons bien la même chose qu'eux. Mais ce que, mieux qu'eux, parce que « montés sur leur épaules », nous sommes en état de

1. Les philosophes du XVIIIe siècle ont élaboré des doctrines qui dans leur esprit devaient convenir à l'homme en soi, à l'homme de tous les temps et de tous les pays. Prophètes en effet, car ils croient au Progrès et « légifèrent pour l'univers et pour l'éternité ».
2. Voir note 1, page 48.

découvrir, ce sont les racines cosmiques; c'est aussi l'étoffe physique particulière; c'est enfin la nature spécifique de cette Humanité qu'ils ne pouvaient, eux, que pressentir, — et que pour ne pas voir, nous, il nous faut fermer les yeux.

1 *Résumez en quelques lignes l'idée générale du texte.* **2** *Commentez les diverses conceptions de l'Humanité que l'auteur évoque dans le premier paragraphe du texte.* **3** *Expliquez et commentez la phrase : « Si les mots ont un sens... en évolution? »* **4** *Pourquoi l'auteur peut-il écrire que le Monde moderne est en train de réaliser « l'intuition initiale des premiers philanthropes »?*

179. LA VOIE UNIQUE

GEORGES BASTIDE

LES GRANDS THÈMES MORAUX DE LA CIVILISATION OCCIDENTALE, BORDAS ÉD., 1958.

La voie de l'Homme maintenant ne saurait plus faire de doute. Nous avons même appris quelque chose de plus salutaire encore, à savoir qu'il est impossible absolument que cette voie soit douteuse en elle-même, car elle est une voie unique qui ne saurait connaître ni carrefours ni bifurcations. C'est elle que décrivit Platon sous l'inspiration de Socrate, et qui monte de l'obscure caverne aux larges espaces lumineux; c'est le Chemin, la Vérité et la Vie du Christianisme, qui appelle en lui les hommes de volonté bonne, car il conduit à la Source de valeur; c'est la voie de la générosité cartésienne où s'engagea le génie de « ce cavalier français qui partit d'un si bon pas », comme le dit si bien Péguy. Et si, dans cette voie, les grandes consciences finissent toujours par se joindre, c'est qu'elles ont creusé suffisamment en elles pour y trouver les certitudes originelles, pour y entendre l'appel sans équivoques, pour y puiser l'élan sans hésitation. Et leur jonction n'est que le témoignage de la présence en toute conscience, pourvu que l'on sache l'y percevoir, de la valeur totale, unique et éternelle, qui habite tout homme venant en ce monde.

Mais alors, dira-t-on, puisque cette voie est unique, pourquoi connaissons-nous l'hésitation? — C'est que la voie dont il s'agit, quoique une dans son trajet, n'est pas pour nous à sens unique. Bien plus, elle n'est pas immobile; elle est comme un chemin qui marche, comme un fleuve qui coule depuis la source où son flot s'alimente, jusqu'aux eaux mortes où finit son destin. Dans cette voie donc, qui est celle des valeurs morales, ou bien l'on monte ou bien l'on descend; il ne saurait y avoir de situation de tranquillité stationnaire : qui ne monte pas descend; ne rien faire c'est laisser faire, et nous n'avons d'autre moyen d'éviter la pente des décadences que de faire effort dans le sens d'un progrès. Tout le monde connaît le chant si grave et nostalgique disciplinant l'effort commun des bateliers qui luttent lentement contre l'écoulement du fleuve en marche. L'humanité ressemble à ces hâleurs : attelés à la lourde barque de notre destin, nous ne pouvons qu'unir nos forces pour remonter tous vers les sources dont la nostalgie nous travaille mais dont l'espérance nous meut. Que notre effort cesse un instant, et tout descend à la dérive : au chant viril du travail en commun succèdent les vaines clameurs décadentes et catastrophiques, et les anarchiques lamentations d'une humanité qui a perdu le sens de sa destinée. Alors, d'autres hommes viendront qui reprendront la tâche avec courage et qui mettront beaucoup de temps et de peine pour retrouver la hauteur qu'ont fait perdre quelques instants de lâcheté.

Il est donc vrai, comme le dit Pascal, que l'homme est « embarqué [1] ». Il n'y a pour lui aucune échappatoire. Il peut bien s'en remettre au déterminisme des choses du soin de régler son existence en tant que chose précisément; mais en tant que personne morale, c'est à lui et à lui seul qu'incombe le soin de l'Humanité. De cela, il faut prendre une conscience vive, au risque d'en éprouver d'abord quelque inquiétude et même quelque angoisse, car on n'est une personne qu'à ce prix. Or, il y a des esprits nombreux et distingués, doués d'une vaste culture, qui s'appuient sur cette culture même pour prononcer l'axiome connu que rien n'est nouveau sous le soleil, que l'histoire est un perpétuel recommencement et qui, en présence de tous les problèmes, affirment d'un air tranquille qu'il en a toujours été ainsi, et qu'il n'en sera jamais autrement. Et ils estiment que cette affirmation leur donne, au regard de leur conscience, le droit de se réfugier dans le monotone ronronnement de la vie quotidienne, loin des problèmes humains qu'ils considèrent comme une vaine agitation.

Oui, certes, l'histoire toujours recommence. Mais ce n'est vrai que dans l'abstrait, et l'abstrait n'a pas d'être ni davantage de valeur. Mais moi, et chacun, et les hommes, nous sommes des réalités concrètes et c'est notre valeur qui est en jeu. Ma vie, votre vie, notre vie, est unique : il ne saurait y en avoir deux, et si elle n'est pas bonne, elle est mauvaise. Il faudrait donc savoir et tenir ferme qu'en ce qui concerne les problèmes humains, aucune échappatoire n'est possible et que, dans ce domaine, ne rien faire, c'est laisser faire ce qu'on n'a pas voulu. Il ne sert de rien de récriminer contre la corruption des mœurs ou les misères du temps, si on laisse agir en soi et autour de soi les facteurs de cette corruption et de ces misères. Ce que les hommes de volonté bonne ne font pas, les hommes de volonté mauvaise se chargent de le faire. Maritain [2] traduisait quelque part, à sa manière, les désastreux effets de cette abdication : le diable, disait-il, est accroché comme un vampire aux flancs de l'histoire. Il prend part à la marche du monde; principalement, il fait à sa manière qui n'est pas bonne ce que les hommes omettent de faire parce qu'ils dorment; c'est gâté, mais c'est fait. Tant il est vrai que toute abdication de l'Homme laisse la place à l'Inhumain.

1 *Résumez en quelques lignes l'idée générale de ce texte.* **2** *Relevez les expressions, les comparaisons et les images par lesquelles l'auteur définit la voie unique.* **3** *Expliquez et commentez le passage : « Il est donc vrai... le soin de l'Humanité. »*

1. Pascal écrit dans l'argument du « pari » (*Pensées*, 233) : « Dieu est, ou il n'est pas. Mais de quel côté pencherons-nous? La raison n'y peut rien déterminer : il y a un chaos infini qui nous sépare. ...La raison serait de ne point parier : Oui, mais il faut parier; cela n'est pas volontaire, vous êtes embarqué. Lequel prendrez-vous donc?... »
2. Maritain, philosophe français, (1882-1973)

180. LE MAL DE L'AME MODERNE

JACQUES MONOD

LE HASARD ET LA NÉCESSITÉ,
SEUIL ÉD., 1970.

S'il est vrai que le besoin d'une explication entière est inné, que son absence est source de profonde angoisse; si la seule forme d'explication qui sache apaiser l'angoisse est celle d'une histoire totale qui révèle la signification de l'Homme en lui assignant dans les plans de la nature une place nécessaire; si pour paraître vraie, signifiante, apaisante, l'« explication » doit se fondre dans la longue tradition animiste [1], on comprend alors pourquoi il fallut tant de millénaires pour que paraisse dans le royaume des idées celle de la connaissance objective comme seule source de vérité authentique.

Cette idée austère et froide, qui ne propose aucune explication mais impose un ascétique renoncement à toute autre nourriture spirituelle, ne pouvait calmer l'angoisse innée; elle l'exaspérait au contraire. Elle prétendait, d'un trait, effacer une tradition cent fois millénaire, assimilée à la nature humaine elle-même; elle dénonçait l'ancienne alliance animiste de l'Homme avec la nature, ne laissant à la place de ce lien précieux qu'une quête anxieuse dans un univers glacé de solitude. Comment une telle idée, qui semblait n'avoir pour soi qu'une puritaine arrogance, pouvait-elle être acceptée ? Elle ne l'a pas été; elle ne l'est pas encore. Si elle s'est malgré tout imposée, c'est en raison uniquement, de son prodigieux pouvoir de performance. [...]

Les sociétés modernes ont accepté les richesses et les pouvoirs que la science leur découvrait. Mais elles n'ont pas accepté, à peine ont-elles entendu, le plus profond message de la science : la définition d'une nouvelle et unique source de vérité, l'exigence d'une révision totale des fondements de l'éthique, d'une rupture radicale avec la tradition animiste, l'abandon définitif de l'« ancienne alliance », la nécessité d'en forger une nouvelle. Armées de tous les pouvoirs, jouissant de toutes les richesses qu'elles doivent à la Science, nos sociétés tentent encore de vivre et d'enseigner des systèmes de valeurs déjà ruinés, à la racine, par cette science même.

Aucune société, avant la nôtre, n'a connu pareil déchirement. Dans les cultures primitives comme dans les classiques, les sources de la connaissance et celles des valeurs étaient confondues par la tradition animiste. Pour la première fois dans l'histoire, une civilisation tente de s'édifier en demeurant désespérément attachée, pour justifier ses valeurs, à la tradition animiste, tout en l'abandonnant comme source de connaissance, de vérité. Les sociétés « libérales » d'Occident enseignent encore, du bout des lèvres, comme base de leur morale, un écœurant mélange de religiosité judéo-chrétienne, de progressisme scientiste, de croyance en des droits « naturels » de l'homme et de pragmatisme utilitariste. Les sociétés

1. « La démarche essentielle de l'animisme (tel que j'entends le définir ici) consiste en une projection dans la nature inanimée de la conscience qu'a l'homme du fonctionnement intensément téléonomique de son propre système nerveux central. C'est, en d'autres termes, l'hypothèse que les phénomènes naturels peuvent et doivent s'expliquer en définitive de la même manière, par les mêmes « lois » que l'activité humaine subjective, consciente et projective.

marxistes professent toujours la religion matérialiste et dialectique de l'histoire; cadre moral plus solide d'apparence que celui des sociétés libérales, mais plus vulnérable peut-être en raison de la rigidité même qui en avait fait jusqu'ici la force. Quoi qu'il en soit tous ces systèmes enracinés dans l'animisme sont hors de la connaissance objective, hors de la vérité, étrangers et en définitive hostiles à la science, qu'ils veulent utiliser, mais non respecter et servir. Le divorce est si grand, le mensonge si flagrant, qu'il obsède et déchire la conscience de tout homme pourvu de quelque culture, doué de quelque intelligence et habité par cette anxiété morale qui est la source de toute création. C'est-à-dire de tous ceux, parmi les hommes, qui portent ou porteront les responsabilités de la société et de la culture dans leur évolution.

Le mal de l'âme moderne c'est ce mensonge, à la racine de l'être moral et social. C'est ce mal, plus ou moins confusément diagnostiqué, qui provoque le sentiment de crainte sinon de haine, en tout cas d'aliénation qu'éprouvent tant d'hommes d'aujourd'hui à l'égard de la culture scientifique. Le plus souvent c'est envers les sous-produits technologiques de la science que s'exprime ouvertement l'aversion : la bombe, la destruction de la nature, la démographie menaçante. Il est facile, bien entendu, de répliquer que la technologie n'est pas la science et que d'ailleurs l'emploi de l'énergie atomique sera, bientôt, indispensable à la survie de l'humanité; que la destruction de la nature dénonce une technologie insuffisante et non pas trop de technologie; que l'explosion démographique est due à ce que des enfants par millions sont sauvés de la mort chaque année : faut-il à nouveau les laisser mourir?

Discours superficiel, qui confond les signes avec les causes profondes du mal. C'est bien au message essentiel de la science que s'adresse le refus. La peur est celle du sacrilège : de l'attentat aux valeurs. Peut-être entièrement justifiée. Il est bien vrai que la science attente aux valeurs. Non pas directement, puisqu'elle n'en est pas juge et doit les ignorer; mais elle ruine toutes les ontogénies [1] mythiques ou philosophiques sur lesquelles la tradition animiste, des aborigènes australiens aux dialecticiens matérialistes, faisait reposer les valeurs, la morale, les devoirs, les droits, les interdits.

S'il accepte ce message dans son entière signification, il faut bien que l'Homme enfin se réveille de son rêve millénaire pour découvrir sa totale solitude, son étrangeté radicale. Il sait maintenant que, comme un Tzigane, il est en marge de l'univers où il doit vivre. Univers sourd à sa musique, indifférent à ses espoirs comme à ses souffrances ou à ses crimes.

1. Science du développement de l'individu depuis l'œuf fécondé jusqu'à l'état adulte.

auteurs

Les chiffres indiqués à la suite de chaque notice bio-bibliographique sont les numéros d'ordre des textes empruntés à l'auteur considéré.

Henri
AGEL né en 1911.

Professeur agrégé des Lettres. Critique cinématographique. *Esthétique du cinéma. Les grands cinéastes.* 84.

Émile Chartier, dit
ALAIN 1868-1951.

Professeur de philosophie, journaliste et essayiste. *Propos. Système des Beaux-Arts. Les Idées et les Ages. Entretiens au bord de la mer. Eléments de Philosophie.* 14, 15, 21, 23, 52, 78, 79, 80, 138, 176.

René-Marie
ALBÉRES né en 1921.

Romancier mais, surtout, critique et historien de la littérature. *L'Aventure intellectuelle du XXe siècle. Histoire du roman moderne. Le roman d'aujourd'hui. Métamorphoses du roman.* 65.

Raymond
ARON né en 1905.

Professeur de Philosophie à la Sorbonne, spécialiste de la sociologie de la civilisation industrielle. Editorialiste au *Figaro. Introduction à la Philosophie de l'Histoire. La démocratie à l'épreuve du siècle. Dix leçons sur la société industrielle. La lutte des classes.* 131.

Georges
BASTIDE né en 1901.

Professeur de philosophie à la faculté des Lettres de Toulouse. *Les grands thèmes moraux de la civilisation occidentale. Méditations pour une Ethique de la Personne.* 2, 3, 123, 179.

Albert
BAYET 1880-1961.

Professeur de philosophie à la Sorbonne. Fut vice-président de la Ligue des Droits de l'Homme et président de la Ligue de l'Enseignement. Nombreux ouvrages de philosophie et de critique. 50.

Simone de
BEAUVOIR née en 1908.

Agrégée de philosophie, romancière et essayiste. ROMAN : *Les Mandarins,* 1954. ESSAIS : *Pour une Morale de l'Ambiguïté,* 1947. *Le Deuxième sexe,* 1949. *Mémoires d'une Jeune Fille rangée,* 1958. 126, 129.

Luc
BENOIST né en 1893.

Historien, critique d'art et essayiste. *Art du Monde. La Naissance de Vénus. Esotérisme. Regarde ou les Clefs de l'Art.* 54, 76.

Gaston
BERGER 1896-1960.

Professeur de philosophie à la faculté d'Aix-Marseille. Directeur de l'Enseignement Supérieur. Président de la Commission française de l'U.N.E.S.C.O., il a fondé en 1957 le Centre international de Prospective. *Les Conditions de la Connaissance. Traité pratique d'analyse du caractère. Caractère et Personnalité.* 118, 119.

Pierre de
BOISDEFFRE né en 1926.

Essayiste, romancier et critique littéraire. *Métamorphose de la littérature. Ecrivains français d'aujourd'hui. Une histoire vivante de la littérature d'aujourd'hui.* 63, 162.

Jacques de
BOURBON-BUSSET né en 1912.

Ministre plénipotentiaire, membre actif du Centre international de Prospective. 121, 154, 160.

Pierre
BOYANCÉ né en 1900.

Professeur d'histoire ancienne à la Sorbonne, directeur de l'Ecole française de Rome. 120.

Louis de
BROGLIE né en 1892.

Professeur au Collège de France, Secrétaire perpétuel de l'Académie des Sciences, membre de l'Académie française. Prix Nobel de Physique en 1929. *Matière et Lumière,* 1937. *Une Nouvelle théorie de la lumière,* 1941. *Ondes, Corpuscules, Mécanique ondulatoire,* 1945. *Physique et Microphysique,* 1947. *Savants et découvertes,* 1951. *Sur les sentiers de la Science,* 1959. 44, 46, 48, 60.

Amilcar
CABRAL né en 1925.

Mort, assassiné, en 1973. Ingénieur agronome. Fonda en 1954 à Lisbonne le Mouvement Anticolonialiste et organisa la lutte pour l'indépendance en Guinée (Bissau). 134.

Henri
CAHOUR

Diplômé de Sciences Economiques. 33.

Albert
CAMUS 1913-1960.

Essayiste, romancier et auteur dramatique. Prix Nobel de Littérature en 1957. *Le Mythe de Sisyphe*. 1942. *L'Etranger*, 1942. *Caligula*, 1944. *La Peste*, 1947. *L'Homme révolté*, 1951. 73, 152.

Alexis
CARREL 1873-1944.

Physiologiste et chirurgien. Prix Nobel de Médecine en 1912. A exposé dans *L'Homme cet inconnu* ses vues philosophiques. 113.

Josué de
CASTRO 1908-1973.

Médecin et géographe brésilien, ancien Président du Conseil de l'Organisation des Nations Unies pour l'Alimentation et l'Agriculture (F.A.O.). *Géopolitique de la faim*, 1949. *La faim au Brésil*, 1949. *Le livre noir de la faim*, 1961. *La faim problème universel*, 1961. 93, 106.

Hervé
CHABALIER

Journaliste. Collabore au *Nouvel Observateur*. 149.

Andrée
CHAZALETTE

Sociologue. Collabore au Comité d'Organisation des recherches appliquées sur le développement économique et social. Nombreux travaux de sociologie urbaine. 141.

Pierre
CHOUARD né en 1903.

Professeur de physiologie végétale à la Sorbonne. Vice-Président du Centre international de Prospective. 137.

François de
CLOSETS

Essayiste et commentateur des émissions scientifiques à l'O.R.T.F. *Le bonheur en plus*. 87, 94, 167, 172.

DANIEL-ROPS
1901-1965.

Professeur d'Histoire, romancier chrétien, essayiste, critique. Membre de l'Académie française. ROMAN : *Mort, où est ta Victoire?*, 1934. ESSAIS : *La misère et nous. Péguy, Psichari. Pascal, et notre cœur.* HISTOIRE : *Histoire Sainte. Jésus en son temps, Histoire de l'Eglise.* 8.

Maurice
DAUMAS

Conservateur du Musée du Conservatoire des Arts et Métiers. *Histoire des Techniques*. 25.

Angela
DAVIS née en 1945.

S'est lancée très tôt dans la lutte politique et a mené des combats violents en faveur des gens de couleur et des classes opprimées. 132.

Gaston
DIEHL né en 1912.

Attaché culturel au Maroc. *Les Fauves. Matisse. Picasso. Derain. Delacroix.* Films : *Van Gogh. Gauguin. Fêtes galantes.* 161.

Jacques
DOFNY né en 1923.

Professeur d'histoire du travail et des relations industrielles à l'Institut de Psychologie de Bordeaux. Collaborateur de l'Institut des Sciences sociales du Travail à Paris, chargé de recherches au C.N.R.S. 35.

Serge
DOUBROVSKY

Critique littéraire. *Pourquoi la nouvelle critique?* 71.

Jacques
DOUYAU

Romancier et essayiste. Journaliste à la *Dépêche du Midi*. 103.

Pierre
DUCASSÉ né en 1905.

Philosophe, professeur de Faculté. *Essai sur les Origines intuitives du Positivisme. Les grandes philosophies. Histoire des Techniques.* 10.

René
DUCHET né en 1900.

Docteur ès lettres. Membre de l'Institut international pour l'étude des problèmes humains du travail. *Le Tourisme à travers les âges. Bilan de la Civilisation technicienne*, 1955. 26, 100, 108, 117, 175.

Georges
DUHAMEL 1884-1966.

Biologiste, médecin et écrivain. *Civilisation*, 1918. *Scènes de la vie future*, 1930. *Le Cycle des aventures de Salavin*, 1920-1932, 6 vol. *La Chronique des Pasquier* (10 vol., 1933-1945). *Défense des Lettres*, 1937. 99.

Joffre
DUMAZEDIER
né en 1915.

Chargé de recherches au C.N.R.S., spécialiste de sociologie du loisir et de la culture populaire. *Vers une civilisation du loisir!* 114, 159.

Jean
DUVIGNAUD

Professeur de Sociologie à l'Université Rabelais de Tours. *Introduction à la Sociologie. Sociologie de l'art. Spectacles et Sociétés. Fêtes et civilisations. La planète des jeunes* (enquête). 150.

Georges
ELGOZY

Sociologue. *Les damnés de l'opulence*. 171.

Jaques
ELLUL
148.

Daniel
FAUCHER né en 1892.

Professeur de Géographie à la faculté des Lettres de Toulouse. *Le paysan et la machine*. 18.

F. Bertrand
FESSARD de FOUCAULT

Essayiste. Collaborateur du journal *Le Monde*. 168.

Jean
FOURASTIÉ né en 1907.

Sociologue et économiste. *Le Grand espoir du XXe siècle. Machi-*

nisme et Bien-Etre. Histoire de Demain. La Civilisation de 1975. 36.

Pierre
FRANCASTEL

Directeur d'études à l'Ecole pratique des Hautes Etudes. Spécialiste de l'histoire de l'Art. 58.

Jean
FRÉVILLE

Romancier et essayiste contemporain. *Henri Barbusse. Zola, semeur d'orages. La nuit finit à Tours.* 153.

Georges
FRIEDMANN né en 1902.

Professeur au Conservatoire National des Arts et Métiers et à l'Ecole pratique des Hautes Etudes. *Problèmes humains du machinisme industriel*, 1947. *Où va le travail humain ?*, 1950. *Le travail en miettes*, 1956. 24, 30, 32, 34, 35, 116, 155.

Roger
GARAUDY né en 1913.

Universitaire et homme politique. *Théorie matérialiste de la connaissance. Marxisme du XXe siècle. Dieu est mort. De l'anathème au dialogue. L'Alternative. Parole d'Homme.* 163, 164.

André
GEORGE né en 1890.

Membre du Comité du Langage Scientifique. Dirige la page scientifique des *Nouvelles Littéraires*. Chroniqueur au *Figaro*. *L'œuvre de Louis de Broglie et la Physique d'aujourd'hui.* 47.

André
GIDE 1869-1951.

Fondateur en 1909 de la *Nouvelle Revue Française*. Prix Nobel de Littérature 1947. *Les nourritures terrestres*, 1895. *L'Immoraliste*, 1902. *La Porte étroite*, 1909. *Les Caves du Vatican*, 1914. *Les faux-monnayeurs* 1925. *Si le grain ne meurt*, 1926. *Journal*, 1939. 72.

Charles
GIDE 1847-1932.

Oncle du précédent, économiste. Professeur au Collège de France. 13.

Jean
GIONO 1895-1970.

Écrivain. *Un de Baumugnes. Regain. Que ma joie demeure.* 16.

Jean
GIRAUDOUX 1882-1944.

Romancier et auteur dramatique. ROMANS : *Simon le Pathétique*, 1918. *Suzanne et le Pacifique*, 1921. *Siegfried et le Limousin*, 1922. *Bella*, 1925. THÉATRE : *Siegfried*, 1928. *La guerre de Troie n'aura pas lieu*, 1935. *Electre*, 1937. *Ondine*, 1939. 81.

Pierre-Paul
GRASSE né en 1895.

Membre de l'Académie des Sciences, professeur honoraire à la Faculté des Sciences de Paris. Il a consacré sa vie à la recherche biologique et à l'enseignement. Fondateur et coauteur du *Traité de Zoologie* dont 25 volumes ont paru. Son œuvre compte plusieurs centaines de publications. 170.

Pierre
GRIMAL né en 1912.

Professeur de langue et littérature latine à la Sorbonne. 74.

Jean
GUÉHENNO né en 1890.

Professeur de lettres, puis Inspecteur Général de l'Instruction Publique. Membre de l'Académie française. *Caliban parle*, 1928. *Conversion à l'Humain*, 1931. *Journal d'un homme de quarante ans*, 1934. *Jean-Jacques Rousseau*, 1948-1952. *Changer la vie*, 1960. 31.

Georges
GUÉRON né en 1910.

Directeur Général adjoint de la Société internationale des Conseillers de Synthèse. Collaborateur de la revue *Prospective*. 7.

Jean
HAMBURGER

Professeur à la Faculté de Médecine de Paris. *La Puissance et la Fragilité.* 104.

Roger
HEIM né en 1900.

Membre de l'Institut, directeur du Muséum d'Histoire naturelle de 1951 à 1967. Il s'est toujours préoccupé de la Protection de la Nature. *L'Angoisse de l'An 2000* constitue le recueil de ses écrits sur l'environnement. *Un naturaliste autour du monde. Equilibre de la Nature et déséquilibre du monde. Destruction et protection de la Nature.* 97.

Werner
HEISENBERG
né en 1901.

Physicien allemand. Prix Nobel 1932. 109.

Émile
HENRIOT 1889-1961.

Critique littéraire et romancier. Courriériste littéraire du *Temps* (1919-1941) et du *Monde* (1945-1961). 55.

Georges
HOURDIN

Rédacteur en chef des revues *La vie catholique illustrée. Télérama.* 85.

René
HUYGHE né en 1906.

Historien d'art et critique, professeur à l'École du Louvre et au Collège de France. Membre de l'Académie française. *Dialogue avec le Visible. L'Art et l'Homme. L'Art et l'Ame. La Peinture italienne.* 57, 77.

Roger
IKOR né en 1912.

Professeur de Lettres et romancier. Prix Goncourt 1955 pour *Les fils d'Avrom* (I. *La greffe de printemps*. II. *Les eaux mêlées*). 20.

A.
JEANNIÈRE

Sociologue. Docteur en philosophie. 139.

Cheikh Hamidou
KANE né en 1928.

Économiste et romancier sénégalais. Ministre du Plan de la République du Sénégal. *L'aventure ambiguë*. 91.

KRISHNAMURTI, sage et philosophe hindou né en 1895.

S'étant détaché de la tradition, ayant rejeté toute autorité spirituelle, il passe sa vie à parcourir le monde pour transmettre son message. 112, 145.

Jean
LACOUTURE

Journaliste et essayiste. *Malraux. Un sang d'encre.* 95.

Robert
LAFONT

Professeur à l'Université de Montpellier. L'un des militants les plus actifs et les plus écoutés du mouvement occitan. *La révolution régionaliste. Renaissance du Sud. Décoloniser en France.* 143.

Pascal
LAINÉ né en 1942.

Universitaire et romancier. *B comme Barabbas. L'Irrévolution. La Dentellière* (Prix Goncourt 1974). *La femme et ses images.* 140.

Paul
LANGEVIN 1872-1946.

Professeur de physique au Collège de France. Créateur, avec Jean Perrin, du Centre National de la Recherche Scientifique (C.N.R.S.) et du Palais de la Découverte. 45, 110.

LANZA DEL VASTO né en 1901.

Écrivain d'origine italienne. Fondateur, en France, d'une communauté évangélique inspirée du Gandhisme. *Le Pèlerinage aux sources. Vinôbâ ou le Nouveau pèlerinage. Les quatre fléaux.* 38.

Morvan
LEBESQUE né en 1911.

Journaliste, romancier, auteur dramatique. *La loi et le système. La découverte du Nouveau Monde. Les fiancés de la Seine. L'amour parmi nous.* 144.

Louis
LEPRINCE-RINGUET né en 1901.

Physicien, professeur de Physique nucléaire au Collège de France. Membre de l'Académie française. 158, 173.

Claude
LÉVI-STRAUSS né en 1908.

Sociologue, ethnographe, philosophe. *Tristes Tropiques. Le cru et le cuit. Mythologies.* 96.

Martin Luther
KING né en 1929.

Pasteur noir américain. Voué à la lutte pacifique pour la libération des peuples de couleur. Prix Nobel de la Paix. Meurt assassiné en 1968. 133.

André
MALRAUX né en 1901.

Archéologue et orientaliste, Ministre d'État, chargé des affaires culturelles. *Les conquérants*, 1928. *La voie royale*, 1930. *La condition humaine*, 1933. *Le temps du mépris*, 1936. *L'espoir*, 1937. ESSAIS : *Psychologie de l'art*, 1947-1949. *Les voix du silence*, 1951. *La métamorphose des Dieux*, 1957. 51.

Marcel
MARTIN

Critique de cinéma *Cinéma 1964. Positif* . 82.

Louis
MARTIN-CHAUFFIER né en 1894.

Romancier : *L'homme et la bête. L'épervier. La fissure.* 59.

Thierry
MAULNIER né en 1909.

Journaliste, critique littéraire. ESSAIS : *Violence et conscience. Nietzsche, Racine.* THÉÂTRE : *Jeanne et ses juges. La maison de la nuit*, adaptation de *La Condition humaine* de A. Malraux. 136.

François
MAURIAC 1885-1970.

Écrivain catholique. ROMANS : *Génitrix. Thérèse Desqueyroux. Le nœud de vipères. Les chemins de la mer.* ESSAIS : *Proust. Jacques Rivière. Racine. Pascal.* 124.

André
MAUROIS 1885-1967.

Romancier. *Les silences du Colonel Bramble*, 1918. *Les discours du Docteur O'Grady*, 1922. *Climats*, 1928. BIOGRAPHIES : *Ariel ou la vie de Shelley*, 1923. *La vie de Disraeli*, 1927. *Byron*, 1930. *A la recherche de Marcel Proust*, 1949. *Lélia ou la vie de George Sand*, 1952. *Olympio ou la vie de Victor Hugo*, 1955. *Les trois Dumas*, 1957. HISTOIRE : *Histoire d'Angleterre*, 1937. *Histoire des États-Unis*, 1947. 56, 67, 86.

Jacques
MONOD né en 1910.

Médecin et biologiste. Prix Nobel de Médecine qu'il partage avec ses collègues de l'Institut Pasteur : A. Lwoff et F. Jacob. 180.

Théodore
MONOD né en 1902.

Professeur au Muséum d'Histoire naturelle, Directeur de l'Institut français d'Afrique noire. 68.

Georges
NAVEL né en 1904.

Écrivain ouvrier. *Travaux*, 1945. 27.

Jean
ONIMUS

Sociologue. *Les jeunes d'aujourd'hui.* 127, 146.

Robert
OPPENHEIMER
1904-1967.

Physicien américain. Un des savants qui ont le plus contribué à bâtir le nouvel édifice de la connaissance. A joué dans la construction de la bombe atomique un rôle de premier plan. Vulgarisateur hors pair de la physique moderne. Son œuvre scientifique se double d'un effort philosophique pour tenter de répondre aux problèmes que pose à l'homme la science moderne. 49.

Jean
d'ORMESSON né en 1925.

De l'Académie française, directeur du *Figaro*. A publié deux essais et plusieurs romans. *Les illusions de la mer. La gloire de l'empire.* 128, 147.

Charles
PEGUY 1873-1914.

Écrivain, poète et polémiste. Socialiste, ardent patriote et chrétien convaincu. PROSE : *Notre jeunesse. L'argent. Victor – Marie, Comte Hugo.* POÉSIES : *Le mystère de la charité de Jeanne d'Arc. Le mystère des Saints-Innocents. La tapisserie de Sainte Geneviève et de Jeanne d'Arc. La tapisserie de Notre-Dame.* 19.

Joseph de
PESQUIDOUX
1869-1946.

Romancier de la terre *Sur la glèbe. Chez nous. La Harde.* 17.

Gaëtan
PICON né en 1915.

Professeur et essayiste. Directeur des Arts et Lettres · *L'écrivain et son ombre.* 53.

René-Victor
PILHES né en 1934.

Romancier. *La Rhubarbe. Le Loum. L'imprécateur* (Prix Fémina 1974). 88, 89.

Charles
PLISNIER 1896-1952.

Romancier belge. Prix Goncourt 1937 pour son roman *Faux Passeports. Mariages. Meurtres. Mères.* 64.

Henri
QUEFFELEC né en 1910.

Professeur et romancier. *Un recteur de l'île de Sein* (Au cinéma, *Dieu a besoin des hommes*). *Un homme à la côte. Un royaume sous la mer. Frères de brume.* 61.

Gonzague de
REYNOLD né en 1880.

Historien et critique littéraire suisse. Professeur à l'Université de Berne. *Le XVIIe siècle, le classique et le baroque. L'Europe tragique. Qu'est-ce que l'Europe?* 69.

Paul
RICŒUR né en 1913.

Professeur de philosophie à la Sorbonne. *Philosophie de la volonté. Histoire et vérité. Platon et Aristote.* 11,92, 122.

Michel
ROCARD né en 1930.

Ancien élève de l'ENA. Inspecteur des Finances. Ancien secrétaire national du PSU. Membre du bureau exécutif du parti socialiste, délégué au Plan et à l'aménagement du territoire. 165.

Christiane
ROCHEFORT

Née en 1917. Romancière. *Le repos du guerrier. Les petits enfants du siècle. Les stances à Sophie. Une rose pour Morrison. Printemps au Parking.* 101, 102.

Jules
ROMAINS 1885-1972.

Romancier. *Les hommes de bonne volonté* (27 volumes publiés de 1932 à 1947), vaste fresque de la vie politique, économique et sociale entre 1908 et 1933. POÉSIE : *La vie unanime*, 1908. *L'homme blanc*, 1937. THÉÂTRE : *Cromedeyre le vieil. Monsieur Le Trouhadec. Donogoo. Knock.* 29, 42, 43, 90, 142.

Denis de
ROUGEMONT né en 1906.

Écrivain suisse. Fondateur du Centre européen de la Culture, à Genève. *L'Amour et l'Occident. Lettres sur la bombe atomique*, 1946. *L'aventure occidentale*, 1956. 107.

Bertrand
RUSSELL 1872-1970.

Mathématicien, philosophe et sociologue anglais. Prix Nobel de Littérature 1950. Ses opinions pacifistes l'ont fait connaître du grand public. *Principes de mathématiques. La matière. Esquisse de la philosophie.* 37.

Antoine de
SAINT-EXUPÉRY

1900-1944. Aviateur et écrivain. *Courrier Sud*, 1928-1929. *Vol de nuit*, 1931. *Terre des Hommes*, 1938. *Pilote de Guerre*, 1942. *Le petit Prince*, 1943. *Citadelle*, 1948. 41, 135.

SAINT-JOHN PERSE
1887-1976.

Pseudonyme d'Alexis Léger, brillant diplomate, un des représentants les plus marquants de la poésie contemporaine. Prix Nobel de Littérature 1960. *Éloges. Anabase. Exil. Vents. Amers. Chronique.* 62.

Philippe
SAINT-MARC
né en 1927.

Ancien élève de l'ENA, ancien président de la Mission d'Aménagement de la Côte d'Aquitaine, fondateur d'un Comité de Défense des Sites en Ile-de-France. Professeur à l'Institut d'Études politiques de Paris. 98.

Michel de
SAINT-PIERRE
né en 1916.

Romancier, essayiste, journaliste. *Les aristocrates. Les nouveaux aristocrates. La nouvelle race.* 125.

Jean-Paul
SARTRE né en 1905.

Philosophe existentialiste athée dont la doctrine s'exprime notamment dans l'*Etre et le Néant*, 1943. *Critique de la raison dialectique.* ROMANS : *La nausée*, 1938. *Le mur*, 1939. THÉATRE : *Les mouches*, 1943. *Huis-Clos*, 1944. *Les Mains Sales*, 1948. *Le Diable et le Bon Dieu*, 1951. ESSAIS : *L'Existentialisme est un humanisme*, 1946. *Baudelaire*, 1947. *Situations* (3 vol.), 1947-1949. *Les Mots.* 75.

Alfred
SAUVY né en 1898.

Conseiller technique de l'Institut National d'Etudes Démographiques, professeur au Collège de France. *Richesse et population. Théorie générale de la population. L'Europe et sa population. La nature sociale. De Malthus à Mao Tsé Toung. Histoire de la science démographique.* 151.

Jean-Jacques
SERVAN-SCHREIBER
né en 1924.

Journaliste et homme politique. Directeur de *l'Express.* 156, 157.

Jean-Louis
SERVAN-SCHREIBER

Journaliste et administrateur de groupes de presse, spécialiste des questions économiques. 105, 169.

André
SIEGFRIED 1875-1959.

Professeur au Collège de France, membre de l'Institut et de l'Académie française. *L'Angleterre d'aujourd'hui. Tableau des partis en France*, 1930. *Tableau des Etats-Unis*, 1954. *De la IIIe à la IVe République.* 5, 6, 9, 39, 40.

Pierre-Henri
SIMON 1903-1972.

Professeur, journaliste et romancier. *Les raisins verts. Les hommes ne veulent pas mourir. Témoins de l'homme. L'Esprit de l'Histoire.* 111.

Pierre
TEILHARD de CHARDIN (Père) 1881-1955.

Paléontologue et philosophe; a intégré ses découvertes dans une perspective générale du « problème humain » accordée au dogme chrétien et aux exigences de la science moderne *La vie cosmique. Le milieu divin. L'esprit de la terre. Le phénomène humain. Comment je vois.* 4, 177, 178.

Pierre-Aimé
TOUCHARD

Critique contemporain *L'amateur de théâtre ou la règle du jeu. Dionysos, apologie pour le théâtre.* 66.

Arnold
TOYNBEE né en 1889.

Historien et philosophe anglais. *L'Histoire, un essai d'interprétation. La civilisation à l'épreuve. Guerre et civilisation.* 70, 174.

Paul
VALERY 1871-1945.

Poète et écrivain, observateur perspicace des problèmes du monde contemporain. POÉSIE : *La jeune parque*, 1917. *Le cimetière marin*, 1920. Charmes, 1922. PROSE : *Etudes littéraires. Etudes philosophiques. Essais quasi politiques*, groupés sous le titre de *Variétés* (5 volumes parus de 1924 à 1944). 12, 22, 115.

Pierre
VIANSSON-PONTÉ

Journaliste. Collabore au *Monde.* 166.

Bernard
VOYENNE

Journaliste. Membre du conseil français des Sciences de l'Information. 83.

Simone
WEIL 1909-1943

Agrégée de philosophie. Tournée vers la recherche intérieure la plus exigeante, elle a douloureusement vécu une expérience religieuse qui l'apparente aux plus grands mystiques. *La pesanteur et la grâce*, 1947. *L'attente de Dieu*, 1950. *La Connaissance surnaturelle*, 1950. *La condition ouvrière*, 1951. 28, 130.

Index des thèmes

TABLE DES PHOTOGRAPHIES

Couverture photo Fotogram-Maggi

Imprimé en France, par Hemmerlé, Petit et Cie. Paris
2023-03-1982. Dépôt légal n° 5927 – mars 1982.